Berichte aus der Automatisierungstechnik

Axel Gräser / Boris Lohmann (Hrsg.)

Methoden und Anwendungen der Automatisierungstechnik

22. Kolloquium der Automatisierungstechnik in Salzhausen

Shaker Verlag
Aachen 2001

Die Deutsche Bibliothek - CIP-Einheitsaufnahme

Methoden und Anwendungen der Automatisierungstechnik:
22. Kolloquium der Automatisierungstechnik in Salzhausen /
Axel Gräser, Boris Lohmann (Hrsg.).
Aachen: Shaker, 2001
(Berichte aus der Automatisierungstechnik)

ISBN 3-8265-9190-9

Printed in Germany.

ISBN 3-8265-9190-9
ISSN 0945-4659

Shaker Verlag GmbH • Postfach 1290 • 52013 Aachen
Telefon: 02407 / 95 96 - 0 • Telefax: 02407 / 95 96 - 9
Internet: www.shaker.de • eMail: info@shaker.de

Vorwort

Der vorliegende Band fasst die wichtigsten Beiträge des

Kolloquium der Automatisierungstechnik Salzhausen

der Jahre 1999 und 2000 zusammen. Das Kolloquium findet jährlich im November statt und bietet den Mitarbeitern des Institutes für Automatisierungstechnik und interessierten Teilnehmern von externen Instituten und aus der Industrie ein Forum zum intensiven und zwanglosen Gedanken- und Erfahrungsaustausch.

Die hier vorliegenden Veröffentlichungen wurden von den Herausgebern aus allen Vorträgen der genannten Jahre ausgewählt und von Frau Dipl.-Ing. Petra Tschirner redigiert. Die Beiträge überstreichen wieder ein weites Gebiet der Automatisierungstechnik, von den theoretischen Grundlagen, über Anwendungen bis hin zu Fragen der Realisierung.

Für die engagierte Organisation des Kolloquium 1999 danken wir Herrn Dipl.-Chem. Bernd Rohde vom Institut für technische Chemie der Universität Bremen. Frau Dipl.-Ing. Petra Tschirner vom Institut für Automatisierungstechnik gilt der besondere Dank für die Organisation des Kolloquiums 2000 und für die zielstrebige Ausführung der vielfältigen Arbeiten die bis zur endgültigen Herausgabe dieses Bandes notwendig waren.

Wir hoffen, dass Ihnen die Lektüre Freude bereiten und Anregungen für Ihre berufliche und wissenschaftliche Tätigkeit vermitteln wird.

Bremen, im Juni 2001 Axel Gräser Boris Lohmann

Inhaltsverzeichnis

Theorie

Anwendungen in der Automatisierungstechnik

Robotik und autonomes Fahren

Technische Chemie

Strukturvereinfachung bei der Ordnungsreduktion nichtlinearer Systeme

Maik Buttelmann, Boris Lohmann

Institut für Automatisierungstechnik, Universität Bremen
Kufsteiner Straße, D – 28359 Bremen
Tel.: +49 (0) 421-218 3906, Fax: +49 (0) 421-218 4707
E-Mail: `maik.buttelmann@iat.uni-bremen.de`

Kurzfassung

Aufbauend auf einem bekannten Reduktionsverfahren für nichtlineare Systeme wird eine Verfahren vorgestellt, das (neben der Ordnung) die Zahl innerer Kopplungen eines Systems gezielt verringert und so reduzierte Modelle einfacher innerer Struktur liefert. Das damit verbundene Optimierungsproblem wird mittels eines Genetischen Algorithmus gelöst, die Wirksamkeit dieses Zugangs anhand eines Beispiels mit technischem Hintergrund demonstriert. Weitergehende grundsätzliche Überlegungen zur Gestalt der verwendeten Güte- oder Fitnessfunktion und zu Maßnahmen zur Verringerung des Rechenaufwands sollen dem Verfahren ein breites Einsatzspektrum ermöglichen.

1 Einleitung

Betrachtet werden nichtlineare, zeitinvarante Systeme in der allgemeinen Darstellung

$$\dot{\boldsymbol{x}}(t) = \boldsymbol{f}(\boldsymbol{x}(t), \boldsymbol{u}(t)), \tag{1}$$

wobei $\boldsymbol{x}(t)$ den n-dimensionalen Zustandsvektor und $\boldsymbol{u}(t)$ den p-dimensionalen Stellgrößenvektor bezeichnen. Bei hoher Ordnung n können Simulation, Analyse, Reglerentwurf und Realisierung von technischen Systemen sehr aufwendig werden. Abhilfe schafft hier die Ordnungsreduktion nach B. Lohmann [1], die ein System niedrigerer Ordnung berechnet, mit dessen Hilfe die Zustände des Originalsystems nachgebildet werden können. Um die Ordnungsreduktion durchführen zu können, werden die nichtlinearen Summanden auf der rechten Seite von (1) in einem Vektor $\boldsymbol{g}(\boldsymbol{x}, \boldsymbol{u})$ zusammengefaßt, so daß sich das System in der Form

$$\dot{\boldsymbol{x}}(t) = \boldsymbol{A}\boldsymbol{x}(t) + \boldsymbol{B}\boldsymbol{u}(t) + \boldsymbol{F}\boldsymbol{g}(\boldsymbol{x}, \boldsymbol{u}) \tag{2}$$

darstellen lässt. Jedes Element des Vektors $\boldsymbol{f}(\boldsymbol{x}, \boldsymbol{u})$ wird also als Linearkombination der Komponenten von $\boldsymbol{x}(t)$, $\boldsymbol{u}(t)$ und $\boldsymbol{g}(\boldsymbol{x}, \boldsymbol{u})$ dargestellt, die zugehörigen konstanten Koeffizienten sind in den Matrizen $\boldsymbol{A}$, $\boldsymbol{B}$ und $\boldsymbol{F}$ zusammengefasst. Ziel der Ordnungsreduktion ist es nun, ein Modell niedrigerer Ordnung

$$\dot{\boldsymbol{x}}_R(t) = \boldsymbol{A}_R\boldsymbol{x}_R(t) + \boldsymbol{B}_R\boldsymbol{u}(t) + \boldsymbol{F}_R\boldsymbol{g}(\boldsymbol{W}\boldsymbol{x}_R, \boldsymbol{u}), \tag{3}$$

zu berechnen, das das Verhalten des Originals approximiert, d. h. die wesentlichen oder *dominanten* Zustandsgrößen gut nachbildet. Diese dominanten Zustände werden vom Nutzer vorgegeben und hängen über eine Reduktionsmatrix $\boldsymbol{R}$ gemäß

$$x_{do} = R \cdot x(t) \tag{4}$$

mit den Originalzuständen zusammen. Das ordnungsreduzierte System bildet also die dominanten Zustände des Originals unmittelbar nach, $x_{do}(t) \approx x_R$. Eine Näherung $\hat{x}(t)$ für den gesamten Zustandsvektor $x(t)$ kann mit Hilfe der ebenfalls vom Reduktionsverfahren berechneten Matrix W gewonnen werden:

$$\hat{x} = W \cdot x_R . \tag{5}$$

Die Berechnung der Matrizen A_R, B_R, F_R und W erfolgt mit Hilfe von Simulationsdaten des Originalsystems und ist in [1] und [2] ausführlich dargestellt.

Ein Nachteil dieser Art der Ordnungsreduktion besteht darin, daß die berechneten Systemmatrizen des ordnungsreduzierten Systems $E = [A_R, B_R, F_R]$ und W in der Regel voll besetzt sind; das heißt, daß im reduzierten Modell zahlreiche innere Kopplungen vorliegen. Um das Entstehen einer solchen komplexen inneren Struktur zu unterbinden, können bei der Berechnung des ordnungsreduzierten Modells *Nebenbedingungen* berücksichtigt werden, die so aufzustellen sind, daß an bestimmten Stellen Nullelemente in die Systemmatrizen E, W eingefügt werden und somit die Komplexität vermindert wird:

$$L_E = K_E E H_E, \qquad L_W = K_W W H_W . \tag{6}$$

Durch derartige Nebenbedingungen wird definiert, wieviele Nullelemente an welcher Stelle in den Matrizen stehen sollen. Für das Blockschaltbild des Systems bedeutet das Einfügen dieser Nullen, daß Verbindungen zwischen einzelnen Blöcken gekappt werden. Zum Beispiel führen die Matrizen $H_E = [1, 0, \ldots, 0]^T$, $K_E = [0, 1, 0, \ldots, 0]$ und $L_E = [0]$ dazu, daß in der Matrix E das erste Element der zweiten Zeile zu null wird, und somit in der Matrix A_R das Element $a_{21} = 0$ ist.

Die Berechnung des reduzierten Systems erfolgt somit in zwei Schritten:

1. Aufstellen der Nebenbedingungen,
2. Berechnung der Matrizen $E = [A_R, B_R, F_R]$ und W mit der herkömmlichen Methode der Ordnungsreduktion unter Berücksichtigung der Nebenbedingungen.

Aufgrund der immensen Zahl möglicher Ausprägungen der Nebenbedingungen werden zu ihrer Erzeugung *Genetische Algorithmen* (GA) eingesetzt, um ein Optimum bezüglich einer einfachen Modellstruktur *und* einer guten Nachbildung des Originalsystems zu finden [3]. Schon bei dem später betrachteten Beispielsystem relativ niedriger Ordnung ergibt sich eine Anzahl von $2^{n_{red} \cdot (n_{red} + p + q)} = 2^{3 \cdot (3 + 2 + 2)} = 2^{21} \approx 10^6$ möglichen Systemstrukturen (Ordnung des reduzierten Systems: $n_{red} = 3$, Anzahl der Eingänge $p = 2$ und Anzahl der Nichtlinearitäten $q = 2$).

In den folgenden Abschnitten wird zunächst der Genetische Algorithmus vorgestellt, dann die Wirksamkeit der kombinierten Ordnungsreduktion mit Strukturvereinfachung an einem Beispiel demonstriert. In Abschnitt 4 wird dargestellt, wie eine systematische Untersuchung der „Glattheit“ der Fitnessfunktion erfolgen kann. Wenn das Prinzip „kleine Ursache, kleine Wirkung“ zumindest in der Umgebung des Optimums erfüllt ist, wird der GA effizient arbeiten. Eine deutliche Reduzierung der Rechenzeit kann durch Verzicht auf Simulationen (zumindest während der ersten Iterationen) erreicht werden. Abschnitt 5 bringt die hierzu nötigen Modifikationen.

2 Der Genetische Algorithmus

Das Ablaufschema des eingesetzten GAs ist in der folgenden Abbildung dargestellt:

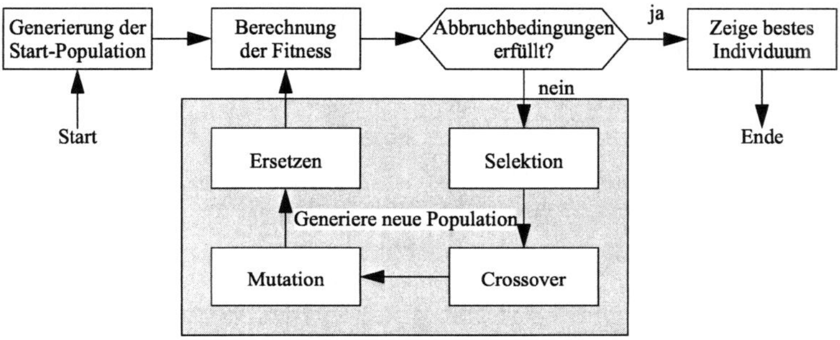

Bild 1 Ablaufschema des eingesetzten GAs

Genetische Algorithmen imitieren evolutionäre Prozesse unter besonderer Betonung genetischer Mechanismen [6]. In dieser Arbeit wird der GA für die Lösung des Optimierungsprozesses eingesetzt. Dabei arbeitet ein GA mit einer Menge (Population) von künstlichen *Individuen*. Jedes Individuum ist ein String bestehend aus L Bits, wobei L ein anwendungsabhängiger Wert ist, und stellt eine mögliche Lösung des Optimierungsproblems dar. Jeder String gliedert sich außerdem in m Segmente ($m \leq L$). Jedes Segment korrespondiert zu einer Variablen des betrachteten Optimierungsproblems. Segment j ($j = 1, 2, \ldots, m$) enthält in binär codierter Form einen Wert für die Entscheidungsvariable j des Optimierungsproblems. Segmente können gleich lange oder verschieden lange Bitfolgen enthalten. Bei dem hier betrachteten Problem ist ein Segment lediglich ein Bit lang. Es enthält die Information, ob an der entsprechenden Stelle der Matrix $\boldsymbol{E}$ bzw. $\boldsymbol{W}$ eine Null eingefügt wird: Eine Null in dem Individuum bedeutet *nein*, füge kein Nullelement in die Matrix ein, eine Eins bedeutet *ja*, füge eine Null an der entsprechenden Stelle in die Matrix ein. Die Anzahl der Segmente m entspricht also der Anzahl der Elemente in der Matrix $\boldsymbol{E}$ bzw. $\boldsymbol{W}$.

Beispiel: Die Matrix $\boldsymbol{E}$ soll folgendes Aussehen haben:

$$\boldsymbol{E} = \begin{bmatrix} 0 & x & 0 \\ x & 0 & x \end{bmatrix}, \text{ mit } x\text{: Nicht-Nullelement.}$$

Das entsprechende Individuum lautet dann:

$$I = \Big[\underbrace{1\;0\;1}_{\text{1. Zeile von } \boldsymbol{E}}\quad\underbrace{0\;1\;0}_{\text{2. Zeile von } \boldsymbol{E}}\Big]$$

Nach Aufstellen der zugehörigen äquivalenten Nebenbedingungen vom Typ (6) kann zu jedem so gebildeten Individuum ein reduziertes Modell mit Zeitverläufen x_R(t) berechnet werden.

Um die *Güte* eines einzelnen Individuums zu bestimmen, wird eine dem Problem angepaßte Fitneßfunktion F verwendet:

$$F = \underbrace{\frac{\sum_{i=1}^{n} \int_0^{\infty} (x_i(t) - w_i x_{R,i}(t))^2 dt}{\sum_{i=1}^{n} \int_0^{\infty} x_i^2(t)}}_{\text{Modellnachbildung}} - \underbrace{k \cdot \mathrm{sum}(I)}_{\text{Modellkomplexität}} . \qquad (7)$$

Der Teil *Modellnachbildung* der Fitneßfunktion berechnet die normierte quadratische Fläche zwischen den einzelnen Zustandsverläufen des Originalsystems und des reduzierten Systems. Der Teil *Modellkomplexität* besteht lediglich aus der Anzahl der vorhandenen Einsen in einem Individuum (also der Anzahl der Nullelemente in $\boldsymbol{E}$ bzw. $\boldsymbol{W}$) multipliziert mit einem vorgebbaren Faktor $k \geq 0$. Kleine Fitnesswerte kennzeichnen demnach gute Approximationsgüte *und* geringe Modellkomplexität.

Für die Generierung immer neuer zu bewertender Individuen sorgen die folgenden vier *genetischen Operationen*:

1. Selektion: Angewendet wird die Wettkampfselektion [6], bei der aus der Population ξ Individuen ($2 \leq \xi < \mu$, μ: Populationsgröße) mit gleicher Selektionswahrscheinlichkeit $p_S = 1/\mu$ gezogen werden und das Beste unter ihnen für die Erzeugung von Nachkommen ausgewählt und in einem Pool gespeichert wird. Dies wird μ-mal wiederholt, so daß sich in dem Pool μ Individuen befinden. Durch die Veränderung des Parameters ξ kann der Selektionsdruck verändert werden kann, worauf später noch genauer eingegangen wird.

2. Crossover: Es werden zwei Eltern aus dem Pool ausgewählt und mit der Wahrscheinlichkeit $p_C = 0{,}7$ ein 2-Punkt-Crossover durchgeführt, um zwei Nachkommen zu erzeugen:

```
Eltern:                Nachkommen:
0 0 1 | 1 1 | 0 0  →   0 0 1 | 0 1 | 0 0
1 0 0 | 0 1 | 1 0  →   1 0 0 | 1 1 | 1 0
```

Die Crossover-Stellen werden dabei zufällig bestimmt.

3. Mutation: Die erzeugten Nachkommen werden dann mit der Wahrscheinlichkeit $p_M = 1/L$ (L: Länge der Individuen, vorgeschlagen von Mühlenbein in [7]) mutiert, wobei ein stochastisch gewähltes Bit gekippt wird:

```
Nachkomme:             Nachkomme, mutiert:
0 0 1 0 1 0 0      →   0 0 1 0 1 1 0
```

4. Ersetzen: Die erzeugten Nachkommen ersetzen ihre Eltern vollständig in der neuen Population. Alternativ kann das beste oder können die besten Eltern mit in die neue Population übernommen werden, wobei sie die schlechtesten Nachkommen ersetzen.

Der GA nach Bild 1 kann abgebrochen werden, sobald eines der beiden folgenden Kriterien erfüllt wird:

1. Die Fitneß des besten Individuums unterschreitet einen bestimmten Fitneßwert.
2. Die Höchstanzahl an berechneten Generationen wurde erreicht.

Solange keine der beiden Abbruchbedingung erfüllt ist, wird der GA durchlaufen und es werden immer neue Generationen von Individuen generiert und bewertet.

3 Anwendung an einem Beispielsystem

Um die Funktionsweise zu überprüfen wurde ein einfaches Beispielsystem gewählt, dessen Ergebnisse sich gut interpretieren lassen. Es handelt sich dabei um einen Prüfstand, bestehend aus einem Verbrennungsmotor, der durch eine flexible Welle mit einer federnd gelagerten Wirbelstrombremse verbunden ist [1]. Eingangsgrößen des Systems sind die Drosselklappenstellung u_1 des Verbrennungsmotors und die Steuergröße u_2 der Wirbelstrombremse.

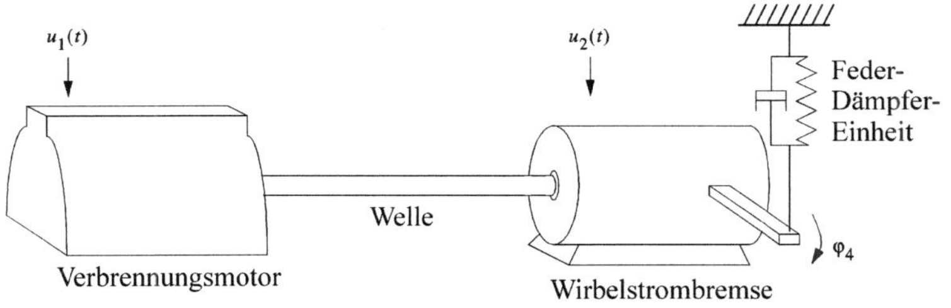

Bild 2 Aufbau des Prüfstandes

Der schematische Aufbau ist im nächsten Bild dargestellt. Die flexible Welle wird dabei recht aufwendig durch drei Schwungmassen, zwei Federn und zwei schwach wirkenden Dämpfern nachgebildet.

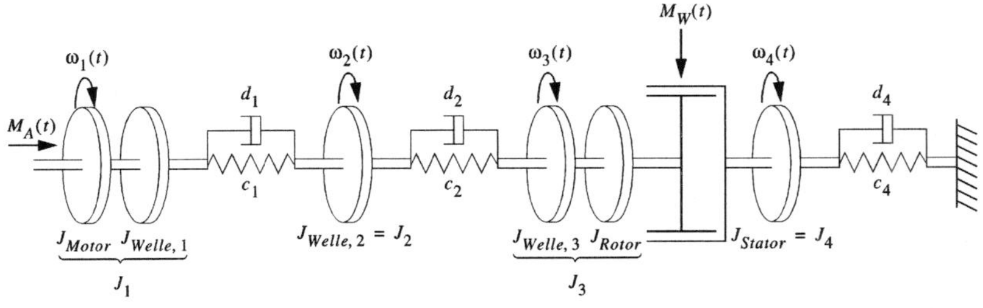

Bild 3 Schematischer Aufbau des Prüfstandes, $n = 7$

Dieses System hat eine Ordnung von $n = 7$, wobei die Zustände die vier Drehzahlen ω_1 bis ω_4 und die drei Momente M_1 (an J_1 und J_2 angreifendes Moment), M_2 (an J_2 und J_3 angreifendes Moment) und M_4 (an J_4 angreifendes Moment) sind. Die Systemmatrizen und der Vektor $\boldsymbol{g}(\boldsymbol{x}, \boldsymbol{u})$ lauten dann wie folgt:

$$A = \begin{bmatrix} 0 & 0 & 0 & 0 & 20/3 & 0 & 0 \\ 0 & 0 & 0 & 0 & 0 & 0 & 100 \\ 0 & 0 & 0 & -2 & 0 & 0 & 0 \\ 0 & 0 & 2000 & -100 & 0 & 0 & 0 \\ 5000 & 0 & 0 & 0 & -1020 & -5000 & 1000 \\ 0 & 0 & 0 & 0 & 333{,}3 & 0 & -333{,}3 \\ 0 & -5000 & 0 & 0 & 1000 & 5000 & -1300 \end{bmatrix}, \quad F = \begin{bmatrix} 20/3 & 0 \\ 0 & -100 \\ 0 & 2 \\ 0 & 100 \\ 20 & 0 \\ 0 & 0 \\ 0 & 300 \end{bmatrix},$$

$$B = 0, \qquad g(x, u) = \begin{bmatrix} (50 + 50 \cdot u_1) \cdot e^{-\left(\frac{x_1 + 200 - 600 \cdot u_1}{200 + 300 \cdot u_1}\right)} \\ u_2^2 \cdot (x_2 - x_3) \end{bmatrix},$$

mit den Zustandsgrößen

$$x^T = \begin{bmatrix} \omega_1 & \omega_3 & \omega_4 & M_4 & M_1 & \omega_2 & M_2 \end{bmatrix}.$$

Um zu Vergleichszwecken eine Ordnungsreduktion *von Hand* durchzuführen, werden die Zustände $x_1 = \omega_1$, $x_3 = \omega_4$ und $x_4 = M_4$ als dominant angesehen. Es wird also die Systemordnung von 7 auf 3 reduziert. Physikalisch hat das die Bedeutung, daß die Welle nunmehr als starr angesehen und nur noch durch eine Schwungmasse modelliert wird, wie im nächsten Bild zu sehen ist.

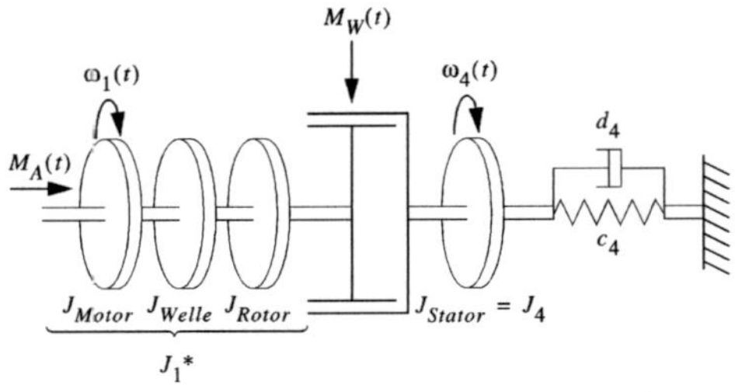

Bild 4 Schematischer Aufbau mit starrer Welle, $n = 3$

Die Systemmatrizen des von Hand reduzierten Systems dritter Ordnung lauten dann wie folgt:

$$A_R = \begin{bmatrix} 0 & 0 & 0 \\ 0 & 0 & -2 \\ 0 & 2000 & -100 \end{bmatrix}, \quad B_R = \begin{bmatrix} 0 & 0 \\ 0 & 0 \\ 0 & 0 \end{bmatrix}, \quad F_R = \begin{bmatrix} 6{,}135 & -6{,}135 \\ 0 & 2 \\ 0 & 100 \end{bmatrix}. \tag{8}$$

Dieses Modell gibt das Verhalten der drei Zustandsgrößen ω_1, ω_4 und M_4 sehr gut wieder, wie in Bild 5 zu sehen ist. Mit Hilfe der oben angegebenen Fitneßfunktion wird hier ein Wert von 289 ermittelt.

Für die nun folgenden *Berechnungen* des reduzierten Systems werden dem Algorithmus ebenfalls die drei Zustandsgrößen $x_1 = \omega_1$, $x_3 = \omega_4$ und $x_4 = M_4$ als dominant vorgegeben. Der Algorithmus *ohne* Nebenbedingung liefert dann die Systemmatrizen

$$\boldsymbol{A}_R = \begin{bmatrix} 0 & -44 & -3{,}2 \\ 0 & -0{,}1 & -2 \\ 0 & 2000 & -100 \end{bmatrix}, \quad \boldsymbol{B}_R = \begin{bmatrix} -2{,}5 & -22 \\ 0 & 0 \\ 0 & 0 \end{bmatrix}, \quad \boldsymbol{F}_R = \begin{bmatrix} 6 & -2{,}6 \\ 0 & 2 \\ 0 & 100 \end{bmatrix}. \tag{9}$$

Auch dieses System bildet die drei Zustandsgrößen ω_1, ω_4 und M_4 sehr gut wieder, allerdings ist zu erkennen, daß die Systemkomplexität im Vergleich zu dem von Hand reduzierten Modell zugenommen hat. Der Fitneßwert dieses Modells beträgt 205.

Werden nun mit Hilfe des GA Nebenbedingungen erzeugt, so erhält man nach einigen Generationen als beste Lösung folgende Systemmatrizen:

$$\boldsymbol{A}_R = \begin{bmatrix} 0 & 0 & -33{,}3 \\ 0 & 0 & 0 \\ 0 & 0 & -100 \end{bmatrix}, \quad \boldsymbol{B}_R = \begin{bmatrix} 0 & 0 \\ 0 & 0 \\ 0 & 0 \end{bmatrix}, \quad \boldsymbol{F}_R = \begin{bmatrix} 6 & -2{,}7 \\ 0 & 0 \\ 0 & 100 \end{bmatrix}. \tag{10}$$

Wie zu erkennen ist, nimmt nicht nur die System*komplexität* ab, sondern auch die System*ordnung*, die jetzt nur noch 2 beträgt. Der Fitneßwert beträgt bei diesem System 82. Physikalisch macht die Reduzierung auf Ordnung $n_R = 2$ durchaus Sinn. Das System „Prüfstand" besteht aus zwei Subsystemen: zum einen dem rotierenden System aus der Schwungmasse des Verbrennungsmotors, der Welle und dem Anker der Wirbelstrombremse, zum anderen aus der Masse des federnd gelagerten Stators der Wirbelstrombremse. Diese beiden Subsysteme sind lediglich über das Moment gekoppelt, das vom elektrischen Feld in der Wirbelstrombremse erzeugt wird. Die Zustandsgröße x_2, die Drehzahl ω_4 des Stators der Wirbelstrombremse, wird demnach nur sehr gering bei sprunghaften Stellgrößenänderungen angeregt, der Optimierungsalgorithmus setzt daher diese Größe zu null.

Die folgende Abbildung zeigt die Verläufe von sämtlichen sieben Zustandsgrößen, wie sie im Originalsystem vorkommen. Die fehlenden vier Größen der ordungsreduzierten Systeme 3. Ordnung werden mit Hilfe der Matrix $\boldsymbol{W}$ berechnet. Dargestellt sind die Verläufe der Zustandsgrößen des Originalsystems, des berechneten Modells *ohne* Nebenbedingungen (linker Fitneßwert in Bild 5), des von Hand reduzierten Modells (mittlerer Fitneßwert) und des berechneten Modells *mit* Nebenbedingungen (rechter Fitneßwert). Bei allen sieben Zustandsgrößen ist zu erkennen, daß es keine signifikanten Unterschiede in den Zeitverläufen gibt und die drei hier präsentierten Modelle das Originalsystem ausreichend genau nachbilden.

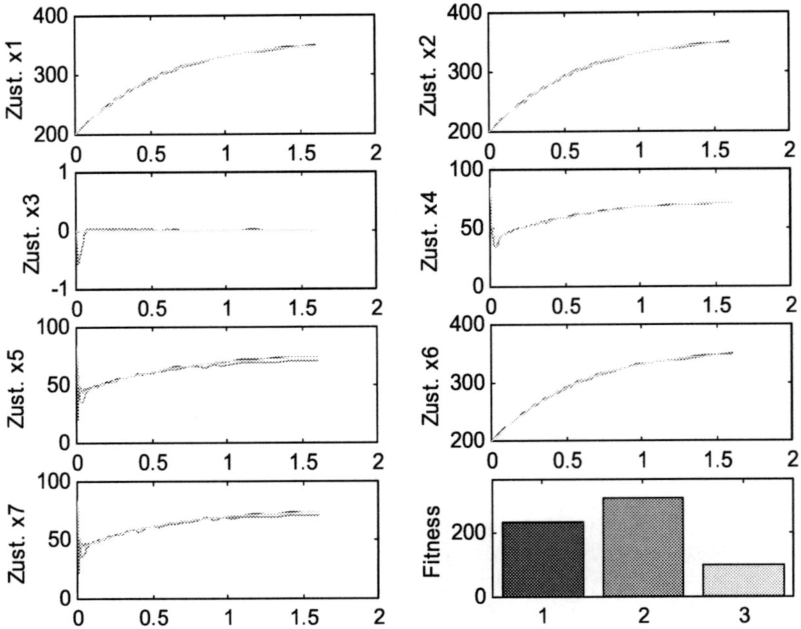

Bild 5 Zeitverläufe der Zustandsgrößen und Fitneßwerte

4 Gestalt der Fitneßfunktion und Eignung des GA

Der Einsatz von Genetischen Algorithmen macht nur dann Sinn, wenn das Optimierungsproblem eine gewisse innere Ordnung hat, so daß der Algorithmus nicht zu einem stochastischen Suchprozeß wird. Erschwert wird der Optimierungsprozess, wenn das Prinzip „kleine Ursache, kleine Wirkung" verletzt ist [6]. Ein wichtiges Kriterium hierfür ist die Fitneßänderung (Wirkung), wenn ein Bit in einem Individuum gekippt wird (Ursache). Wünschenswert wäre es, diesen Zusammenhang in einer „Fitnesslandschaft" grafisch darstellen und beurteilen zu können. Beim vorliegenden Problem ist dies aber nicht ohne weiteres in Form eines 3D-Plots möglich, da die Zahl variabler Parameter weit größer als zwei ist. Um trotzdem eine grafische Darstellung des Problems zu erhalten, wird von dem besten Individuum ausgegangen, das in Gleichung (10) dargestellt ist. Zunächst werden die Fitneßwerte sämtlicher Individuen mit der Hamming-Distanz[1] eins berechnet und hiervon die Besten ausgewählt. Für diese werden jeweils wiederum die Fitneßwerte der Individuen mit der Hamming-Distanz eins berechnet und die Besten ausgewählt. So werden die Fitneßwerte von Individuen bis zu einer beliebigen „Tiefe" ermittelt. Die Individuen der Tiefe *k* erfüllen dabei folgende Kriterien: Sie haben die

[1] Die Hamming-Distanz beschreibt die Anzahl der Bits, die zwei Strings voneinander unterscheidet. Sind z. B. die beiden Strings bis auf ein Bit identisch, so beträgt die Hamming-Distanz eins.

Hamming-Distanz von eins zu dem korrespondierenden Individuum der Tiefe $k-1$ und die Hamming-Distanz k zu dem besten Individuum, dem Ausgangspunkt der Berechnungen.

Die grafische Darstellung der ermittelten Werte erfolgt in Bild 6, links. Wiederum ausgehend vom absolut besten Individuum mit den Koordinaten (0; 0; 82) werden auf einem Kreis mit dem Radius eins die Fitneßwerte der fünf besten Individuen mit der Hamming-Distanz eins geplottet. Auf einem Kreis mit dem Radius zwei wird dann jeweils nur noch der Fitneßwert des besten Individuums mit der Hamming-Distanz zwei zum absolut besten und der Hamming-Distanz eins zum korrespondierenden Individuum der Tiefe eins geplottet usw. Im Bild 6, links sind die Fitneßwerte bis zur Tiefe $k = 15$ dargestellt.

Es ist zu erkennen, daß bis zu einer Tiefe von $k = 10$ die Änderung der Fitneßwerte nur sehr gering ist und dann stark ansteigt. Es gibt demnach eine recht große Anzahl von guten Individuen in der Nähe der besten (hier gefundenen) Lösung, was in der rechten Grafik in Bild 6 noch einmal deutlicher dargestellt ist. Geplottet wurden jetzt jeweils die drei besten Individuen mit der Hamming-Distanz eins eines jeden Individuums. Auch hier liegen die Fitneßwerte der Individuen in einem relativ kleinen Intervall [82; 95], womit zumindest hier die Forderung „kleine Ursache, kleine Wirkung" erfüllt ist.

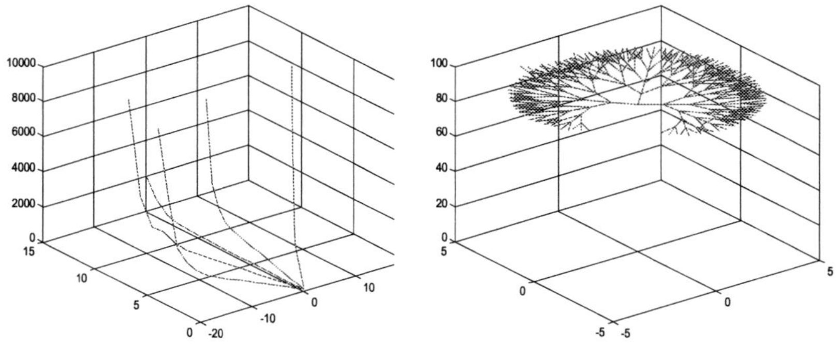

Bild 6 Darstellung des Suchraumes

Für das hier betrachtete Optimierungsproblem bedeutet dies, daß es eine verhältnismäßig große Anzahl an Individuen mit guter Fitneß gibt, die sich alle in der Nähe der besten Lösung befinden und eine sehr große Anzahl an Individuen mit sehr schlechter Fitneß, die eine große Hamming-Distanz zur besten Lösung aufweisen. Bei der Durchführung des GA macht sich dieses dahingehend bemerkbar, daß es nach nur wenigen Generationen eine hohe Anzahl von Individuen in der Population gibt, die bereits eine gute Fitneß aufweisen. Wird dann der Selektionsdruck, der zu Beginn der Suche einen Minimalwert von $\xi = 2$ aufweist *nicht* erhöht, stagniert meistens die Fitneß der bis dahin gefundenen besten Lösung (siehe nächste Abbildung). Erst bei Erhöhung des Selektionsdrucks werden wieder bessere Lösungen gefunden. Das liegt auch daran, daß bei dem Crossover von zwei guten Lösungen, die sich bereits in der Nähe des optimalen Individuums befinden, kein Individuum entstehen kann, das eine schlechte Fitneß aufweist. Die beiden guten Lösungen enthalten bereits physikalisch sinnvolle Nebenbedingungen für die Ordnungsreduktion, die aufgrund der Segmentlänge von eins nicht mehr verworfen werden können.

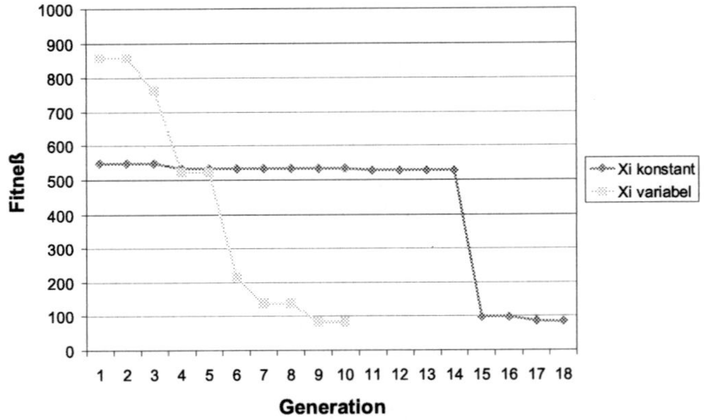

Bild 7 Fitneß des besten Individuums bei konstantem und variablem Selektionsdruck

5 Alternative Fitneßfunktion

Die schnellere Konvergenz des Suchalgorithmus' aufgrund des variablen Selektionsdrucks führt bereits zu einer verkürzten Rechenzeit. Die Fitneßberechnung in Gleichung (7) ist aber aufgrund der durchzuführenden Simulationen der ordnungsreduzierten Systeme selbst auf schnellen Rechnersystemen immer noch sehr zeitaufwendig, so daß es wünschenswert wäre, eine alternative Fitneßfunktion zu finden, die auf eine Simulation verzichtet. In der Tat gelingt dies mit der folgenden Fitneßfunktion F_2:

$$F_2 = \underbrace{\frac{\int_0^\infty (\dot{\boldsymbol{x}}_{do}(t) - \boldsymbol{A}_R \boldsymbol{x}_{do}(t) - \boldsymbol{B}_R \boldsymbol{u}(t) - \boldsymbol{F}_R \boldsymbol{g}(\boldsymbol{W}\boldsymbol{x}_{do}(t), \boldsymbol{u}(t)))^2 dt}{\int_0^\infty \boldsymbol{x}_{do}^2(t)}}_{\text{Modellnachbildung}} - \underbrace{k \cdot \mathrm{sum}(I)}_{\text{Modellkomplexität}} \quad . \qquad (11)$$

Anstatt die Approximationsgüte nach (7) exakt aus $\boldsymbol{x}_R(t)$ zu berechnen, wird die erreichbare Güte abgeschätzt, und zwar anhand des Fehlers, der in Gleichung (3) bei Einsetzen der (bekannten) Verläufe $\boldsymbol{x}_{do}(t)$ entsteht. Somit brauchen für eine Fitneßbewertung nur die Systemmatrizen des reduzierten Systems berechnet werden, auf eine Simulation des ordnungsreduzierten Systems kann verzichtet werden. Diese neue Fitneß F_2 hängt mit der alten Fitneßberechnung allerdings nur mittelbar zusammen und liefert deshalb lediglich eine *Tendenz*. Es können somit gute und schlechte Lösungen unterschieden werden, so daß nach einigen Generationen die Population aus Individuen besteht, die auch mit der herkömmlichen Bewertungsmethode (7) eine gute Fitneß aufweisen. Wird nach einigen Generationen anstatt der neuen die alte, rechenintensivere Fitneßberechnung verwendet, sind nur noch wenige weitere Generationen notwendig, um eine sehr gute Lösung zu finden. So ist in der nachstehenden Abbildung zu erkennen, daß für die ersten dreizehn Generationen die neue, schnell zu berechnende Fitneßbewertung verwendet wird und für die letzten beiden Generationen die alte Fitneßberechnung.

Die lange Stagnationsphase von der fünften bis zur dreizehnten Generation ist hier nicht von großem Belang, da in der Abbildung nur die Fitneß des besten Individuums dargestellt ist. Die durchschnittliche Fitneß der Population wird sich auch während der vermeintlichen Stagnationsphase weiterhin verbessern, so daß eine geeignete „Startpopulation" für die Suche mit der herkömmlichen Fitneßberechnung ab Generation 14 generiert wird.

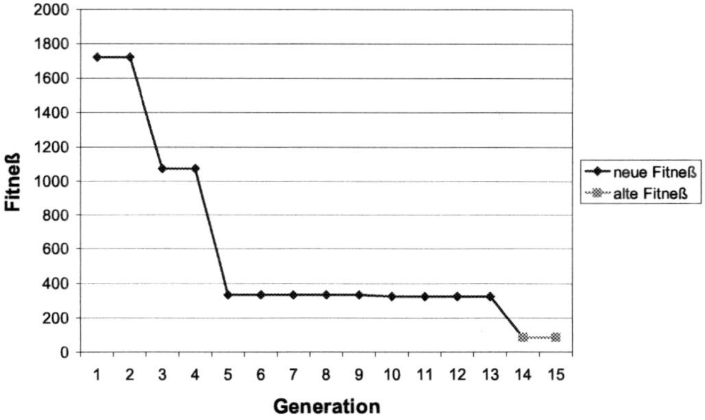

Bild 8 Fitneßverlauf mit neuer und alter Fitneßberechnung

6 Zusammenfassung und Ausblick

Es wurde ausgehend von dem bekannten Ordnungsreduktionsverfahren [1], [2] eine Lösung vorgeschlagen, die auftretende hohe Systemkomplexität der reduzierten Modelle zu verringern, indem mit Hilfe eines Genetischen Algorithmus' geeignete Nebenbedingungen für die Berechnung der ordnungsreduzierten Systeme generiert werden. Anhand eines Beispielsystems wurde die Funktionsweise demonstriert und auf die Besonderheiten dieses Optimierungsproblems eingegangen.

Die Verwendung eines variablen Selektionsdrucks verringert die Anzahl der zu berechnenden Generationen und somit auch die benötigte Rechenzeit zum Auffinden einer optimalen Lösung. Die Einführung einer alternativen Fitneßberechnung, die auf die Simulation der ordnungsreduzierten Systeme verzichtet, verkürzt die Berechnungszeit noch einmal erheblich.

In der Zukunft wird der Algorithmus an einem weiteren System getestet, das eine wesentlich höhere Ordnung aufweist, als das hier vorgestellte. Es bleibt abzuwarten, ob der Suchraum die gleichen Charakteristika aufweisen wird: schlechte Fitneß für Individuen mit einer großen Hamming-Distanz zum Optimum, gute Fitneßwerte für Individuen in der Nähe des Optimums. Ferner soll untersucht werden, ob es sinnvoll ist, die Bits zu markieren, bei deren Mutation eine signifikante Fitneßänderung auftritt. So ließen sich für diese Bits schnell die geeigneten Werte finden, was den Suchraum stark einschränken würde.

7 Literatur

[1] Lohmann, B.: *Ordnungsreduktion und Dominanzanalyse nichtlinearer Systeme*, VDI-Fortschrittsberichte, Reihe 8, VDI-Verlag, Düsseldorf, 1994.

[2] Lohmann, B.: *Order Reduction and Determination of Dominant State Variables of Non-linear Systems*. In: Proc. of the IMACS Symposium on Mathematical Modelling, 1st MATHMOD, Vienna 1994, 239 – 243 and Mathematical Modelling of Systems, Vol. 1, (1995), 77 – 90, (extended version).

[3] Buttelmann, M., Lohmann, B.: *Model Simplification And Order Reduction of Non-linear Systems With Genetic Algorithms*. Proceedings of the IMACS Symposium on Mathematical Modellung, 3rd MATHMOD, Vienna 2000, p. 777 – 781.

[4] Buttelmann, M., Lohmann, B.: *Genetische Algorithmen für die Strukturvereinfachung nichtlinearer, ordnungsreduzierter Systeme*. Proceedings 10. Workshop Fuzzy Control des GMA-FA 5.22, Dortmund 2000, S. 140 – 149.

[5] Schöneburg, E, et al.: *Genetische Algorithmen und Evolutionsstrategien*. Addison-Wesley, 1994.

[6] Nissen, V.: *Einführung in Evolutionäre Algorithmen*. Vieweg, 1997.

[7] Mühlenbein, H.: *How Genetic Algorithm Really Work I. Mutation and Hillclimbing*. In: Männer, R., Manderick, B. (Hrsg.): *Parallel Problem Solving from Nature, Proceedings of the Second Conference on Parallel Problem solving from Nature*. Amsterdam, North-Holland, 1992.

Nichtlineare H_∞-Regelung: Einführende Darstellung und Anwendung

Dadi Hisseine
Institut für Automatisierungstechnik, Universität Bremen
Kufsteinerstrasse NW1, 28359 Bremen
Email: hisseine@iat.uni-bremen.de

Kurzfassung

In diesem Beitrag wird eine einführende Darstellung der nichtlinearen H_∞-Entwurfsmethode gegeben. Um den Zugang zu erleichtern werden zuerst einige Kernbegriffe wie Passivität und Dissipativität erläutert. Dann werden Entwurfsaufgabe und Lösungsweg dargestellt und anschließend am Beispiel einer flexiblen mechanischen Struktur veranschaulicht.

1 Einführung

Die nichtlineare H_∞-Entwurfsmethode ist ein relativ neues Verfahren für die Reglersynthese nichtlinearer Systeme. Das nichtlineare H_∞-Reglerentwurfsproblem, welches im Rahmen dissipativer Systemtheorie behandelt wird, kann auch unmittelbar aus spieltheoretischen Überlegungen als eine Minimax-Optimierungsaufgabe formuliert werden, welche die L_2-Verstärkung von den äußeren Eingängen (Referenz- und/oder Störsignale) zu den geregelten Ausgängen (z.B. Folgefehler) minimiert. Unterdrückung von Störeinflüssen auf die geregelten Ausgänge bei gleichzeitigem Erzielen asymptotischer Stabilität des geschlossenen Regelkreises ist ein Kernentwurfsziel der nichtlinearen H_∞-Methodik.

Eine umfassende Darstellung der H_∞-Theorie vom Standpunkt der Spieltheorie kann man in [4] finden. Die allgemeine Formulierung des nichtlinearen H_∞-Regelungsproblems im Rahmen dissipativer Beschreibungsaspekten ist unter anderem in [26] nachzulesen. Nach einführender Erläuterung von einigen zentralen Begriffen wie Passivität und Dissipativität, die unmittelbar mit physikalischen Systemeigenschaften verknüpft sind und eine fundamentale Rolle zur Beschreibung des Eingang-Ausgangsverhaltens nichtlinearer Systeme spielen, wird das Prinzip des nichtlinearen H_∞-Reglerentwurfs dargestellt. Zur Veranschaulichung dieser Entwurfsmethodik, wird eine nach diesem Verfahren ausgelegte Regelung eines flexiblen Roboterarms vorgestellt.

2 Ein-/Ausgangsbeschreibung nichtlinearer Regelungssysteme

2.1 Vorbetrachtung

Bei der Analyse nichtlinearer Regelkreise ist die *Stabilität* eine Kerneigenschaft, zu der es unterschiedliche Definitionen gibt. Von den bewährten Analyse- und Entwurfsverfahren nichtlinearer Systeme ist sicherlich die Ljapunov-Theorie eines der effektivsten Werkzeuge. Ein der Ljapunov-Theorie anhaftender Nachteil war für lange Zeit der Mangel an Verfahren zur *Konstruktion* von Ljapunov-Funktionen, für die auch heute, trotz der Vielzahl an Verfahren, eine allgemeingültige und systematische Vorgehensweise fehlt. Von den früheren Versuchen, diesen Nachteil zu überwinden, blieb der Ansatz der *absoluten Stabilität* von Lurie [27] sehr einflußreich, dessen Ausgangspunkt die Standardstruktur in Bild 1 war, bestehend aus einem linearen Teilsystem im Vorwärtszweig sowie aus einem (auf einem Sektor beschränkten) nichtlinearen Teilsystem im Rückführzweig. Das Problem der absoluten Stabilität, welches das Stabilitätsverhalten einer ganzen Klasse von möglichen Nichtlinearitäten bzw. Kennlinien beschreibt, wurde zuerst von Popov [22] im Frequenzbereich (Popov-Kriterium) gelöst. Unmittelbar danach folgte die Lösungsformulierung im Zustandsraum durch das bekannte Kalman-Yakubovich-Popov-Lemma

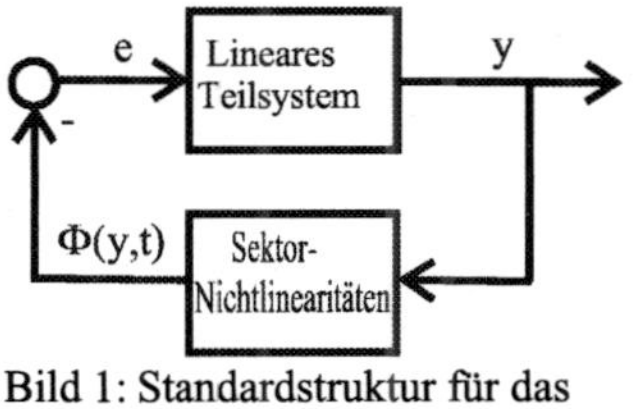

Bild 1: Standardstruktur für das absolute Stabilitätsproblem

(Lemma über positiv reelles Verhalten) [20]. Zu den wesentlichen Beiträgen des Popov'schen Stabilitätskriteriums gehört die Einführung des Passivitätskonzepts (positiv reelles Übertragungsverhalten) als eine fundamentale Eigenschaft in Regelungssysteme [23].

Im Gegensatz zur Stabilitätsanalyse mit Hilfe von Ljapunov-Theorie interessiert bei der *Ein-/Ausgangsbeschreibung* nicht in erster Linie das Verhalten der inneren Zustandsgrößen eines Systems, sondern sein *Übertragungsverhalten*. Das Ziel der Ein-/Ausgangsbeschreibung besteht also darin, die Eigenschaften eines Übertragungssystems über die Eigenschaften seiner Eingangssignale und die dazugehörigen Ausgangssignale zu beschreiben. Demzufolge stellt sich jedoch die Frage, welche Signaleigenschaften eigentlich von erheblichem Interesse sind. Von ingenieurtechnisch besonderem Interesse ist bei einem Signal, ob seine Amplitude beschränkt ist und/oder ob es eine endliche Energie besitzt. Bei anschaulicher Modellierung der maximalen Amplitude eines Signals $x(t)$ als $\sup_t |x(t)|$ und der Energie als $\int_0^\infty x^H(\tau)\cdot x(\tau)d\tau$ ($(\cdot)^H$ steht für konjugiert komplex und transponiert) kann man diese Eigenschaften mathematisch über die Funktionenräume L_∞ und L_2 beschreiben: Ist x ein L_∞-Signal, so muß also seine Amplitude beschränkt sein; Ist x ein L_2-Signal, so muß es quadratisch integrierbar sein, d.h. sein Energieausdruck einen endlichen Wert besitzen.

Die Beschreibung von Signaleigenschaften über solche Funktionenräume ist Gegenstand der Funktionalanalysis, ein breites Teilgebiet der Mathematik, das die Analysis und lineare Algebra verknüpft, mit einer Fülle von allgemeinen Sätzen, aus denen man unmittelbar Aussagen über nichtlineare Regelungssysteme gewinnen kann wie allgemeine Stabilitätssätze und Abschätzungen von Systemgrößen. Charakteristisch für die Funktionalanalysis ist das Funktional oder der Operator (also die Abbildung). Für regelungstechnische Betrachtungen werden die Funktionenräume L_q (L steht für Lebesgue und $q = 1,2,\ldots,\infty$) oder deren Erweiterungen L_{qe} im Vordergrund stehen, welche vollständig normierte lineare Räume, sogenannte Banachräume sind. Für eine umfassende Beschreibung dieser Signalräume sei auf die Literatur [10] verwiesen. Nachfolgend geben wir zu Funktionenräumen einige Definitionen. Dabei werden wir nur rechtsseitige reelle Funktionen $f:\Re_+ \to \Re$ betrachten.

◊ Der **Raum $\mathbf{L_q}$** ist der Raum, der in der q-ten Potenz ($1 \le q \le \infty$) über dem Gebiet G ($[0, \infty[$) absolut, im Sinne von Lebesgue, integrierbaren Funktionen f. Dieser Raum wird durch

$$\|f\|_q := \left[\int_G |f|^q dt\right]^{\frac{1}{q}} \text{ normiert.} \tag{2.1}$$

◊ Der **Raum $\mathbf{L_\infty}$** umfaßt alle Funktionen, die überall im Gebiet G beschränkt sind. Die Norm in diesem Raum ist die Supremumnorm: $\|f(t)\|_\infty := \sup_{t\in[0,\infty[} |f(t)| < \infty$. (2.2)

Der Funktionenraum L_∞ ist der Raum aller beschränkten Signale.

◊ Der **Raum $\mathbf{L_2}$** ist ein sogenannter *Innenproduktraum*, aus dessen Skalarprodukt die Norm $\|f\|_2$ abgeleitet werden kann:

$$\text{Innenprodrukt: } \prec f_1, f_2 \succ = \int_0^\infty f_1^H(\tau)\cdot f_2(\tau)d\tau\,, \tag{2.3}$$

$$\text{Norm: } \|f\|_2 := \sqrt{\prec f, f \succ} = \left[\int_0^\infty f^H(\tau)\cdot f(\tau)d\tau\right]^{\frac{1}{2}} = \left[\int_0^\infty |f(\tau)|^2 d\tau\right]^{\frac{1}{2}}. \tag{2.4}$$

Somit ist der Signalraum L_2 ein Hilbertraum (also ein Banachraum mit Innenprodukt). Die Funktionen im L_2-Raum repräsentieren Signale, die endliche Energie über das unendliche Zeitintervall $[0,\infty[$ besitzen. Bei der Beschreibung des Übertragungsverhaltens von Systeme ist man aber oft mit Signalen (wie beispielsweise $\sin t$, e^t) konfrontiert, die keine endliche Energie besitzen, und daher nicht zum Raum L_2 gehören, aber wenigstens in einem endlichen Zeitintervall $[0,T]$ quadratisch integrierbar sind. Um sich nicht unnötig einschränken zu müssen, erweitert man deshalb den Signalraum L_2, so daß derartige Funktionen zugelassen werden. Man führt sogenannte abgebrochene Funktionen ein,

$$f_T(t) := \begin{cases} f(t), & \text{für } t \le T \\ 0, & \text{für } t > T \end{cases} \tag{2.5}$$

und damit wird ein erweiterter Funktionenraum L_{2e} definiert, der aus abgebrochenen Funktionen gebildet wird, und ebenso wie L_2 ein Hilbertraum ist: $L_{2e} = \{f \,/\, f_T \in L_p, \forall T \ge 0\}$.

Zum Zweck des Entwurfs „stabiler" Systeme werden wir stets die Zugehörigkeit der relevanten Signale zu L_2 bzw. zu L_{2e} anstreben.

Am Beispiel der Regelkreisstruktur in Bild 2 wenden wir uns nun der Frage zu, unter welchen Bedingungen, bei der Annahme energiebegrenzter Eingangssignale, dann Energiebeschränktheit interner Signale des Regelkreises gewährleistet ist.

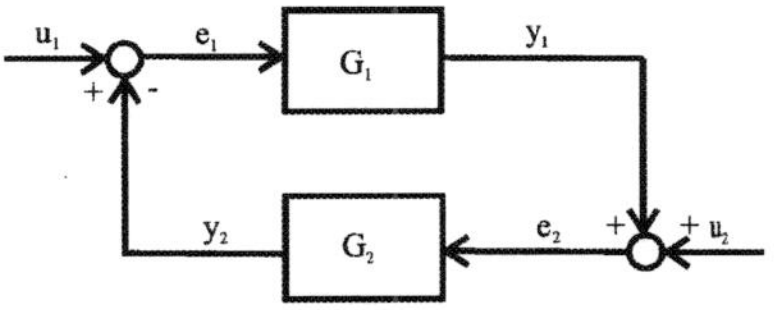

Bild 2: Standardregelkreisstruktur

Sei angenommen, daß die Teilübertragungssysteme G_1 und G_2 nichtlinear oder linear, aber kausal sind, und die Eingangsgrößen u_1 und u_2 des Regelkreises L_2-Signale sind, also endliche Energie besitzen. Das Ziel unserer Aufgabenstellung besteht darin, wie bereits erwähnt, hinreichende Bedingungen aufzustellen, unter denen die internen Größen e_1, e_2, y_1 und y_2 des Regelkreises ebenfalls eine endliche Energie besitzen. Man nennt den Regelkreis dann L_2*-stabil.*

Die Lösung unserer Aufgabe kann im Rahmen des physikalischen Passivitätskonzepts ermittelt werden. Der Passivitätsbegriff stammt aus der Analyse elektrischer Netzwerke und spielt eine zentrale Rolle in der Ein-/Ausgangsbeschreibung nichtlinearer Systeme.

2.2 Passivität

Motivation aus der Netzwerktheorie: Der Zugang zum Passivitätsbegriff kann am Beispiel eines elektrischen Netzwerkes (Eintor) anhand von Energie- bzw. Leistungsbilanzen veranschaulicht werden.

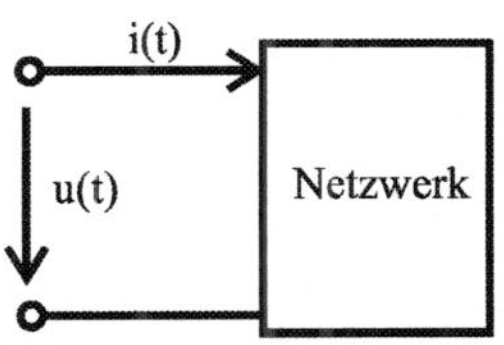

Bild 3

Sei $V(t)$ die Energie, die im Netzwerk gespeichert wird und $P_i(t)$ die generierte innere Leistung. Das Netzwerk gibt Energie ab, wenn die Leistungsungleichung $u(t) \cdot i(t) < 0$ ist, wogegen es bei $u(t) \cdot i(t) > 0$ Energie aufnimmt.

Aus der Leistungsbilanz ergibt sich die Modellgleichung: $\dot{V}(t) = u(t) \cdot i(t) + P_i(t)$ (2.6)

Für den Fall, daß keine Leistung im Netzwerk erzeugt wird, d.h. $P_i(t) \le 0$, erhält man (mit $V \ge 0$) folgende Abschätzung:

$$\int_0^t u(\tau)\cdot i(\tau)d\tau = V(t)-V(0)-\int_0^t P_i(\tau)d\tau \geq -V(0) \tag{2.7}$$

D.h. dem Netzwerk kann für $P_i(t)\leq 0$ maximal die Energie entzogen werden, die zum Anfangszeitpunkt in ihm gespeichert war. Das Netzwerk verhält sich offenbar wie ein passives Bauelement.

Die von außen zugeführte Leistung kann als Skalarprodukt $\mathbf{y}^T\mathbf{u}$ von der Eingangsgröße $\mathbf{u}$ und der Ausgangsgröße $\mathbf{y}$ dargestellt werden. Als Verallgemeinerung des obigen Beispiels kann ein Übertragungssystem passiv genannt werden, wenn für sein Übertragungsverhalten eine Beschreibung der Form $\dot{V}(t)=\mathbf{y}^T(t)\mathbf{u}(t)-\alpha(t)$ existiert, mit $V(t)\geq 0$ und $\alpha(t)\geq 0$.

Definition 2.1: Ein Übertragungssystem $G: L_{2e}^m \to L_{2e}^m \left(\text{bzw. } L_2^m \to L_2^m\right): \mathbf{u} \mapsto \mathbf{y}=G(\mathbf{u})$ mit der Eingangsgröße $\mathbf{u}$ und der Ausgangsgröße $\mathbf{y}$ heißt passiv, wenn es eine Konstante $\beta > -\infty$ gibt, so daß $\forall T\geq 0$ und beliebige $\mathbf{u}\in L_{2e}^m$ (bzw. $\mathbf{u}\in L_2^m$) folgende Ungleichung gilt:

$$\prec \mathbf{y},\mathbf{u} \succ_T = \int_0^T \mathbf{y}^T(\tau)\mathbf{u}(\tau)d\tau \geq \beta \quad (\text{bzw. } \prec \mathbf{y},\mathbf{u} \succ = \int_0^\infty \mathbf{y}^T(\tau)\mathbf{u}(\tau)d\tau \geq \beta) \tag{2.8}$$

Da man diese Gleichung auch als $-\prec \mathbf{y},\mathbf{u}\succ \leq -\beta < \infty$ schreiben kann, so interpretiert man, daß ein passives Übertragungssystem nur endliche Energie abgeben kann. Auch Rückopplungsstrukturen (und andere), die sich aus passiven Teilsystemen zusammensetzen, sind wiederum passiv (siehe Bild 4).

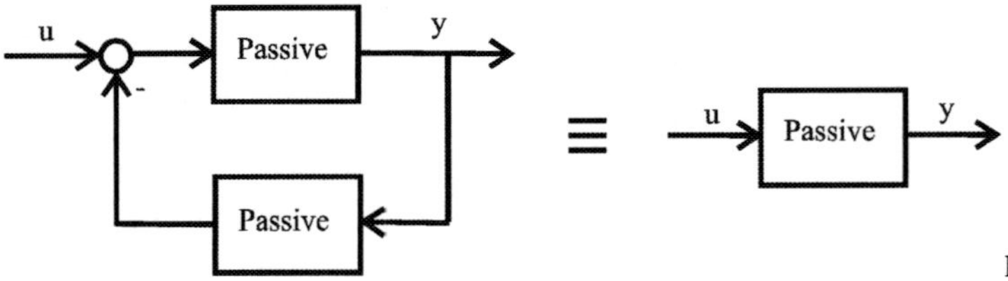

Bild 4.

Demnach ist der Regelkreis nach Bild 2 L_2-stabil, wenn G_1 und G_2 passiv sind. Es sei bemerkt, daß Verschärfungen des Passivitätsbegriffs (vergleiche Definition 3.2) darüber hinaus zur strengen L_2-Stabilität erlauben (siehe das Passivitätstheorem in [27]). Wenn wir im weiteren von L_2-Stabilität sprechen, dann meinen wir diese stets im strengen Sinne, d.h. also Stabilität mit endlicher L_2-Verstärkung.

2.3 L_2-Verstärkung

Zur weiteren Veranschaulichung des Verstärkungsbegriffs im L_2-Sinne, betrachten wir zuerst ein stabiles lineares System:

$$\begin{aligned}\dot{\mathbf{x}} &= \mathbf{A}\cdot\mathbf{x}+\mathbf{B}\cdot\mathbf{u}\\ \mathbf{y} &= \mathbf{C}^T\cdot\mathbf{x}\end{aligned} \tag{2.9}$$

Mittels Laplace-Transformation folgt für den eingeschwungenen Zustand die Übertragungsmatrix:

$$\mathbf{G}(s)=\mathbf{C}^T(\mathbf{sI}-\mathbf{A})^{-1}\mathbf{B} \quad \Leftarrow \quad \mathbf{Y}(s)=\mathbf{G}(s)\cdot\mathbf{U}(s) \quad \overset{Fourier}{\Rightarrow} \quad \mathbf{Y}(j\omega)=\mathbf{G}(j\omega)\cdot\mathbf{U}(j\omega). \tag{2.10}$$

• **Frage**: Wie lautet die L_2-Verstärkung dieses linearen Systems?

Das Parseval'sche Theorem besagt, daß die Energie im Zeitbereich bis auf eine Konstante gleich der im Frequenzbereich ist. Daraus folgt:

$$\begin{aligned}\|\mathbf{y}\|_2^{\,2} &= \int_0^\infty \mathbf{y}^H(\tau)\cdot\mathbf{y}(\tau)d\tau = \frac{1}{2\pi}\int_{-\infty}^{\infty}\mathbf{Y}^H(j\omega)\cdot\mathbf{Y}(j\omega)d\omega \\ &= \frac{1}{2\pi}\int_{-\infty}^{\infty}\mathbf{U}^H(j\omega)\cdot\mathbf{G}^T(-j\omega)\cdot\mathbf{G}(j\omega)\cdot\mathbf{U}(j\omega)d\omega = \frac{1}{2\pi}\int_{-\infty}^{\infty}\|\mathbf{G}(j\omega)\|^2\cdot\|\mathbf{U}(j\omega)\|^2 d\omega \\ &\le \left[\sup_\omega\|\mathbf{G}(j\omega)\|_2\right]^2\frac{1}{2\pi}\int_{-\infty}^{\infty}\|\mathbf{U}(j\omega)\|^2 d\omega = \left[\sup_\omega\|\mathbf{G}(j\omega)\|_2\right]^2\|\mathbf{u}\|_2^{\,2}\end{aligned} \tag{2.11}$$

$$\Rightarrow \|\mathbf{y}\|_2^{\,2} \le \gamma^2\cdot\|\mathbf{u}\|_2^{\,2} \quad \Rightarrow \gamma \overset{!}{=} \sup_\omega\|\mathbf{G}(j\omega)\|_2 \tag{2.12}$$

worin $\|\mathbf{G}\|_2$ die durch die Euklidische Vektornorm induzierte Matrixnorm ist, nämlich der größte Singulärwert von $\mathbf{G}$: $\sigma_{\max} = \sqrt{\lambda_{\max}\left(\mathbf{G}^H\cdot\mathbf{G}\right)}$. Demnach bezeichnet $\sup_\omega\|G(j\omega)\|_2$ den zusätzlich bezüglich ω gebildeten maximalen Singulärwert $\sigma_{\max}(\mathbf{G}(j\omega)) = \sup_\omega\sqrt{\lambda_{\max}\left(\mathbf{G}^T(-j\omega)\cdot\mathbf{G}(j\omega)\right)}$. Diese Norm ist bekannt als die H_∞-Norm von $\mathbf{G}(j\omega)$ (falls $\mathbf{G}(j\omega)$ als Element des Hardy-Raumes H_∞ [8] gesehen wird).

① **Antwort**: Die L_2-Verstärkung linearer Systeme ist der H_∞-Norm gleichbedeutend.

Aufgrund dieser Analogie wird die Terminologie H_∞ in der Entwurfsbezeichnung „nichtlineare H_∞-Regelung" geprägt, was als Entwurf nichtlinearer Systeme auf der Basis von L_2-Verstärkung zu verstehen ist. Außerdem sei es hier am Rande bemerkt, daß ähnlich wie im linearen Fall, wo die Beschränkung der H_∞-Norm einer gewissen Übertragungsmatrix des geschlossenen Regelkreises für die Robustheit der Stabilität notwendig und hinreichend ist, im nichtlinearen Fall die Beschränkung der L_2-Verstärkung (als hinreichende Bedingung) in Verbindung mit Störunterdrückung steht (vergleiche Abschnitt 4).

Sei nun als Übertragungssystem ein kausaler nichtlinearer dynamischer Operator G betrachtet, welcher gemäß $G: L_{2e}^m \to L_{2e}^m : \mathbf{u} \mapsto \mathbf{y} = G(\mathbf{u})$ definiert ist und lautet:

$$G: \begin{cases}\dot{\mathbf{x}} = \mathbf{f}(\mathbf{x},\mathbf{u}) \\ \mathbf{y} = \mathbf{h}(\mathbf{x},\mathbf{u})\end{cases}, \ \mathbf{x}(0) = \mathbf{x}_0 \in \Re^n, \tag{2.13}$$

wobei $\mathbf{x}\in\Re^n$ der Zustandsvektor, $\mathbf{u}\in\Re^m$ der Eingangsvektor und $\mathbf{y}\in\Re^m$ der Ausgangsvektor ist.

Definition 2.2 (L_2-Verstärkung): Das Übertragungssystem (2.13) besitzt eine (endliche) L_2-Verstärkung, wenn eine positive Konstante γ existiert, so daß für jeden beliebigen Anfangszustand $\mathbf{x}(0)$ eine endliche Konstante $\beta(\mathbf{x}_0)$ existiert, so daß $\forall T$ folgendes gilt:

$$\|\mathbf{y}_T\|_2 \le \gamma\cdot\|\mathbf{u}_T\|_2 + \beta(\mathbf{x}_0)\,. \tag{2.14}$$

Hiermit lässt sich analog zum linearen Fall ein Small-Gain-Theorem [27] formulieren: Ist die gesamte Verstärkung des Übertragungssystems im offenen Kreis kleiner als 1 (z.B. Bild 2: $\gamma_1(G_1)\cdot\gamma_2(G_2)<1$), so ist der geschlossene Regelkreis L_2-stabil.

Bemerkung: Die Begriffe Passivität und Small-Gain, welche als operatortheoretische Erweiterungen der grundlegenden Stabilitätsbedingungen linearer Systeme im Frequenzbereich angesehen werden und etwa eine vergleichbare Rolle wie eine Phasencharakteristik bzw. Amplitudencharakteristik in Nyquist-Bode-Theorie spielen, sind zwei grundsätzliche Werkzeuge zur Beschreibung des Ein-/Ausgangsstabilitätsverhaltens von Rückkopplungssystemen. Demzufolge kann für nichtlineare Systeme die Passivität als etwa eine „Phaseneigenschaft" [23] interpretiert werden, und die L_2-Verstärkung als das (maximale) Verhältnis von Ausgangs-zu Eingangsenergie (entsprechend der H_∞-Norm linearer Systeme).

3 Dissipative Systeme

Dissipativität ist eine Grundeigenschaft physikalischer Systeme, die eng mit dem intuitiven Phänomen von Verlust (oder Dissipation) von Energie gebunden ist. Typische Beispiele von dissipativen Systeme sind elektrische Netzwerke, in denen Teile der elektrischen und der magnetischen Energie als Wärme in den Widerständen dissipiert wird. Eine ähnliche Rolle wie der elektrische Widerstand spielen Dämpfer in mechanischen Systemen. Ein dissipatives System ist also dadurch ausgezeichnet, daß in einem derartigen System Energie nur dissipiert wird, d.h. in Wärme oder in andere innerhalb des Systems nicht mehr nutzbare Energieformen umgesetzt wird. Das Dissipativitätskonzept, das durch Willems [28] als eine *Verallgemeinerung des Passivitätskonzepts* eingeführt wurde, beschreibt die Ein-/Ausgangsstabilität nichtlinearer Systeme und steht ebenso in enger Bindung zum Konzept der Ljapunov-Stabilität. Die mathematische Definition der Dissipativität erfordert zwei Begriffe: zum einen die *Zufuhrrate* (eine Abstraktion des physikalischen Begriffs: Leistung), sog. Supply rate, und zum anderen die *Speicherfunktion* (eine Abstraktion des physikalischen Begriffs: gespeicherte Energie), sog. Storage function. Diese beiden Begriffe sind durch die sogenannte Dissipationsungleichung verknüpft. Dissipativität ermöglicht eine Zustandsraum-Interpretation von Passivität und „Small-Gain".

Betrachtet sei das nichtlineare System

$$\dot{\mathbf{x}} = \mathbf{f}(\mathbf{x},\mathbf{u}),\ \mathbf{y} = \mathbf{h}(\mathbf{x}),\ \mathbf{x} \in \Re^n,\ \mathbf{u} \in \Re^m,\ \mathbf{y} \in \Re^p \tag{3.1}$$

zusammen mit der Zufuhrrate $s(\mathbf{u},\mathbf{y}) : \Re^m \times \Re^p \to \Re$.

Definition 3.1: Das System heißt dissipativ bezüglich der Zufuhrrate $s(\mathbf{u},\mathbf{y})$, wenn eine Funktion $V(\mathbf{x}) : \Re^n \to \Re_+$ existiert, die sog. Speicherfunktion (Storage function), so daß gilt:

$$V(\mathbf{x}(t_1)) \le V(\mathbf{x}_0) + \int_{t_0}^{t_1} s(\mathbf{u}(t),\mathbf{y}(t))dt,\ \forall\, \mathbf{x}(t_0) = \mathbf{x}_0 \in \Re^n,\ \forall t_1 \ge t_0 \text{ und } \forall\, \mathbf{u} \in \Re^m. \tag{3.2}$$

Die Dissipationsungleichung (3.2) lässt sich folgendermaßen interpretieren: Die gespeicherte Energie $V(\mathbf{x}(t_1))$ zum (zukünftigen) Zeitpunkt t_1 ist höchstens gleich der bereits gespeicherten Energie $V(\mathbf{x}_0)$ im Anfangszeitpunkt t_0 plus die von außen zugeführte Gesamtenergie $\int_{t_0}^{t_1} s(\mathbf{u}(t),\mathbf{y}(t))dt$ während des Zeitintervalls $[t_0,t_1]$. Daher kann eine interne „Energie-Erzeugung" nicht möglich sein, sondern nur interne Energie-Dissipation.

Definition 3.2: Das System (3.1) ist dissipativ bezüglich der Zufuhrrate $s(\mathbf{u},\mathbf{y})$, wenn eine C^1 Funktion $V(\mathbf{x}) \ge 0$ existiert, so daß $\dot{V} = \frac{\partial V}{\partial \mathbf{x}}\mathbf{f} \le s(\mathbf{u},\mathbf{y})$ gilt. (3.3)

Diese Ungleichung (3.3) ist in der Regel einfacher auszuwerten als die (3.2), da man die Systemtrajektorie nicht zu berechnen braucht. Außerdem lässt sich hierbei eine direkte Verbindung zwischen Dissipativität und Ljapunov-Stabilität herstellen [18]. Dabei wird die mit der Dissipativität verbundene Speicherfunktion als eine Ljapunov-Funktion interpretiert.

♣ **Wahl der Zufuhrrate**: hierzu sind zwei Fälle von besonderer Bedeutung [26]:

1. Fall: $s(\mathbf{u},\mathbf{y}) = \mathbf{u}^T\mathbf{y}$. (3.4)

Satz 3.1: Das System (3.1) ist passiv, wenn es dissipativ bezüglich der Zufuhrrate $s(\mathbf{u},\mathbf{y}) = \mathbf{u}^T\mathbf{y}$ ist. Es ist streng eingangspassiv, wenn $\exists\alpha > 0$, so daß (3.1) dissipativ bezüglich $s(\mathbf{u},\mathbf{y}) = \mathbf{u}^T\mathbf{y} - \alpha\cdot\|\mathbf{u}\|^2$ ist. (3.1) ist streng ausgangspassiv, wenn $\exists\delta > 0$, so daß (1) dissipativ bezüglich $s(\mathbf{u},\mathbf{y}) = \mathbf{u}^T\mathbf{y} - \delta\cdot\|\mathbf{y}\|^2$ ist.

2. Fall: Eine sehr wichtige Zufuhrrate ist: $s(\mathbf{u},\mathbf{y}) = \gamma^2\cdot\|\mathbf{u}\|^2 - \|\mathbf{y}\|^2$, $\gamma > 0$. (3.5)

Satz 3.2: Das System (3.1) hat L_2-Verstärkung $\leq\gamma$, wenn es bezüglich der Zufuhrrate $s(\mathbf{u},\mathbf{y}) = \gamma^2\cdot\|\mathbf{u}\|^2 - \|\mathbf{y}\|^2$ dissipativ ist.

Für die konkrete Überprüfung der Dissipativität ist nun entscheidend eine geeignete Speicherfunktion $V(\mathbf{x})$ zu finden. Speziell für eingangsaffine nichtlineare Systeme

$$\dot{\mathbf{x}} = \mathbf{f}(\mathbf{x}) + \mathbf{g}(\mathbf{x})\cdot\mathbf{u}, \quad \mathbf{y} = \mathbf{h}(\mathbf{x}) \tag{3.6}$$

mit der Zufuhrrate (3.5) erhält man aus (3.3) zunächst

$$\frac{\partial V(\mathbf{x})}{\partial\mathbf{x}}(\mathbf{f}(\mathbf{x}) + \mathbf{g}(\mathbf{x})\cdot\mathbf{u}) - \frac{1}{2}\left(\gamma^2\|\mathbf{u}\|^2 - \|\mathbf{y}\|^2\right) \leq 0. \tag{3.7}$$

Die Untersuchung dieser Ungleichung beläuft sich auf die Ermittlung einer die linke Seite maximierenden Stellgröße $\mathbf{u}^*$ auf, die folgendermaßen lautet:

$$\mathbf{u}^* = \frac{1}{\gamma^2}\mathbf{g}^T(\mathbf{x})\left(\frac{\partial V(\mathbf{x})}{\partial\mathbf{x}}\right)^T \tag{3.8}$$

Substituiert man (3.8) in (3.7), so erhält man eine Bestimmungsgleichung für $V(\mathbf{x})$ [18]:

$$\frac{\partial V(\mathbf{x})}{\partial\mathbf{x}}\mathbf{f}(\mathbf{x}) + \frac{1}{2\gamma^2}\frac{\partial V(\mathbf{x})}{\partial\mathbf{x}}\mathbf{g}(\mathbf{x})\cdot\mathbf{g}^T(\mathbf{x})\left(\frac{\partial V(\mathbf{x})}{\partial\mathbf{x}}\right)^T + \frac{1}{2}\mathbf{h}^T(\mathbf{x})\mathbf{h}(\mathbf{x}) \leq 0 \tag{3.9}$$

Diese nichtlineare partielle Differentialgleichung (3.9) heißt *Hamilton-Jacobi-Ungleichung*. Die Gleichung (3.8) stellt kein Regelgesetz dar, sondern bezeichnet diejenige Eingangsgröße, die die größte „Energie" am Ausgang erzeugt.

4 Nichtlineare H_∞-Regelung

4.1 Grundlegende Betrachtungen

Die Frage nach der Existenz eines Regelgesetzes zu einem gegebenen nichtlinearen System, welches das ganze Regelsystem dissipativ und intern stabil macht, ist die Kernfrage des H_∞-Regelungsproblems [2]. Das Entwurfsziel ist zweifach: Erzielen asymptotischer Stabilität des geschlossenen Regelkreises und Störunterdrückung, d.h. Eindämmen des Einflusses von äußeren Eingängen auf den geregelten Ausgängen. Die Eigenschaft der Störunterdrückung kann dabei über den Dissipativitätsbegriff charakterisiert werden. Im folgenden werden wir das Entwurfsproblem behandeln, also die Suche nach einem nichtlinearen Regler, welcher im geschlossenen Regelkreis (lokale) asymptotische Stabilität der Ruhelage und Dissipativität bezüglich der Zufuhrrate $s(\mathbf{w},\mathbf{z}) = \gamma^2\cdot\|\mathbf{w}\|^2 - \|\mathbf{z}\|^2$ gewährleistet.

Ausgangspunkt der Betrachtungen ist das folgende nichtlineare System:

$$\begin{aligned} \dot{x} &= f(x,u,w), \\ y &= h(x,u,w), \qquad (4.1) \\ z &= \Psi(x,u,w). \end{aligned}$$

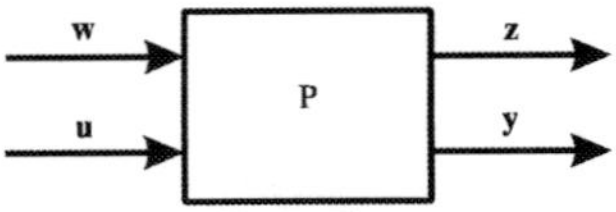

Bild 5: Verallgemeinerte Systemdarstellung.

Dabei ist $\mathbf{w}$ der Vektor der äußeren Eingänge wie Referenzsignale und Störungen, $\mathbf{u}$ der Stellgrößenvektor, $\mathbf{y}$ der Vektor der messbaren Ausgangsgrößen und $\mathbf{z}$ ein Vektor von zu beeinflussenden Ausgängen (möglichst zu Null auszuregelnden Größen) wie Folgefehler. Der Ausgangsvektor $\mathbf{z}$ wird in der Literatur gelegentlich auch Strafvariable (penalty variable) bezeichnet.

Das optimale H_∞-Regelungsproblem besteht darin, einen Regler K zu finden, so daß in der geschlossenen Standardstruktur in Bild 6 die L_2-Verstärkung von den äußeren Eingängen $\mathbf{w}$ zu den gewünscht geregelten Ausgängen $\mathbf{z}$ minimiert ist und außerdem der geschlossene Regelkreis asymptotisch stabil ist.

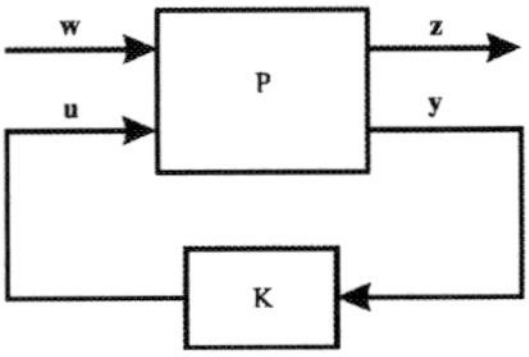

Bild 6

Da dieses Regelungsproblem im allgemeinen im streng optimalen Sinne sehr schwierig zu lösen ist, betrachtet man statt dessen das suboptimale H_∞-Regelungsproblem, welches darin besteht, bei vorgegebener Störunterdrückungsstufe γ einen Zustandsregler $\mathbf{u} = \mathbf{u}(\mathbf{x})$ (d.h. mit $\mathbf{y} = \mathbf{x}$, siehe Bild 6) zu finden, so daß der geschlossene Regelkreis eine L_2-Verstärkung kleiner (oder gleich) als die vorgeschriebene konstante Schranke γ ($L_2 \le \gamma$) besitzt und asymptotisch stabil ist. Das H_∞-Regelungsproblem kann, im Kontext der (Differential-) Spieltheorie (differential games theory), als ein spieltheoretisches Minimax-Optimierungsproblem formuliert werden, und demzufolge als ein mit zwei Spielern beteiligtes Nullsummen-Spiel (two player, zero-sum, differential game), wobei die Stellgröße als ein minimierender Spieler und die Störung als ein maximierender Spieler angesehen wird.

4.2 Nichtlinearer H_∞-Reglerentwurf

Es werden prinzipiell zwei Entwurfsfälle, je nach zur Verfügung stehenden Meßinformationen, unterschieden: nichtlineare H_∞-Regelung mittels *Zustandsrückführung* und die mittels *Ausgangsrückführung* [2]. In diesem Beitrag schränken wir uns auf die Zustandsrückführung ein, und setzen voraus, daß alle Zustandsgrößen messbar sind. Hier betrachten wir eingangsaffine nichtlineare Systeme in folgender Form:

$$\dot{\mathbf{x}} = \mathbf{f}(\mathbf{x}) + \mathbf{g}_1(\mathbf{x}) \cdot \mathbf{u} + \mathbf{g}_2(\mathbf{x}) \cdot \mathbf{w} \qquad (4.2a)$$

$$\mathbf{z} = \begin{pmatrix} \mathbf{h}(\mathbf{x}) \\ \mathbf{u} \end{pmatrix} \qquad (4.2b)$$

Definition 4.1: Sei $\gamma > 0$. Das System (4.2) besitzt eine L_2-Verstärkung $\le \gamma$, wenn folgendes gilt:

$$\int_0^T \|\mathbf{z}\|^2 dt \le \gamma^2 \int_0^T \|\mathbf{w}\|^2 dt, \ \forall T > 0, \ \forall \mathbf{w}(t) \in L_{2e}. \qquad (4.3)$$

Das nichtlineare H_∞-Entwurfsproblem kann, wie bereits im letzten Unterabschnitt erwähnt, besonders einfach nach einer spieltheoretischen Perspektive als eine Minimax-Optimierungsaufgabe formuliert werden. Dieses Optimierungsproblem wird im Rahmen spieltheoretischer Interpretation als „two player, zero sum, differential game" gedeutet, wobei ein minimierender Spieler auf die Stellgröße $\mathbf{u}$ und ein maximierender Spieler auf die Störung $\mathbf{w}$ einwirkt:

$$J_\gamma := \min_u \max_w \int_0^T \frac{1}{2}\left(\|\mathbf{z}\|^2 - \gamma^2\|\mathbf{w}\|^2\right)dt \le 0 \tag{4.4}$$

Die Lösung des Extremalproblems (4.4) mit der Strecke (4.2) kann über die *Hamilton-Funktion* geschehen, die hier lautet:

$$\mathrm{H}_\gamma(\mathrm{x},\lambda,\mathrm{u},\mathrm{w}) = \frac{1}{2}\left(\|\mathrm{h}\|^2 + \|\mathrm{u}\|^2 - \gamma^2\|\mathrm{w}\|^2\right) + \lambda^\mathrm{T}(\mathrm{f} + \mathrm{g}_1\mathrm{u} + \mathrm{g}_2\mathrm{w}) \tag{4.5}$$

wobei $\lambda^\mathrm{T} = \frac{\partial \mathrm{V}}{\partial \mathrm{x}} := \mathrm{V}_\mathrm{x}$ der Co-Zustandsvektor (auch adjungierter Vektor oder Lagrange-Multiplikator genannt) ist.

Es kann nun gezeigt werden (wie unter anderem in [16]), daß in der Umgebung des singulären Punktes $(\mathrm{x},\lambda,\mathrm{u},\mathrm{w}) = (0, 0,0,0)$ die Hamilton-Funktion (4.5), $\forall(\mathrm{x},\lambda)$, einen lokal eindeutigen Sattelpunkt in $(\mathbf{u},\mathbf{w})$ besitzt. Daraus folgt, daß eindeutige glatte Funktionen $\mathrm{u}^*(\mathrm{x},\lambda)$ und $\mathrm{w}^*(\mathrm{x},\lambda)$ existieren, die unter anderem folgende Bedingungen erfüllen:

$$\frac{\partial \mathrm{H}_\gamma(\mathrm{x},\lambda,\mathrm{u}^*,\mathrm{w}^*)}{\partial \mathrm{u}} = 0, \tag{4.6a}$$

$$\frac{\partial \mathrm{H}_\gamma(\mathrm{x},\lambda,\mathrm{u}^*,\mathrm{w}^*)}{\partial \mathrm{w}} = 0. \tag{4.6b}$$

Aus diesen Gleichungen erhält man dann die optimalen Größen

$$\mathbf{u}^*(\mathbf{x}) = -\mathbf{g}_1^T(\mathbf{x}) \cdot \mathbf{V}_\mathbf{x}^T(\mathbf{x}), \tag{4.7a}$$

$$\mathbf{w}^*(\mathbf{x}) = \frac{1}{\gamma^2}\mathbf{g}_2^T(\mathbf{x}) \cdot \mathbf{V}_\mathbf{x}^T(\mathbf{x}) \tag{4.7b}$$

welche $\forall(\mathbf{u},\mathbf{w})$ und $\forall(\mathrm{x},\lambda)$ die sogenannte Sattelpunktseigenschaft

$$\mathrm{H}_\gamma(\mathrm{x},\lambda,\mathrm{u}^*,\mathrm{w}) \le \mathrm{H}_\gamma(\mathrm{x},\lambda,\mathrm{u}^*,\mathrm{w}^*) \le \mathrm{H}_\gamma(\mathrm{x},\lambda,\mathrm{u},\mathrm{w}^*) \tag{4.8}$$

besitzen. Dabei ist $\mathbf{u}^*$ *die optimale Stellgröße* und $\mathbf{w}^*$ *die schlimmst möglichste Störung*. Wie bereits erwähnt, werden solche singulären Punkte, die den Bedingungen (4.6) und (4.8) genügen, spieltheoretisch Sattelpunkte genannt.

Setzt man (4.7) in $\mathrm{H}_\gamma(\mathrm{x},\lambda,\mathrm{u},\mathrm{w})$ ein, so erhält man (siehe [16] für mehr Details), unter Beachtung von (4.8) und bei der Annahme der Existenz einer glatten positiv definiten Funktion $V(\mathbf{x})$ (mit $V(\mathbf{x}_0) = 0$), die *Hamilton-Jacobi-Isaacs-Ungleichung*:

$$H_\gamma^*(\mathbf{x},\mathbf{V}_\mathbf{x}) = \mathbf{V}_\mathbf{x}\mathbf{f} + \frac{1}{2}\mathbf{V}_\mathbf{x}\left[\frac{1}{\gamma^2}\mathbf{g}_2\mathbf{g}_2^T - \mathbf{g}_1\mathbf{g}_1^T\right]\mathbf{V}_\mathbf{x}^T + \frac{1}{2}\mathbf{h}^T\mathbf{h} \le 0 \tag{4.9}$$

Wenn also eine geeignete Funktion $V(\mathbf{x})$ existiert, so daß die Hamilton-Jacobi-Isaacs-Gleichung $H_\gamma^*(\mathbf{x},\mathbf{V}_\mathbf{x}) = 0$ erfüllt ist, so ist die Strategie $\mathbf{u} = \mathbf{u}^*(\mathbf{x},\mathbf{V}_\mathbf{x}) := \mathbf{u}^*(\mathbf{x})$, im Sinne spieltheoretischer Interpretation des Entwurfsproblems, die beste Strategie für den minimierenden Spieler und $\mathbf{w} = \mathbf{w}^*(\mathbf{x},\mathbf{V}_\mathbf{x}) := \mathbf{w}^*(\mathbf{x})$ ist die beste Strategie für den maximierenden Spieler, welche als die auf das System einwirkende schlimmst möglichste Störung interpretiert werden kann. Diese Energie- oder Speicherfunktion $V(\mathbf{x})$ kann auch (unter hinreichender Beobachtbarkeitsannahmen des Nullzustands) als eine Ljapunov-Funktion benutzt werden, um Anforderungen nach interner Stabilität zu garantieren [18].

Die Lösung des nichtlinearen H_∞-Regelungsproblems kann folgendermaßen formuliert werden (für ausführliche Darstellungen sei auf die Literatur [26], [3] oder [15] verwiesen):

Satz 4.1: Wenn eine glatte positiv definite Funktion $V(\mathbf{x})$ (mit $V(\mathbf{x}_0)=0$) existiert, die die Hamilton-Jacobi-Isaacs-Ungleichung erfüllt,

$$H_\gamma^*(\mathbf{x},\mathbf{V}_\mathbf{x}) = \mathbf{V}_\mathbf{x}\mathbf{f} + \frac{1}{2}\mathbf{V}_\mathbf{x}\left[\frac{1}{\gamma^2}\mathbf{g}_2\mathbf{g}_2^T - \mathbf{g}_1\mathbf{g}_1^T\right]\mathbf{V}_\mathbf{x}^T + \frac{1}{2}\mathbf{h}^T\mathbf{h} \le 0 \tag{4.9}$$

und wenn man $\mathbf{u}^*(\mathbf{x}) = -\mathbf{g}_1^T(\mathbf{x})\cdot\mathbf{V}_\mathbf{x}^T(\mathbf{x})$ (4.10)

setzt, dann besitzt der geschlossene Regelkreis eine L_2-Verstärkung von höchstens γ. Der Zustandsregler $\mathbf{u}^*(\mathbf{x}) = -\mathbf{g}_1^T(\mathbf{x})\cdot\mathbf{V}_\mathbf{x}^T(\mathbf{x})$ ist Lösung des suboptimalen $\mathbf{H}_\infty$-Regelungsproblems.

Wenn außerdem $V(\mathbf{x})$ ein lokales Minimum bei $\mathbf{x}_0 = \mathbf{0}$ besitzt und das System

$$\dot{\mathbf{x}} = \mathbf{f}(\mathbf{x}),\ \mathbf{z} = \begin{pmatrix} \mathbf{h}(\mathbf{x}) \\ -\mathbf{g}_1^T(\mathbf{x})\cdot V_\mathbf{x}^T(\mathbf{x}) \end{pmatrix} \tag{4.11}$$

nullzustandsdetektierbar [26] ist, dann ist $\mathbf{x}_0 = \mathbf{0}$ eine (lokal) asymptotisch stabile Ruhelage des geschlossenen Kreises

$$\dot{\mathbf{x}} = \mathbf{f}(\mathbf{x}) - \mathbf{g}_1(\mathbf{x})\cdot\mathbf{g}_1^T(\mathbf{x})\cdot\mathbf{V}_\mathbf{x}^T(\mathbf{x}). \tag{4.12}$$

Bemerkung: Ein nichtlineares dynamisches System $\dot{\mathbf{x}} = \mathbf{f}(\mathbf{x})$, $\mathbf{x}\in\Re^n$ ist *nullzustandsbeobachtbar* vom Ausgang $\mathbf{y} = \mathbf{h}(\mathbf{x})$, wenn für jede Anfangsbedingung $\mathbf{x}(0)\in\Re^n$ folgt: ($\mathbf{y}(t)\equiv 0 \Rightarrow \mathbf{x}(t)\equiv 0$). Es ist *nullzustandsdetektierbar*, wenn ($\mathbf{y}(t)\equiv 0 \Rightarrow \lim_{t\to\infty}\mathbf{x}(t)\equiv 0$) gilt.

Der Entwurf nichtlinearer H_∞-Regler erfordert die Lösung von Hamilton-Jacobi-Isaacs-Ungleichungen , also nichtlinearer partieller Differentialgleichungen, welche im allgemein sehr schwer zu lösen sind und daher das Hauptproblem bei der praktischen Anwendung dieser Entwurfsmethode darstellen. Mit ähnlichen Schwierigkeiten ist man übrigens in der Regel auch bei der Suche nach Lösungen von Hamilton-Jacobi-Bellman-Gleichungen (die nichtlineare Version von Riccati-Gleichungen) aus der nichtlinearen optimalen Regelungstheorie konfrontiert. Einen Ausweg bieten jedoch geeignete numerische Approximationsmethoden mittels derer Näherungslösungen dieser nichtlinearen Ungleichungen ermittelt werden. Erwähnenswert ist dabei die approximative Lösungsmöglichkeit des Entwurfsproblems mittels *Potenzreihenansatz* ([16], [25] oder [19]).

Bemerkung: Falls die Solltrajektorie aus einem autonomen (beobachtbaren) dynamischen System, einem sogenannten Exosystem generiert wird, dann betrachtet man als Ausgangspunkt des Entwurfs das vergrößerte System, d.h. das aus Strecke, Exosystem und Tracking-Straffunktion (tracking penalty function) zusammengesetzte System [3].

4.3 Anwendungsbeispiel: Flexibler Roboterarm

Der glied-flexible Roboterarm in Bild 7, das als Labormodell an unserem Institut vorhanden ist, wird hier betrachtet. Die Bewegung eines Punktes des Balkens ist durch

$$y(x,t) = x\theta(t) + w(x,t) \tag{4.13}$$

beschrieben. Dabei ist $\theta(t)$ der Gelenkwinkel und $w(x,t)$ die Biegeabweichung.

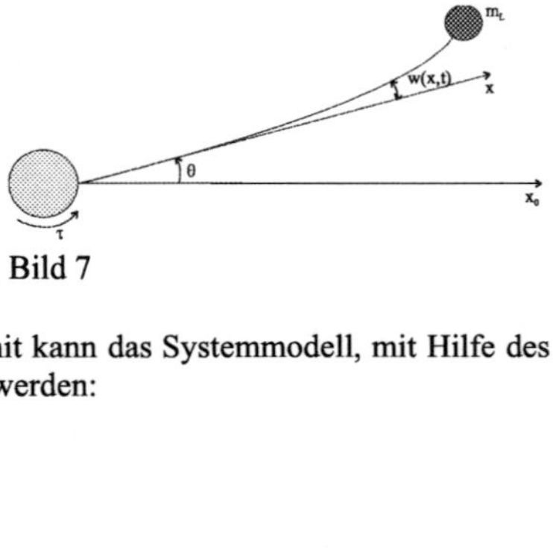

Bild 7

Der Arm wird als Euler-Bernoulli-Balken modelliert. Damit kann das Systemmodell, mit Hilfe des Hamilton-Prinzips oder Lagrange-Formalismus, bestimmt werden:

$$EI \cdot \frac{\partial^4 y(x,t)}{\partial x^4} + \rho A \cdot \frac{\partial^2 y(x,t)}{\partial t^2} = 0 \tag{4.14}$$

mit 4 Randbedingungen, die in [11] angegeben sind. Die Lösung dieser Partiellen Differentialgleichung kann entweder direkt mit Hilfe von exakten Methoden oder durch Näherungsverfahren ermittelt werden. Hier wird das Systemmodell (4.14) mit den zugehörigen Randbedingungen mit Hilfe einer modalen Approximationsmethode [5] angenährt. Demzufolge kann, nach Trennung der Veränderlichen gemäß dem Separationsansatz

$$w(x,t) = \sum_{i=1}^{m} \Phi_i(x) \cdot \delta_i(t), \tag{4.15}$$

die Systemdynamik mittels Lagrange-Formalismus beschrieben werden [5]:

$$\mathrm{M}(\boldsymbol{\delta}) \cdot \begin{pmatrix} \ddot{\theta} \\ \ddot{\boldsymbol{\delta}} \end{pmatrix} + \begin{pmatrix} \mathrm{C}_\theta(\dot{\theta}, \boldsymbol{\delta}, \dot{\boldsymbol{\delta}}) \\ \mathrm{C}_\delta(\dot{\theta}, \boldsymbol{\delta}) \end{pmatrix} + \begin{pmatrix} 0 \\ \mathrm{F} \cdot \dot{\boldsymbol{\delta}} + \mathrm{K} \cdot \boldsymbol{\delta} \end{pmatrix} = \begin{pmatrix} \mathrm{u} \\ \mathbf{0} \end{pmatrix}. \tag{4.16}$$

wobei **M** die positiv definite und symmetrische Trägheitsmatrix ist, C_θ und $\mathbf{C}_\delta$ Zentrifugal- und Coriolismomente sind, **F** die Dämpfungsmatrix, **K** die Federmatrix und u das Antriebsmoment ist. Die physikalischen Parameter des vorliegenden Systems sind in [12] zu finden. Die Winkellage des Endpunktes y_e lautet nun: $\mathrm{y_e} = \theta + \left(\frac{\Phi^{\mathrm{T}}(\mathrm{L})}{\mathrm{L}} \right) \cdot \boldsymbol{\delta}$ (4.17)

Zum Zweck des Entwurfs soll das System im Zustandsraum dargestellt werden. Sei nun $\mathbf{x}_d = (x_{1d} \quad x_{2d})^T = (\theta_d \quad \dot{\theta}_d)^T$ der Zustandsvektor von der Solltrajektorie und $\mathrm{e} = (\mathrm{e}_1 \quad \mathrm{e}_2)^{\mathrm{T}} = (\theta - \theta_\mathrm{d} \quad \dot{\theta} - \dot{\theta}_\mathrm{d})^{\mathrm{T}}$ der Folgefehler. Mit dem Zustandsvektor $\mathrm{x} = (\mathrm{e}_1 \quad \mathrm{e}_2 \quad \boldsymbol{\delta} \quad \dot{\boldsymbol{\delta}})^{\mathrm{T}}$ kann damit die Systemdynamik (4.16), der nun den Folgefehler beinhaltet, folgendermaßen dargestellt werden:

$$\begin{aligned} \dot{x}_1 &= x_2 \\ \dot{x}_2 &= \dot{x}_{2d} + f_2(x_2 + x_{2d}, \mathbf{x}_3, \mathbf{x}_4) + g_2(\mathbf{x}_3) \cdot u \\ \dot{\mathbf{x}}_3 &= \mathbf{x}_4 \\ \dot{\mathbf{x}}_4 &= \mathbf{f}_4(x_2 + x_{2d}, \mathbf{x}_3, \mathbf{x}_4) + \mathbf{g}_4(\mathbf{x}_3) \cdot u \end{aligned}, \tag{4.18a}$$

$$\Rightarrow \dot{\mathbf{x}} = \mathbf{f}(\mathbf{x}, \dot{\mathbf{x}}_d) + \mathbf{g}(\mathbf{x}) \cdot u \tag{4.18b}$$

Hier kann nun die Strafvariable folgendermaßen definiert werden: $\mathbf{z} = \begin{pmatrix} \mathbf{e} \\ r.u \end{pmatrix}$, (4.19)

wobei hier $r = 1$ ist (für den Fall $r = 0$, spricht man vom singulären H_∞-Regelungsproblem [26]). Es sei hier nochmals erwähnt, daß ein Ziel des Entwurfsproblems der Störungseinfluß auf den geregelten Ausgängen gering zu halten ist, so daß die äußeren Eingänge als energiebegrenzte Signale ausgewählt sind. Demzufolge müssen bei unserem Entwurf die äußeren Eingangssignale als L_2-Signale vorausgesetzt werden.

Der Ausgangspunkt der Reglerentwurfsprozedur ist das mit Parameterunsicherheiten und Störungen behaftete System. Daher ist die Herleitung eines solchen, geeignet gestörten Systemmodells der erste Schritt, der ausgeführt werden muß. Nach geeigneter Einfügung von Unsicherheiten aufgrund von Parametervariationen (z.B. Laständerungen), kann die Systemgleichung (4.18) entsprechend folgendermaßen modifiziert werden:

$$\dot{\mathrm{x}} = \mathrm{f}_0(\mathrm{x}) + \Delta\mathrm{f}(\mathrm{x}) + (\mathrm{g}_0(\mathrm{x}) + \Delta\mathrm{g}(\mathrm{x})) \cdot \mathrm{u} := \mathrm{f}_0(\mathrm{x}) + \mathrm{g}_0(\mathrm{x}) \cdot \mathrm{u} + \mathrm{w} \tag{4.20}$$

Damit können also die Streckenunsicherheiten als Teil des gestörten Eingangssignals $w = \Delta f(x) + \Delta g(x) \cdot u$ behandelt werden, wobei $\mathbf{\Delta f}$ und $\mathbf{\Delta g}$ Abweichungen von $\mathbf{f}(\mathbf{x})$ und $\mathbf{g}(\mathbf{x})$ von den jeweiligen Nennwerten $\mathbf{f}_0(\mathbf{x})$ bzw. $\mathbf{g}_0(\mathbf{x})$. Außerdem kann man den Störeingangsvektor als $w = (\Delta(x) \quad \Delta g(x)) \cdot \begin{pmatrix} x \\ u \end{pmatrix}$ beschreiben, wobei $\Delta(x) := \int_0^1 \frac{\partial \Delta(\xi x)}{\partial x} d\xi$ ist (siehe [27]). Diese Modellstörungen (aufgrund von Parameterunsicherheiten) sind schematisch in Bild 10 veranschaulicht. Wie auch in [16] gezeigt ist, folgt damit aus dem Small-Gain-Theorem daß der geschlossene Kreis in Bild 10, für alle Unsicherheiten Δ_p mit der Verstärkung $\gamma_\Delta < \frac{1}{\gamma}$, L_2-stabil ist. Das H_∞-Entwurfsproblem setzt voraus, wie bereits erwähnt, daß die Störungen $\mathbf{w}$ L_{2e}-Signale sein müssen.

Die Lösung des Entwurfsproblems ist auf die Bestimmung einer positiv definiten Funktion $V(\mathbf{x})$ angewiesen (siehe Satz 4.1), welche die Hamilton-Jacobi-Isaacs-Ungleichung (4.9) erfüllt. Ähnlich der Herleitung der Ungleichung (4.9) aus Betrachtungen des Systems (4.2) im Zusammenhang mit dem Minimax-Optimierungskriterium (4.4), kann zunächst eine Hamilton-Jacobi-Isaacs-Ungleichung für unsere Entwurfsaufgabe mit der Systemgleichung (4.20) und der Strafvariable (4.19) ganz leicht angeschrieben werden. Mit Hilfe des bereits erwähnten Potenzreihen-Approximationsansatzes ([16], [25] oder [19]) kann näherungsweise eine geeignete Lösung des hier zugrundliegenden Entwurfsproblems ermittelt werden. Demzufolge kann schließlich ein nichtlinearer H_∞-Regler berechnet werden, der etwa in folgender Form abgefaßt werden kann:

$$u = u_*(x, V_x) = \sum_{d=1}^{m} u_*^{[d]}\left(\theta, \theta_d, \dot{\theta}, \dot{\theta}_d, \ddot{\theta}_d\, \boldsymbol{\delta}, \dot{\boldsymbol{\delta}}\right) \tag{4.21}$$

wobei m die gewünschte endliche Approximationsordnung darstellt.

Durch Trajektorienfolge-Untersuchung mittels Simulationsstudien wird in Bild 6 und Bild 7 die Leistungsfähigkeit eines nichtlinearen H_∞-Reglers vom Approximationsgrad dritter Ordnung (d.h. $m = 3$ in (4.21)) demonstriert, der sich offensichtlich als effektiv bewährt. Für die Solltrajektorie des starren Teilsystems wurde ein sinusförmiges Geschwindigkeitsprofil vorgegeben. Es kann außerdem leicht gezeigt werden, daß das betrachtete System nullzustandsdetektierbar (siehe hierzu Bemerkung im Unterabschnitt 4.2) ist.

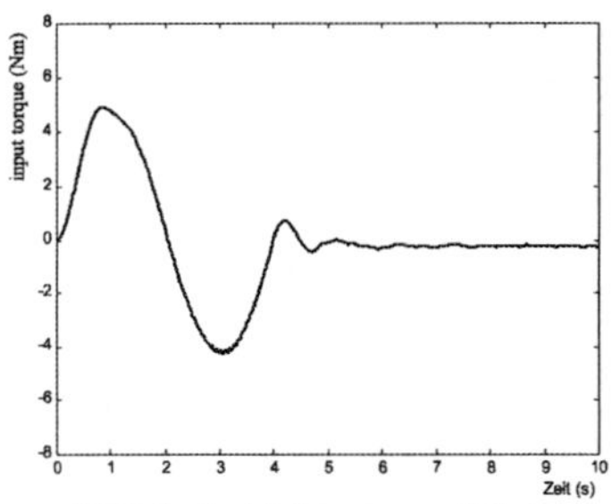

Bild 8: Antriebsmoment(Nm)

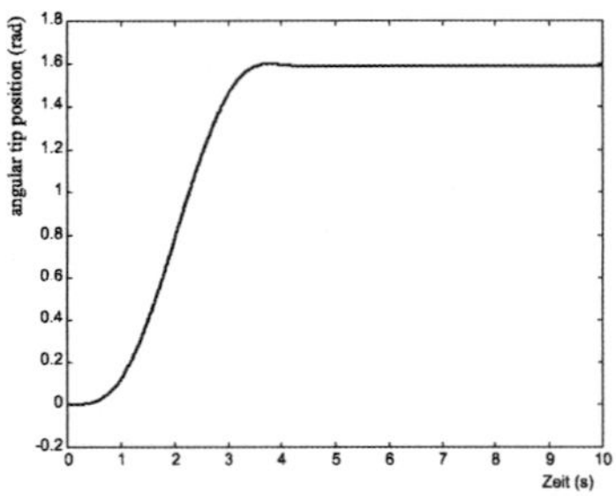

Bild 9: Endpunktlage (rad)

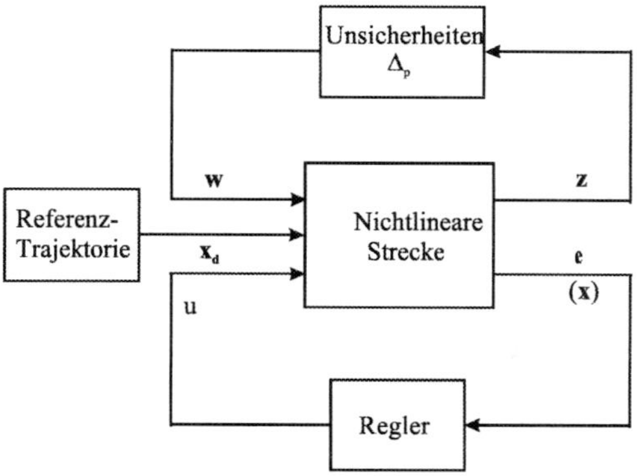

Bild 10: Nichtlineare Regelungsstruktur mit Streckenunsicherheiten.

Literatur

[1] J.A. Ball and J.W. Helton, H_∞ control for nonlinear plants: Connections with differential games. In Proc. 28th Conf. on Decision and Control, Tampa/Florida, USA, 956-962, 1989.

[2] J.A. Ball, J.W. Helton and M. Walker, H_∞ control for nonlinear systems via output feedback. IEEE Trans. Automatic Control, 38, 546-559, 1993.

[3] J.A. Ball, P. Kachroo and A.J. Krener, H_∞ tracking control for a class of nonlinear systems. IEEE Trans. Automatic Control, 44, 1202-1206, 1999.

[4] T. Basar and P. Bernhard, H_∞ optimal control and related minimax design problems: A dynamic game approach. 2nd ed., Birkhäuser, Boston, 1995.

[5] W.J. Book, Recursive Lagrangian Dynamics of flexible manipulator arms. Int. J. Robotics Research, 3, 87-101, 1984.

[6] C.I. Byrnes, A. Isidori and J.C. Willems, Passivity, feedback equivalence and global stabilization of minimum phase systems. IEEE Trans. Automatic Control, 36, 1122-1137, 1991.

[7] C.A. Desoer and M. Vidyasagar, Feedback systems: Input-Output Properties. Academic Press, London, 1975.

[8] P. Dorato, L. Fortuna and G. Muscato, Robust control for unstructured perturbations: An introduction. Springer-Verlag, Berlin, 1992.

[9] J.W. Helton and M.R. James, Extending H_∞ control to nonlinear systems, SIAM Frontiers in Applied Mathematics, 1999.

[10] H. Heuser, Funktionalanalysis. Teubner-Verlag, Stuttgart, 1986.

[11] D. Hisseine, Trajektorienfolgeregelung für einen flexiblen Roboterarm. Workshop GMA-Fachausschuss 1.4, "Theoretische Verfahren der Regelungstechnik", 103-118, Thun/ Schweiz, 1999.

[12] D. Hisseine and B. Lohmann, Robust control for a flexible-link manipulator using sliding mode techniques and nonlinear H_∞ control design methods. In Proc. IEEE International Conference on Robotics and Automation, ICRA'01, Seoul/Korea, 2001.

[13] D. Holtgrewe, Adaptiver Regelung flexibler Roboter. Igel-Verlag, Habilitationschrift, Universität-GH Paderborn, 1996.

[14] J. Huang and C.-F. Lin, Numerical approach to computing nonlinear H_∞ control laws. *J. of Guidance, control and dynamics*, 18, 989-994, 1995.

[15] A. Isidori and A. Astolfi, Disturbance attenuation and H_∞ control via measurement feedback in nonlinear systems. IEEE Trans. Automatic control, 37, 1283-1293, 1992.

[16] A. Isidori and W. Kang, H_∞ control via measurement feedback for general nonlinear systems. IEEE Trans. Automatic control, 40, 466-472, 1995.
[17] A. Isidori, Nonlinear control systems. 3nd ed., Springer-Verlag, London, 1995.
[18] A. Isidori, Nonlinear control systems II. Springer-Verlag, London, 1999.
[19] D.L. Lukes, Optimal regulation of nonlinear dynamical systems. SIAM J. Control, 7, 75-100, 1969.
[20] R. Lozano, B. Brogliato, O. Egeland and B. Maschke, Dissipative systems analysis and control. Springer-Verlag, London, 2000.
[21] R. Ortega, A. Loria, P.J. Nicklasson and H. Sira-Ramirez, Passivity-based control of Euler-Lagrange systems. Springer-Verlag, London, 1998.
[22] V.M. Popov, Hyperstability of control systems. Springer-Verlag, New York, 1973.
[23] R. Sepulchre, M. Jankovic and P. Kokotovic, Constructive nonlinear control. Springer-Verlag, London, 1997.
[24] J.J. Slotine and W. Li, Applied nonlinear control. Prentice-Hall, London, 1991.
[25] A. Van der Schaft, L_2–gain analysis of nonlinear systems and nonlinear state feedback H_∞ control. IEEE Trans. Automatic Control, 37, 770-784, 1992.
[26] A. Van der Schaft, L_2–gain and passivity techniques in nonlinear control. 2nd ed., Springer-Verlag, London, 2000.
[27] M. Vidyasagar, Nonlinear systems analysis. 2nd ed., Prentice-Hall, London, 1993.
[28] J.C. Willems, Dissipative dynamical systems, Part I and II: General theory. Arch. Rational Mechanics and Analysis, 45, 321-393, 1972.

Zustandsbeobachtung von nichtlinearen Systemen mit quantisierten Messgrößen durch einen Moving Horizon Beobachter

Jens Vortisch
Institut für Automatisierungstechnik, Universität Bremen
FB1/NW1, Kufsteiner Strasse, D-28 359 Bremen
vortisch@iat.uni-bremen.de

Kurzfassung

Bei der Zustandsbeobachtung nichtlinearer, dynamischer Systeme treten bei der Verwendung von grob quantisierten Messgrößen zusätzliche Schwierigkeiten auf. Die hier vorzustellende Methode kann für jedes differenzierbare, deterministische System, das durch ein gewöhnliches, nichtlineares Differentialgleichungssystem dargestellt werden kann, verwendet werden. Die Messgrößen können dabei fast willkürlich quantisiert werden. Der Beobachter minimiert eine quadratische Gütefunktion durch iterative Ausführung eines Gauss-Newton-Schritts. Anhand einer praktischen Anwendung am Dreitanksystem wird die Wirksamkeit dieses Ansatzes gezeigt und ein Vergleich mit einem linearen Beobachter gezogen.

1. Einleitung

Ein nichtlineares Mehrgrößensystem sei durch das gewöhnliche, nichtlineare Differentialgleichungssystem

$$\begin{aligned} \dot{\mathbf{x}} &= \mathbf{f}(\mathbf{x},\mathbf{u}), \\ \mathbf{y} &= \mathbf{h}(\mathbf{x}), \\ \mathbf{x}(0) &= \mathbf{x}_0 \end{aligned} \qquad (1\text{-}1)$$

beschrieben. Es wird angenommen, dass die Ableitungen der Systemfunktionen $\frac{\partial \mathbf{f}}{\partial \mathbf{x}}$ und $\frac{\partial \mathbf{h}}{\partial \mathbf{x}}$ existieren und die Zustandstrajektorie $\mathbf{x}(t)$ für alle gegebenen Stellgrößenvektoren $\mathbf{u}(t)$ und Anfangswerte $\mathbf{x}_0$ eindeutig ist. Die Ordnung des Mehrgrößensystems sei n, die Zahl der Stellgrößen m und die der Messgrößen p. Es wird weiterhin angenommen, dass das reale System von dem mathematischen Modell (1-1) exakt nachgebildet wird. Störungen oder Modellungenauigkeiten werden nicht berücksichtigt.
Schon für ein zeitkontinuierliches System, wie in Gleichung (1-1) gegeben, ist es sehr schwierig eine allgemeine Lösung für das Beobachtungsproblem zu finden. Lösungen existieren meist nur für Spezialfälle der Systemgleichungen $\mathbf{f}$ und $\mathbf{h}$ (z.B. für lineare Systeme oder bei Existenz gewisser Normalformen [8]).

Für die Klasse der allgemeinen, nichtlinearen Systeme sind Vorschläge zum Entwurf von Moving Horizon Beobachtern (Beobachtern mit voranschreitenden Beobachtungshorizonten) von [3] und [6] bekannt (siehe dazu auch [5] and [7]). Die Beobachtung geschieht jeweils über die Echtzeitminimierung eines Gütemaßes, die angewandten Minimierungsalgorithmen sind aber unterschiedlich. In [4] wird ein Beobachter für nichtlineare Abtastsysteme vorgestellt, der auf dem gleichzeitigen Lösen von nichtlinearen Gleichungen mit dem Newton-Verfahren basiert.

Werden die Messgrößen im Wertebereich quantisiert, nimmt die Schwierigkeit des Beobachtungsproblems weiter zu. Für den vorliegenden Ansatz muss die Wertquantisierung der Messgrößen nicht äquidistant zu sein. Weiterhin kann die Quantisierung für jede Messgröße y_i individuell gewählt werden. Als Konsequenz der Quantisierung geht das Mehrgrößensystem von einem kontinuierlichen in ein hybrides (d.h. gemischt kontinuierlich-ereignisdiskretes) System über. Ein Ereignis tritt dann ein, wenn die kontinuierliche Messgröße eine beliebige der vorgegeben

Quantisierungsstufen dieser Messgröße über- oder unterschreitet. Nur in den Zeitpunkten, in denen solche Ereignisse eintreten, ist dem Beobachter exakte Information über das System zugänglich. Weil Messgrößen nur dann aufgenommen werden, wenn Ereignisse eintreten, spricht man auch von ereignisgetriebener Abtastung. Die Abtastzeiten sind a priori unbekannt und können weit auseinander liegen.

Die Aufgabe des Beobachters ist es, eine Schätzung $\hat{\mathbf{x}}_0$ für den Anfangswert $\mathbf{x}_0$ zu finden, so dass ein simuliertes Parallelmodell

$$\begin{aligned}\dot{\hat{\mathbf{x}}} &= \mathbf{f}(\hat{\mathbf{x}},\mathbf{u}),\\ \hat{\mathbf{y}} &= \mathbf{h}(\hat{\mathbf{x}}),\\ \hat{\mathbf{x}}(0) &= \hat{\mathbf{x}}_0\end{aligned} \tag{1-2}$$

den Vektor der Messgrößen zu jeder Zeit t möglichst gut annähert, d.h. $\mathbf{y}(t) \approx \hat{\mathbf{y}}(t)$.

2. Das Gütemaß

Als ein Maß für die Güte der Näherung, wird folgendes Gütemaß eingeführt:

$$\begin{aligned}J(\mathbf{x}_0,\hat{\mathbf{x}}_0) &= \frac{1}{2}\sum_{i=1}^{p}\sum_{j=1}^{N_p}\left(y_i(T_{ij}) - \hat{y}_i(T_{ij})\right)^2\\ &= \frac{1}{2}\left[\left(y_1(T_{11}) - \hat{y}_1(T_{11})\right)^2 + \cdots + \left(y_1(T_{1N_1}) - \hat{y}_1(T_{1N_1})\right)^2\right] + \cdots +\\ &+ \frac{1}{2}\left[\left(y_p(T_{p1}) - \hat{y}_p(T_{p1})\right)^2 + \cdots + \left(y_p(T_{pN_p}) - \hat{y}_p(T_{pN_p})\right)^2\right]\\ &= \frac{1}{2}\mathbf{e}^T\mathbf{e}\end{aligned} \tag{2-1}$$

mit

$$\mathbf{e} = \begin{bmatrix} y_1(T_{11}) - \hat{y}_1(T_{11})\\ \vdots\\ y_1(T_{1N_1}) - \hat{y}_1(T_{1N_1})\\ \vdots\\ y_p(T_{p1}) - \hat{y}_p(T_{p1})\\ \vdots\\ y_p(T_{pN_p}) - \hat{y}_p(T_{pN_p}) \end{bmatrix}. \tag{2-2}$$

Dieses Gütemaß stellt den quadratischen Fehler zwischen den gemessenen und den geschätzten Ausgangsgrößen in den Zeitpunkten T_{ij} einer Messgrößenaufnahme dar. Der Index i bezeichnet dabei den Ausgang i der gemessen wurde, der Index j gibt die zeitliche Abfolge der Messungen an. Die Zahl N der verwendeten Messwerte

$$N = \sum_{i=1}^{p} N_i\ ,\ N \geq n\ , \tag{2-4}$$

ist dabei ein Entwurfsparameter, der größer oder gleich der Systemordnung n zu wählen ist.

Ist das Mehrgrößensystem, wie in [6] definiert, beobachtbar, so ist das Gütemaß dann minimal, wenn die Anfangswerte des realen Systems (1-1) und des Parallelsystems (1-2) übereinstimmen.

Man beachte, dass die in das Gütemaß eingehenden Messwerte normiert werden müssen, damit ihr Einfluss auf das Gütemaß ausgewogen ist. Andererseits kann man aber gestörte Messwerte absichtlich weniger gewichten.

3. Das Minimierungsverfahren

Das Beobachtungsproblem besteht darin, einen Anfangswert des Parallelmodells $\hat{\mathbf{x}}_0$ zu finden, so dass

$$J(\hat{\mathbf{x}}_0) = \min . \tag{3-1}$$

Die notwendige Bedingung für ein Minimum lautet

$$\frac{\partial J(\hat{\mathbf{x}}_0)}{\partial \hat{\mathbf{x}}_0} = \mathbf{0}. \tag{3-2}$$

Wegen der Nichtlinearität des Gleichungssystems (3-2) wird eine Näherungsmethode zur Lösung herangezogen. Besonders geeignet ist das Gauss-Newton-Verfahren, das im folgenden dem Newton-Verfahren kurz gegenübergestellt ist:

Um die Minimumsuche für eine skalare, nichtlineare Funktion G näherungsweise durchzuführen

$$\min G(\mathbf{x}) \Leftrightarrow \frac{\partial G(\mathbf{x})}{\partial \mathbf{x}} = \mathbf{0}, \tag{3-3}$$

erzeugt das Newton-Verfahren eine Folge, die durch die Rekursionsvorschrift [2]

$$\mathbf{x}_{k+1} = \mathbf{x}_k - \left[\frac{\partial^2 G(\mathbf{x})}{\partial \mathbf{x}^2}\right]^{-1} \frac{\partial G(\mathbf{x})}{\partial \mathbf{x}}, \tag{3-4}$$

beschrieben ist.

Die Anwendung des Newton-Verfahrens setzt also Kenntnis der zweiten Ableitung von G voraus, deren Berechnung in vielen Fällen aber sehr aufwendig ist. Soll hingegen speziell eine Quadratsumme

$$G(\mathbf{x}) = \frac{1}{2}\sum_{i=1}^{n} g_i(\mathbf{x})^2 = \frac{1}{2}\mathbf{g}^T(\mathbf{x})\cdot \mathbf{g}(\mathbf{x}) \tag{3-5}$$

minimiert werden, so vereinfacht sich (3-4) zum sogenannten Gauss-Newton-Verfahren mit der Rekursion

$$\mathbf{x}_{k+1} = \mathbf{x}_k - \left[\left[\frac{\partial \mathbf{g}(\mathbf{x})}{\partial \mathbf{x}}\right]^T \frac{\partial \mathbf{g}(\mathbf{x})}{\partial \mathbf{x}}\right]^{-1} \left[\frac{\partial \mathbf{g}(\mathbf{x})}{\partial \mathbf{x}}\right]^T \mathbf{g}(\mathbf{x}), \tag{3-6}$$

falls die Werte g_i klein genug sind [2]. Hierin wird die zweite Ableitung von $\mathbf{G}$ nicht benötigt. Stattdessen genügt die Kenntnis von $\frac{\partial \mathbf{g}(\mathbf{x})}{\partial \mathbf{x}}$.

Da das zu minimierende Gütemaß (2-1) aus einer Summe quadratischer Fehler besteht, führt die Anwendung des Gauss-Newton-Verfahrens auf

$$\hat{\mathbf{x}}_{0k+1} = \hat{\mathbf{x}}_{0k} - \left[\left[\frac{\partial \mathbf{e}}{\partial \hat{\mathbf{x}}_0}\right]^T \frac{\partial \mathbf{e}}{\partial \hat{\mathbf{x}}_0}\right]^{-1} \left[\frac{\partial \mathbf{e}}{\partial \hat{\mathbf{x}}_0}\right]^T \mathbf{e}. \tag{3-7}$$

(3-7) stellt einen Gauss-Newton-Schritt dar, womit die Schätzung $\hat{\mathbf{x}}_0$ verbessert werden soll. Für dessen Berechnung werden folgende Beziehungen benötigt:

Mit (2-2) und $y_i = h_i(\mathbf{x}, \mathbf{u})$ ergibt sich

$$\frac{\partial \mathbf{e}}{\partial \hat{\mathbf{x}}_0} = -\begin{bmatrix} \left[\frac{\partial h_1(\hat{\mathbf{x}}(T_{11}))}{\partial \hat{\mathbf{x}}}\right]^T \left[\frac{\partial \hat{\mathbf{x}}(T_{11})}{\partial \hat{\mathbf{x}}_0}\right] \\ \vdots \\ \left[\frac{\partial h_p\left(\hat{\mathbf{x}}\left(T_{pN_p}\right)\right)}{\partial \hat{\mathbf{x}}}\right]^T \left[\frac{\partial \hat{\mathbf{x}}\left(T_{pN_p}\right)}{\partial \hat{\mathbf{x}}_0}\right] \end{bmatrix}, \qquad (3\text{-}8)$$

wobei $\frac{\partial \hat{\mathbf{x}}(T_{ij})}{\partial \hat{\mathbf{x}}_0}$ die Lösung des matrixwertigen Anfangswertproblems

$$\dot{\mathbf{Z}} = \frac{\partial \mathbf{f}(\hat{\mathbf{x}})}{\partial \hat{\mathbf{x}}}\mathbf{Z}, \qquad \mathbf{Z}(0) = \mathbf{I} \qquad (3\text{-}9)$$

im Zeitpunkt T_{ij} ist. Bei **I** handelt es sich um die Einheitsmatrix der Ordnung n [1].

Damit ist aber noch nicht garantiert, dass das Gütemaß mit jedem Gauss-Newton-Schritt auch tatsächlich abnimmt. Deshalb ist es notwendig zur modifizierten Rekursion (3-10) überzugehen. Hierbei wird ein Faktor α so bestimmt, dass Gütemass mit jedem Gauss-Newton-Schritt kleiner wird. Dies kann folgendermaßen geschehen. In jedem Rekursionsschritt muss J berechnet und mit dem Wert im zurückliegenden Rekursionsschritt verglichen werden. Ist die Abstiegsbedingung verletzt, wird α verkleinert und der Rekursionsschritt wiederholt, bis J tatsächlich abnimmt.

$$\hat{x}_{0\,k+1} = \hat{x}_{0\,k} - \alpha \cdot \left[\left[\frac{\partial \mathbf{e}}{\partial \hat{\mathbf{x}}_0}\right]^T \frac{\partial \mathbf{e}}{\partial \hat{\mathbf{x}}_0}\right]^{-1} \left[\frac{\partial \mathbf{e}}{\partial \hat{\mathbf{x}}_0}\right]^T \mathbf{e}. \qquad (3\text{-}10)$$

4. Das Beobachterschema

Die wiederholte Anwendung von (3-10) verbessert jeweils den Schätzwert $\hat{\mathbf{x}}_0$. In der Echtzeitanwendung muss jedoch das Auftreten neuer Messwerte berücksichtigt werden. Deshalb wird das folgende Beobachterschema (mit den Alternativen a) und b)) vorgeschlagen.

(1) Der Anfangswert $\hat{\mathbf{x}}_0$ des simulierten Parallelsystems wird je nach Vorwissen über das zu beobachtende System nahe dem bekannten oder erwarteten Anfangswert gewählt.

(2) N Messwerte werden aufgenommen und mit den entsprechenden simulierten Messwerten des Parallelsystems verglichen, d.h. das Gütemaß J wird berechnet.

(3) a) Eine festgelegte Anzahl M von Gauss-Newton-Schritten wird ausgeführt.

ODER

b) Der Anfangswert $\hat{\mathbf{x}}_0$ wird verbessert bis ein neuer Messwert eintrifft, d.h. bis ein neues y_i in die Berechnung miteinbezogen werden kann. Die Zahl der ausgeführten Gauss-Newton-Schritte ist in diesem Fall also nicht von vorneherein festgelegt.

(4) a) Mit dem Eintreffen eines neuen Messwertes wird der Algorithmus in (2) mit den neuesten N Messwerten fortgesetzt. Der Anfangswert, der vom Beobachter geschätzt werden soll, ist jetzt $\hat{\mathbf{x}}(T_{i1})$, wobei T_{i1} die Zeit des ersten in das Beobachtungsverfahren einbezogenen Messwertes ist. Ältere Messwerte werden nicht berücksichtigt.

ODER

b) Alternativ wird der Algorithmus in (2) mit *N+1* (in den darauffolgenden Schritten *N+2, N+3, ...*) Messwerten fortgesetzt. Das Anfangswertproblem ist der letzte verbesserte Schätzwert $\hat{\mathbf{x}}(0)$ aus (3).

In (4) b) wird einerseits die Konvergenz des Gauss-Newton-Verfahrens verbessert, indem möglichst viele der vorhandenen Messwerte in die Berechnungen einbezogen werden. Andererseits können in der Anwendung Fehler durch kurzzeitig auftretende Störungen die älteren Messwerte unbrauchbar machen, so dass Variante 4 a) vorzuziehen ist.

Man beachte, dass der vorgestellte Algorithmus bei der Beobachtung eines linearen Systems schon nach einem einzigen Gauss-Newton-Schritt exakt zum gesuchten Anfangswert $\hat{\mathbf{x}}_0 = \mathbf{x}_0$ gelangt!

Zur Berechnung eines jeden Gauss-Newton-Schrittes ist es notwendig $n + n^2$ gewöhnliche Differentialgleichungen über das betrachtete Zeitintervall (dem sogenannten Beobachtungshorizont) durch Simulation zu lösen. Es sind dies die n^2 Differentialgleichungen (3-9) und die Zustandsdifferentialgleichung (1-2).

5. Experimentelle Erprobung

Das Verhalten des Gauss-Newton Moving Horizon Beobachters wurde am Laboraufbau Dreitanksystem (Abbildung 1) des Instituts für Automatisierungstechnik untersucht. Das nichtlineare Modell dritter Ordnung enthält nichtlineare Flussgleichungen, wobei für die Verbindungen zwischen den Tanks laminare Reibung berücksichtigt wurde, um Differenzierbarkeit im ganzen Zustandsraum sicherzustellen.

$$\dot{x}_1 = -V_1\sqrt{x_1 + h_1} - \operatorname{sign}(x_1 - x_2)\left(-\frac{a_{12}}{2b_{12}} + \sqrt{\left(\frac{a_{12}}{2b_{12}}\right)^2 - \frac{g|x_1 - x_2|}{a_{12}}}\right) + p_1 u_1$$

$$\dot{x}_2 = -V_2\sqrt{x_2 + h_2} + \operatorname{sign}(x_1 - x_2)\left(-\frac{a_{12}}{2b_{12}} + \sqrt{\left(\frac{a_{12}}{2b_{12}}\right)^2 - \frac{g|x_1 - x_2|}{a_{12}}}\right) +$$

$$- \operatorname{sign}(x_2 - x_3)\left(-\frac{a_{23}}{2b_{23}} + \sqrt{\left(\frac{a_{23}}{2b_{23}}\right)^2 - \frac{g|x_2 - x_3|}{a_{23}}}\right)$$

$$\dot{x}_3 = -V_3\sqrt{x_3 + h_3} + \operatorname{sign}(x_2 - x_3)\left(-\frac{a_{23}}{2b_{23}} + \sqrt{\left(\frac{a_{23}}{2b_{23}}\right)^2 - \frac{g|x_2 - x_3|}{a_{23}}}\right) + p_2 u_2$$

$$\mathbf{y} = \begin{bmatrix} x_1 \\ x_3 \end{bmatrix}.$$

Die Zustände des Mehrgrößensystems sind die Füllstände der Tanks 1 bis 3. Die maximale Füllstandshöhe ist 0.65 m. Gemessen werden die Zustände x_1 und x_3. Die Messwerte wurden wie folgt im Wertebereich quantisiert: 0.1 m, 0.2 m, 0.3 m, 0.4 m, 0.5 m und 0.6 m. Die Vektoren der Anfangswerte lauten für das System $\mathbf{x}_0 = [0.35 \quad 0.3 \quad 0.55]^T$ und für das Parallelsystem $\hat{\mathbf{x}}_0 = [0.3 \quad 0.3 \quad 0.3]^T$.

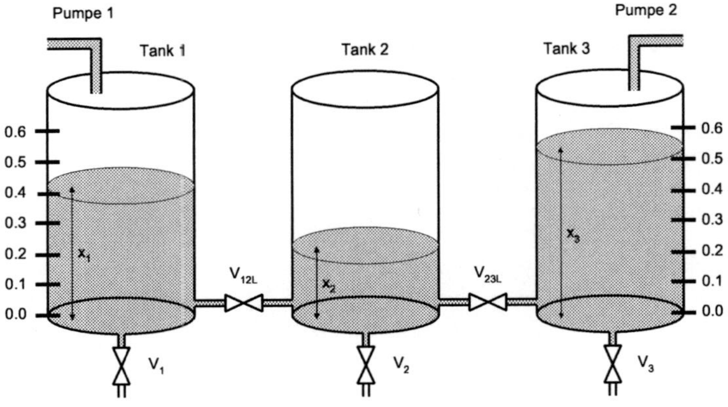

Abbildung 1 Das Dreitanksystem

Der Beobachtungsalgorithmus des Gauss-Newton Moving Horizon Beobachters (Abbildung 2) wurde entsprechend Kapitel 4 Abschnitt (3) a) und (4) a) mit N=3 und M=1 gewählt. Obwohl dies die schlechtmöglichste Parametereinstellung mit $N = n$ und nur einem Gauss- Newton-Schritt pro neu eingetroffenem Messwert ist, kann man die allmähliche Konvergenz des Verfahrens feststellen. Das Verhalten des realen Systems ist durchgezogen, das des Beobachters gestrichelt aufgetragen. Die quantisierten Messwerte sind durch Kreise gekennzeichnet.

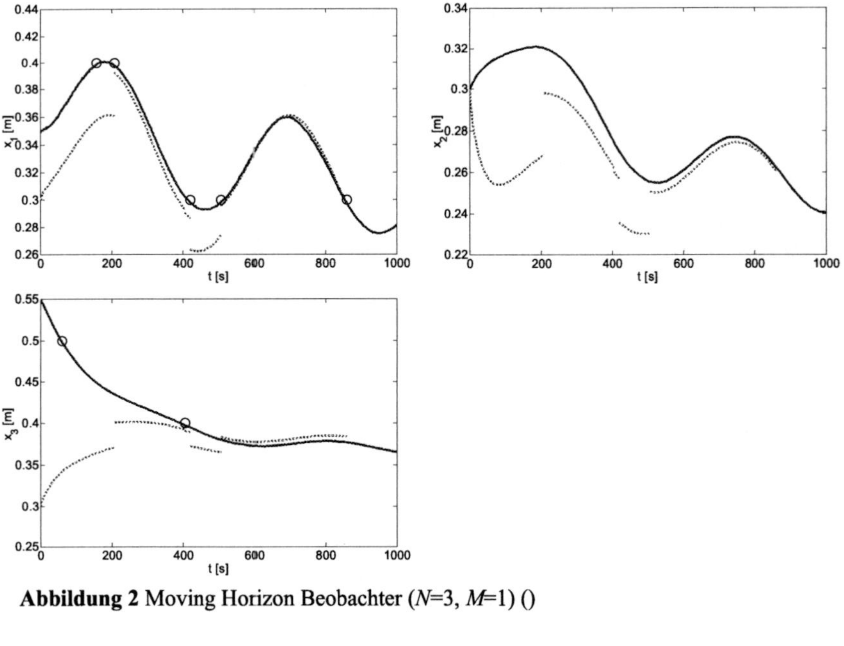

Abbildung 2 Moving Horizon Beobachter (N=3, M=1) ()

Zum Vergleich das Verhalten eines Luenberger-Beobachters (Abbildung 3), der für ein um einen Arbeitspunkt linearisiertes Modell des Dreitanksystems entworfen wurde. Da es sich um einen kontinuierlichen Beobachter handelt, müssen die Messwerte ebenfalls kontinuierlich sein und der Beobachter kann kaum mehr tun als diesen Messwerten möglichst gut zu folgen. Dies sieht man gut am Zustand x_3, wohingegen die Schätzwerte der Zustände x_1 und x_2 wegen der Nichtlinearität des Systems und der Linearisierung keine Konvergenz aufweisen.
Das Verhalten des realen Systems ist dick durchgezogen, das des Beobachters gestrichelt aufgetragen. Die quantisierten Messwerte sind durch Kreise gekennzeichnet. Die dem Luenberger-Beobachter mangels besseren Wissens als „kontinuierliche Messwerte" zur Verfügung gestellten Treppenfunktionen sind dünn durchgezogen.

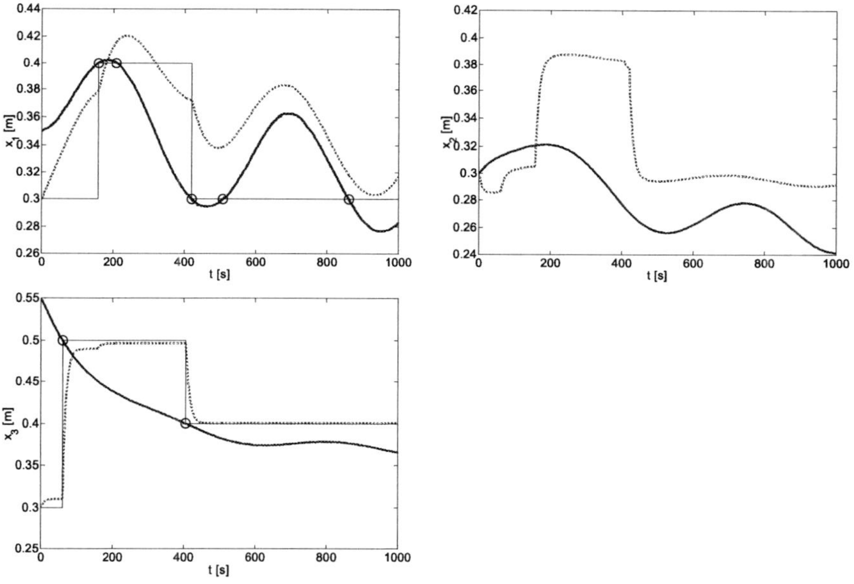

Abbildung 3 Luenberger-Beobachter

6. Zusammenfassung

Dieser Artikel zeigt eine Möglichkeit zur Zustandsbeobachtung nichtlinearer, dynamischer System auf, wenn nur grob quantisierte Messgrößen vorhanden sind. Ein Algorithmus zur Echtzeitbeobachtung, der auf der Optimierung eines Gütemaßes beruht, wurde vorgestellt. Diese Optimierung wird in solcher Art auf einem voranschreitenden Beobachtungshorizont wiederholt, dass ein Gütemaß monoton abnimmt. Die Wirksamkeit des Verfahrens wurde anhand experimenteller Ergebnisse überprüft und ein Vergleich mit einem linearen Beobachter wurde gezogen.

Literatur

[1] Hartman, Ordinary differential equations, John Wiley & Sons, Inc., New York, 1964

[2] Hestenes, M., Conjugate Direction Methods in Optimization, Springer-Verlag, New York, 1980

[3] Michalska, H., Mayne, D. Q., Moving horizon observes and observer-based control, IEEE Transactions on Automatic Control, vol. 40, pp. 995-1006, 1995

[4] Moraal, P. E., Grizzle, J. W., Observer design for nonlinear systems with discrete-time measurements, IEEE Transactions on Automatic Control, vol. 40, pp. 395-403, 1995

[5] Zimmer, G., Newton steps to observe nonlinear feedback systems. Proceedings of the 2nd European Control Conference. pp.396-401, 1993

[6] Zimmer, G., State observation by on-line minimization, Int. J. Control, vol. 60, pp. 595-606, 1994

[7] Zimmer, G., Zustandsbeobachtung nichtlinearer Systeme, Habilitationsschrift TU Berlin, 1996

[8] Zeitz, M., Birk, J., Extended Luenberger observer for non-linear multivariable systems, Int. J. Control, Vol. 47, No. 6, pp. 1837-1848, 1988

Modellbildung und Simulation von Windenergieanlagen für Reglerentwurf und Fehlerdiagnose

Manfred Mevenkamp
Hochschule Bremen, Institut für Informatik und Automation
mmev@informatik.hs-bremen.de, www.iia.hs-bremen.de

Zusammenfassung

Computersimulation auf der Basis detaillierter dynamischer Anlagenmodelle ist ein effektives Werkzeug der Systemanalyse, das für die Entwicklung von Steuerungs- und Regelungssystemen im Rahmen des *Rapid Prototyping* eine immer wichtigere Rolle spielt. Der vorliegende Beitrag beschreibt die Modellbildung für moderne Windenergieanlagen (WEA) und stellt die Anwendung simulationsgestützter Analyse- und Entwurfstechniken bei der Auslegung und dem Test einer WEA-Regelung sowie bei der Entwicklung eines Fehlerfrüherkennungssystems dar.

Abstract

Computer simulation based on detailed dynamic plant models ist an effective tool for systems analysis that is becoming more and more important for control system design and *rapid prototyping*. In the present paper a simulation model of modern wind turbines is outlined and the application of simulation-based analysis and design techniques in the development and testing of a wind turbine controller and a fault detection system is described.

1. Einführung

Der Aufschwung der Windenergienutzung ist in den neunziger Jahren mit einer äußerst dynamischen Entwicklung der Anlagentechnik einher gegangen. Die meisten Typen der modernen Windenergieanlagen verfügen heute über Regelsysteme für Leistungsbegrenzung und Drehzahlregelung mittels Rotorblattverstellung und Variation des Generatormoments (variable Drehzahl). Die weitere Entwicklung der Anlagen hin zu mehreren MW Nennleistung stellt an den Entwurf dieser Regelungen neue Anforderungen u. a. in Bezug auf die Reduktion der dynamischen Lasten und die Beherrschung der Eigenresonanzen [1, 2, 3]. Daneben ergibt sich aus der vorgesehenen Aufstellung großer Windparks im Meer (Offshore) aktueller Entwicklungsbedarf in Bezug auf Fehlerdiagnosesysteme, die eine frühzeitige Erkennung sich anbahnender Schäden und damit eine Vorausplanung von Instandsetzungen ermöglichen.

Abbildung 1: WEA der Megawattklasse (TW 1.5)

Im modernen Entwicklungsprozess für derartige Regelungs- und Überwachungssysteme ist die Simulationstechnik heute zu einem zentralen Werkzeug geworden. Besonders "Hardware-in-the-Loop (HiL)" - Simulationsumgebungen, die den Betrieb von Geräteprototypen an einem Echtzeit-Simulationsmodell der jeweiligen Anlage erlauben, ermöglichen bereits in frühen Entwicklungsstadien eine hohe Entwicklungsreife und damit teilweise deutlich kürzere Gesamt-Entwicklungszeiten. Die Vorteile liegen vor allem in der vielseitigen Entwurfsunterstützung und der Bereitstellung einfacher, reproduzierbarer Testroutinen. Spezifikationen werden zunächst in einem modellbasierten, theoretischen Entwurf umgesetzt. Damit liegt ein Modell des Controllers vor, das als *ausführbare Spezifikation* [7] die Grundlage für die weitere Prototypentwicklung bildet. Bei Einhaltung entsprechender Schnittstellen kann die zugehörige (vielfach mittels Code-Generator erzeugte) Zielsoftware im Rahmen des Simulationsmodells vollständig getestet werden (Software-in-the-Loop - Simulation). Die Simulation mit eingebundener Zielhardware (Hardware-in-the-Loop) erlaubt schließlich den effizienten und detaillierten Test des gesamten Prototyp-Gerätes. In manchen Bereichen, wie z. B. der KFZ-Steuergerätetechnik, haben sich derartige Entwicklungsumgebungen und Entwurfsvorgehensweisen ("V"-Modell) bereits als Stand der Technik etabliert [7, 8].

Der simulationsgestützte Entwurf setzt Modelle voraus, die das reale Anlagenverhalten sehr genau nachbilden - im Fall der WEA besonders die Kräfte an den Rotorblättern (Aerodynamik), die Torsion des Triebstrangs und die Strukturschwingungen. In Abschnitt 2 wird ein Modell vorgestellt, das durch den Einsatz von ordnungsreduzierten FE-Schwingungsmodellen eine hohe Genauigkeit mit hoher Ausführungsgeschwindigkeit verbindet. Es eignet sich damit sowohl für den simulationsbasierten Entwurf und Hardware-in-the-Loop - Test neuer Regelungsverfahren für WEA, als auch zur Entwicklung von Fehlerfrüherkennungs- und -diagnosesystemen [3, 4, 5].

Fehlerfrüherkennungssysteme ergänzen das herkömmliche Monitoring technischer Anlagen um Methoden der vorausschauenden Zustandsüberwachung und Fehlerdiagnose. Bei rotierenden Maschinen ist diese Diagnostik weitgehend eine Domäne der digitalen Signalverarbeitung (Schwingungsdiagnostik) [11, 12]. Regelungstechnische Methoden und modellbasierte Ansätze sind allerdings auch in diesem Bereich erfolgreich eingesetzt worden [9, 10]. Den prinzipiellen Aufbau eines Fehlerdiagnosesystems zeigt Abbildung 2.

Für die Diagnostik geeignete *Merkmale* werden mit Methoden der Statistik (RMS, Kurtosis), der Spektralanalyse oder auch der Regelungstechnik ermittelt. Durch Vergleich mit Daten oder Zuständen des Normalbetriebs erhält man *Residuen*, die sich den verschiedenen Fehlerzuständen der betrachteten Anlage zuordnen lassen. Diese *Klassifikation* führt in Verbindung mit einer Fehlerbewertung zur abgestuften Reaktion (Warnung, Abschaltung, ...).

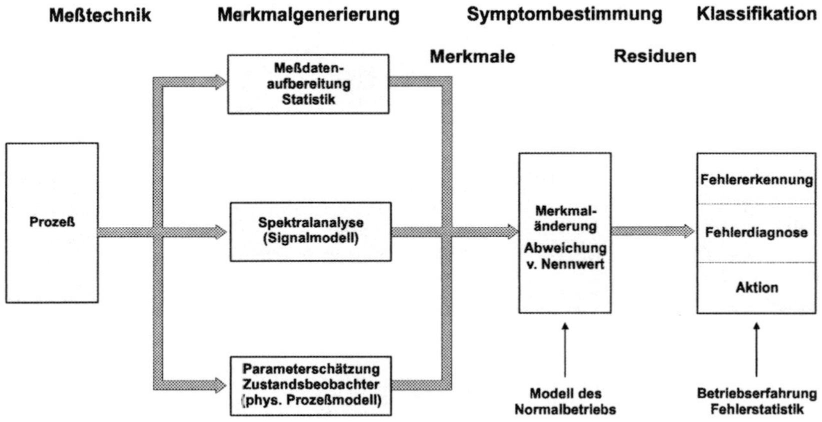

Abbildung 2: Prinzipielle Struktur eines Fehlerfrüherkennungssystems.

Die Fehlererkennung in WEA geschieht in erster Linie mit Verfahren der Schwingungsanalyse:

- Vibrationsanalyse zur Lager- und Getriebediagnose (erprobte Verfahren der industriellen Maschinenzustandsüberwachung),
- Vibrationsanalyse und Wicklungstemperaturüberwachung zur Generatordiagnose,
- Analyse der Strukturschwingungen der Anlage zur Erkennung von Rotorfehlern, Lockerungen, Bauteilermüdung.

Die Modellbildung und Simulation dient hier also nicht unmittelbar zur Merkmalgewinnung (z. B. mittels Beobachter). Sie ermöglicht vielmehr eine detaillierte Analyse der Auswirkung unterschiedlicher Schadensprozesse auf die Strukturschwingungen der Anlage und spielt damit eine wesentliche Rolle z. B. für die Auswahl der Messgrößen und die Interpretation der Messsignale. In Abschnitt 4 werden simulationsbasierte Untersuchungen verschiedener Rotorfehler vorgestellt, aus denen sich Aussagen über geeignete Messgrößen, Analysealgorithmen und die Einstellung der Schwellwerte für die Alarmierung ergeben.

2. Aeroelastisches Modell einer Windenergieanlage

Sowohl der regelungstechnische Entwurf mit Blick auf die Reduktion mechanischer Belastungen als auch die simulationsgestützte Fehleranalyse verlangen eine genaue Nachbildung des Strukturschwingungsverhaltens der Anlage unter dem Einfluss der aerodynamischen Kräfte an den Rotorblättern und der Rotationsdynamik des Triebstrangs. Das im Folgenden skizzierte aeroelastische Modell einer WEA bildet die Schwingungen von Rotorblättern und Turm mit einem Finite-Elemente-Ansatz nach und berücksichtigt wesentliche instationäre und dreidimensionale Effekte der Aerodynamik [3, 5, 13].

Die Finite-Elemente-Modellierung bietet die Möglichkeit, die Strukturdynamik mechanischer Bauteile realitätsnah abzubilden. Nach Einteilung in eine mehr oder weniger große Zahl von Einzelelementen erhält man für die Verschiebungen der Element"knoten" in jedem Freiheitsgrad eine Schwingungsdifferentialgleichung der Form

$$M\,\ddot{x} + S\,x = P\,u$$

Die Zusammenfassung aller Knotengleichungen ermöglicht die Bestimmung der Eigenfrequenzen und Eigenformen des Bauteils. Für die Simulation ist ein solches Modell aufgrund der hohen Systemordnung allerdings kaum geeignet. Durch modale Ordnungsreduktion auf die dominanten Schwingungsmoden lässt sich jedoch ein vernünftiger Kompromiss zwischen Genauigkeit und Simulationsgeschwindigkeit finden. In den unten beschriebenen Anwendungen hat sich eine Reduktion auf zwei bis drei Moden je Freiheitsgrad gut bewährt.

Zur Nachbildung der Aerodynamik haben sich Blattelementverfahren etabliert, die von einer Unterteilung des Rotorblattes in eine bestimmte Zahl von Abschnitten ausgehen [1, 2]. Abbildung 3 zeigt das Profil eines Rotorblattes und die Strömungsverhältnisse und die resultierenden Luftkräfte an einem Blattelement. Die Anströmungsgeschwindigkeit v_a des Blattelements ergibt sich als vektorielle Summe der durch die Leistungsentnahme verzögerten Windgeschwindigkeit $v_{\mathrm{W}} - v_{\mathrm{i,ax}}$ und der Umfangsgeschwindigkeit v_{U} des Blattelements.

Für die Ausbildung der aerodynamischen Kräfte ist der Anstellwinkel α maßgeblich. Er ergibt sich als Differenz zwischen dem Anströmwinkel φ und dem Einstellwinkel β des Blattelements. Die aerodynamische Kraft hat in Anströmrichtung eine als Widerstandskraft wirkende Komponente F_W und senkrecht dazu die Auftriebskomponente F_A. Für die Bestimmung der Kräfte und Momente in Schlag- und Schwenkrichtung sind diese Kräfte in ihre Komponenten tangential zur Rotorache (F_{tg}) und in Richtung der Rotorachse (F_{ax}) zu zerlegen.

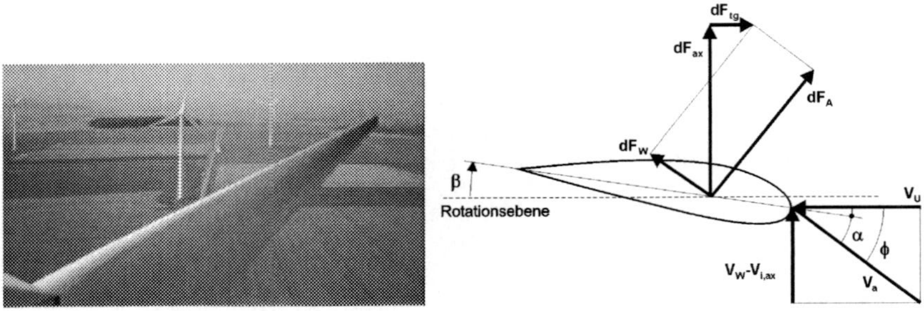

Abbildung 3: Ausbildung der aerodynamischen Kräfte an einem Rotorblattprofil

Blattelementverfahren gehen i. A. von einem quasistationären Verlauf der Strömung vor und hinter der Turbine aus. Um auch instationäre Vorgänge wie z.B. eine Schräganströmung des Rotors oder den Turmvorstaueffekt behandeln zu können, wurde ein Modell der Anströmung entwickelt, das auch die Dynamik der Änderung der Strömungsverhältnisse an einem Blattelement wiedergibt („dynamic Inflow") [6]. Diese wird durch eine Differentialgleichung erster Ordnung für die induzierten Windgeschwindigkeiten am Blattelement $v_{i,ax}$ und $v_{i,tg}$ berücksichtigt. Die resultierenden aerodynamischen Kräfte an den Blattelementen ergeben sich nach der Tragflügeltheorie aus der Anströmung und der Rotorblattgeometrie zu

$$\mathrm{d}F_{ax} = \frac{\rho}{2} v_a^2 C_{ax} l \,\mathrm{d}r \quad \text{und} \quad \mathrm{d}F_{tg} = \frac{\rho}{2} v_a^2 C_{tg} l \,\mathrm{d}r \,.$$

Darin bezeichnen ρ die Luftdichte, v_a die Anströmgeschwindigkeit, C_{ax} und C_{tg} die transformierten aerodynamischen Auftriebs- und Widerstandsbeiwerte, l die Profiltiefe des Rotorblatts und dr den Blattabschnitt im Abstand r von der Rotornabe. Schließlich werden im Rotormodell auch der Turmvorstaueffekt und die Verluste durch Randumströmung berücksichtigt. Insgesamt erhält man für das WEA-Modell die in Abbildung 4 dargestellte Struktur.

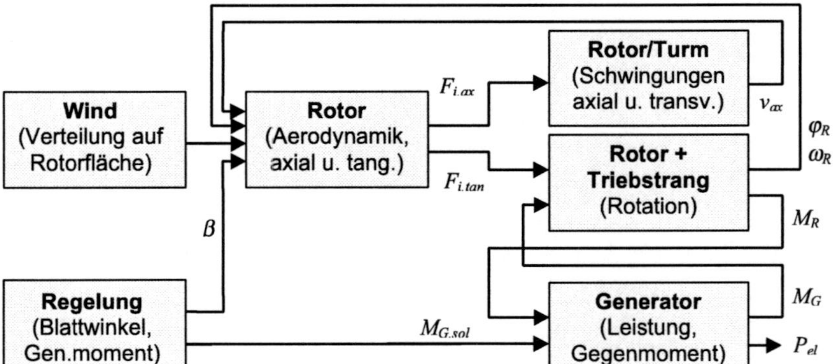

Abbildung 4: Struktur des WEA - Simulationsmodells

Hierin sind die Regelung und der Generator als vom übrigen Modell weitgehend separierte Teilsysteme zu erkennen. Eine Kopplung besteht nur über das Generatormoment M_G. Dadurch können sehr flexibel unterschiedlich detaillierte Modelle verschiedener Generatorsysteme integriert und unterschiedliche Reglervarianten getestet werden. Bei den in Abschnitt 3 und 4 beschriebenen Simulationen wurde für den Generator das stationäre Modell einer doppelt-gespeisten Asynchronmaschine eingesetzt.

Das Modell wurde in der Simulationsumgebung Matlab/Simulink entwickelt und implementiert. Mit einem hierarchischen Modellansatz lässt sich dabei die in Abbildung 4 gezeigte modulare Struktur weitgehend identisch abbilden. Das Modell der Anlagenregelung wird innerhalb der Hierarchie so gekapselt, dass es zur Software - Co-Simulation durch eine Simulink S-Function in C (mit dem späteren Quellcode des Zielsystems) ersetzt werden kann. Beim Übergang zur Hardware - Co-Simulation wird statt dessen ein Schnittstellen-Block für die Signalübergabe von und zur I/O-Einheit eingesetzt.

3. Controllertest in einer HiL-Simulationsumgebung

Die Steuerung einer Windenergieanlage umfasst Aufgaben der Betriebsführung und der Anlagenregelung. Während die Betriebsführung übergeordnete Funktionen wie den Übergang zwischen verschiedenen Betriebszuständen steuert, wobei besonders Sicherheitskriterien (Abschaltung bei Überlast u. ä.) im Vordergrund stehen, orientiert sich die Auslegung der Regelung des dynamischen Anlagenbetriebs an Optimierungskriterien wie

- die Maximierung der Energielieferung,
- die Begrenzung der Leistung im Volllastbereich (Überlastschutz des Generatorsystems),
- die Begrenzung der Drehzahl (Auswirkung auf aerodynamische Kräfte und Geräusch),
- die Reduktion der mechanischen Beanspruchungen.

Aufgabe der Regelung ist die auf diese Kriterien hin optimierte Sollwertvorgabe für die Blattwinkelverstellung und das Generatormoment. Für die 1.5 MW-Anlage TW 1.5 der Tacke Windtechnik GmbH (heute: ENRON Wind) wurde eine Regelung entworfen, die eine gezielte Reduktion der mechanischen Belastungen ermöglicht [3, 4].

Experimente zur Anpassung der Regelung während der Inbetriebnahme sind bei Anlagen dieser Größenordnung (68 m Nabenhöhe, 65 m Rotordurchmesser) nur eingeschränkt möglich und mit Risiken sowie hohem Aufwand verbunden. Daher wurde für die Prototyp-Entwicklung des Controllers eine Labor-Testumgebung mit einem Hardware-in-the-Loop - Simulator auf der Basis des oben beschriebenen Modells aufgebaut (Abbildung 5). Als Simulationsrechner wird eine VMEbus-Workstation HP 9000/748i unter HP-UX eingesetzt. I/O-Karten auf dem VME-System stellen die Schnittstellen zur Signalübertragung zwischen Simulator und Controller zur Verfügung.

Als Simulationssystem wird Matlab/Simulink eingesetzt, wobei der Datentransfer zwischen Simulation und A/D- bzw. D/A-Wandlerkarten durch in C geschriebene S-Function-Blöcke gewährleistet wird. Die Signalausgabe erfolgt also durch einfaches Einfügen entsprechender Blöcke in das Simulink-Modell. In den S-Functions wird die Simulationszeit mit der Systemzeit synchronisiert (Auflösung 1 µsec). Zwar ergeben sich aus den Eigenschaften des Unix-Betriebssystems gewisse Einschränkungen bezüglich des Echtzeitverhaltens. Dies hatte jedoch keine Auswirkungen auf den Test der Hard- und Software des hier entwickelten Controllers.

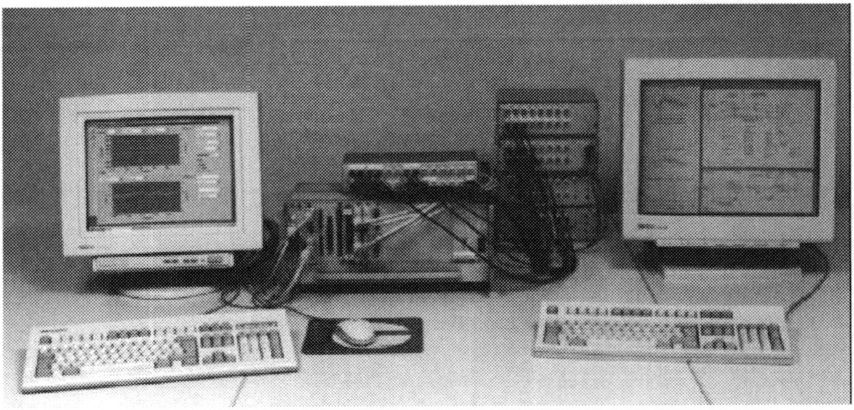

Abbildung 5: Labortest eines WEA-Controllers in einer HiL-Simulationsumgebung mit VMEbus - Workstation unter Unix mit Simulationssystem Matlab/Simulink

Der Übergang von der Software-in-the-Loop- zur Hardware-in-the-Loop - Simulation ist denkbar einfach. Im Modell ist lediglich die S-Function mit der Reglersoftware durch einen Schnittstellenblock mit den I/O-S-Functions zu ersetzen, und der programmierte und konfigurierte Controller ist mit den I/O-Schnittstellen des Simulators zu verbinden. Anschließend kann die Funktion von Soft- und Hardware des Controllers durch Vergleich mit den vorhergehenden Simulationen in allen Details getestet werden. Die durch die Regelung erreichte Reduktion der Spitzenbelastungen an den Rotorblättern lässt sich anhand von Simulationen mit unterschiedlichen Reglerparametern aussagekräftig darstellen [3, 4].

Ziel der HiL-Simulation ist eine Entwicklungsstrategie des "*right first time*", d. h. der Erfüllung der Spezifikationen bereits bei der ersten Inbetriebnahme des Prototypen an der Anlage. Dabei gehen die Test-Möglichkeiten einer HiL-Simulationsumgebung teilweise sogar über diejenigen hinaus, die bei der Inbetriebnahme an der realen Anlage gegeben sind. Das gilt z. B. für das Verhalten in selten auftretenden Betriebszuständen, wie etwa bei extremen Windgeschwindigkeiten, oder das Verhalten bei Störungen der Anlage, deren absichtliches Herbeiführen ein Risiko oder eine starke Belastung für die Anlage darstellen würde.

4. Simulation zur Fehleranalyse in Windenergieanlagen

Während die Schwingungsdiagnose zur Lager- und Getriebeüberwachung einer WEA auf industriell bewährten Techniken aufsetzen kann, ist die fehlerbezogene Analyse der Strukturschwingungen weitgehend technisches Neuland. Im Vordergrund steht dabei die Zustandsüberwachung des Rotors. Er ist ausschlaggebend für die Energielieferung der Anlage und gleichzeitig eine der am stärksten beanspruchten und Wind und Wetter unmittelbar ausgesetzten Komponenten.

Im Zuge der Entwicklung eines kommerziellen Fehlerfrüherkennungssystems für WEA ("Vibro IC" - Brüel&Kjaer Schenck Vibro GmbH, Darmstadt und ISET e.V., Kassel, [13]) wurden verschiedene Möglichkeiten der Diagnose von Rotorfehlern untersucht. Direkte Messungen an den Rotorblättern (etwa mittels DMS) erscheinen nicht praktikabel, da sowohl die Datenübertragung (Telemetrie) als auch etwaige Reparaturen oder Nachkalibrierungen mit erheblichem Aufwand verbunden sind. Die Messung von Turmschwingungen ist dagegen relativ einfach und kostengünstig zu realisieren.

Daher wurde mit Hilfe von Simulationen der Einfluss von Fehlern an den Rotorblättern (z. B. Schräganströmung durch Gondelfehlstellung, Unwucht, Fehler der Blattwinkelverstellung) auf das Strukturschwingungsverhalten einer WEA analysiert. Einige Ergebnisse dieser Untersuchungen werden im Folgenden vorgestellt.

Gondelfehlstellung

Fehlfunktionen der Windrichtungsnachführung führen zu einer Schräganströmung des Rotors, die erhebliche zusätzliche Wechsellasten an den Rotorblättern erzeugt. Frühzeitige Erkennung dieser Fehlersituation ist also notwendig, um vorzeitige Materialermüdung zu vermeiden. Abbildung 6 zeigt, dass Schräganströmung zu einer Verschiebung des Kräfteparallelogramms der aerodynamischen Kräfte am Rotorblatt führt. Diese erfolgt periodisch im Zuge eines Blattumlaufs, sodass der am Blatt angreifenden Schubkraft eine mit Umlauffrequenz wirkende Wechselkomponente (1p-Komponente) überlagert wird. Betrag und Phasenlage dieser Komponente (bezogen z. B. auf die Senkrechtstellung des Rotors) hängen von Windgeschwindigkeit und Ausmaß der Fehlstellung ab.

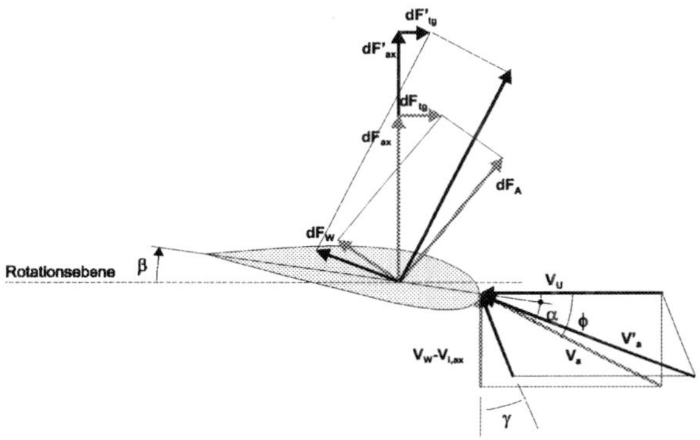

Abbildung 6: Aerodynamische Kräfte am Rotorblatt bei Schräganströmung

Die Simulation mit verschiedenen an einer realen Anlage gemessenen Windprofilen und anschließende Spektralanalyse (wegen des drehzahlvariablen Betriebs als *Ordnungsanalyse* auszuführen) ergibt das in Abbildung 7 dargestellte Resultat. Die Schwingungskomponenten sind hier als komplexe Größen aufgetragen, sodass Amplitude und Phasenlage deutlich werden. Die Marker geben die Spektralkomponente in aufeinanderfolgenden Abschnitten der jeweils simulierten Zeitreihen wieder. Ein Marker auf der rellen Achse entspricht einem Phasenwinkel von 0°, das

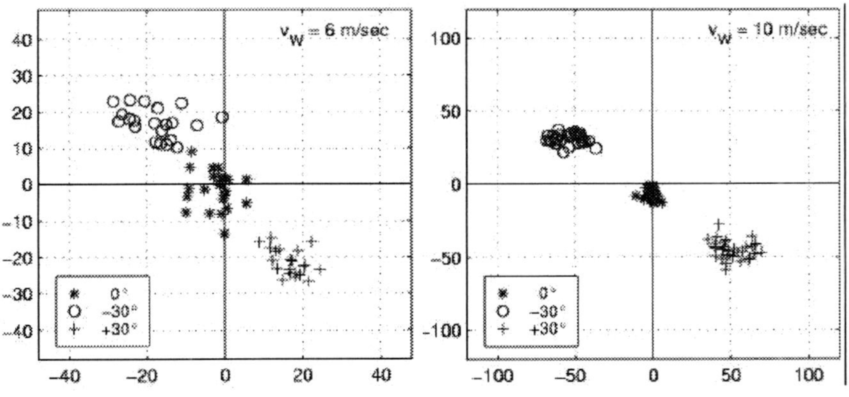

Abbildung 7: 1p-Komponente des Schlagbiegemoments eines Rotorblattes bei unterschiedlicher mittlerer Windgeschwindigkeit und Schräganströmung aus verschiedenen Richtungen

heißt einer Schwingung, die ihr Maximum bei Senkrechtstellung von Rotorblatt 1 annimmt.

Periodisch wechselnde Schubkräfte an den Rotorblättern lassen ein entsprechendes Giermoment am Turmkopf erwarten. Bei einer 3-Blatt-Anlage sollte dieses Moment dann eine mehr oder weniger ausgeprägte 3p-Komponente aufweisen. Die Simulation zeigt, dass dies nicht der Fall ist. Wie sich auch theoretisch nachweisen lässt, kompensieren sich die Momentenbeiträge der einzelnen Blätter, sodass lediglich ein erhöhtes statisches Moment auftritt (vergleichbar der Leistung in einem elektrischen 3-Phasen-System). Die in Abbildung 8 bei Schwachwind dennoch zu unterscheidenden 3p-Schwingungen des Giermoments sind auf die in der Simulation berücksichtigte Höhenabhängigkeit der Windgeschwindigkeit zurückzuführen.

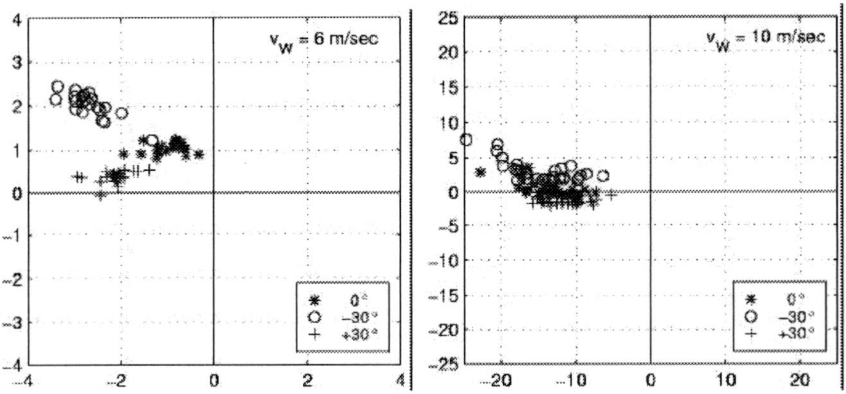

Abbildung 8: 3p-Komponente des Turmkopf-Giermoments einer WEA bei unterschiedlicher mittlerer Windgeschwindigkeit und Schräganströmung des Rotors aus verschiedenen Richtungen

Rotorunwucht

Nicht nur konstruktionsbedingte ungleichförmige Masseverteilungen sondern auch Fehler wie Eisansatz oder Eindringen von Feuchtigkeit in ein Rotorblatt führen zu einer Unwucht des Rotors. Durch frühzeitige Diagnose kann der Anlagenbetrieb angepasst bzw. eine Instandsetzung veranlasst werden. Die Diagnose sollte gleichzeitig Hinweise auf das Unwucht verursachende Rotorblatt liefern. Die Simulation des Anlagenbetriebs mit erhöhter Masse an verschiedenen Rotorblättern zeigt, dass die umlaufenden Fliehkräfte Turmschwingungen quer zur Rotorachse anregen, deren Messung die gewünschte Diagnose zulässt (Abbildung 9).

An den Ergebnissen bei Unwucht an Blatt 1 erkennt man unmittelbar, dass das Maximum der Turmkopfbeschleunigung erwartungsgemäß bei Horizontalstellung des Blattes (Phasenlage 90°) auftritt. Dies ist ebenso bei der Unwucht an Blatt 3 der Fall, das nach einer Drehung um 120° + 90° = 210° die Horizontalstellung erreicht. Dies entspricht der Phasenlage –150°, die in den Diagrammen zu erkennen ist. Die Streuung der Amplituden ist auf den Betrieb mit variabler Drehzahl zurückzuführen. Letzterer ist auch der Grund für die deutlich geringeren Amplituden bei Schwachwind (Betrieb mit geringer Drehzahl).

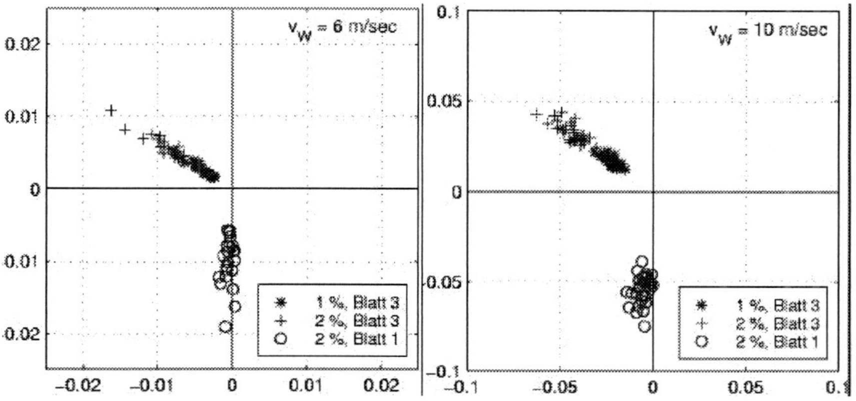

Abbildung 9: 1p-Komponente der transversalen Turmkopfbeschleunigung bei unterschiedlicher mittlerer Windgeschwindigkeit und Unwucht von unterschiedlichem Ausmaß an einzelnen Rotorblättern

Aerodynamische Unsymmetrie

Beeinträchtigungen der Aerodynamik des Rotors können durch Verschmutzungen, Rissbildung oder falschen Einbau eines Blattes entstehen und bei Anlagen mit Blattwinkelverstellung durch Fehler im Mechanismus der Blattwinkelverstellung (Pitch) hervorgerufen werden. Tritt die Beeinträchtigung nicht an allen Blättern gleichmäßig auf, so regen die resultierenden unsymmetrischen Kräfte und Momente 1p-periodische Turmschwingungen an. In der Simulation lässt sich dies z. B. anhand eines Offsets des Pitch-Winkels eines Rotorblattes darstellen.

Das Ergebnis von Simulation und Spektralanalyse in Abbildung 10 zeigt, dass die am betroffenen Blatt auftretenden zusätzlichen axialen Kräfte mit zunehmender Windgeschwindigkeit zu deutlich steigenden Amplituden der Turmtorsionsschwingung führen. Die Simulation legt damit die Messung dieser Größe als Grundlage der Diagnose aerodynamischer Unsymmetrien nahe.

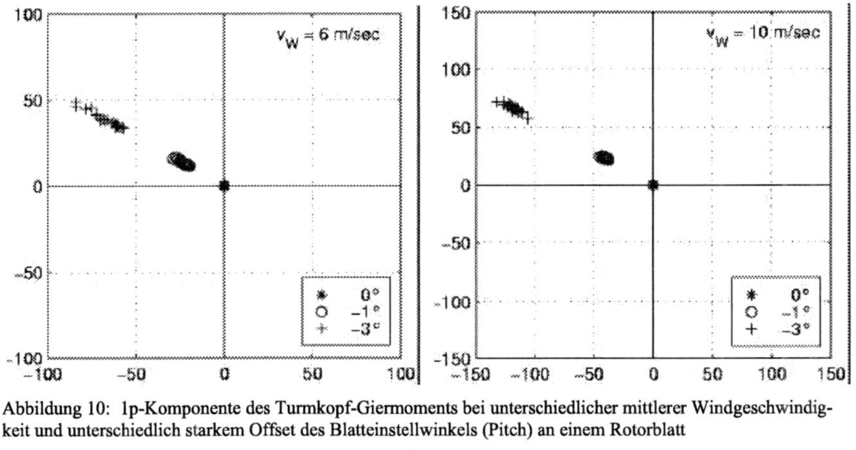

Abbildung 10: 1p-Komponente des Turmkopf-Giermoments bei unterschiedlicher mittlerer Windgeschwindigkeit und unterschiedlich starkem Offset des Blatteinstellwinkels (Pitch) an einem Rotorblatt

Ausblick

Die dargestellten Ergebnisse aus der simulationsbasierten Entwicklung von Regelungs- und Überwachungssystemen für Windenergieanlagen belegen deutlich die Vorteile des modellgestützten Entwurfs mit geeigneten (HiL-) Simulationsumgebungen. Insbesondere die Untersuchung von Betriebsfällen in Grenzbereichen (Überlast, Fehler u. ä.) und die Perspektive des "*right first time*" sind als Stärken dieser Entwurfsstrategie zu nennen. Die modellgestützte Strukturschwingungsanalyse stellt im vorliegenden Fall eine solide Grundlage für die Auslegung der Sensorik und Signalverarbeitung sowie für die Festlegung der Alarmschwellen der Fehlererkennung und -diagnose dar.

Auf der anderen Seite bedingt der hier geforderte, hohe Detailierungsgrad der Modelle einen teilweise erheblichen Aufwand bezüglich der Parametrierung (hier z. B. die Bereitstellung detaillierter Daten über die Masse- und Biegesteifigkeitsverteilung entlang der Rotorblätter). Konsequente Modularisierung und Unterstützung der Parameteraufbereitung sind also erforderlich, um z. B. die Anpassung eines Modells an unterschiedliche Anlagentypen mit realistischem Aufwand zu ermöglichen. Dies ist Gegenstand aktueller weiterführender Arbeiten [5].

Literatur:

[1] R. Gasch (Hrsg.), Windkraftanlagen, Teubner Verlag, Stuttgart, 1996

[2] S. Heier, Windkraftanlagen im Netzparallelbetrieb, Teubner Verlag, Stuttgart, 1996

[3] T. Krüger: *Regelungsverfahren für Windkraftanlagen zur Reduktion der mechanischen Belastung,* Dissertation, Universität Gh Kassel, 1998

[4] T. Krüger, M. Mevenkamp, J. Petschenka, M. Reichardt: "Simulationsgestützte Prototypentwicklung der Regelung einer Großwindkraftanlage", Simulationstechnik, 12. ASIM-Symposium (Posterband), Zürich, 1998, S. 75 - 82

[5] M. Mevenkamp, "Simulation in Arbeitsgruppen, Modularisierung und verteilte Simulation", Simulationstechnik, 13. ASIM-Symposium in Weimar, SCS Publishing House, Erlangen, Ghent, 1999, S. 349-354

[6] D. Morbitzer, Windrichtungsnachführung von Windkraftanlagen durch zyklische Verstellung der Rotorblätter, Diplomarbeit, Universität Gh Kassel, 1997

[7] G. Mai, "Virtuelle Techniken", Workshop der ASIM - Fachgruppe STS, ASIM-Mitteilungen Heft Nr. AM 67, Esslingen, 2000, S. 3-7

[8] A. Wohnhaas, "Einsatz rechnergestützter Methoden und Simulationstechniken bei der Entwicklung neuer Funktionen im KFZ", Workshop der ASIM - Fachgruppe STS, ASIM-Mitteilungen Heft Nr. AM 59, Heidelberg, 1998, S. 12-18

[9] P. M. Frank, "Diagnoseverfahren in der Automatisierungstechnik", Automatisierungstechnik, at 42, Nr. 2, 1994, S. 47 - 64

[10] R. Isermann, *Überwachung und Fehlerdiagnose*, VDI-Verlag, Düsseldorf, 1994

[11] A. Sturm, R. Förster, *Maschinen- und Anlagendiagnostik*, Teubner, Stuttgart, 1990

[12] J. Kolerus, *Zustandsüberwachung von Maschinen*, expert-Verlag, Renningen, 1995

[13] P. Caselitz, J. Giebhardt, M. Mevenkamp, J. Petschenka, M. Reichardt, *Fehlerfrüherkennung in Windkraftanlagen*, Abschlussbericht zum BMBF Fördervorhaben Nr. 0329304A, ISET e. V., Kassel, 1999

Die vorgestellten Ergebnisse wurden im Rahmen mehrerer Förderprojekte am Institut für Solare Energieversorgungstechnik - ISET e. V., Kassel, sowie an der Hochschule Bremen (insbesondere Abschnitt 4) erarbeitet. Die Arbeiten wurden durch das Bundesministerium für Bildung, Wissenschaft, Forschung und Technologie sowie das Hessische Ministerium für Umwelt, Energie, Jugend, Familie und Gesundheit gefördert.

Optimierung des Walzprozesses in einem 20-Rollen Kaltwalzgerüst

J. Heidepriem, Lehrstuhl für Automatisierungstechnik, BUGH Wuppertal
A. Schneider, milltec GmbH, Willich

Einleitung

Die Anforderungen an die Qualität flachgewalzter Produkte steigen ebenso stetig, wie die Notwendigkeit zur optimalen Auslastung einer Walzanlage aufgrund des internationalen Wettbewerbs. Demgegenüber stehen immer kleinere Losgrößen, die ein Höchstmaß an Flexibilität beim Betreiben der Anlage erfordern. All diesen Anforderungen gleichzeitig gerecht zu werden, ist insbesondere dort eine schwierige Aufgabe, wo komplexe Bauformen mit einer Vielzahl von Stellgliedern und multivariable Prozesse vorliegen, wie im Fall des Kaltwalzens von Edelstahl auf einem 20-Rollen Gerüst.

Ein hohes Maß an Automatisierung übernimmt bereits heute die Kontrolle des Prozesses im laufenden Betrieb auf Grundlage von Sollwerten ([ARS1983], [BMN1983]). Die den Walzbeginn dominierenden Voreinstellwerte sowie die zuvor genannten Sollwerte beeinflussen jedoch ebenfalls zu einem großen Anteil die Qualität und Produktivität und werden heute noch überwiegend statischen Stichplanspeichern entnommen oder müssen vom Bediener manuell vorgegeben werden. In beiden Fällen ist oftmals noch eine Verbesserung möglich.

Der Beitrag beschreibt ein System zur Steigerung der Produktivität, Qualität und Flexibilität mittels modellgestützter Stichplanoptimierung und Voreinstellung verfügbarer Stellglieder in einem 20-Rollen Kaltwalzgerüst für Edelstahl. Die wesentlichen Neuerungen und Erweiterungen bekannter Verfahren ([RA1984], [SDCM1993], [JE1996]) lassen sich in die Kategorien Modellbildung, Optimierung und Adaption sowie Online – Implementierung einteilen und werden auszugsweise nach einer kurzen Darstellung des 20-Rollen Kaltwalzgerüstes beschrieben. Der Beitrag schließt mit einer Darstellung der erzielten Ergebnisse im industriellem Einsatz.

Das 20-Rollen Kaltwalzgerüst

Insbesondere dort, wo hochfeste Legierungen gewalzt werden, ist der Einsatz von Arbeitswalzen mit geringem Durchmesser vorteilhaft. Hierdurch wird der Kraft- und Arbeitsbedarf bei der Umformung reduziert. Um jedoch die Durchbiegung schlanker Arbeitswalzen in Grenzen zu halten, ist eine Abstützung in horizontaler und vertikaler Richtung erforderlich. Beim 20-Rollen Kaltwalzwerk geschieht dies mit Hilfe der sogenannten ersten Zwischenwalzen, deren Durchmesser jedoch aufgrund der geometrischen Verhältnisse eingeschränkt ist und die somit auch noch starke elastische Deformationen aufweisen und ebenfalls abzustützen sind. Bei Fortsetzung dieses Gedankens gelangt man letztlich zur klassischen 20-Rollen Bauform, die in Bild 1 (linker Teil) angedeutet ist.

Beim Walzen mit geringen Durchmessern können keine nennenswerten Kräfte an den Zapfen eingeleitet werden. Eine Beeinflussung der Walzspaltgeometrie durch sogenannte Gegenbiegung wie in konventionellen Gerüsten mit vier oder sechs Walzen scheidet beim 20-Rollen Kaltwalzgerüst somit aus. Im Falle der geschlossenen Bauform des 20-Rollen Kaltwalzgerüstes gemäß *Sendzimir* [SE1956] ist ferner auch keine Beeinflussung des Walzspaltes mit Hilfe direkt wirkender Anstellungen vorgesehen. Stattdessen wird die Walzspaltgeometrie hier zu einem Hauptteil über die Achse der Stützlager kontrolliert. Dies kann auf unterschiedliche Art und Weise geschehen. Neben Keilverstellungen hat sich insbesondere der Einsatz von Exzentern (Bild 1 – oberer rechter Teil) bewährt.

Die üblicherweise an allen Stützlagern verfügbaren Seitenexzenter bewirken eine einheitliche Verlagerung der jeweiligen Achse über der gesamten Breite und werden vorwiegend dazu genutzt, den Walzensatz auf Walzlinie und zur Erzielung der Banddicke zu positionieren. Zur selektiven Beeinflussung über der Bandbreite und damit zur Beeinflussung des Walzspaltprofils kommen Balligkeitsexzenter zum Einsatz. Diese weisen nur geringe Exzentrizitäten bei geringen Verdrehwinkeln auf, sind aber für die Planheitsbeeinflussung im Innenbereich des Bandes ausreichend. Eine gezielte Beeinflussung des Kantenbereichs erfolgt mit Hilfe axialer Verschiebungen der ersten Zwischenwalzen (Bild 1 – unterer rechter Teil), wobei ein auf den Walzen angebrachter Konus zur Entlastung in den Bandkantenbereich geschoben wird.

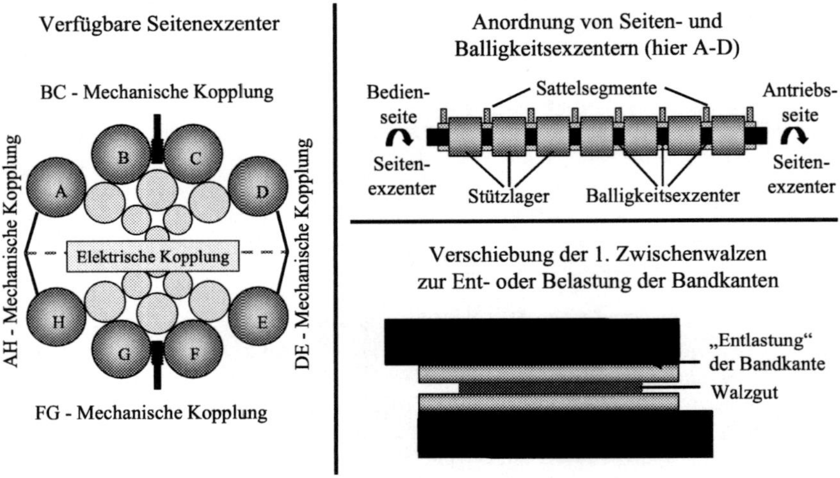

Bild 1: Stellglieder in einem 20-Rollen Kaltwalzgerüst der Bauform *Sendzimir*

Bei der Vielzahl verfügbarer Walzen, deren gegenseitiger Wechselwirkung und der Menge an verfügbaren Stellgliedern, ist die manuelle Auswahl von Voreinstellungen äußerst kompliziert und durch das Bedienpersonal oftmals nicht optimal beherrschbar. Beim Einsatz von Automatiken und hier insbesondere von mathematischen Modellen muss bei der hier in erster Linie betrachteten geschlossenen *Sendzimir* – Bauform beachtet werden, dass die Walzkraft an keiner Stelle des Gerüstes direkt gemessen werden kann [TP1975]. Es stehen nur Anstelldrücke der Seitenexzenter zur Verfügung, die jedoch nur mittelbar Aufschluss über die Walzkraft geben und erhöhte Anforderungen an die Online – Modellierung stellen.

Wesentliche Komponenten der Modellbildung

Bei der Modellierung des Walzprozesses ist das Verfahren zur Beschreibung der elastischen Deformation des Walzgerüstes besonders zu nennen, bei dem die Wechselwirkungen aus Abplattungen und Durchbiegungen iterativ nach Prinzipien, die auf der Finite – Element – Methode basieren, bestimmt werden. Das Verfahren selbst ist in ähnlicher Form bekannt [BE1987], wurde jedoch bei der hier diskutierten Bauform bislang nicht angewendet. Eine Übersicht des Verfahrens ist in Bild 2 wiedergegeben:

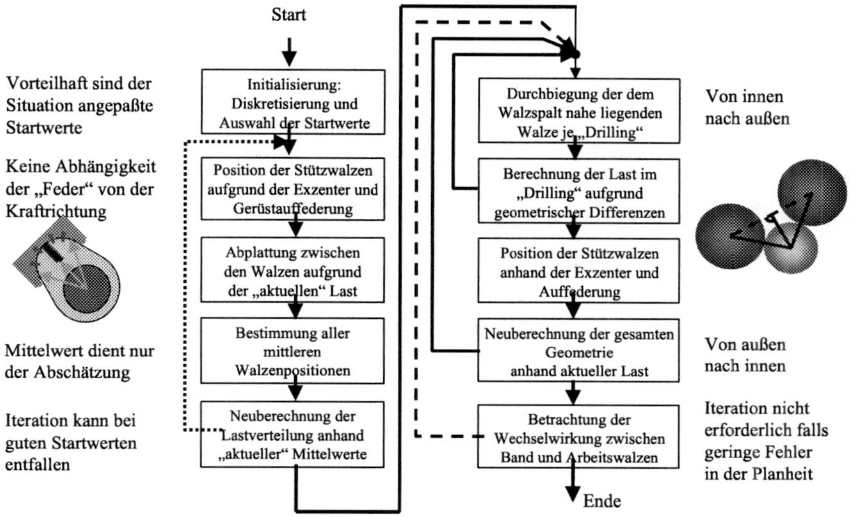

Bild 2: Verfahren zur Berechnung der elastischen Deformation des Walzensatzes

Die Vorgehensweise bei der Bestimmung der elastischen Deformation des Walzensatzes kann dabei in zwei Abschnitte unterteilt werden. Bei der Initialisierung in der linken Hälfte von Bild 2 wird zunächst eine anfängliche Lastverteilung im Gerüst ermittelt. Dies geschieht überwiegend auf Grundlage geometrischer Überlegungen, beginnend bei der an den Arbeitswalzen eingeleiteten Kraft und endend an den einzelnen Sattelsegmenten, deren Auffederverhalten als nicht richtungsabhängig angesehen wird.

Die ermittelte anfängliche Lastverteilung dient dann als Grundlage für eine iterative Untersuchung der Wechselwirkungen, was in der rechten Hälfte von Bild 2 dargestellt ist. Je „Drilling" von Walzen in gegenseitigem Kontakt wird die sich aufgrund der bekannten Lastverteilung einstellende Durchbiegung der dem Walzspalt naheliegenden Walze ermittelt. Durch Vergleich dieser Durchbiegung mit der bis dahin angenommenen Position der abstützenden Partner ergibt sich eine geometrische Differenz, die als Variation in der Abplattung betrachtet wird und somit direkt in eine neue Lastverteilung überführt werden kann. Je „Drilling" wird dieser Schritt wiederholt, bis ein Gleichgewicht zwischen Lastverteilung und Durchbiegung erreicht ist. Anschließend folgt die Betrachtung der nächsten Lage von Walzen hin zum Gehäuse. Wurde in letzter Instanz dieses Schrittes die Wechselwirkung von den zweiten Zwischenwalzen mit den Stützlagern ermittelt, kann die an den Sattelsegmenten eingeleitete Kraft neu bestimmt werden. Abweichungen der sich ergebenden Auffederungen der Sattelsegmente von denen, die zu Beginn des Iterationsschrittes vorlagen, erfordern eine erneute Bestimmung der geometrischen Stellungen und anschließend auch der Wechselwirkungen und zwar bis zum Erreichen eines Gleichgewichtszustandes.

Da hier nicht die Auslegung von Walzgerüsten von Interesse ist, sondern die Qualität des Walzgutes im Vordergrund steht, kommt der Beschreibung der Wechselwirkung zwischen Band und Arbeitswalzen im Hinblick auf die entstehende und zu verbessernde Planheit eine besondere Bedeutung zu. Hierzu wurde ein Verfahren entwickelt, bei dem auf Grundlage einer lokalen Anwendung der *Gagemeter*-Gleichung die Differentialgleichung der Wechselwirkung aufgestellt und im Arbeitspunkt gelöst wird. Neben den rein plastischen Anteilen berücksichtigt das Verfahren auch die Wechselwirkung von Zugspannungsdifferenzen aufgrund lokaler Formänderungsunterschiede und dem lokalen Walzdruck. Vereinfacht ausgedrückt beschreibt das

Verfahren das Walzgut als Ansammlung von Federelemente mit nichtlinearer Charakteristik. Änderungen in der Walzspaltgeometrie haben danach zum Teil erhebliche Auswirkungen auf die Druckverteilung zwischen Band und Arbeitswalzen, so dass auch hier eine zusätzliche Iteration (gestrichelte Linie in Bild 2) zur vollständigen Beschreibung des Gesamtverhalten erforderlich wäre. Ist die Zielplanlage jedoch bekannt, so kann die damit verbundene Druckverteilung und Walzspaltgeometrie im Vorfeld ermittelt werden. Wird das zuvor beschriebene Verfahren zur Optimierung der Stellglieder angewendet, so kann die Druckverteilung als Randwert konstant gehalten werden, wenn als Ziel der Optimierung die zum Erreichen der Zielplanlage notwendige Walzspaltgeometrie vorgegeben wird.

Ein Beispiel für „optimierte" Optimierung

Um den Online - Einsatz in derzeit üblichen Prozessrechnern zu begünstigen, ist die Nutzung schneller Optimierungsstrategien sinnvoll. Dies ist insbesondere dort zweckmäßig, wo aufgrund der zu beschreibenden komplexen Verhältnisse zeitintensive Rechenoperation zu erwarten sind, wie im Fall der Auswahl geeigneter Voreinstellungen der Seitenexzenter im Hinblick auf Banddicke und Walzlinie unter Nutzung des zuvor beschriebenen Berechnungsverfahrens.

Die insgesamt acht Seitenexzenter sind zum Teil mechanisch und elektrisch gekoppelt (siehe auch Bild 1 – linker Teil), und es verbleiben insgesamt drei Freiheitsgrade für die Einstellung. Da die Verstellung mittels Exzentern auch auf den Walzspalt einen Einfluss nach trigonometrischen Gesetzmäßigkeiten ausübt, wird dieser Umstand dazu genutzt, den numerischen Modellansatz zunächst in einen der Situation angepassten analytischen Ansatz zu überführen, der dann die Grundlage für die Lösung der Optimierungsaufgabe darstellt. Um Amplituden und Phasenlagen der analytischen Vereinfachung bei den drei verbleibenden Freiheitsgraden zu bestimmen, sind insgesamt nur neun vollständige Durchläufe des zuvor beschriebenen Modells an geeigneten Stellen notwendig. Danach steht eine schnelle analytische Beschreibung der Verhältnisse zur Verfügung, die zur Optimierung gemäß den nachfolgenden Ausführungen herangezogen wird.

Bei der Wahl der Voreinstellung muss berücksichtigt werden, dass die Seitenexzenter an den äußeren Stützlagern A, H, D und E (Bild 1) zumindest in der hier betrachteten Applikation nicht unter Last verändert werden können. Beim Walzen im 20-Rollen Kaltwalzwerk werden die Bunde aber in mehreren Stichen im Reversierbetrieb von einer Anfangsdicke auf eine bestimmte Enddicke gebracht. Um ein häufiges Öffnen des Walzensatzes zu vermeiden, was eine Verringerung der Produktivität mit sich bringen würde, ist es daher wichtig, die Wahl der Voreinstellung derart zu treffen, dass der gesamte Banddickenbereich möglichst durch die Exzenter abgedeckt werden kann, die unter Last verstellbar sind.

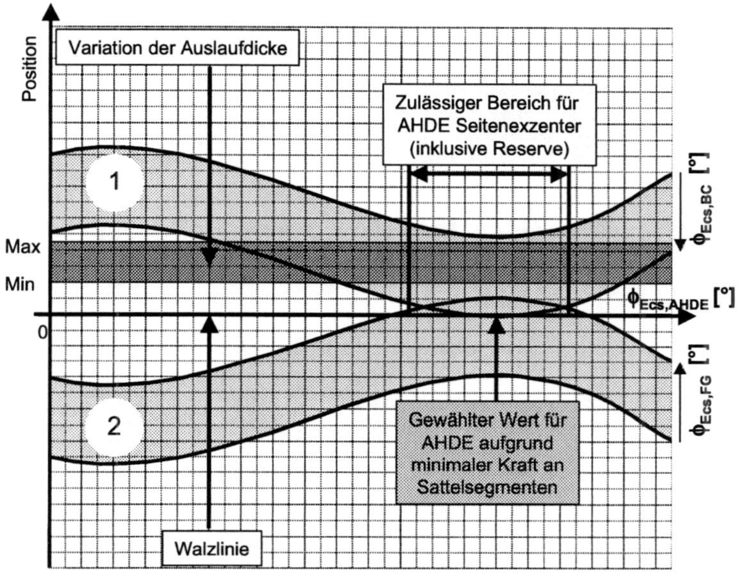

Bild 3: Auswahl der Voreinstellung der Seitenexzenter

Bild 3 zeigt das Prinzip zur Wahl der Voreinstellung. Der mit „1" gekennzeichnete Bereich stellt die einstellbare Position der Unterkante der oberen Arbeitswalze dar. Auf der Abszisse ist dabei der gemeinsame Verdrehwinkel der äußeren Seitenexzenter dargestellt. Die Begrenzungslinien des Bereichs in Ordinatenrichtung sind die Positionsgrenzen, die durch Veränderung der Seitenexzenter an den Lagern B und C je Drehwinkel der äußeren Seitenexzenter erreicht werden können. In ähnlicher Weise gibt der mit „2" gekennzeichnete Bereich die in Abhängigkeit der relevanten Exzenter F und G erzielbare Position der Oberkante der unteren Arbeitswalze wieder. Die äußeren Seitenexzenter (A, H, D und E) sind nun so einzustellen, dass die Oberkante der unteren Arbeitswalze auf Walzlinie gebracht werden kann und die Unterkante der oberen Arbeitswalze den interessierenden Dickenbereich abdeckt. Aus dem sich dabei ergebenden zulässigen Stellbereich wird der Wert gewählt, bei dem die Kräfte an den äußeren Sattelsegmenten minimal sind, wodurch eine Reduktion des Lagerverschleißes erreicht wird. Liegt der Drehwinkel der äußeren Seitenexzenter fest, so sind die übrigen Drehwinkel eindeutig bestimmbar.

KI zur Parameterschätzung

Ein wesentlicher Parameter des Walzprozesses ist der Reibbeiwert zwischen Arbeitswalzen und Walzgut. Die Ermittlung des Reibbeiwertes und dessen Abhängigkeiten gestaltet sich in der Praxis oft schwierig und zeitaufwendig. Zudem würde ein aus Messungen ermittelter Reibbeiwert noch lange nicht die Berechnungsergebnisse optimal beeinflussen. Hier wurde stattdessen ein Verfahren entwickelt [HO1997], das unter Einsatz künstlicher neuronaler Netze den zur Verbesserung der Rechengenauigkeit notwendigen Reibbeiwert sowie dessen Abhängigkeiten aus Messwerten extrahiert. Das Prinzip des Verfahrens ist in Bild 4 dargestellt:

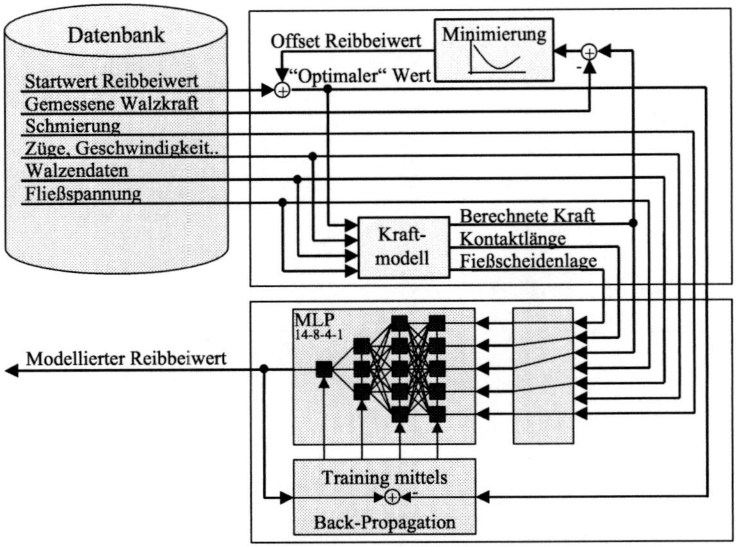

Bild 4: Ermittlung des Reibbeiwertes mit Hilfe von KI-Methoden

Grundlage stellt dabei eine umfassende Datenbank dar, in der neben Messwerten auch die Fließspannung des Walzgutes enthalten ist. Je Datensatz wird zunächst ein „optimaler Reibbeiwert" durch Inversion des Kraftmodells ermittelt, bei dem gemessene und berechnete Walzkraft identisch sind. Das verwendete Kraftmodell liefert ferner noch solche Größen, die als Messungen nicht direkt vorliegen, wie beispielsweise die Kontaktlänge zwischen Band und Arbeitswalzen und die Lage der sogenannten Fließscheide, bei der Bandgeschwindigkeit und Walzenumfangsgeschwindigkeit identisch sind. Die so „erweiterten" Datensätze dienen als Grundlage für das Trainieren eines MLP – Netzes, bei dem sich die Topologie „14-8-4-1" als günstig erwiesen hat. Nach abgeschlossenem Training liefert das MLP – Netzwerk eine ausreichend genaue Beschreibung der Abhängigkeiten des Reibbeiwertes.

Für den industriellen Einsatz wurde auf ein kontinuierliches Trainieren des Netzes aus Gründen der Stabilität verzichtet.

Der „Rest" und die Unterbringung im Prozessrechner

Um den Walzprozess in seiner Gesamtheit geeignet zu beschreiben und zu verbessern, sind neben den zuvor beschriebenen Komponenten noch weitere Modelle und Strategien erforderlich. Bild 5 gibt eine Übersicht aller wesentlichen Anteile:

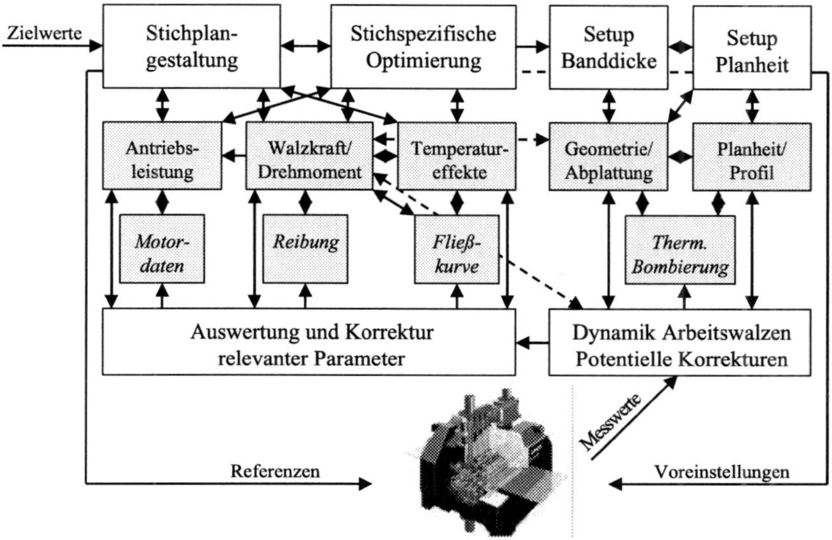

Bild 5: Die Gesamtheit von Modellen und Strategien in der Übersicht

Basismodelle zur Beschreibung der Reibung, der Fließspannung des Walzgutes und der Antriebscharakteristik stellen die Grundlage zur Berechnung der Walzkraft, Antriebsleistung und Bandtemperatur dar. Gleiches gilt für die Beschreibung der Effekte hinsichtlich Gerüstverhalten und Bandplanheit. Als Basis kann hier das Modell der thermischen Bombierung der Arbeitswalzen angesehen werden, dessen Ergebnis Grundlage zur Berechnung der elastischen Deformation des Walzensatzes sowie der Planheit ist. Die Ausgangsgrößen der übergeordneten Modelle wiederum sind Basis für die Gestaltung des Stichplanes und die Wahl stichspezifischer Parameter, die auch direkt als Vorgaben zur Voreinstellung genutzt werden.

Die im Walzbetrieb aufgenommenen Messwerte dienen zum einen dazu, das thermisch bedingte Anwachsen des Arbeitswalzenballes zu verfolgen, werden aber ferner auch dazu benutzt, potentielle Korrekturen der Parameter der Basismodelle zur ermitteln. Nachdem eine ausreichende Menge gesammelt und vorverarbeitet wurde, können diese als Grundlage zur Parameterkorrektur herangezogen werden. Dieser letzte Schritt schließt den Kreis.

Beim Online - Einsatz im Prozessrechner musste auf die verfügbare Rechenleistung und die damit verbundenen zeitlichen Restriktionen Rücksicht genommen werden. Um weder Kompromisse am Umfang der Berechnungen und damit an der Leistungsfähigkeit des Systems einzugehen, noch die Restriktionen des Prozessrechners zu verletzen, wurde die Gesamtheit der für ein Walzbund erforderlichen Berechnungen geeignet auf die Produktionsdauer aufgeteilt. Dabei erfolgt die zeitaufwendige Stichplangestaltung unmittelbar nach dem Anmelden eines Bundes an der Anlage. Vor jedem Stich erfolgt lediglich die Bestimmung der für den Stich relevanten Voreinstellwerte, um den Produktionsprozess nicht unnötig zu verzögern. Die Verfolgung des thermischen Arbeitswalzenballens wird ebenso wie die Vorverarbeitung zur Adaption zyklisch während des Walzbetriebes durchgeführt. Bedingt durch den hohen Grad an Vorverarbeitung ist die eigentliche Parameterkorrektur am Ende eines Walzstiches zeitlich unkritisch.

Ergebnisse aus industriellem Einsatz

Bei der praktischen Langzeiterprobung des Verfahrens an zwei 20-Rollen Kaltwalzwerken konnte durch Verkürzung der reinen Walzzeit eine Produktivitätssteigerung von 4.5% erreicht werden. Dies ist zurückführbar auf eine gute Stichplangestaltung und verbesserte Planlagen beim Anwalzen, die ein früheres Beschleunigen der Anlage erlaubten.

Weiterhin konnte eine Verkürzung der Nebenzeiten erreicht werden, was die Produktivität um weitere 0.5% steigerte. Dies ist insbesondere auf die beschriebene Voreinstellung der Seitenexzenter zurückzuführen.

Die beim Einsatz des Systems kontrollierte Endwalzqualität verringerte ferner den Ausschuss derart, dass hierdurch eine Steigerung der Nettoproduktivität von weiteren 1.6% zu verzeichnen war.

Literaturangaben

[ARS1983] Adler K. J., Raabe, D., Senkbeil, G.: Regelung der Zugspannungsverteilung an einem 20-Rollen-Kaltwalzgerüst – Betriebliche Erfahrungen, Stahl und Eisen (13), 1983, P. 635/638

[BE1987] Beisemann, Gerd: Theoretische Untersuchung der mechanisch einstellbaren Bereiche für die Walzspaltform an unterschiedlichen Walzwerksbauarten, Dissertation, Fakultät für Bergbau, Hüttenwesen und Geowissenschaften der Technischen Hochschule Aachen, 1987

[BMN1983] Berger, B., Mücke, G., Neuschütz, E.: Regelung der Zugspannungsverteilung an einem 20-Rollen-Kaltwalzgerüst – Aufbau des entwickelten Regelsystems, Stahl und Eisen (13), 1983, P. 631/634

[HO1997] Hoff, G. : Künstlich neuronales Netz zur Korrektur von Walzkraftberechnungen, Diplomarbeit, Lehrstuhl für Automatisierungstechnik der BUGH Wuppertal, 1997

[JE1996] Jenewein, J.: Stichoptimierung und Voreinstellung des Walzspaltprofils an 20-Rollen-Reversiergerüsten, Dissertation, Lehrstuhl für Automatisierungstechnik der BUGH Wuppertal, 1996

[RA1984] Rademacher, W.: Verfahren zur Berechnung von optimalen Stichplänen für das Walzen auf 20-Rollen-Gerüsten, Dissertation, Rheinisch-Westfälische Technische Hochschule Aachen, 1984

[SDCM1993] Silvestrini, M. G., Dolci, F., Chicchiero, E., Maffeo, W.: Autoadaptive process control of a Sendzimir mill at ILVA, Iron and Steel Engineer, 1993, P. 50/55

[SE1956] Sendzimir, M. G.: The Sendzimir Cold Strip Mill, Journal of Metals 8, 1956, S. 1154-1158

[TP1975] Troeder, C., Peeken, H.: Entwicklung und Erprobung einer Meßeinrichtung zur Messung der Walzkraft an einem 20-Rollen-Walzwerk (Bauart Sendzimir), Stahl und Eisen, 1975, P. 826/831

Robuste Bestimmung von Kreisparametern

Oliver Lang
Schut Geometrische Meettechniek bv
Duinkerkenstraat 21, 9723 BN Groningen, Niederlande
Tel.: +31 (0)50 5877877, Email: OLang@Schut.com

Kurzfassung

In diesem Beitrag wird das Problem der Berechnung eines optimalen Kreises aus einer Anzahl gegebener Punkte behandelt. Unter einem *optimalen Kreis* wird hierbei der Kreis verstanden, bei dem die Summe der quadratischen Abstände zwischen dem Kreis und den gegebenen Punkten minimal ist. Eine solche Einpassung wird als *geometrische* Einpassung bezeichnet.

Nach einer Einführung in das Thema werden verschiedene Verfahren vorgestellt, die entweder eine geometrische Einpassung durchführen oder aber eine Näherungslösung liefern. Zur Handhabung von extremen Ausreißern sind diese Ansätze allerdings nicht geeignet, da sie stets versuchen, bei der Optimierung alle Punkte zu berücksichtigen. Abhilfe schafft hier ein robuster Ansatz, bei dem ein virtueller Muster-Parametersatz aus Median-Werten generiert wird.

Abschließend wird ein Ausblick auf die Einpassung von Ellipsen gegeben.

1 Einleitung

In der geometrischen Meßtechnik werden häufig Grundformen wie Kreise, Ellipsen, Kugeln etc. vermessen. Im zunehmenden Maße werden hierzu auch Kameras eingesetzt, die ein kontaktloses Messen ermöglichen.

Als Ergebnis einer Kantendetektion im Kamerabild steht eine Anzahl von Kantenpunkten zur Verfügung. Die Aufgabe einer Einpassungsmethode besteht nun darin, eine der Grundformen in diese Meßpunkte einzupassen. In diesem Beitrag wird die Einpassung von Kreisen behandelt.

1.1 Problembeschreibung

Ein Punkt (x, y), der auf dem Kreis mit Mittelpunkt (x_0, y_0) und Radius r liegt, erfüllt die Gleichung:

$$(x - x_0)^2 + (y - y_0)^2 = r^2. \qquad (1)$$

Die zu lösende Aufgabe lautet wie folgt: Wie lauten die Parameter x_0, y_0 und r des Kreises, der einer Anzahl von Meßpunkten am besten entspricht? Ein Punkt, der exakt auf dem Kreis liegt, erfüllt dabei die Kreisgleichung (1).

Es ergibt sich für jeden verwendeten Meßpunkt eine neu zu berücksichtigende algebraische Kreisgleichung. Das dadurch entstehende Gleichungssystem ist im allgemeinen nur für drei Punkte eindeutig lösbar, weil die Meßresultate mit unvermeidlichen Meßfehlern behaftet sind und das vermessene Objekt im allgemeinen keinen idealen Kreis darstellt. Es stellt sich damit das Problem, die Einpassung wenn schon nicht exakt, so doch „möglichst gut" zu lösen, vgl. [Stoer 99]. Für mehr als drei Punkte wird daher ein Optimierungsproblem definiert, welches mit Methoden der Ausgleichsrechnung gelöst wird.

In der Vergangenheit wurden häufig Ansätze verwendet, die eine in gewisser Hinsicht „optimale" Bestimmung der gesuchten Parameter einer Grundform ermöglichen. Meistens kommt bei diesen Ansätzen die Methode der kleinsten Quadratsumme (*least squares* - LS) zum Einsatz, bei der die euklidische Norm minimiert wird [Stoer 99]. Die zu minimierende Qualitätsfunktion lautet dabei:

$$Q(\mathbf{u}) = \sum_{\text{Punkte}} d_i^2(\mathbf{u}) \rightarrow \min \tag{2}$$

wobei der Vektor **u** die gesuchten Parameter enthält. Gesucht ist somit ein – für alle N Punkte mit den Koordinaten (x_i, y_i) – optimaler Parametervektor $\hat{\mathbf{u}}$:

$$\hat{\mathbf{u}} = \arg\min_{\mathbf{u}} \left\{ \sum_{i=1}^{N} d_i^2(\mathbf{u}, x_i, y_i) \right\}. \tag{3}$$

Allerdings ist es nicht ausreichend, eine Einpassung im Sinne der *kleinsten Quadrate Methode* zu fordern, denn diese Forderung sagt noch nichts darüber aus, *was* quadriert werden soll. Die Funktion d_i muß noch spezifiziert werden. Als Ausgangspunkt wird hierfür eine das einzupassende Objekt beschreibende Gleichung verwendet, in diesem Fall die Kreisgleichung (1).

Häufig wird für den zu quadrierenden Term d_i einer der folgenden zwei Ausdrücke gewählt, vgl. [Strebel et al. 97]:

a.) Abweichung von der algebraischen Gleichung. Beim Kreis bedeutet dies:

$$d_i = (x_i - x_0)^2 + (y_i - y_0)^2 - r^2 \quad . \tag{4}$$

b.) Verwendung des geometrischen Abstandes:

$$d_i = \sqrt{(x_i - x)^2 + (y_i - y)^2} \quad . \tag{5}$$

Bei der Verwendung des ersten Ansatzes wird auch von einer *algebraischen* Einpassung gesprochen. Zur Lösung dieser Aufgabe gibt es eine Reihe von direkten (d. h. nicht iterativen) Verfahren, siehe z. B. [Gander et al. 94, Kapitel 2]. Eine interessante und schnelle Methode wird zudem in [Schut 98] vorgestellt. Die geometrische Deutung der algebraischen Einpassung ist schwierig. Es gilt aber, daß je besser die Punkte auf einem Kreis liegen, desto ähnlicher sind die Ergebnisse der algebraischen Einpassung (Ansatz a) denen der geometrischen Einpassung (Ansatz b). Zudem ist für drei Punkte (die nicht auf einer Geraden liegen) ein Kreis eindeutig definiert, so daß die Einpassungen in diesem Fall das selbe Ergebnis liefern.

Für die geometrische Meßtechnik ist der Ansatz b, bei dem der euklidische Abstand berechnet wird, am relevantesten. Der geometrische Abstand d_i stellt dabei den minimalen Abstand zwischen dem Objekt und dem Meßpunkt (x_i, y_i) dar. Es werden somit Abweichungen in x- und y-Richtung gleichermaßen berücksichtigt. Zur Berechnung des geometrischen Abstandes mittels Gleichung (5) muß für jeden Punkt (x_i, y_i) der korrespondierende Punkt (x, y) auf dem einzupassenden Objekt bestimmt werden. Dies stellt bei komplexeren Objekten eine der Hauptschwierigkeiten dar. Beim Kreis ist diese Bestimmung vergleichsweise einfach.

Bei einem Kreis mit den Parametern $\mathbf{u} = (x_0, y_0, r)^T$ läßt sich – im Gegensatz zur Ellipse (vgl. Kapitel 4) – der geometrische Abstand zu einem Punkt (x_i, y_i) direkt bestimmen. Es gilt (siehe auch Abbildung 1):

$$d_i = \sqrt{(x_i - x_0)^2 + (y_i - y_0)^2} - r \quad . \tag{6}$$

Die explizite Berechnung eines Punktes des Kreises, der dem Punkt (x_i, y_i) am nächsten ist, kann somit entfallen.

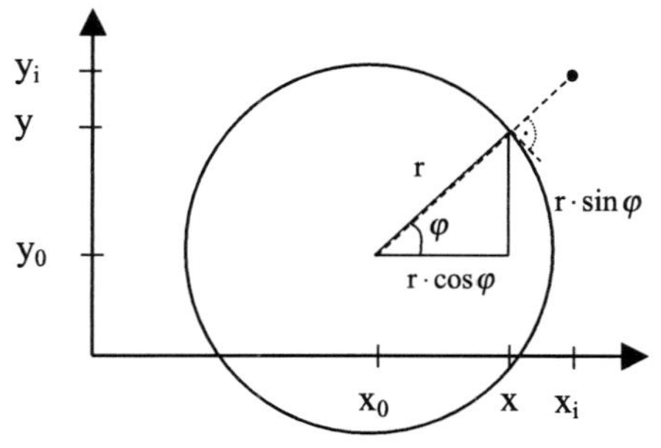

(x_i, y_i) Meßpunkt
(x, y) Punkt auf dem Kreis, dem Meßpunkt am nächsten

Abbildung 1: Kreisparameter x_0, y_0 und r.

1.2 Anwendungen und Anforderungen

Der hier vorliegende Beitrag konzentriert sich auf die Einpassung von Kreisen. In der meßtechnischen Praxis stellt der Kreis neben der Geraden eines der am häufigsten verwendeten Merkmale dar. Häufig handelt es sich um kreisförmige Objekte, oder die Objekte weisen kreisförmige Öffnungen auf, in die später beispielsweise Achsen eingefügt werden. Mit einer wie in Abbildung 2 dargestellten Meßmaschine werden zum Beispiel Platinen für Uhren, Flaschendeckel, aber auch größere Gegenstände wie Anhängerkupplungen vermessen. Letztere aber eher mit einem Tastsensor-System als mit einer Kamera.

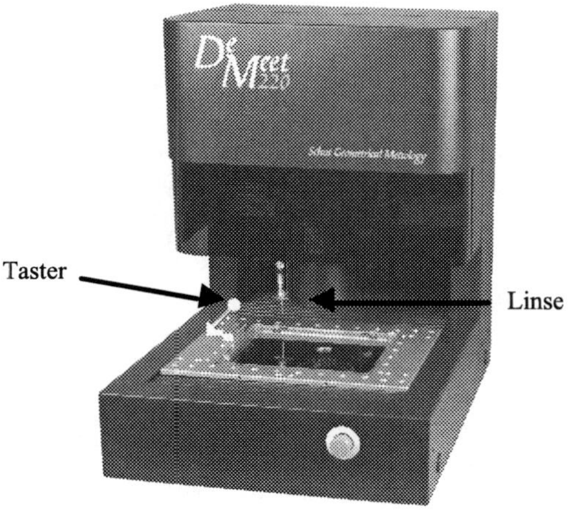

Abbildung 2: Eine geometrische Koordinaten-Meßmaschine in Kombinationsausführung – mit Video- und Tastereinheit.

Neben der Meßgenauigkeit ist zudem oftmals eine hohe Bearbeitungsgeschwindigkeit relevant. Dieser Aspekt wird besonders bedeutend, wenn sich die Meßmaschine innerhalb einer Produktionskette befindet, und nicht ausschließlich zur Einzelstück-Vermessung im Meßlabor eingesetzt wird. Des weiteren muß die Einpassungsmethode auch eine große Anzahl von Meßpunkten verarbeiten können (mehr als 1000 Punkte), da eine Kurve im Bild meist durch viele Punkte beschrieben wird. Auch müssen Kreissegmente eingepaßt werden können, da zum einen, Objekte eine solche geometrische Form aufweisen, und zum anderen, große Kreise nicht vollständig im Kamerabild erfaßt werden können.

Neben der in diesem Beitrag betrachteten Einpassung in 2-D Meßwerte, kann auch die Einpassung in (z. B. mittels Taster gewonnenen) 3-D Meßwerte notwendig sein.

2 Geometrische Einpassung

Wie bereits erwähnt, wird in der Meßtechnik häufig eine *geometrische* Einpassung gefordert. Dies liegt daran, daß davon ausgegangen wird, daß sowohl in x- als auch in y-Richtung Meßrauschen vorhanden ist. Ferner kann gezeigt werden, daß – unter der Voraussetzung, daß das Meßrauschen normalverteilt ist – die Parameter, die mittels einer geometrischen Einpassung gewonnen werden, die meist wahrscheinlichen Parameter sind. Bei einer geometrischen Einpassung wird auch von einer *Best*-Einpassung gesprochen.

Außerdem wird der Begriff *Orthogonal-Distanz-Regression* (ODR) verwendet, welcher darauf hinweist, daß die Abweichung d_i der Meßpunkte orthogonal zur auszugleichenden Linie berücksichtigt wird (siehe Abbildung 1). Neben den ODR-Lösungen nach der *Methode der kleinsten Fehlerquadratsumme*, gewinnen die Lösungen nach der *Methode der kleinsten Fehlerzone* (nach Tschebyschev) – als sogenannte *Minimax*-Probleme – zunehmende Bedeutung [Lotze 00].

Bei der geometrischen Einpassung von Kreisen handelt es sich um ein *nichtlineares* LS-Problem, da in Gleichung (5) bzw. (6) die gesuchten Parameter in nichtlinearer Form vorhanden sind. Zur Lösung kommen iterative Verfahren zum Einsatz, bei denen die Schätzwerte einer algebraischen Einpassung als Startwerte genutzt werden können.

2.1 Einpassung mittels Newton-Raphson Verfahren

Ein naheliegender Ansatz ist es, die Qualitätsfunktion $Q(\mathbf{u})$ – wobei der Abstand d_i durch Gleichung (6) ausgedrückt wird – nach den gesuchten Parametern $\mathbf{u}$ abzuleiten und die Nullstellen der partiellen Ableitungen zu bestimmen. Zur Nullstellenbestimmung kann das Newton-Raphson Verfahren angewendet werden [Press et al. 92], bei dem mittels der Jacobi-Matrix $\mathbf{J}$ eine iterative Verbesserung der Parameter erreicht wird. Die Änderung $\mathbf{h}$ der aktuellen Parameter $\tilde{\mathbf{u}}$ wird dabei in jedem Iterationsschritt durch die Lösung einer Gleichung der Form

$$\mathbf{J}(\tilde{\mathbf{u}}) \cdot \mathbf{h} = -\mathbf{f}(\tilde{\mathbf{u}}) \tag{7}$$

berechnet. Die Vektorfunktion $\mathbf{f}$ wird aus den Einzelfunktion f_i – in diesem Fall den partiellen Ableitungen – gebildet. Es gilt $\mathbf{f} = (f_1, .., f_m)^T$, wobei m die Anzahl der gesuchten Parameter darstellt. Gegebenenfalls ist eine Anpassung der Schrittweite $\|\mathbf{h}\|$ notwendig, [Fletcher 97].

Im Falle der Kreis-Einpassung handelt es sich bei der Jacobi-Matrix um eine quadratische Matrix mit drei Zeilen und Spalten.

2.2 Einpassung mittels Gauss-Newton Verfahren

Obige Vorgehensweise stellt einen der Standardansätze zur Minimierung einer nichtlinearen, skalaren Funktion mehrerer Parameter dar. Es wird dabei nicht die spezielle Struktur der Qualitätsfunktion berücksichtigt: Es handelt sich um ein *nichtlineares* LS-Problem, welches durch Anwendung der Gauss-Newton Methode gelöst werden kann, vgl. [Gander et al. 94, Kapitel 3]. In jedem Gauss-Newton Iterationsschritt wird dabei ein *lineares* LS-Problem gemäß Gleichung (7) gelöst, um den Korrekturvektor $\mathbf{h}$ zu bestimmen [Björck 96]. Die Vektorfunktion $\mathbf{f}$ wird in diesem Fall direkt aus den Einzelfunktionen d_i gebildet und nicht aus den partiellen Ableitungen der Qualitätsfunktion. Es entsteht eine nicht quadratische Jacobi-Matrix wiederum mit drei Spalten, deren Zeilenanzahl nun allerdings der Anzahl N der verwendeten Punkte entspricht.

2.3 Einpassung mittels parametrischer Darstellung

Beide bisher erwähnten Verfahren bestimmen das (bzw. *ein*) Minimum der Qualitätsfunktion Q(**u**), wobei zur Berechnung des Abstandes Gleichung (6) verwendet wird, bei der kein expliziter Punkt auf dem Kreis für jeden Meßpunkt (x_i, y_i) berechnet wird. Es läßt sich aber auch Gleichung (5) anwenden, wenn für den Punkt (x, y) auf dem Kreis eine parametrische Darstellung angewendet wird. Die Koordinaten des Punktes auf dem Kreis werden dabei mittels eines weiteren, freien Parameters φ beschrieben. Es gilt (siehe auch Abbildung 1):

$$\begin{aligned} x &= x_0 + r \cdot \cos\varphi \\ y &= y_0 + r \cdot \sin\varphi \end{aligned} \quad . \tag{8}$$

Der Abstand zwischen dem Punkt des Kreises und dem Meßpunkt (x_i, y_i) ist dann:

$$d_i = \sqrt{(x_i - (x_0 + r \cdot \cos\varphi_i))^2 + (y_i - (y_0 + r \cdot \sin\varphi_i))^2} \; . \tag{9}$$

Analog zum vorherigen Ansatz kann wiederum das Gauss-Newton Verfahren genutzt werden. Diesmal muß allerdings neben den drei Kreisparametern gleichzeitig für jeden Meßpunkt ein zusätzlicher Parameter φ_i bei der Minimierung mitbestimmt werden. Ferner wird das Quadrat des Abstandes in die Quadrate zweier Teilfunktionen $d_{i,x}$ und $d_{i,y}$ zerlegt:

$$d_i^2 = d_{i,x}^2 + d_{i,y}^2 \, , \tag{10}$$

mit

$$d_{i,x} = x_i - (x_0 + r \cdot \cos\varphi_i), \quad d_{i,y} = y_i - (y_0 + r \cdot \sin\varphi_i) \, . \tag{11}$$

Es entsteht somit ein LS-Problem, das aus 2N Einzelfunktionen besteht. Und es ergibt sich eine Jacobi-Matrix, bei der die Anzahl der Zeilen doppelt so groß ist wie die Anzahl der verwendeten Punkte. Zudem ist die Anzahl der Spalten bedeutend größer als im vorherigen Fall: Sie ist gleich der Anzahl aller gesuchten Parameter (N + 3). Da die Jacobi-Matrix aber extrem schwach besetzt ist, ist eine QR-Zerlegung der Matrix relativ einfach durchführbar, und der Gauss-Newton Korrekturterm **h** mittels Zurückeinsetzen bestimmbar, vgl. [Gander et al. 94, Kapitel 4].

Ein weiterer interessanter Ansatz ist in [Späth 96] beschrieben. In dem Artikel werden sehr spezielle Verfahren zur Einpassung von Kegelschnitten vorgestellt, wobei ebenfalls eine parametrische Darstellung verwendet wird. Aus diesen Überlegungen läßt sich ein sehr spezielles Iterationsverfahren für Kreise ableiten. Die Anzahl der Iterationsschritte ist bei diesem Verfahren deutlich höher als bei den anderen drei Verfahren, wobei aber in jedem Iterationsschritt weniger Rechenaufwand notwendig ist.

3 Robuste Einpassung

Die im vorherigen Kapitel vorgestellten Methoden sind geeignet um eine geometrische Einpassung durchzuführen. Zur Handhabung von Ausreißern sind sie allerdings nicht direkt anwendbar, da sie stets versuchen, bei der Optimierung alle Punkte zu berücksichtigen.

Eine übliche Vorgehensweise zur Filterung von Ausreißern besteht darin, nach einer initialen Einpassung die Standardabweichung der Abstände zu berechnen. Es werden dann alle Punkte, deren Abstand größer als ein festzulegendes Vielfaches der Standardabweichung ist, gefiltert und eine erneute Einpassung mit den verbleibenden Punkten durchgeführt.

Ein solcher Ansatz ist allerdings nicht zur Eliminierung von *extremen* Ausreißern geeignet. Bei der Betrachtung des Beispieles in Abbildung 3 (links) wird deutlich, daß eine solche Filterung genau die falschen Werte eliminieren würde. Zur Handhabung von solch extremen Ausreißern ist ein robusterer Ansatz notwendig.

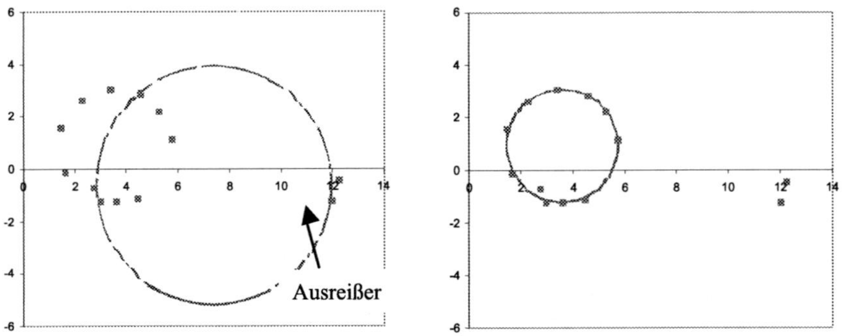

Abbildung 3: Einfluß eines extremen Ausreißers – Ergebnis einer Initialeinpassung (links) und Ergebnis nach einer Filterung mittels Muster-Parametersatz (rechts).

Es soll im folgenden versucht werden, ein Suchgebiet (Kreisring) zu definieren, in dem der einzupassende Kreis sich befindet. Alle Punkte außerhalb diesen Gebietes werden eliminiert. Zur Bildung des Suchgebietes wird keine Initialeinpassung durchgeführt, sondern ein Muster-Parametersatz ermittelt, der dem Ergebnis einer ausreißerbereinigten Einpassung sehr gut entspricht.

Das im folgenden beschriebene Verfahren zur Bestimmung eines solchen Muster-Parametersatzes setzt voraus, daß der Anteil der Ausreißer relativ gering ist. Das Verfahren beruht auf der Idee, daß bei einem relativ geringen Anteil an Ausreißern, in einer *zufällig* ausgewählten Teilmenge bestehend aus drei Punkten, mit einer relativ hohen Wahrscheinlichkeit keine Ausreißer vorhanden sind. Für jede der Teilmengen wird eine Kreis-Einpassung durchgeführt. Die Verwendung von drei Punkten pro Teilmenge hat zwei Vorteile: Zum einen, ist die Wahrscheinlichkeit keine Ausreißer in der Teilmenge zu erhalten am geringsten, und zum zweiten, ist die Einpassung für drei Punkte extrem schnell durchführbar.

Die weitere Vorgehensweise wird anhand eines Beispiels erläutert. Bei der Bildung von 15 Teilmengen aus einer Anzahl von 13 Punkten (11 Punkte + 2 Ausreißer) ergeben sich die Parametersätze aus Abbildung 4 (links). Aus der Tabelle ist nicht direkt ersichtlich, welche Parametersätze aus Teilmengen ohne Ausreißer stammen und welche aus Teilmengen mit Ausreißern („verschmutzte" Datensätze). Durch eine unabhängige Sortierung der drei Spalten der Größe nach ergibt sich die Tabelle in Abbildung 4 (rechts). Die Werte der ersten und letzten Datensätze in der sortierten Tabelle weichen nun deutlich von den Werten der anderen ab. Es liegt die Vermutung nahe, daß die ersten und die letzten Datensätze Kreisparameter enthalten, die aus Teilmengen stammen, die Ausreißer enthalten. Vereinzelt kann es sich aber auch um Parameter aus schlecht konditionierten Teilmengen handeln, also aus Teilmengen, bei denen mindestens zwei der Punkte dicht beieinander liegen.

In der Mitte der sortierten Tabelle bildet sich ein Bereich mit nicht verschmutzten Datensätzen. Es wird ein *virtueller* Parametersatz (d. h. ein Parametersatz, dem keine wahre Teilmenge zugrunde liegt) bestehend aus den drei Median-Werten gebildet.

x_0	y_0	r	x_0	y_0	r	
3,6	0,9	2,2	-3,6	-11,7	1,4	
5,0	0,5	3,4	3,4	-2,0	1,9	
3,4	0,8	2,1	3,4	0,0	2,0	
3,5	1,2	2,0	3,5	0,5	2,1	
8,5	-2,0	4,1	3,5	0,6	2,1	
3,4	3,7	4,9	3,5	0,8	2,2	
3,6	1,0	2,2	3,6	0,9	2,2	
3,6	0,9	2,2	3,6	0,9	2,2	← Median-Werte
6,6	2,1	1,4	3,6	0,9	2,2	
-3,6	-11,7	12,7	4,2	0,9	2,3	
3,5	0,9	2,1	4,4	1,0	3,4	
4,9	0,0	2,3	4,9	1,2	3,6	
3,5	0,9	2,2	5,0	2,1	4,1	
4,4	2,5	3,6	6,6	2,5	4,9	
4,2	0,6	1,9	8,5	3,7	12,7	

Abbildung 4: Berechnete Kreisparameter – unsortiert (links) und sortiert (rechts) – für die verwendeten 15 Teilmengen.

Der virtuelle Parametersatz stellt eine sehr gute Schätzung für eine Einpassung ohne Ausreißer dar und ist somit gut als Muster-Datensatz zur Bildung des Suchgebietes geeignet. Für das Beispiel ergibt sich nach der Filterung, d. h. nach der Eliminierung der zwei Ausreißer, der in Abbildung 3 (rechts) dargestellte Kreis.

Es stellt sich nun die Frage, wieviel Teilmengen notwendig sind, um mit einer sehr hohen Wahrscheinlichkeit, einen als Muster-Datensatz geeigneten Median-Parametersatz zu erhalten. Hierzu folgende Überlegung:

Bei einem Ausreißeranteil von P_a = 20% ist die Wahrscheinlichkeit P eine Teilmenge ohne Ausreißer zu erhalten etwa:

$$P = (1 - P_a)^3 = 0{,}8^3 \approx 50\%\,. \tag{12}$$

Unabhängig von der Anzahl der gewählten Teilmengen ist für P_a = 20% etwa die Hälfte der Teilmengen verschmutzt. Dies scheint auf den ersten Blick ein hoher Wert zu sein. Bei der vorgeschlagenen Vorgehensweise zur Bildung des Muster-Parametersatzes mittels Median-Werten jedoch, ist bereits eine geringe Anzahl von Teilmengen auch für eine sehr große Anzahl von Punkten ausreichend, da der Bereich mit nicht verschmutzten Datensätzen sich immer tendenziell in der Mitte der sortierten Tabelle befindet.

Bei dem vorgestellten Verfahren handelt es sich um ein einfaches und schnelles Verfahren zur Eliminierung von Ausreißern, das auch für eine große Anzahl von Meßpunkten geeignet ist. Aufgrund der *zufälligen* Teilmengen ist ein Erfolg aber nicht garantiert und das System weist für den Benutzter einer Koordinaten-Meßmaschine ein zum Teil nicht reproduzierbares Verhalten auf.

4 Ausblick: Einpassung von Ellipsen

Als eine (nicht triviale!) Erweiterung der Kreis-Einpassung kann die Einpassung von Ellipsen betrachtet werden. Eine Ellipse wird durch fünf Parametern beschrieben. Der große Unterschied zur Einpassung von Kreisen ist der, daß für eine Ellipse keine Formel analog zu Gleichung (6) besteht. Sondern es muß zur Berechnung des Abstandes für jeden Meßpunkt der dichteste Punkt auf der Ellipse ermittelt werden. Zur Bestimmung eines solchen Punktes ist bereits die Lösung eines Polynoms vierter Ordnung notwendig, siehe z. B. [Zhang 95], was schließlich zu einem zweistufigen

Iterationsverfahren führt. Bei der geometrischen Einpassung einer Ellipse sind zudem gute Startparameter von weit größerer Bedeutung als bei der von Kreisen.

Zur Vermeidung eines mehrstufigen Iterationsverfahrens zur Ellipsen-Einpassung kann aber – analog zu Unterkapitel 2.3 – für jeden Punkt ein weiterer Parameter eingeführt werden (parametrische Beschreibungsform), dessen Wert bei der iterativen Optimierung mitbestimmt wird. Erste Untersuchungen haben ergeben, daß die Anwendung des Verfahrens von [Gander et al. 94] auf Ellipsen ein bedeutend robusteres Verhalten aufweist als das von [Späth 96], insbesondere in Hinblick auf die iterative Verbesserung des Orientierungswinkels der Ellipse. Es entsteht zwar eine sehr große Jacobi-Matrix, die aber wiederum sehr schwach besetzt ist. Durch geschicktes Umformen (vgl. [Gander et al. 94, Kapitel 6]) läßt sich zur Bestimmung des Korrekturvektors wiederum eine QR-Zerlegung mit anschließendem Zurückeinsetzen durchführen, wobei nur die relevanten Einträge im Rechner abgelegt werden müssen. Das Verfahren ist daher auch für die geforderte hohe Anzahl von Meßpunkten anwendbar.

Für die algebraische Einpassung von Ellipsen findet sich in der Literatur eine große Anzahl von Methoden. Die meisten dieser Methoden basieren auf der Bestimmung der sechs Parameter der Gleichung zur Beschreibung einer *Kurve zweiter Ordnung*. Das Hauptproblem dieser Methoden ist es, daß sie häufig als Ergebnis keine Ellipse, sondern eine Parabel oder Hyperbel liefern. Das einzige mir bekannte Verfahren, das eine direkte Bestimmung von Ellipsen-Parametern durchführt, ist in [Pilu et al. 96] beschrieben. Mit *direkt* ist gemeint, daß es sich zum einen, um eine nicht iterative Methode handelt, und daß zum anderen, von Konditionierungsproblemen abgesehen, immer eine Ellipse berechnet wird. Eine Demonstration des Verfahrens ist unter `vision.dai.ed.ac.uk/maurizp/ElliFitDemo/demo.html` zu finden.

Das Verfahren von Pilu et al. (algebraische Einpassung) in Kombination mit dem Verfahren von Gander et al. (geometrische Einpassung) stellt meines Erachtens einen sehr guten Ansatz zur Einpassung von Ellipsen dar.

Zur *robusten* Einpassung von Ellipsen kann die in Kapitel 3 beschriebene Vorgehensweise angewendet werden, wobei sich zur Einpassung für jede Teilmenge das Verfahren von Pilu et al. anbietet. Die Teilmengen müssen hierfür aber sechs Punkte enthalten, da das Verfahren mindestens sechs Punkte zur Einpassung benötigt.

5 Literatur

[Björck 96]
A. Björck: *Numerical Methods for Least Squares Problems*. Society for Industrial and Applied Mathematics (SIAM), 1996.

[Fletcher 87]
R. Fletcher: *Practical Methods of Optimization*. Wiley 1997.

[Gander et al. 94]
W. Gander, G. H. Golub, R. Strebel: *Least squares fitting of circles and ellipses*. In: BIT, 34 (1994).

[Lotze 00]
W. Lotze: *Besteinpassung von geometrischen Formelementen und Bohrbildern mit definierten Toleranzzonen*. In: tm - Technisches Messen 67 (2000) 2, Oldenburg Verlag.

[Pilu et al. 96]
M. Pilu, A. Fitzgibbon, R.Fisher: *Ellipse-specific Direct least-square Fitting*. IEEE International Conference on Image Processing, Lausanne, September 1996.

[Press et al. 92]
W. H. Press, S.A. Teukolsky, W. T. Vetterling, B. P. Flannery: *Numerical Recipes in C: The Art of Scientific Computing.* Cambridge University Press, 1992.

[Schut 98]
G. Schut: *Development of a tool for the gantry alignment verification.* Interner Bericht. Northeast Proton Therapy Center (NPTC), Massachusetts General Hospital, Boston, USA, 1998.

[Späth 96]
H. Späth: *Orthogonal Least Squares Fitting by Conic Sections.* In: *Recent Advances in Total Least Squares Techniques and Errors-in-Variables Modelling*, Society for Industrial and Applied Mathematics (SIAM), 1997.

[Strebel et al. 97]
R. Strebel, D. Sourlier, W. Gander: *A Comparison of Orthogonal Least Squares Fitting in Coordinate Metrology.* In: *Recent Advances in Total Least Squares Techniques and Errors-in-Variables Modelling*, siehe [Späth 96].

[Stoer 99]
J. Stoer: *Numerische Mathematik I.* 8. Auflage, Springer-Verlag 1999.

[Zhang 95]
Z. Zhang: *Parameter Estimation Techniques: A Tutorial with Application to Conic Fitting.* In: Image and Vision Computing Journal, Vol.15, No.1, 1997, oder INRIA Research Report No.2676, October 1995.

Geräuschminderung im Kraftfahrzeug durch aktive Schwingungskompensation an den Motorlagern

Boris Lohmann Maik Buttelmann
Marat Vinogradski Nikola Nedeljkovic
Universität Bremen, Institut für Automatisierungstechnik
Kufsteiner Str. NW1, 28359 Bremen

Abstract:

In der Vergangenheit wurden zum Insassenschutz vor Motorschwingungen und Motorlärm ausschließlich passive Dämpfungsmaßnahmen eingesetzt. Moderne Regelsysteme ermöglichen im Bereich niedriger Frequenzen weitaus effektivere aktive Dämpfung durch das Aufbringen von Gegenschwingungen mit um 180° nacheilender Phase (Konzept des aktiven Absorbers*). Im Rahmen der Zusammenarbeit zwischen dem Institut für Automatisierungstechnik der Universität Bremen und der Continental AG wird der Einsatz des aktiven Absorbers nach regelungstechnischen Gesichtspunkten untersucht.*

Da die Dynamik des Störübertragungspfads zeitvariant ist (infolge der Temperatur, des Alters oder anderen Faktoren), wird eine Online-Adaptation des Reglers durchgeführt. Zusätzlich wird die Adaption in der gewählten Regelungsstrategie mit einem, durch Online-Identifikation *ermittelten, präzisen Modell des Absorbers unterstützt. Die unterschiedlichen Regelungsstrategien, die Störgrößenaufschaltung (offener Regelkreis) und klassische Regelung (geschlossener Regelkreis), werden erörtert und die erzielte Ergebnisse mit der Online-Identifikation und mit der Schwingungskompensation werden dargestellt.*

1 Einführung

In den vergangenen Jahren ist der Trend zu immer kleineren Kraftfahrzeugen zu beobachten. Dieser Trend wird mit den offensichtlichen Vorteilen, wie dem geringeren Kraftstoffverbrauch, niedrigerer Anschaffungspreis und die Eignung für den Stadtverkehr, begründet [4]. Auf der anderen Seite stellen die Leichtbaukonstruktion und der knapp bemessene Motorraum neue Herausforderungen hinsichtlich des effektiven Lärmschutzes für die Insassen. Gleichzeitig wird vom Kunden ein mit Großfahrzeugen vergleichbarer Komfort erwartet. Hinzu kommt ein tieferes Bewusstsein des Kunden für Notwendigkeit des Lärmschutzes.

Die Forderung nach effektivem Lärmschutz im Kleinfahrzeug wird von physikalisch entgegengesetzten Anforderungen begleitet. Ein möglicher Lösungsweg ist der Einsatz aktiver Lärm- und Schwingungskompensation (*active noise and vibration control*) [1,4,5] Hierbei wird dem schwingenden System ein synthetisch erzeugter *Gegenlärm*, mit identischer Intensität und um 180° nacheilender Phase, zugeführt. Dabei kann das schwingende System sowohl die Passagierkabine als auch der Fahrgestell sein. In beiden Fällen soll der von Insassen wahrgenommene Lärm bzw. Vibrationspegel (Motorschwingungen) verringert werden. Das Bild 1 verdeutlicht das geschilderte Wirkungsprinzip: Aus dem gemessenem Störsignal *x(t)* erzeugt der Filter *W* das Antriebssignal *y(t)* für den aktiven Absorber. Die Schwingungen des Absorbers *y'* heben im Idealfall die störende Vibrationen im Chassis vollständig auf. Im Realfall bleibt eine Schwingung, die gemessen und als Fehlersignal

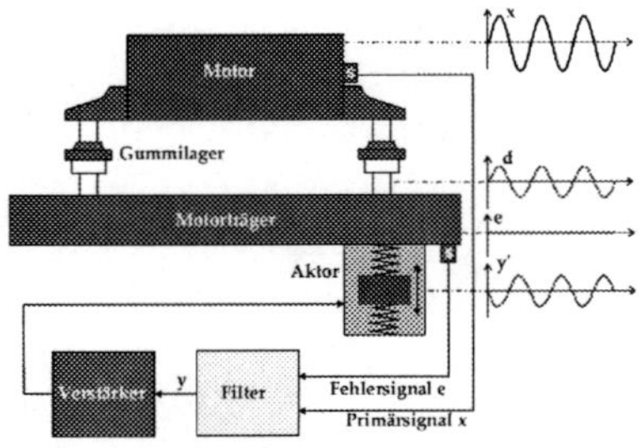

Abbildung 1: Systemkomponenten für die Aktive schwingungsdämpfung im Kraftfahrzeug

e(t) zur Beurteilung der Schwingungskompensation genutzt wird. Anhand von *e(t)* wird stetig eine Funktionsoptimierung des Filters *W* (Adaption) durchgeführt. Falls der Übertragungspfad *S* von dem Filterausgang bis zum Fehlersensor (auch sekundärer Pfad genannt) nicht zeitinvariant ist, wird zur Adaption neben dem Signal *e* zusätzlich das aktuelle Modell von *S* benötigt. Dieses wird mit der online-Identifikation ermittelt.

2 Störgrößenaufschaltung und klassische Reglerstruktur zur Schwingungskompensation

Die Motorschwingungen werden in die Fahrzeugkarosserie hauptsächlich durch die Motoraufhängung eingeleitet. Der Schwingungspegel in der Karosserie wird damit massgeblich von der Steifigkeit der Motoraufhängung bestimmt. Aus Komfortgründen wird eine möglichst weiche Motoraufhängung gefordert. Anderseits erfordert der knapp bemessene Motorraum eine steife, d. h. formstabile Motorbefestigung. Den beiden Gegensätzen genügt der Hersteller durch einen Kompromiss zwischen der ausreichenden Schwingungsdämpfung durch geringe Steife und der notwendigen Steifigkeit zur Sicherstellung des Motor im verfügbarem Bewegungsraum. Wie von [4, 1] dargelegt, kann die Schwingungsdämpfung durch Einsatz eines aktives Dämpfungsgliedes (Schwinger) erheblich verbessert werden, zu Gunsten des gestiegenen akustischen Komforts im Fahrzeuginnenraum. Das Antriebssignal für den Schwinger wird dabei durch einen Regler erzeugt.

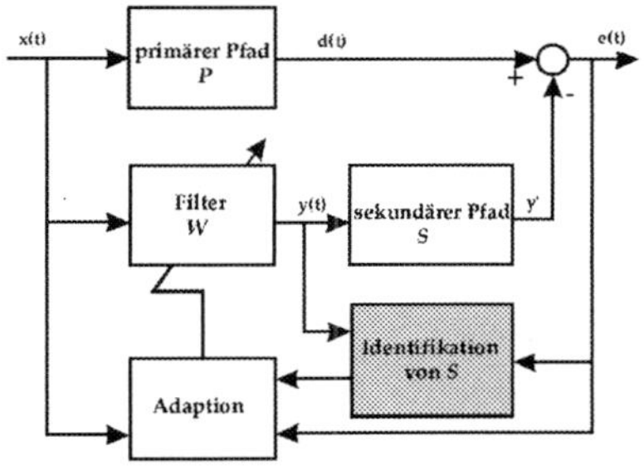

Abbildung 2: Die Struktur der adaptiven Störgrößenaufschaltung

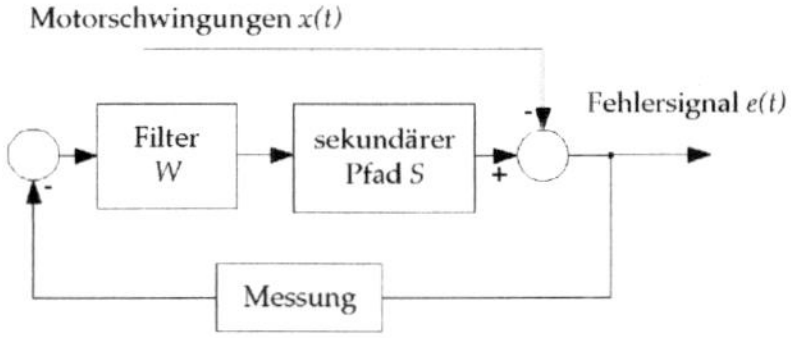

Abbildung 3: Regelkreis zur Geräuschminderung

Grunssätzlich ist es beim Aufbau eines Reglesystems sinnvoll, die Störgröße in das Regelgesetz mit einzubeziehen sofern diese mit vertretbarem Aufwand erfassbar ist. Hier liegt eine solche Konstellation vor: die Motorschwingungen *x(t)* können mit einfachen Beschleunigungsaufnehmern erfasst werden bevor sie in die Karosserie/Chassis gelangen. Das gemessene Schwingungssignal *x(t)*, auch als *primärer Lärm/Schwingung* bezeichnet, wird durch den primären Pfad *P*, in die Motoraufhängung übertragen und erzeugt das Schwingungssignal *d(t)*.

Zur Schwingungskompensation in der Motoraufhängung wird nun das Signal *x(t)* durch ein Filter *W* geleitet und dem sekundären Pfad *S* zugeführt. Hiermit erzeugt der sekundäre Pfad in der Motoraufhängung die kompensierende Gegenschwingung *y'*. Dieses Konzept wird als Störgrößenaufschaltung bezeichnet. Der primäre Pfad *P* ist *linear*, hat aber infolge der veränderlichen Steifigkeit der Gummiteile ein zeitabhängiges Übertragungsverhalten, und ist damit ungenügend bekannt. Deshalb wird eine Adaption des Filters *W* zur Funktionsoptimierung durchgeführt. Hierzu wird das an der Fahrzeugkarosserie gemessene Fehlersignal *e(t)* in das Regelgesetz einbezogen.

Die Adaptionsalgorithmen für online Anwendungen sind bekannt und von mehreren Autoren beschrieben; eine sehr guter Überblick ist in [5] gegeben. Das Bild 5 (der Block Identifikation ausgenommen) zeigt das beschriebene Regelungskonzept.

Wie der primäre Pfad *P* erweist sich auch des sekundärer Pfad *S* als linear und langsam zeitvariant; Teile der Übertragunsstrecken *P* und *S* sind identisch! Daher wird zur weiteren Funktionsverbesserung des Filters *W* über die vorgestellte Adaption hinaus, das präzise Modell des sekundären Pfades *S* benötigt. Dank der Linearität und nur langsamer Veränderung von *S*, kann dessen Übertragungsverhalten mit einem linearen parametrischen Modell identifiziert werden. Die Identifikation soll dabei mit einem in dem Fahrzeug eingebauten System in kurzen Zeitabständen wiederholt (*online*) erfolgen. Das System für die Identifikation besteht aus einer Marktüblichen Microcontroler-Box und der notwendigen Software. Die Wechselwirkung zwischen dem Block "Identifikation" und dem bisher vorgestellten Reglersystem stellt Bild 2 dar. Außer der Strategie der Störgrößenaufschaltung kann auch ein klassischer Regelkreis zur Geräuschminderung eingesetzt werden (Bild 3). Das Signal *e(t)* ist die Regelabweichung und die Führungsgröße ist stets gleich null. Da Regelstrecke besteht hier alleine aus dem aktiven Schwinger und entspricht damit dem sekundären Pfad in der Störgrößenaufschaltung. Die Motorschwingungen müssen hier als Störung aufgefasst werden, da ein Eingriff weder in die Quelle noch in die Übertragungsstrecke der Schwingungen möglich ist. Die Übertragungsfunktion des Regelkreis im Bild 3 ist mit

$$H(z) = \frac{e(n)}{d(n)} = \frac{1}{1 + W(z)S(z)} \tag{1}$$

gegeben. Damit der Fehler *e(n)* möglichst klein wird, muss die Verstärkung des Reglers *W(z)* in dem gesamten interessierenden Frequenzbereich sehr hoch sein. Damit eine störende Schwingung überhaupt ausgelöscht wird, muss die Gegenschwingung eine Phase von möglichst genau 180° aufweisen. Dies gilt ungeachtet der Schwingungsfrequenz. Damit dies gewährleistet ist, muss der Phasengang des Reglers gemeinsam mit dem aktiven Schwinger in dem gesamten interessierenden Frequenzbereich konstant -180° verlaufen. Im Allgemeinen ist es schwer bis unmöglich einen mechanischen Schwinger mit im breiten Frequenzspektrum ausreichend konstant verlaufendem Phasengang (flach) zu erzeugen. Der flache Phasengang kann weiterhin durch Anpassung des Reglers an den gegebenen Phasengang des Schwingers erzeugt werden, was aber für einen breiten Frequenzband schwierig sein kann. Sobald sich aber das Übertragungsverhalten des Schwingers infolge äußerer Einflüße verändert, ist die erwähnte Voraussetzung nicht mehr erfüllt und das System neigt zur Instabilität. Die starke Verstärkung begünstigt dabei die Instabilität.

Eine weitere Einschränkung ist die notwendige Kausalität des, in der Literatur [5] auch als Filter bezeichneten, Reglers *W(z)*. Es kann gezeigt werden [5], dass die Regelkreisstruktur im Gegensatz zu der Störgrößenaufschaltung nur periodische bzw. vorhersagbare Signale kompensieren kann. Stochastische Störungen können demnach nur schlecht oder gar nicht kompensiert werden.

Der Frequenzbereich, in dem Stabilität und Regelgüte gewährleistet sind, kann durch die Adaption des Filters *W(z)* verbreitert werden. Eine weitere Verbesserung der Regelgüte kann auch durch einen hybriden, gleichzeitig aus Störgrößenaufschaltung und Regelung bestehenden, Regler erzielt werden. Allgemein wird aber aus Stabilitätsgrunden und wegen dem schwierigen Reglerentwurf die Störgrößenaufschaltung dem Regelkreis vorgezogen, sofern das Fehlersignal messbar ist. Im anderem Fall ist der Regelkreis aber der einzige gangbare Weg!

3 Identifikation

Die Dynamik des sekundären Pfades *S* (so wie des primären Pfades *P*) wird unter anderem von der Steifigkeit der Gummiteile im Pfad bestimmt. Die Steifigkeit der Gummiteile ist selbst abhängig von den äußeren Einflüssen wie der Temperatur oder des Alters, womit *S* auch eine Funktion der Zeit wird. Das mögliche nichtlineare Verhalten der Gummiteile, etwa bei extremer Verformung, hat keinen Einfluss auf *S*, wie die Ergebnisse der Identifikation zeigen werden.

Die langsam zeitvariante Übertragungsfunktion *S* kann nun durch ein lineares parametrisches Modell dargestellt werden. Der Filter *W* im Bild 2 ist als zeitdiskretes System realisiert, so dass auch die Übertragungsfunktion *S* zeitdiskret durch eine Differenzengleichung dargestellt wird [3, 6]:

$$y(k) + a_1 y(k-1) + \ldots + a_m y(k-m) = b_1 u(k-1) + \ldots + b_m u(k-m). \qquad (2)$$

y(.) und *u(.)* sind Abtastfolgen der Eingangs- und Ausgangssignalen, und *k,k-1,...,k-m* stellen die äquidistante Abtastzeitpunkte dar. Die Identifikation von *S* besteht nun darin, *2m* Parameter $(a_1 \ldots a_m, b_1 \ldots b_m)$ derart zu bestimmen, dass (2) das gemessene Systemverhalten von *S* möglichst exakt wiedergibt. Dies wird bewerkstelligt, indem (2) an *N* Zeitpunkten betrachtet wird womit ein lineares Gleichungssystem mit bekannten Werten *y* und *u* entsteht. Die Vektorgleichung

$$\mathrm{y} = \Psi\theta \qquad (3)$$

mit

$$\mathrm{y} = [y(k-N+1),\ldots,y(k-1),y(k)]^T \qquad (4)$$

gibt das Gleichungsystem in knapper Form wieder. Wie aus der (2) folgt, ist der Vektor θ aus Parametern $(a_1 \ldots a_m, b_1 \ldots b_m)$ aufgebaut. Die *(N,2m)*-Matrix $\mathbf{\Psi}$ beinhaltet die Messwerte *y(.)* und *u(.)*. Üblicherweise wird *N* viel größer als *2m* gewählt, womit auf Grund der unvermeidlichen Messfehler ein überbestimmtes Gleichungssystem entsteht. Die Lösung $\hat{\theta}$ der Minimum-Norm des Fehlervektors

$$\varepsilon = \mathrm{y} - \Psi\theta \qquad (5)$$

lautet dann [3]

$$\hat{\theta} = [\Psi^T\Psi]^{-1} \cdot \Psi^T \mathrm{y} \qquad (6)$$

Die Bestimmung der Summen $\mathbf{\Psi}^T\mathbf{\Psi}$ und $\mathbf{\Psi}^T\mathbf{y}$ sowie die Inversion der Matrix $\mathbf{\Psi}^T\mathbf{\Psi}$ haben hohen Rechenleistungs- und Speicherbedarf und erfordern deshalb einer beträchtlichen Zeitaufwand. Mit den im Fahrzeug verfügbaren Ressourcen ist dieser Aufwand nicht zu bewältigen, insbesonderes nicht in Echtzeit, weshalb ein anderer Zugang zur Bestimmung des Parametervektors ′ notwendig ist. Die rekursive Auslegung des dargestellten Rechenverfahrens in (3, 5, 6) senkt den notwendige Rechenzeitbedarf in den von einem üblichen Microcontroler angebotenen Rahmen. Die Herleitung des Algorithmus ist in [3] ausführlich dargelegt. Der Vektor $\hat{\theta}$ wird nun in mehreren aneinanderfolgenden Schritten berechnet:

$$\gamma(k) = \frac{\mathbf{P}(k)\psi(k+1)}{\psi^T(k+1)\mathbf{P}(k)\psi(k+1)+1} \qquad (7)$$

$$\hat{\theta}(k+1) = \hat{\theta}(k) + \gamma(k)[y(k+1) - \psi^T(k+1)\hat{\theta}(k)]$$
$$\mathbf{P}(k+1) = [\mathbf{I} - \gamma(k)\psi^T(k+1)]\mathbf{P}(k) \qquad (8)$$

mit

$$\psi(k+1) = [y(k-1),\ldots,y(k-m) \mid u(k-1),\ldots,u(k-m)]^T$$

Die Schritte werden während der Messung von $y(.)$ und $u(.)$ N mal wiederholt. In jedem Abtastintervall werden die Teilschritte Messung von $y(.)$ und $u(.)$, Aufbau des Vektor $\psi(k+1)$, Berechnung von $\mathbf{P}(k)$ und $\hat{\theta}(k+1)$ und zuletzt Berechnung von $\mathbf{P}(k+1)$ durchgeführt. Im nächsten Schritt werden ausschließlich $\mathbf{P}(k+1)$, $\hat{\theta}(k+1)$ and $\psi(k+1)$ benötigt, was einen deutlich geringeren Speicherbedarf bedeutet.

Mit der nichtrekursiven Berechnungsmethode kann der Vektor $\hat{\theta}$ in jedem beliebigem Zeitpunkt $k > 2m$ bestimmt werden. Für die rekursive Methode werden jedoch Startwerte benötigt. Diese können geschätzt oder mit der nichtrekursiven Methode aus wenigen Messwerten berechnet werden. Meistens ist die einfache Schätzung $\mathbf{P}(0) = \alpha\mathbf{I}$, in der α eine große positive Zahl ist, ausreichend, wenn die Anzahl der Iterationsschritte groß ist.

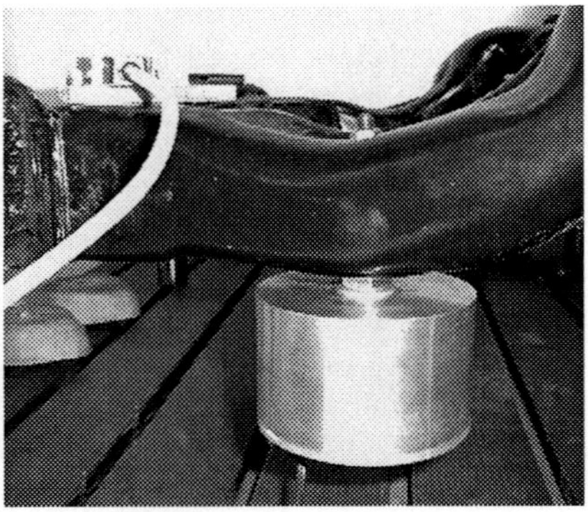

Abbildung 4: Laboraufbau mit dem Motorträger, dem aktiven Absorber und dem Fehlersensor. Zur Schwingungsentkopplung ist der Motorträger an einen massiven Stahltisch montiert.

Der beschriebene Rekursive Algorithmus wurde implementiert und in einem Testfahrzeug sowie in der Laborumgebung erfolgreich eingesetzt. Identifikationsmethoden, die nicht erfassbare Störungen im System berücksichtigen, wurden hier nicht untersucht. Diese Vorgehensweise ist berechtigt, sofern, wie in dem vorliegenden Fall, nur geringe Störungen im System auftreten. Mit der eingesetzten Methode wurden vielversprechende Ergebnisse erzielt, die die erwähnte Annahme bestätigen.

4 Implementierung und Ergebnisse

Im Rahmen der von der Continental AG durchgeführten Arbeiten [4, 1] wurde ein aktiver Absorbersystem entwickelt und in ein Testfahrzeug eingebaut. Die Reglerstruktur des Absorbers wurde, wie die bereits beschriebene Störgrößenaufschaltung, mit Hilfe einer SIMULINK/dSPACE Umgebung implementiert. Damit stand die Programmierumgebung für den Identifikationsalgorithmus fest. Die Wahl der Umgebung sollte weiterhin gute Wartbarkeit und Erweiterbarkeit in der Zukunft gewährleisten. Gleichzeitig wurde im Labor ein vergleichbares System aufgebaut, mit dem verschiedene Aufstellungen des aktiven Absorbers und des Fehlersensors getestet werden könnten. Die aktiven Absorber wurden von Continental AG hergestellt. Der Laboraufbau ist im Bild 4 dargestellt.

Für die einfache Integration des neuen Blocks „Identifikation" in die vorliegende Reglerstruktur wurde die gleiche Abtastzeit von $t_s = 0{,}002s$ gewählt. Die konsistente Identifikation der Systemparameter setzt ausreichende Erregung aller Schwingungsmoden des Systems mit dem Testsignal voraus. Wie in den bisherigen Arbeiten festgestellt, haben Motorschwingungen, die relevante Vibrationen in der Karosserie erzeugen, eine Bandbreite von $30Hz$ bis $300Hz$. Um eine Erregung in dem gegebenen Frequenzband zu erreichen wurde ein Sinussignal mit kontinuierlich steigender Frequenz (sinus sweep) gewählt. Der Signal wurde nach dem Algorithmus aus [5] auf der dSPACE Karte generiert (Franklin chirp). Der Zeitverlauf des Testsignals sowie vom Fehlersensor gemessene Ausgangssignal der Strecke S sind im Bild 5 zu sehen.

Die SIMULINK/dSPACE Kombination stellt eine benutzerfreundliche Schnittstelle zur Programmierung und Steuerung der Echtzeithardware dar. Die Implementierung der rekursiven Algorithmen für Echtzeiteinsatz unter SIMULINK erforderte infolge der fehlenden Unterstützung für die Matrix/Vektorrechenoperationen relativ komplexe Hilfskonstruktionen. Dies hat einen erhöhten Rechenzeitbedarf zufolge, der nur von der dSPACE DS1103 (Power PC) bereitgestellt werden konnte. Ein Einsatz der in C oder C++ programmierten S-Funktionen verspricht eine Entschärfung dieses Problems.

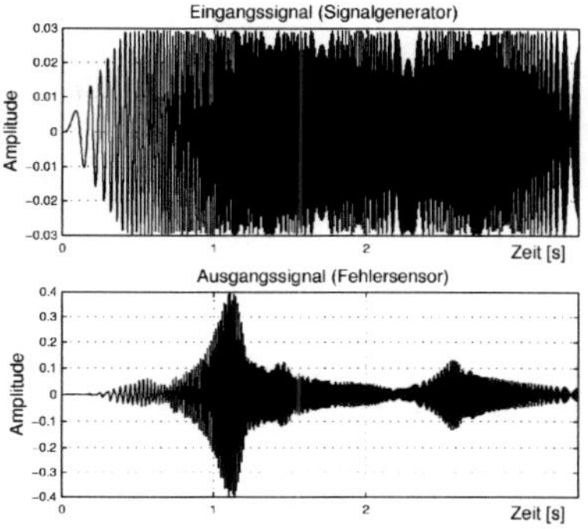

Abbildung 4: Testsignal (Franklin chirp) und gemessene Ausgangssignal (e in Bild 2)

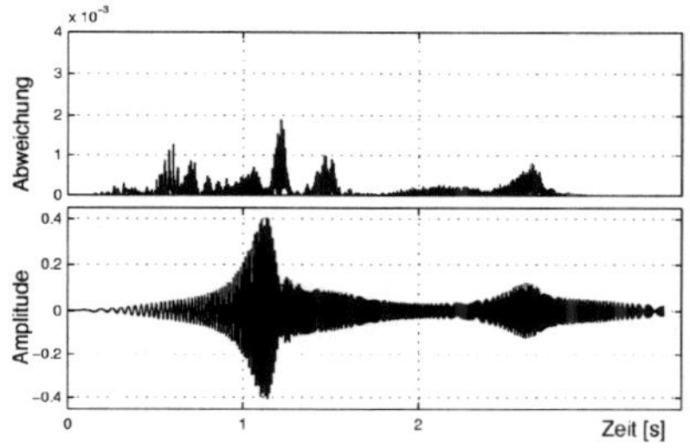

a)

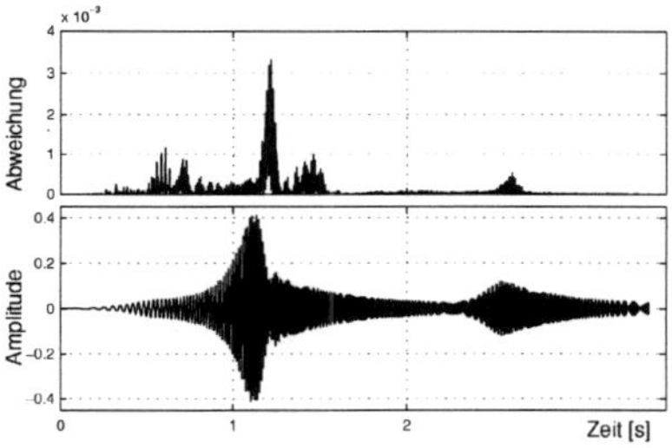

b)

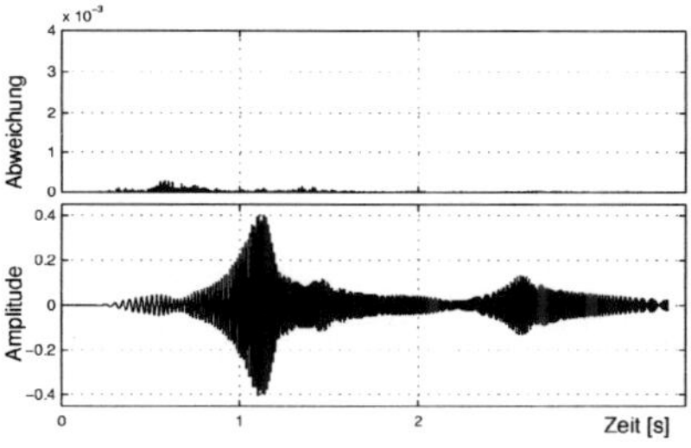

c)

Abbildung 6: Berechnete Ausgangssignale verschiedener Modelordnungen und Quadrat der Abweichung des berechneter von dem gemessenem Signal (Abweichung). Ordnungen des Zählers und des Nenners: a) 6-11; b) 100 -11; und c) 33 -34.

Die „wahre“ Modellordnung ist Mangels eines exakten physikalischen Models unbekannt. Daher kann im Rahmen der Identifikation nur die „beste“ Modellordnung unter Gesichtspunkten der notwendigen Modellgenauigkeit und ausreichend niedriger Modellkomplexität ermittelt werden. Für Einsatz in einer Echtzeitumgebung sind Modelle mit möglichst geringer Komplexität vorteilhaft. Hierzu wurde die Identifikation mit verschiedenen willkürlich gewählten Modellordnungen durchgeführt und die notwendige Ordnung damit Iterativ ermittelt. Gleichzeitig wurden Parameter b_ν gleich null gesetzt (Gleichungen (2)-(8) wurden entsprechend angepasst). D. h., die Ordnung des Zählers der z-Übertragungsfunktion wurde unabhängig von der Ordnung des Nenners festgelegt. Der Vergleich des berechneten und des gemessenen Ausgangssignals diente zur Beurteilung der gewählten Modellordnung. Im Bild 6 sind die berechnete Ausgangssignale und Abweichungsquadrate für drei Modellordnungen dargestellt.

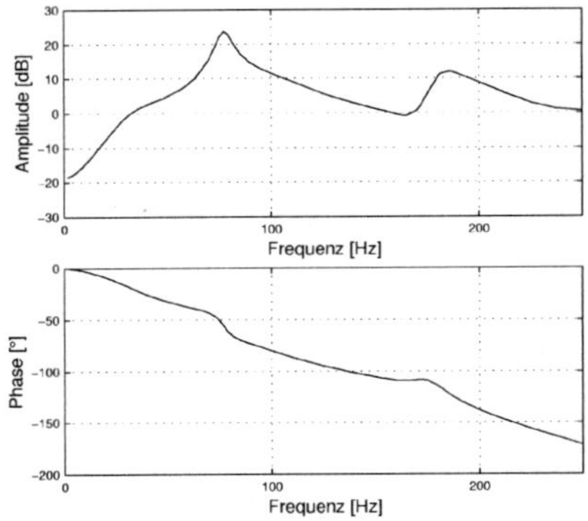

Abbildung 7: Bodeplot des identifizierten Modells mit dem Zählergrad 10 und dem Nennergrad 11

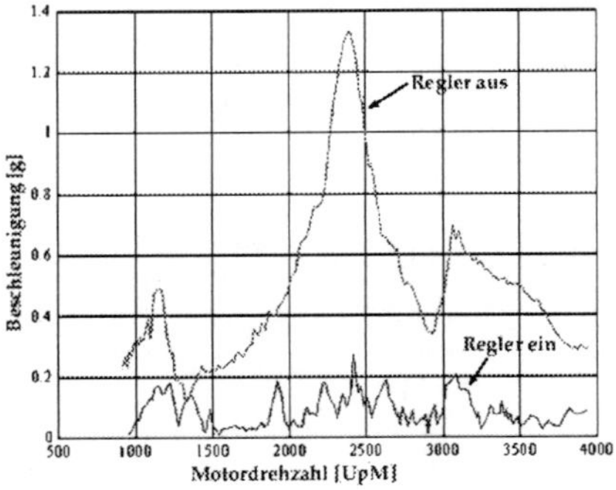

Abbildung 8: Motorträgerschwingungen gemessen mit aus und eingeschaltetem aktiven Absorber

Versuche am System im Testfahrzeug wurden mit stillstehendem Motor und Fahrzeug duchgeführt. Beide Systeme, im Testfahrzeug und im Labor, wurden also ausschließlich durch den Signal am aktiven Absorber (Sinussweep) erregt. Wie im Bild 6 dargestellt ergeben im Vergleich mit der Komplexität des realen Systems relativ niedrige Modellordnungen mit den Messergebnissen gut übereinstimmende Signalverläufe. Die Güte der Modellordnung 10–11 wurde als ausreichend für die Integration in das bestehenden Reglerkonzept gewählt. Die größte Abweichung von dem gemessenem Signal ist zwar höher als bei der Modellordnung 6–11 die Abweichung insgesamt ist kleiner. Noch höhere Ordnungen weisen noch bessere Übereinstimmung mit dem dem gemessenem Signal auf. Der deutlich höhere Rechenzeitbedarf wird durch die höhere Modellgüte nicht berechtigt. Im Bild 7 sind der Amplituden und der Phasengang des gewählten Modells dargestellt.

Bild 8 zeigt den Vergleich der gemessenen Motorschwingungen im Chassis mit und ohne der aktiven Störgrößenaufschaltung. Wie gezeigt stellt die aktive Schwingungsdämpfung eine deutliche Verbesserung gegenüber der herkömmlichen passiven Dämpfung dar.

5 Zusammenfassung und Ausblick

Wie erwähnt, werden äußere Störungen im System in dem gewählten Modell nicht berücksichtigt. Für das betrachtete Problem ist diese Wahl berechtigt und das Modell relativ niedriger Ordnung zeigt ausgezeichnete Übereinstimmung mit den gemessenen Werten. Die ermittelte Modellordnung 10–11 stellt einen Kompromiss zwischen kompaktem Modell zur leichten Implementierung in die Echtzeithardware und guter Übereinstimmung mit dem realen Systemverhalten. Die Identifikation des gestörten Systems, etwa durch einen laufenden Motor, wäre durch Einsatz erweiterter Modelle möglich.

Im Fall, dass die Störung gemessen werden kann wie hier angenommen, ist die Störgrößenaufschaltung eine effiziente Lösung der aktiven Vibrationsdämpung. Sie weist schnelles Antwortverhalten und praktisch uneingeschränkte Stabilität auf. In der Situation wo die Messung der Störung nicht mit verfügbaren Mitteln möglich ist, kann nur ein *Regelkreis* zur Anwendung kommen. Beispiel hierzu ist die aktive Dämpfung der vom Fahrwerk in der Karosserie erzeugten Vibrationen. Da der Straßenverlauf unbekannt ist, kann keine Störgrößenaufschaltung eingesetzt werden. Weitere Arbeiten über den Einsatz und Verbesserungsmöglichkeiten der Regelkreisstruktur zur Vibrationsdämpfung sind geplant.

6 Literatur

[1] Eberhard, G., H.-J. Karkosh, F. Svaricek, R. Shoureshi und J.L. Vance: *Komfortverbesserung im Kfz durch Einsatz modernen Regelungs- und Steuerungstechnik.* In: *Adaptronic Congress*, Potsdam, Germany, 1999.

[2] Franklin, G.F.: *Digital control of dynamic systems.* Addison-Wesley, New-York, 1990.

[3] Isermann, R.: *Identifikation dynamischer Systeme 1.* Springer-Verlag, Berlin, 1992

[4] Karkosh, H.-J., F. Svaricek, R. Shoureshi und J.L. Vance: *Automotive Applications of Active Vibrations Control.* In: *Proceedings of the European control conference,* Karlsruhe, Germany, 2000.

[5] Kuo, S.M. und D.R. Morgan: *Active Noise Control Systems.* John Wiley & Sons, New York, 1996.

[6] Ljung, L.: *System Identification - Theory For the User.* Prentice Hall, Uper Saddle River, N.J., 1999.

Zwei moderne Regelungskonzepte für ein nichtlineares Zweimassensystem

Ingo Schöling, Karsten Peter, Bernd Orlik

Universität Bremen, ***IALB***
Kufsteiner Str. NW1, 28359 Bremen
Tel.: +49 421 218-4459, Email: is@ialb.uni-bremen.de

Für ein rotatorisches nichtlineares Zweimassensystem werden zwei Regelungskonzepte vorgestellt. Das erste Konzept untersucht zusätzlich das Problem der eingeschränkten Messbarkeit. Das Ergebnis ist ein nichtlinearer Regler zusammen mit einem nichtlinearen Beobachter. Beim zweiten Konzept werden alle Systemzustände als bekannt vorausgesetzt. Die Regelung übernimmt ein linearer H_∞-Regler, dessen Struktur jedoch speziell für das Problem des nichtlinearen Systems angepasst wurde. Hier steht zusätzlich das Problem der Robustheit im Vordergrund. Beide Verfahren sind mit Erfolg an einem Versuchsstand getestet worden.

1 Einleitung

Die Regelung eines Zweimassensystems ist ein gängiges Problem. Zweimassensysteme kommen in einer Vielzahl von Anwendungen vor und sind schwingfähig. Besonders die Reglerauslegung unter der vereinfachten Annahme eines Einmassensystems führt leicht zu starken Schwingungen. Selbst Instabilität des Regelkreises kann die Folge sein. Weitere Probleme entstehen durch das Vorhandensein von Nichtlinearitäten wie Getriebelose oder nichtlinearer Reibung. Effekte wie Grenzzyklen oder Stick-Slip sind hier bekannt.

Zu den physikalischen Eigenarten des Systems können Probleme durch eingeschränkte Systemkenntnis kommen. Dabei handelt es sich einerseits um die eingeschränkte Messbarkeit, bei der nicht alle Systemzustände bekannt sind, sodass ein Zustandsbeobachter notwendig wird. Andererseits können sich Parameter ändern. Um eine Identifikation zu vermeiden, ist ein robuster Regler sinnvoll. Beide Probleme werden hier getrennt untersucht und durch zwei unterschiedliche Regelungen gelöst.

2 Systembeschreibung

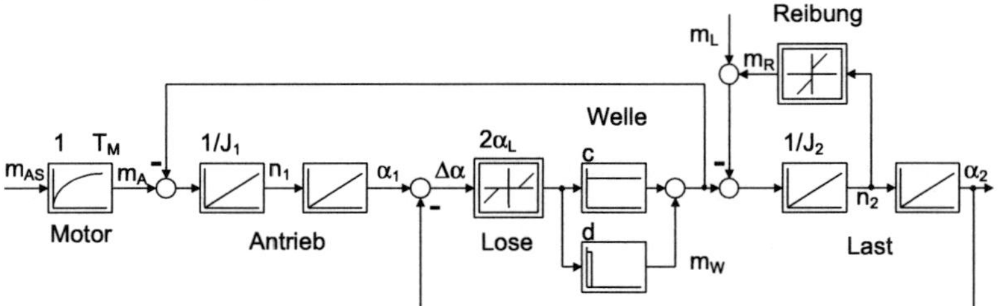

Abbildung 1: Struktur des Zweimassensystems

Ein Modell des untersuchten Zweimassensystems ist in Abbildung 1 gegeben. Zwei Massen mit dem Trägheitsmoment J_1 bzw. J_2 sind durch eine elastische Welle und ein losebehaftetes Getriebe mechanisch gekoppelt. Die Welle hat die Torsionskonstante c und die Dämpfung d, wobei letztere oft vernachlässigt wird. Die Größe der Lose beträgt $\pm\alpha_L$. Nichtlineare Reibung wird an der Lastseite angenommen, weil das die kritischere Seite ist. Das Antriebsmoment m_A ist die Eingangsgröße für das mechanische System. Sie unterscheidet sich von dem Sollmoment m_{AS} durch die Dynamik des elektrischen Verhaltens des Motors, die als PT_1-Element mit der Zeitkonstanten T_M angenommen wird. Der Differenzwinkel $\Delta\alpha = \alpha_1\text{-}\alpha_2$ führt zu einem Wellenmoment m_W, das von der Welle und der Getriebelose abhängig ist. Zusätzlich kann an der Lastseite neben dem Reibmoment m_R ein Lastmoment m_L auftreten. Die Drehzahlen der Antriebs- und Lastseite sind n_1 und n_2.

Für die analytische Beschreibung des Systems, die auch der Reglersynthese als Grundlage dient, wird die Reibung an der Last und die Dämpfung der Welle vernachlässigt. Auch das elektrische Verhalten, das in Abbildung 1 als "Motor" bezeichnet wird, ist so schnell, dass es als eins angenommen werden kann. Es ergibt sich nun folgende mathematische Beschreibung des Systems, die die Grundlage der Reglersynthese bildet.

$$\dot{\underline{x}} = \underline{a}(\underline{x}) + \underline{b}(\underline{x}) \cdot u \tag{1}$$

$$y = c(\underline{x}) \tag{2}$$

mit:

$$\underline{x} = \begin{bmatrix} n_{1N} \\ \alpha_1 \\ n_{2N} \\ \alpha_2 \end{bmatrix} \qquad \underline{a}(\underline{x}) = \begin{bmatrix} -\frac{1}{T_1} C_N \varphi\{\alpha_1 - \alpha_2\} \\ n_0 \cdot n_{1N} \\ \frac{1}{T_2} C_N \varphi\{\alpha_1 - \alpha_2\} \\ n_0 \cdot n_{2N} \end{bmatrix} \qquad \underline{b}(\underline{x}) = \begin{bmatrix} \frac{1}{T_1} \\ 0 \\ 0 \\ 0 \end{bmatrix} \qquad c(\underline{x}) = \alpha_2 \tag{3}$$

Darin bezeichnet $\varphi(\alpha_1\text{-}\alpha_2)$ die Losekennlinie. Entsprechend Gleichung (3) bildet der Lastwinkel α_2 den Ausgang des Systems. Die Größen sind auf die Nenndrehzahl n_0 und das Nennmoment m_0 des Antriebs normiert. Die Zusammenhänge zeigen die folgenden Gleichungen, wobei jeweils die Indizes *1* (Antriebsseite) und *2* (Lastseite) weggelassen sind.

$$T = \frac{J \cdot 2\pi \cdot n_0}{m_0} \qquad C_N = \frac{c}{m_0} \qquad n_N = \frac{n}{n_0} \tag{4}$$

3 Reglerentwurf mit der Methode der exakten Linearisierung

3.1 Grundsätzliches Entwurfsverfahren

Bei dem folgenden Reglerentwurf spielt die Getriebelose des Systems eine entscheidende Rolle. Sie soll beim Entwurf explizit betrachtet werden und nicht nur als Unsicherheit einfließen. Die Eigenschaften sind schon bei der Synthese zu berücksichtigen. Es sollen auch nicht erst die Auswirkungen, wie z.B. Grenzzyklen, im nachhinein durch zusätzliche Teilregler reduziert werden, sondern es erfolgt ein geschlossener Regelungsentwurf für das Zweimassensystem einschließlich der Lose.

Ein bekanntes Verfahren für den Regelungsentwurf nichtlinearer Systeme ist die Methode der exakten Linearisierung [1], [6]. Mit "Linearisierung" ist hier das Erzwingen eines linearen Verhaltens gemeint, also nicht die Linearisierung um einen Arbeitspunkt. Die Methode setzt sich aus zwei logischen Entwurfsschritten zusammen. Im ersten Schritt erfolgt die Kompensation der Nichtlinearitäten. Dadurch ergibt sich ein lineares Ein-/Ausgangsverhalten. Das resultierende System wird nun im zweiten Schritt zustandsgeregelt. Die Vorgaben für die Dynamik können nun so erfolgen, wie es vom Regelungsentwurf im linearen Fall bekannt ist.

Die grundsätzliche mathematische Beschreibung des nichtlinear geregelten Systems zeigt die folgende Gleichung, wobei w die Eingangsvariable ist.

$$\dot{\underline{x}} = \underline{a}(\underline{x}) - \underline{b}(\underline{x}) \cdot r(\underline{x}) + \underline{b}(\underline{x}) \cdot m(\underline{x}) \cdot w \tag{5}$$

mit $\underline{a}(\underline{x})$ und $\underline{b}(\underline{x})$ nach Gleichung (3) und $m(\underline{x})$ und $r(\underline{x})$ entsprechend der folgenden Gleichungen:

$$m(\underline{x}) = \frac{q_0}{d^*(\underline{x})} \cdot w \tag{6}$$

$$r(\underline{x}) = \frac{N^4c(\underline{x}) + q_3N^3c(\underline{x}) + q_2N^2c(\underline{x}) + q_1Nc(\underline{x}) + q_0c(\underline{x})}{d^*(\underline{x})} \tag{7}$$

Dabei ist Gleichung (7) ein Beispiel für ein System mit der Differenzenordnung $\delta = 4$. Dies entspricht auch dem hier untersuchten Zweimassensystem mit dem Lastwinkel α_2 als Ausgangsgröße. Die Koeffizienten des charakteristischen Polynoms q_0 bis q_3 bestimmen die Dynamik des geregelten Systems. Den Operator $N^kc(\underline{x})$ und den Nenner aus Gleichung (6) bzw. (7) beschreiben die beiden folgenden Gleichungen:

$$N^kc(\underline{x}) = \left[\frac{d}{d\underline{x}} N^{k-1}c(\underline{x})\right]^T \underline{a}(\underline{x}) \quad \text{mit} \qquad N^0c(\underline{x}) = c(\underline{x}) \tag{8}$$

$$d^*(\underline{x}) = \left[\frac{d}{d\underline{x}} N^{\delta-1}c(\underline{x})\right]^T \underline{b}(\underline{x}) \tag{9}$$

Das Ergebnis ist nun ein lineares Ein-/Ausgangsverhalten des geschlossenen Regelkreises. Die generelle Struktur der Regelung, entsprechend Gleichung (5), ist in Abbildung 2 gegeben.

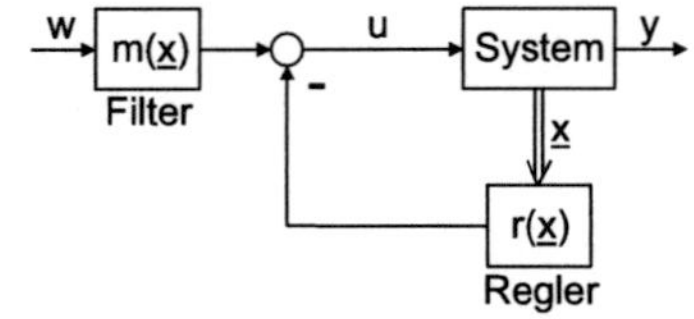

Abbildung 2: Nichtlinearer Regelkreis

Die Losefunktion spielt eine wesentliche Rolle für den Entwurf der Regelung. Sie wird durch die folgende Gleichung beschrieben:

$$\varphi(\Delta\alpha) = \Delta\alpha - \alpha_L sat(\Delta\alpha / \alpha_L) \qquad \text{mit} \qquad \Delta\alpha = \alpha_1 - \alpha_2 \tag{10}$$

Dabei ist α_L die Größe der Lose.

Für das nichtlineare System treten zwei Probleme auf, die durch die Beschaffenheit der Lose hervorgerufen werden. Zum einen ist das System beim Durchlaufen der Lose nicht steuerbar. Das ist ein grundsätzliches Problem, unabhängig davon, was für ein Regler eingesetzt wird. Dieses Problem muss beachtet werden, um bestimmte Verhalten erklären zu können.

Zweitens ist für das Zweimassensystem mit dem Lastwinkel α_2 als Ausgangsgröße die zweimalige Differenzierbarkeit der Nichtlinearität Voraussetzung für die Anwendung der Methode der exakten Linearisierung. Die Losefunktion ist, wie aus Gleichung (10) ersichtlich, jedoch nicht stetig differenzierbar. Um dieses Problem zu umgehen, wird die Losefunktion für den Regelungsentwurf durch eine differenzierbare Näherungsfunktion ersetzt. Dabei tritt in Gleichung (10) an die Stelle der Saturierungsfunktion die hyperbolische Tangensfunktion:

$$\varphi(\Delta\alpha) \approx \Delta\alpha - \alpha_L \tanh(\Delta\alpha/\alpha_L) \tag{11}$$

Diese Funktion ist zweimal ableitbar. Einen grafischen Vergleich zur Losefunktion nach Gleichung (10) zeigt die Abbildung 3.

Die Unterschiede zwischen der Lose und ihrer Näherung sind im Bereich von $+\alpha_L$ und $-\alpha_L$ am deutlichsten erkennbar. Diese Näherung ist für den Regelungsentwurf mit Hilfe der exakten Linearisierung gut einsetzbar.

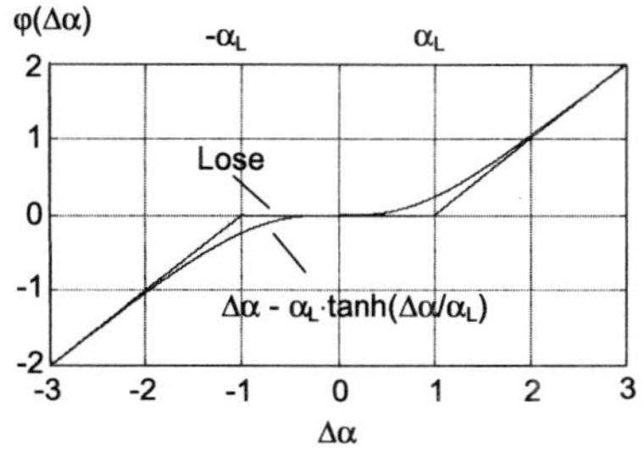

Abbildung 3: Losefunktion und Näherung

3.2 Vollständige Zustandsregelung

Wird der Regelungsentwurf auf das Zweimassensystem mit α_2 als Ausgang angewendet, ergibt sich ein Regler nach Gleichung (5) mit folgenden Ausdrücken für $m(\underline{x})$ und $r(\underline{x})$:

$$m(\underline{x}) = q_0 \frac{T_1 T_2}{n_0^2 C_N} \cdot \frac{1}{\varphi'\{\Delta\alpha\}} \tag{12}$$

$$r(\underline{x}) = r_0(\underline{x}) + r^*(\underline{x}) \tag{13}$$

mit

$$r^*(\underline{x}) = q_3 T_1 (n_{1N} - n_{2N}) + q_2 \frac{T_1}{n_0} \cdot \frac{\varphi\{\Delta\alpha\}}{\varphi'\{\Delta\alpha\}} + q_1 \frac{T_1 T_2}{n_0 C_N} \cdot \frac{n_{2N}}{\varphi'\{\Delta\alpha\}} + q_0 \frac{T_1 T_2}{n_0^2 C_N} \cdot \frac{\alpha_2}{\varphi'\{\Delta\alpha\}} \tag{14}$$

$$r_0(\underline{x}) = -T_1 \left(\frac{C_N}{T_1} + \frac{C_N}{T_2} \right) \cdot \varphi\{\Delta\alpha\} + n_0 T_1 \frac{\varphi''\{\Delta\alpha\}}{\varphi'\{\Delta\alpha\}} (n_{1N} - n_{2N})^2 \tag{15}$$

Aus den Gleichungen (12), (14) und (15) ist zu ersehen, dass die erste Ableitung der Losefunktion ($\varphi'(\Delta\alpha)$) im Nenner vorkommt. Die Näherungsfunktion nach Gleichung (11) ist monoton steigend. Sie hat aber eine Sattelstelle bei $\Delta\alpha = 0$. Ihre Ableitung ist hier *0*, sonst aber positiv, sodass kein Nulldurchgang sondern nur eine Nullberührung vorliegt. Eine Division durch *0* kann daher allgemein durch einen minimalen Offset in den kritischen Nennern vermieden werden.

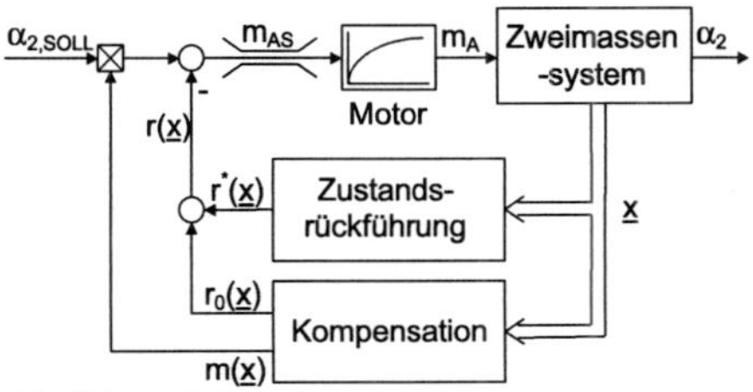

Abbildung 4: Regelungsstruktur

Der drohenden Division durch *0* steht grundsätzlich an nur einer Stelle eine *0* im Zähler entgegen. Es wird also beim Losedurchgang trotz Offset eine große Stellgröße vom Regler gefordert. Das ist auch plausibel, denn das System ist an dieser Stelle nicht steuerbar und der Regler versucht daher, den Losebereich mittels großer Stellgrößenwerte schnell zu durchlaufen. Weil dieses Verhalten nahezu ein streng zeitoptimales ist, wird es im weiteren auch quasi-zeitoptimal genannt.

Die Struktur der Regelung ist als Blockdiagramm in Abbildung 4 dargestellt. Analog zum Entwurf mit der Methode der exakten Linearisierung, der zwei logische Schritte enthält, besteht die Regelungsstruktur aus zwei Blöcken: der Kompensation und der Zustandsrückführung.

3.3 Nichtlinearer Beobachter

Bei eingeschränkter Messbarkeit, die hier mit berücksichtigt werden soll, ist es sinnvoll, einen nichtlinearen Beobachter zu verwenden. Im vorliegenden Fall wird die Lastposition α_2 als einzige messbare Größe angenommen. Stabilitätsprobleme, die durch die Rückführung allein einer Zustandsgröße auftreten könnten, sollen durch den Beobachter vermieden werden.

Die vorliegende Arbeit zeigt einen nichtlinearen Beobachterentwurf mittels Linearisierung. Das System wird entsprechend der folgenden Gleichung beschrieben, die sich etwas von der Gleichung (1) unterscheidet:

$$\dot{\underline{x}} = \underline{f}(\underline{x},u) \qquad \text{mit} \qquad \underline{f}(\underline{x},u) = \underline{a}(\underline{x}) + \underline{b}(\underline{x}) \cdot u \tag{16}$$

Die Beschreibung des Ausgangs bleibt wie in Gleichung (2) erhalten ($y = c(\underline{x})$). Anhand dieser Gleichungen wird der Beobachter entworfen. In Analogie zum Luenberger-Beobachter im linearen Fall besteht auch der nichtlineare Beobachter aus einem Systemmodell und einem Korrekturteil. Die Beschreibung der beobachteten Zustände und des beobachteten Ausgangs bilden die beiden folgenden Gleichungen.

$$\dot{\hat{\underline{x}}} = \underline{f}(\hat{\underline{x}},u) + \underline{l}(\hat{\underline{x}},u) \cdot (y - \hat{y}) \tag{17}$$

$$\hat{y} = c(\hat{\underline{x}}) \tag{18}$$

Die Struktur des nichtlinearen Beobachters ist in Abbildung 5 zu sehen. Auch hier ist die Hauptaufgabe, zur Minimierung des Schätzsfehlers $\tilde{\underline{x}}$ den Korrekturvektor $\underline{l}(\hat{\underline{x}},u)$ aus Gleichung (17) zu berechnen. Jedoch ist dieser im Gegensatz zum linearen nicht konstant sondern kann von $\hat{\underline{x}}$ und u abhängen. Der Ansatz geht über die Fehlerdifferentialgleichung, wobei Gleichungen (16) bis (18) mit berücksichtigt werden:

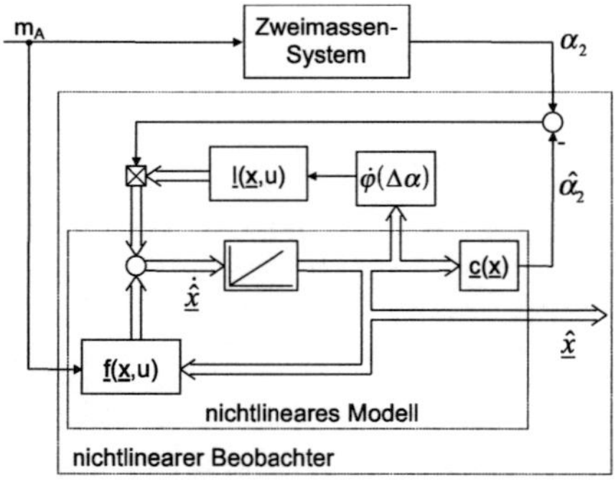

Abbildung 5: Struktur nichtlinearer Beobachter

$$\dot{\tilde{\underline{x}}} = \dot{\underline{x}} - \dot{\hat{\underline{x}}} = \underline{f}(\underline{x},u) - \underline{f}(\hat{\underline{x}},u) - \underline{l}(\hat{\underline{x}},u) \cdot (c(\underline{x}) - c(\hat{\underline{x}})) \tag{19}$$

In dieser Gleichung wird nun $\underline{f}(\underline{x},u)$ und $c(\underline{x})$ nach Taylor um die Stelle $\hat{\underline{x}}$ linearisiert und nach dem ersten Glied abgebrochen. An dieser Stelle kommt wieder die Näherung der Lose nach Gleichung (11) zum Einsatz. Es ergibt sich die folgende, recht einfache Gleichung:

$$\dot{\underline{\tilde{x}}} = \underline{F}(\hat{\underline{x}},u)\underline{\tilde{x}} \qquad \text{mit} \qquad \underline{F}(\hat{\underline{x}},u) = \frac{\partial f}{\partial \underline{x}}(\hat{\underline{x}},u) - \underline{l}(\hat{\underline{x}},u)\frac{dc}{d\underline{x}}(\hat{\underline{x}}) \tag{20}$$

Die Aufgabe des Beobachterentwurfs besteht nun darin, den Korrekturvektor $\underline{l}(\hat{\underline{x}},u)$ so auszulegen, dass sich eine gute Fehlerdynamik ergibt, und dass $\underline{F}(\hat{\underline{x}},u)$ möglichst konstant ist. Für das Zweimassensystem ergeben sich für $\underline{l}(\hat{\underline{x}},u)$ die folgenden vier Elemente:

$$l_1 = \frac{q_0 T_2}{n_0^2 C_N}\frac{1}{\varphi'(\Delta\alpha)} - \frac{T_2 q_2}{T_1 n_0} + \frac{T_2}{T_1}\left(\frac{C_N}{T_1} + \frac{C_N}{T_2}\right)\varphi'(\Delta\alpha) \tag{21}$$

$$l_2 = \frac{q_1 T_2}{C_N n_0}\frac{1}{\varphi'(\Delta\alpha)} - \frac{q_3 T_2}{T_1} \tag{22}$$

$$l_3 = \frac{q_2 - R_{2N}(q_3 - R_{2N})}{n_0} - \left(\frac{C_N}{T_1} + \frac{C_N}{T_2}\right)\varphi'(\Delta\alpha) \tag{23}$$

$$l_4 = q_3 - R_{2N} \tag{24}$$

Die Fehlerdynamik des Beobachters bestimmen q_0 bis q_3. Die Stabilität ist damit jedoch nicht automatisch gegeben, weil die Systemmatrix $\underline{F}(\hat{\underline{x}},u)$ der Fehlerdynamik nicht konstant ist. Die Variationen entstehen aber nur durch die erste Ableitung der Losefunktion $\varphi'(\Delta\alpha)$, die sowohl im Zähler als auch im Nenner auftritt. Die Funktion $\varphi'(\Delta\alpha)$ ist etwa konstant, hat jedoch im Losebereich, also bei $\Delta\alpha \approx 0$, einen Einbruch. Für die Gewährleistung der Stabilität sollte also der Losebereich vermieden werden. Das erreicht die Regelung nach der Methode der exakten Linearisierung, da sie den Losebereich quasi-zeitoptimal überwindet.

Ist die Regelung jedoch zur Ruhe gekommen und ist das Antriebsmoment fast *0*, so bewirkt die Näherung der Losefunktion, dass sich auch der beobachtete Differenzwinkel $\Delta\hat{\alpha}$ gegen *0* bewegt, was wiederum eine quasi-zeitoptimale Durchquerung des Losebereichs auslösen würde. An dieser Stelle ist daher im Systemmodell des nichtlinearen Beobachters die Losebeschreibung nach Gleichung (10) zu verwenden. Es ist sogar sinnvoll, in Gleichung (10) die Saturierungsfunktion mit einem kleinen Faktor zu versehen (z.B. 1,1) um eine Ruhelage jeweils am Anfang und am Ende des Losebereichs zu schaffen, zu der das Modell strebt. Durch diese Stabilisierungsmaßnahme ist es jedoch möglich, dass der Beobachter bei sehr kleinem Moment m_A den Lastwinkel α_2 um die Größe der Lose α_L falsch schätzt. Das ist auch dadurch begründet, dass das System dann in den Losebereich kommt, wo es nicht mehr vollständig beobachtbar ist.

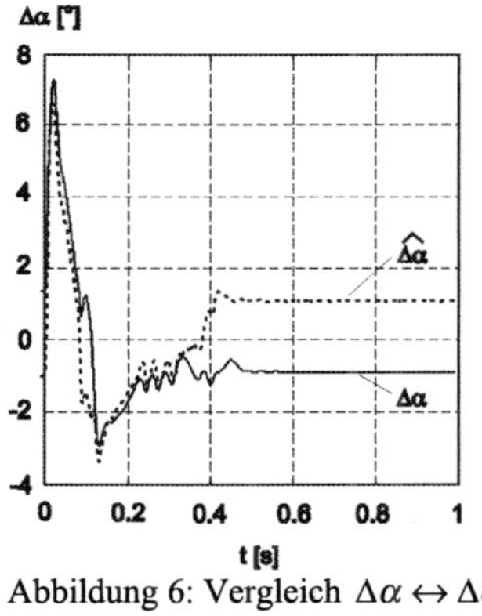

Abbildung 6: Vergleich $\Delta\alpha \leftrightarrow \Delta\hat{\alpha}$

3.4 Messergebnisse

Die Güte des nichtlinearen Beobachters muss so sein, dass der Differenzwinkel $\Delta\alpha$ mit höherer Genauigkeit als der Losewinkel α_L geschätzt werden kann. Einen Vergleich des gemessenen und des geschätzten Differenzwinkels zeigt die Messung in Abbildung 6. Hier sind die Differenzwinkel der Messung einer Sprungantwort (wie in Abbildung 7) von einer Umdrehung abgebildet. Beide Differenzwinkel laufen, bis auf zwei Ausnahmen, mit guter Genauigkeit parallel. Als erste Ausnahme ist bei etwa 0,1s eine kurze Diskrepanz bei der quasi-zeitoptimalen Losedurchquerung. Zweitens läuft der geschätzte Differenzwinkel gegen einen falschen Endwert. Das System kommt hier in den Bereich der Nichtbeobachtbarkeit und das Modell geht zur Wahrung der Stabilität in eine der beiden künstlichen Ruhelagen.

In Abbildung 7 ist die Messung einer Sprungantwort von einer Umdrehung für das geregelte System mit nichtlinearem Beobachter dargestellt. Die Abbildung zeigt den Verlauf des Lastwinkels α_2 und des Antriebsmomentes m_A. Der Winkel α_2 weist eine gute Dynamik ohne Überschwinger auf. Der Endwert wird in einer halben Sekunde erreicht, jedoch ohne stationäre Genauigkeit. Diese kann durch einen "Zustandsregler" nicht automatisch erreicht werden. Eine Ergänzung um einen PI-Regler könnte beispielsweise Abhilfe schaffen.

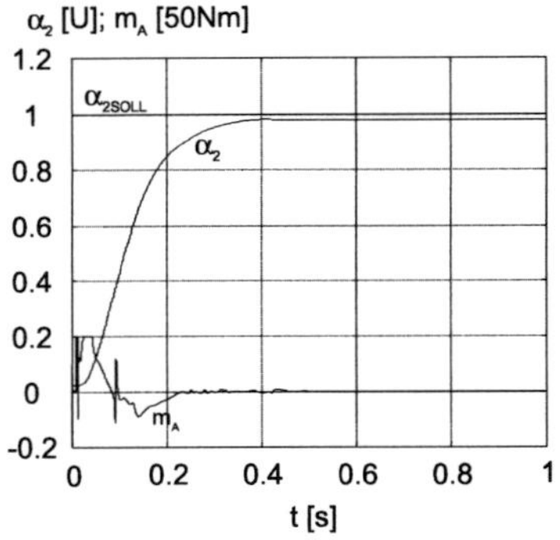

Abbildung 7: Sprungantwort

Das Antriebsmoment erreicht anfangs schnell die Stellgrößenbeschränkung, fällt dann langsam ab und hat beim Nulldurchgang (nach etwa 0,1s) eine negativ/positiv Spitze. Hier wird die Lose quasi-zeitoptimal überwunden.

4 Reglerentwurf mit linearem H_∞-Regler

Nun soll für das Zweimassensystem, bei dem alle Systemzustände messbar sind, ein linearer H_∞-Regler entworfen werden. Da ein linearer H_∞-Reglerentwurf nur für eine lineare Regelstrecke gemacht werden kann, ist es notwendig die Nichtlinearitäten des Zweimassensystems zu vernachlässigen. Hierzu wird das Getriebe als spielfrei angenommen und die Lagerreibung durch eine lineare drehzahlabhängige Reibung nachgebildet. Mit diesen Vereinfachungen lässt sich das System dann als lineares System durch die gewohnten Matrizen **A**, **B**, **C** und **D** oder als Übertragungsfunktion $G(s)$ beschreiben.

Da bei der Regelung Parameterunsicherheiten des Systems zugelassen werden sollen, ist es notwendig, deren Einfluss auf die Stabilität des Regelkreises besondere Aufmerksamkeit zu widmen.

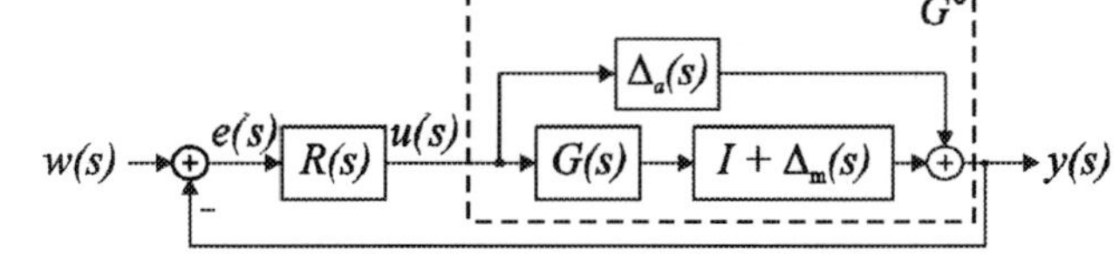

Abbildung 8: Regelkreis mit Parameterunsicherheiten

Definition:

> Wenn ein Regler anhand des Modells $G(s)$ so ausgelegt wurde, dass das geregelte Gesamtsystem mit der wahren Systemübertragungsfunktion $G^0(s)$ stabil ist, dann bezeichnet man $R(s)$ als einen robusten Regler. [7]

Wenn bei einem System gewisse Modellunsicherheiten zugelassen werden sollen, dann lassen sich diese in additive und multiplikative Modellunsicherheiten aufspalten [7] :

$$\begin{aligned} &G^0(s) = G(s) + \Delta_a(s) \text{ für eine additive Modellunsicherheit und} \\ &G^0(s) = G(s) + \Delta_m(s)G(s) \text{ für eine multiplikative Modellunsicherheit} \\ &\text{mit } |\Delta_a(s)| < W_2(s) \text{ und } |\Delta_m(s)| < W_3(s) \end{aligned} \tag{25}$$

Es wird also angenommen, dass zwei bekannte frequenzabhängige obere Schranken, $W_2(s)$ und $W_3(s)$, für die Größen der Modellfehler existieren. Weiterhin wird vorausgesetzt, dass kein zulässiger Modellfehler die Anzahl der grenz- und instabilen Pole des Modells verändert. Diese Annahme ist Voraussetzung für die Herleitung von Robustheitskriterien.

Um die Stabilität des Regelkreises zu gewährleisten, müssen folgende Bedingungen eingehalten werden. Die Grenzen für die Parameterunsicherheiten werden dabei durch die Schranken $W_2(s)$ und $W_3(s)$ bestimmt bzw. gefordert [7]:

$$|W_2(s)| < \frac{1}{|R(s)S(s)|} \quad \forall s = j\omega \tag{26}$$

$$|W_3(s)| < \frac{1}{|F(s)|} \quad \forall s = j\omega \tag{27}$$

$$\text{mit } |F(s)| = \left|\frac{R(s)G(s)}{1 + R(s)G(s)}\right| \text{ und } |S(s)| = \left|\frac{1}{1 + R(s)G(s)}\right|$$

Es lässt sich auch eine frequenzabhängige Schranke $W_1(s)$ für die Störübertragungsfunktion angeben. Mit ihr wird die Geschwindigkeit und die Regelgüte gefordert [7]:

$$|S(s)| < W_1^{-1}(s) \quad \forall s = j\omega \tag{28}$$

$W_1(s)$ ist in dieser Schreibweise ein Tiefpass. Die beiden Gewichtungsfunktionen $W_2(s)$ und $W_3(s)$ stehen beim Reglerentwurf natürlich in einem Gegensatz zu der Gewichtungsfunktion $W_1(s)$. Es muss hier genau abgewogen werden, für welchen Frequenzbereich sich welche Forderungen (bzw. Schranken) stellen lassen.

Da in Gleichung (26) bis (28) nur das Supremum des Betrags über alle Frequenzen interessiert, können alle drei Forderungen auch als Norm zusammengefasst werden. Je kleiner dabei die Norm ist, umso robuster ist der dazugehörige Regler $R(s)$. Ziel ist es den Regler zu finden, der diese Norm minimiert [7, 10]:

$$\inf_R \left\| \begin{matrix} W_1(s)S(s) \\ W_2(s)R(s)S(s) \\ W_3(s)F(s) \end{matrix} \right\|_\infty \leq 1 \quad \forall s = j\omega \tag{29}$$

Da kein Reglersyntheseverfahren bekannt ist, mit dem sich direkt anhand dieser Bedingung ein Regler entwerfen lässt, muss das Problem umformuliert werden. Hierzu wird die Norm in Gleichung (29) als Norm einer Systemübertragungsfunktion eines Mehrfachregelkreises aufgefasst. Daraus ergibt sich Gleichung (30).

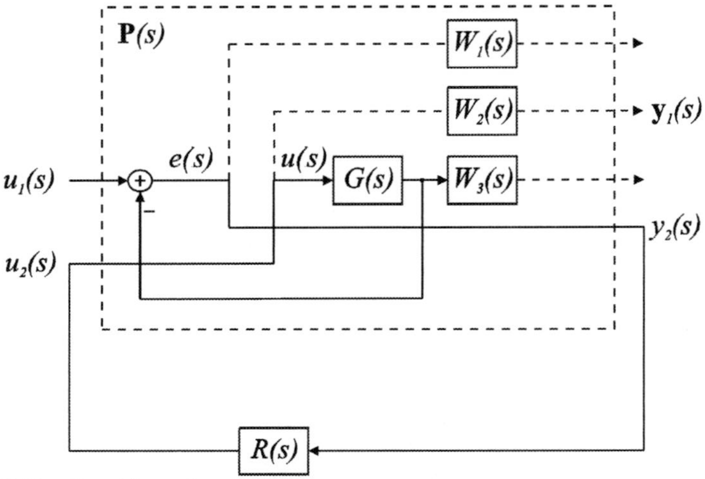

Abbildung 9: Verallgemeinerte Regelstrecke

$$\inf_R \left\| \mathbf{P}_{\mathbf{y}_1 u_1}(s) \right\|_\infty \leq 1 \quad \forall s = j\omega \tag{30}$$

Der Regler ist hier herausgelöst, sodass ein weiterer Eingang und ein weiterer Ausgang entstanden sind. Das Problem ist nun umformuliert worden: Ziel ist es nun einen Regler $R(s)$ zu finden, der die verallgemeinerte Regelstrecke $\mathbf{P}(s)$ anhand des Ausgangs $y_2(s)$ und des Eingangs $u_2(s)$ so regelt, dass die maximale Verstärkung von $u_1(s)$ nach $\mathbf{y}_1(s)$ minimiert wird. Die maximale Verstärkung 1 stellt dabei die obere Grenze für die Stabilität dar. Ist ein solcher Regler gefunden, dann lässt sich mit diesem Regler auch der Regelkreis aus Abbildung 8 stabil regeln.

Der Reglerentwurf erfolgt im Zeitbereich, sodass es notwendig ist, die verallgemeinerte Regelstrecke $\mathbf{P}(s)$ in den Zeitbereich zu transformieren:

$$\mathbf{P}(s) \rightarrow \mathbf{A}, \mathbf{B} := \begin{bmatrix} \mathbf{B}_1 & \mathbf{B}_2 \end{bmatrix}, \mathbf{C} := \begin{bmatrix} \mathbf{C}_1 \\ \mathbf{C}_2 \end{bmatrix} \text{ und } \mathbf{D} := \begin{bmatrix} \mathbf{D}_{11} & \mathbf{D}_{12} \\ \mathbf{D}_{21} & \mathbf{D}_{22} \end{bmatrix} \tag{31}$$

Mit

$$\mathbf{x} = \begin{bmatrix} \mathbf{x}_\mathbf{G} \\ \mathbf{x}_{\mathbf{W}_1} \\ \mathbf{x}_{\mathbf{W}_2} \\ \mathbf{x}_{\mathbf{W}_3} \end{bmatrix}, \mathbf{u} := \begin{bmatrix} \mathbf{u}_1 \\ \mathbf{u}_2 \end{bmatrix} \text{und } \mathbf{y} := \begin{bmatrix} \mathbf{y}_1 \\ \mathbf{y}_2 \end{bmatrix} \tag{32}$$

Für den Reglerentwurf wird das Doyle-Glover-Verfahren verwendet. Dieses Verfahren hat den Vorteil, dass es numerisch sehr stabil ist und sich iterativ programmieren lässt. Aufgrund dessen wird es auch in der Literatur relativ häufig verwendet.

Durch das Doyle-Glover-Verfahren wird ein stabilisierender Regler mit dazugehörigem Zustandsbeobachter berechnet, sodass das Infimum, $\inf_R \left\| \mathbf{P}_{\mathbf{y}_1;\mathbf{u}_1}(s) \right\|_\infty$, erreicht wird. Wenn dieses Infimum kleiner oder gleich 1 ist, dann ist der dazugehörige Regler der robusteste, stabilisierende Regler, der die Anforderungen der Gewichtungsfunktionen noch erfüllen kann. Der Regler mit der

Übertragungsmatrix **R** besteht dann aus einem Zustandsregler mit dazugehörigem Zustandsbeobachter [7]:

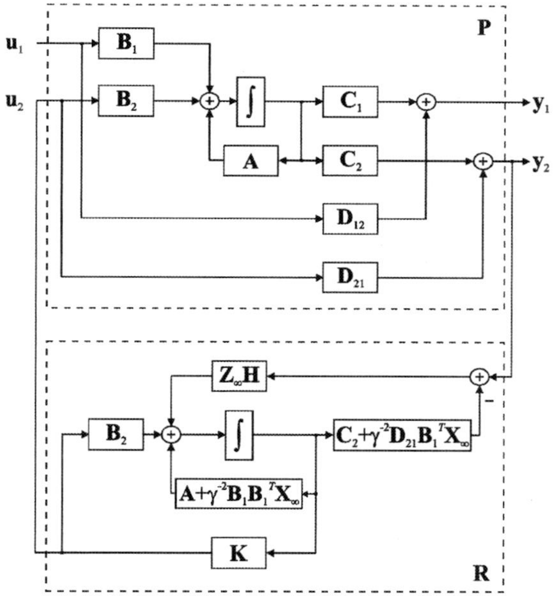

Abbildung 10: Gesamtstruktur eines geregelten Systems mit optimalem H_∞-Regler

$\mathbf{X}_\infty$, $\mathbf{Y}_\infty$ und $\mathbf{Z}_\infty$ ergeben sich dabei aus den Lösungen zweier Matrix-Riccati-Gleichungen. Für weitere Erklärungen wird auf die vorhandene Literatur [4; 5; 7; 9] verwiesen.

Der Zustandsbeobachter in Abbildung 10 ist gegenüber einem herkömmlichen Kalman-Filter durch folgende Terme erweitert:

Die Reglermatrix $\mathbf{A}_\infty$ ist um den Term $\gamma^{-2}\mathbf{B}_1\mathbf{B}_1^T\mathbf{X}_\infty$ erweitert.

Die Ausgangsmatrix $\mathbf{C}_2$ ist durch den Term $\gamma^{-2}\mathbf{D}_{12}\mathbf{B}_1^T\mathbf{X}_\infty$ erweitert.

Die Filterverstärkung ist um die Matrix $\mathbf{Z}_\infty$ erweitert.

Somit ist dieser Zustandsbeobachter nicht unbedingt mit einem gewöhnlichen Kalman-Filter zu vergleichen. Diese Terme können als Erweiterung des Kalman-Filters aufgefasst werden, die jeweils (im Sinne der H_∞-Norm) die „ungünstigste" Parameterunsicherheit berücksichtigen. [9]

4.1 Veränderung des H_∞-Reglers

Wenn nun mit diesen oder anderen Gewichtungsfunktionen ein H_∞-Regler berechnet und mit dem nichtlinearen Zweimassensystem simuliert wird, zeigt sich, dass der lineare Zustandsbeobachter die Systemzustände des nichtlinearen Systems falsch schätzt und die Regelung deshalb eine sehr große, bleibende Regelabweichung hat. Daher ist es notwendig, das gesamte Regelungskonzept zu verändern: Das Konzept der Ausgangsrückführung wird verworfen und durch eine Zustandrückführung ersetzt. Dies ist möglich, indem der Zustandsbeobachter aus Abbildung 10 einfach entfernt wird. Nun können die Signale der Systemzustände **x** aus Gleichung (32) direkt auf den Zustandsregler **K** gegeben werden. Dies ist jedoch nur möglich, wenn die Systemzustände direkt bekannt sind. Bei dem Zweimassensystem ist dies für dessen Systemzustände $\mathbf{x}_G$ der Fall. Die Geschwindigkeiten und Lagepositionen der beiden Massen lassen sich hier direkt messen. Allerdings besteht der Systemzustandsvektor $\mathbf{x}$ aus Gleichung (32) auch aus den Systemzuständen der Gewichtungsfunktionen $\mathbf{x}_{W_1}$, $\mathbf{x}_{W_2}$ und $\mathbf{x}_{W_3}$. Diese werden auch benötigt, um mit dem Zustandsregler **K** aus Abbildung 10 direkt regeln zu können. Da sich diese Systemzustände nicht messen lassen, müssen sie berechnet werden. Dies ist möglich, da sowohl die Eingänge der Gewichtungsfunktionen u, e und y als auch die Gewichtungsfunktionen selbst bekannt sind. (Vergleiche Abbildung 9.) Somit kann mit dem Zustandsregler **K** geregelt werden, weil der Systemzustandsvektor $\mathbf{x}$ aus Gleichung (32) vollständig bekannt ist, da sich die Systemzustände $\mathbf{x}_G$ direkt am System messen und die Systemzustände $\mathbf{x}_{W_1}$, $\mathbf{x}_{W_2}$ und $\mathbf{x}_{W_3}$ berechnen lassen.

Der neue Regelkreis hat dann folgende Struktur. Da das Zweimassensystem ein SISO-System ist, ist **K** hier der Vektor $\mathbf{k}^T$:

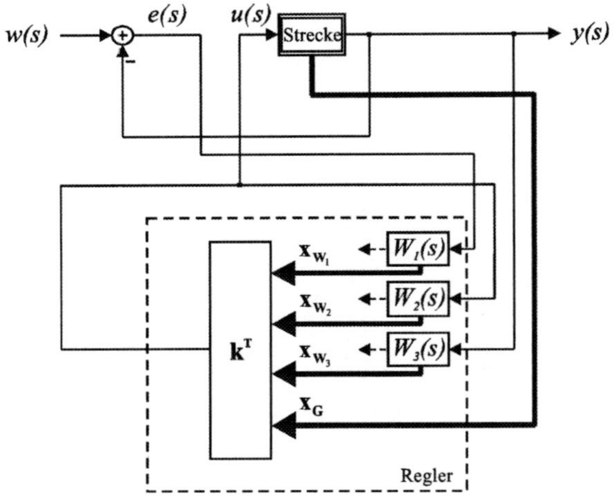

Abbildung 11: Gesamtstruktur des geregelten Systems ohne Zustandsbeobachter

In Abbildung 11 sind die vektoriellen Pfeile der Systemzustände fettgedruckt dargestellt. Da bei dieser Struktur kein Zustandsbeobachter mehr vorhanden ist, werden die Signale der Systemzustände nun ohne falsch geschätzt zu werden und somit richtig auf den Zustandsregler $\mathbf{k}^T$ gegeben.

4.2 Messergebnisse

Diese Struktur wurde auf einem entsprechenden Prüfstand mit ±5° Lose getestet. Da es sich bei dem H_∞-Regler um einen robusten Regler handelt, wurde die Messung mit einer Verdreifachung des lastseitigen Trägheitsmomentes wiederholt, ohne dabei die Regelparameter zu verändern.

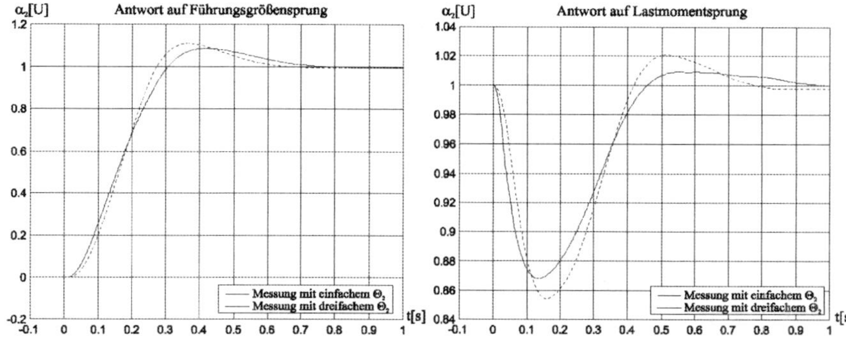

Abbildung 12: Sprungantworten des geregelten Systems bei ±5° Lose

Im linken Graf von Abbildung 12 ist die Sprungantwort des geregelten System zu sehen. Ein Führungsgrößensprung von einer Umdrehung wird hier bis unter die Messgenauigkeit stationär genau ausgeregelt. Die Sprungantwort bei einer Verdreifachung des lastseitigen Trägheitsmomentes ist hier gestrichelt dargestellt. Sie erreicht die gleiche Qualität. Im rechten Graf von Abbildung 12 ist die Sprungantwort auf einen Lastmomentsprung zu erkennen. Auch hier ist die Antwort bei einer Verdreifachung des lastseitigen Trägheitsmomentes gestrichelt dargestellt. Beide Ergebnisse unterscheiden sich wenig. Sie können die Störung in etwa einer Sekunde ausregeln.

5 Zusammenfassung

Für die Lageregelung des Zweimassensystems sind zwei Lösungskonzepte vorgestellt worden. Für die Problematik der eingeschränkten Messbarkeit ist ein nichtlinearer Regler mit einem nichtlinearen Beobachter erfolgreich eingesetzt worden. Er zeigte eine gute Führungsdynamik. Strukturbedingt weist er noch eine stationäre Ungenauigkeit auf. Der H_∞-Regler weist sowohl ein gutes Führungs- als auch ein gutes Störverhalten auf. In beiden Fällen ist die Reglung robust, jedoch benötigt sie alle Systemzustände.

6 Literatur

[1] *Allgöwer, F.; Gilles, E. D.*: Nichtlinearer Reglerentwurf auf der Grundlage exakter Linearisierungstechniken, 1993, VDI Berichte Nr.: 1026

[2] *Brandenburg, G.*: Einfluss und Kompensation von Lose und Coulombscher Reibung bei einem drehzahl- und lagegeregelten, elastischen Zweimassensystem, 1989, Automatisierungstechnik 37 Nr. 1 und 3

[3] *Chiang, R. Y.; Safonov, M. G.*: Robust Control Toolbox User's Guide, August 1992, The Math Works Inc.

[4] *Christmann, R.*: Exemplarischer Entwurf eines H_∞-Reglers, 1997, Automatisierungstechnik (at) 45, R. Oldenbourg Verlag

[5] *Doyle, J. C.; Glover, K.; Khargonekar, P. P.; Francis, B. A.*: State-Space Solutions to Standard H_2 and H_∞ Control Problems, August 1989, IEEE Transactions on Automatic Control Vol. 34 Nr. 8

[6] *Föllinger, O.*: Nichtlineare Regelungen 1 u.2, 1993, R. Oldenbourg

[7] *Ludyk, G.*: Theoretische Regelungstechnik 1 u. 2, 1995, Springer-Verlag

[8] *Menken, I.; Orlik, B.; Schöling, I.*: Robuste Regelung elastisch gekoppelter Zweimassensysteme unter Berücksichtigung von Getriebelose und nichtlinearer Reibung, DRIVES 98, Nürnberg

[9] *Müller, K.*: Entwurf robuster Regelungen, 1996, B.G. Teubner

[10] *Raisch, J.*: Mehrgrößenregelung im Frequenzbereich, 1994, R. Oldenbourg

[11] *Schöling, I.; Orlik, B.*: Control of a Nonlinear Two-Mass-System with Uncertain Parameters, PCIM 99, Nuremberg

[12] *Schöling, I.; Orlik, B.*: Robust Control of a Nonlinear Two-Mass-System, EPE 99, Lausanne

[13] *Schöling, I.; Orlik, B.*: Control of a Nonlinear Two-Mass System with Uncertain Parameters and Unknown States, IAS-IEEE 2000, Rom

HOCHAUFLÖSENDE OPTISCHE FLÄCHENGEWICHTSQUERPROFIL-MESSUNG AN PAPIERBAHNEN

Nessar A. Nessar

ABSTRACT

In dieser Arbeit wird das Flächengewicht mit hoher örtlicher und zeitlicher Auflösung optisch, basierend auf einem CCD-Zeilensensor, gemessen. Zur Erhöhung der absoluten Genauigkeit wird die optische Messmethode mit Hilfe einer radioaktiven Messmethode (Beta-Mess-Systeme) kalibriert. Zur Kalibrierung des optischen Messverfahrens werden die Leistungsdichtespektren (LDS) des optisch und radioaktiv gemessenen Flächengewichts als Maß für die Flächengewichtsvariationen im Frequenzbereich verwendet.

EINFÜHRUNG

Bei der industriellen Fertigung von Papier werden hohe Anforderungen an die Qualität des Endproduktes gestellt. Um die Gleichmäßigkeit der gewünschten Eigenschaften zu überprüfen, werden Messeinrichtungen innerhalb des Herstellungsprozesses eingesetzt. Bei Abweichungen von einem vorgegebenen Sollwert kann sofort ein korrigierender Eingriff in die entsprechenden Produktionsstufen vorgenommen werden. Eine möglichst lückenlose Überprüfung gewährleistet somit ein qualitativ hochwertiges Ergebnis.
Die Beschaffenheit des Papiers an einer bestimmten Stelle der Papierbahn lässt sich durch eine oder mehrere physikalische Größen beschreiben. Eine der wichtigsten Größe ist das Flächengewicht, also die flächenbezogene Masse, und hat einen großen Einfluss auf fast alle Papiereigenschaften. Um die Papierqualität zu optimieren, sollte die Flächengewichtsmessung die Papierbahn möglichst vollständig und mit höherer örtlicher und zeitlicher Auflösung messen.
Beide Forderungen werden nicht von den radioaktiven Mess-Systemen erfüllt. Kurzwellige Flächengewichtsvariationen können nicht mit den herkömmlichen Beta-Mess-Systemen genau gemessen werden, da bei diesen Mess-Systemen mit einem Messfleckdurchmesser von 1- 2 cm ein vereinfachtes Bild der aktuellen Variation wiedergegeben wird. Flächengewichtsvariationen mit einer kürzeren Wellenlänge als der doppelte Messfleckdurchmesser können nicht gemessen werden. Hinzu kommt die niedrige Abtastfrequenz des Beta-Mess-Systems, je höher aber die Abtastfrequenz, desto größer ist das Sensor-Rauschen (Einfluss der statistischen Schwankungen der radioaktiven Zerfallsprozesse). Das Beta-Mess-System misst somit an schnell laufenden Papierbahnen bis zu 2000 m/min. nur einen Bruchteil der Bahn [1].
Um diese Einschränkungen zu umgehen, wird das Beta-Mess-System mit einem kamerabasierten optischen Mess-System (CCD Zeilenkamera) kombiniert. Das transmittierte Licht liefert dabei Informationen über die Papiereigenschaften (Flächengewicht). Diese Informationen stehen schnell zur Verfügung und besitzen eine feine örtliche Auflösung in Längs- und Querrichtung zur Papierbahn. Somit ist der Ablauf des gesamten Prozesses über die Bahnbreite abgebildet.

EIGENSCHAFTEN UND EINFLUSSFAKTOREN

Das Beta-Mess-System misst das Flächengewicht von einem relativ großen Gebiet. Der Messwert stellt das mittlere Flächengewicht aus diesem Gebiet dar. Innerhalb dieses Gebietes variiert das Flächengewicht sehr stark. Diese Variation wird aber nicht explizit charakterisiert. Ein grosser Messfleck filtert die kurzwelligen Flächengewichtsvariationen heraus und der Gesamtvariationsbereich wird komprimiert [2]. Bei einem genügend kleinen Messfleck, wie dies im Falle des CCD-Zeilensensors der Fall ist, wird die kurzwellige Flächengewichtsvariation detektiert.
Um die Flächengewichtsvariation zu verdeutlichen, wird das Leistungsdichtespektrum gegen die Wellenzahl aufgezeichnet. Das Leistungsdichtespektrum stellt die mittlere Varianz dar. In Fig. 1

wird die Verteilung der Flächengewichtsvariation bei verschiedenen Wellenzahlen sowie die akkumulierte Varianz als Integral für eine Papierprobe dargestellt.

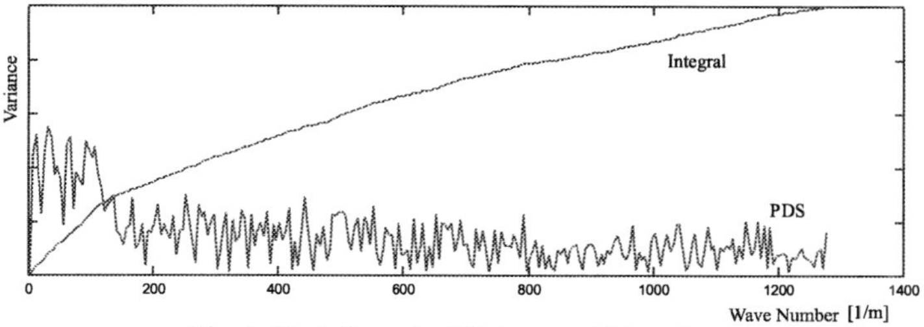

Fig. 1: Verteilung der Flächengewichtsvarianz

Aus dem Fig. 1 ist zu ersehen, dass das Flächengewicht bei allen Wellenlängen variiert. Die Intensität dieser Variation in den Wellenlängenintervallen zeigen unterschiedliche Größen.

Table I: Verteilung der Varianz über die Wellenlängenintervalle

Wellenlänge [mm]	Wellenzahl [1/m]	Varianz [%]
0,7813 - 1,0417	960 - 1280	14,78
1,0417 - 1,5625	640 - 960	16,03
1,5625 - 3,125	320 - 640	24,23
3,125 – 200	5 - 320	44,53

Table I stellt die Verteilung der Varianz in Fig. 1 über vier Wellenlängenintervalle im Verhältnis zur Gesamtvarianz dar.

MESSMETHODEN

Beta-Strahlungstransmission

Das Messprinzip der Beta-Strahlenabsorption beruht auf Teilchenzählung, also Elektronen, die durch das Papier transmittiert werden.

Betrachtet man einen Strahler, der n_0-Teilchen je Zeiteinheit aussendet und treffen diese auf das Papier, so treten nach dem Papier noch n-Teilchen auf. Für die meisten Teilchen erfolgt die Absorption der Beta-Strahlung durch das exponentielle Absorptionsgesetz und dies kann folgendermaßen beschrieben werden:

$$T = \frac{n}{n_0} = e^{-\mu w} \qquad (1)$$

Dabei ist μ Massenabsorptionskoeffizient und w Flächengewicht.

Bei der obigen Betrachtung wurde von einem konstanten Massenabsorptionskoeffizienten μ und Teilchen n_0 ausgegangen. Es treten aber eine Reihe von Effekten auf, die μ und n_0 beeinflussen. Dies sind im einzelnen:

- Alterung des radioaktiven Präparats (atomarer Zerfall),
- Einfluss der statistischen Schwankungen der radioaktiven Zerfallsprozesse,
- Einfluss der Luftsäule zwischen der Strahlenquelle und dem Detektor,
- Einfluss der Papierzusammensetzung (mineralische Anteile mit hoher Ordnungszahl) und
- Einfluss des Flächengewichts (nichtlinearer Absorptionskoeffizient).

Für die genaue Messung sollten diese Einflüsse entweder mathematisch oder messtechnisch kompensiert werden. Um den Einfluss der Alterung des radioaktiven Präparats auf den Messwert zu eliminieren, standardisiert man das Mess-System periodisch, d. h. man ermittelt n_0 periodisch neu.

Lichttransmission
Die Kubelka-Munk-Theorie ist unter mehreren Theorien, die sich mit der Lichttransmission durch trübe Medien also Medien mit Vielfachstreuung befassen, diejenige, die sich weitestgehend durchgesetzt hat. Sie wird auch bei dieser Arbeit zur Bestimmung der Lichttransmission durch das Papier angewandt. Als Spezialfall der Kubelka-Munk-Theorie wird hier zunächst das Bouguer-Beer-Modell erläutert.

Bouguer-Beer Gleichung
Nach der Bouguer-Beer Gleichung kann die Lichttransmission durch ein homogenes Medium mit konstantem allgemeinen Absorptionskoeffizient γ wie folgt berechnet werden [3]:

$$T_i = \frac{I}{I_0} = e^{-\gamma w} \tag{2}$$

$$w = -\frac{1}{\gamma} \cdot \ln(T_i) \tag{3}$$

T_i stellt die interne Transmission des Lichtes durch das Medium und I_0 die einfallende Lichtintensität dar.
Die einfallende Lichtintensität auf das Papier wird aber von beiden Effekten, Absorption und Streuung, beeinflusst. Für Medien mit geringer Lichtstreuung kann die Gleichung (2) eine gute Näherung für die Berechnung der Lichttransmission darstellen.
Zwischen dem Medium und der Luft gibt es eine Änderung im Brechungsindex. Diese Diskontinuität im Brechungsindex muss berücksichtigt werden, wenn genauere Ergebnisse erwartet werden. Die Gesamttransmission (im Gegensatz zu interner Transmission T_i) erhält man dann aus der folgenden Gleichung [3].

$$T = (1-K_1)^2 T_i (1 + K_1^2 T_i^2 + K_1^4 T_i^4 + ...) = (1-K_1)^2 T_i (1 - K_1^2 T_i^2) \tag{4}$$

Die Reflexion K_1 wird aus der Frensel-Gleichung bestimmt.

$$K_1 = \frac{(\eta - 1)^2}{(\eta + 1)^2} \tag{5}$$

η stellt den Brechungsindex des Mediums dar.
Mit einem konstanten γ wird angenommen, dass die Absorption für den gesamten Bereich des Mediums gleich ist. Bei der Papierbahn ist γ von den optischen Eigenschaften der Bahn abhängig. Die optischen Eigenschaften des Papiers variieren sich abhängig von den:

- Füllstoffen in der Suspension,
- Nuancierung und den
- technologischen Maßnahmen wie Kalandern und Streichen [2].

Die Genauigkeit der berechneten Lichttransmission nach Gleichung (3) wird somit beeinflusst, wenn die Produktionsparameter der untersuchten Papierbahn sich ändern. Um die Gleichung (3) anzuwenden, wird der Mittelwert von γ für die zu messenden Papierbahn eingesetzt [4].

Kubelka-Munk-Theorie
Die Kubelka-Munk-Theorie geht von der Annahme aus, dass die Interaktion zwischen dem diffusen Licht und dem Medium durch zwei materialspezifische Konstanten, Streuungskoeffizient s und Absorptionskoeffizient k, beschrieben werden kann. Es wird weiterhin angenommen, dass das Licht nur in zwei Richtungen gestreut wird, nämlich auf- und abwärts, und das eintreffende bzw. gestreute Licht diffus ist. Diese Modellbildung entspricht nicht der Realität, aber es vereinfacht das Vorgehen und stellt eine gute Näherung dar [5].
Nach dieser Theorie ist die Lichttransmission durch das Papier eine Funktion von zwei Materialkonstanten s, k und dem Flächengewicht w. Die Einführung von zwei Materialkonstanten setzt natürlich voraus, dass die lichtstreuenden Eigenschaften des Mediums in allen seinen kleinsten Teilbereichen gleich sind. Dies bedeutet, dass die Konstanten k und s ein mittelndes Maß bilden und den

an sich inhomogenen Medium zu einem im Mittel homogenen mit besonderen Eigenschaften eines Absorptions- und Streukoeffizienten machen.

$$T = \frac{I}{I_0} = \frac{b}{a \cdot \sinh bsw + b \cdot \cosh bsw} \quad (6)$$

wobei:

T = Lichttransmission,
I = Intensität des transmittierten Lichtes,
I_0 = Intensität des einfallenden Lichtes,
R_∞ = Eigenreflexion und
s = Streuung der Papierbahn, m^2/g

$$a = \frac{1}{2}\left(\frac{1}{R_\infty} + R_\infty\right)$$

$$b = \frac{1}{2}\left(\frac{1}{R_\infty} - R_\infty\right)$$ darstellen.

Eine Korrektur für die Berechnung der Lichttransmission in Folge der Brechungsindex-Diskontinuität ist auch hier notwendig. Daher wird das tatsächlich reflektierte Licht R_m nach der Saunderson-Gleichung, auch als Saunderson-Korrektur bezeichnet, berechnet [3]:

$$R_m = K_1 + \frac{(1-K_1)(1-K_2)R_\infty}{1-K_2 R_\infty} \quad (7)$$

R_∞ gibt den Eigenreflexionsfaktor, der aus der Kubelka-Munk-Theorie berechnet wurde, an. Für diffuses Licht wird für K_2 der theoretische Wert 0.6 eingesetzt. K_1 wird aus der Gleichung (5) berechnet.
Man erhält daraus für den Reflexionsfaktor R_∞:

$$R_\infty = \frac{R_m - K_1}{1 - K_1 - K_2 + K_2 R_m} \quad (8)$$

Durch das Einfügen der korrigierten Werte R_∞ in die Gleichung (6) erhält man die korrigierte Lichttransmission nach der Sanderson-Korrektur [3].

MESSEINRICHTUNGEN

Beta-Mess-System

Die Messeinrichtung mit der Beta-Strahlung besteht aus dem Radioisotop (Kr85) mit einer Radioaktivität von 18,5MBq als Strahlenquelle und dem Halbleiterdetektor mit einem Durchmesser von 10 mm.
Der Halbleiterdetektor benutzt eine dünne Siliziumplatte um die Ladung zu erzeugen. Die transmittierten Teilchen dringen in die aktive Schicht des Detektors ein und erzeugen durch Kollision mit den Siliziumatomen Pulse. Diese werden dann durch Elektroden an den Seiten von der Siliziumplatte abgeführt und durch eine Zählerkarte im PC gezählt.
Die radioaktive Strahlenquelle und der Detektor sind in einem festen Abstand zueinander mit einem Metallbügel befestigt und werden quer zur Papierlaufrichtung mit einem linearen Antriebssystem über die Papierbahn geführt. Beim Erreichen einer Bahnkante kehrt der Sensor seine Bewegungsrichtung um. Der Abstand zwischen der Strahlenquelle und dem Detektor beträgt ca. 2 mm. Quelle und Detektor sind exakt aufeinander ausgerichtet.

Optisches Mess-System

Das optische Mess-System besteht aus der CCD-Zeilenkamera und dem Glasfaser-Linienlicht. Die CCD-Zeilenkamera enthält 512 Pixelelemente mit einer Seitenabmessung von 14 µm x 14 µm je Pixelelement. Die max. Zeilenfrequenz der Kamera beträgt 53,5 kHz und die Videodaten werden im 8 bit RS422 Differential-Format ausgegeben.

Für die gleichmäßige Beleuchtung des Papiers wird ein Glasfaser-Linienlicht, das sich über die gesamte Bahnbreite erstreckt, verwendet. Es hat den Vorteil, dass die Lichtquelle sehr nahe am Papier plaziert werden kann und dadurch eine geringere Lichtintensität benötigt wird. Um die Lichtausbeute zu verbessern, wird eine Zylinderlinse an dem Linienlicht angebracht. Die Glasfasern sind mit einer Lichtquelle (150 Watt Tungsten Halogen Lampe) verbunden. Die Lichtintensität der Lampe wird an die Durchlässigkeit des Papiers so angepasst, dass eine ausreichende Beleuchtung des Zeilensensors möglich ist und bleibt während der Messung konstant.
Die CCD-Zeilenkamera ist in einem Abstand von 342 mm und das Linienlicht 20 mm jeweils über und unter der Papierbahn angebracht. Ein RS422-Kabelsatz verbindet die Kamera mit dem Framegrabber im Host-Rechner, wo die Videodaten verarbeitet werden.
Die örtliche Auflösung in der Querrichtung beträgt:

$$cd = \frac{b}{N_p} \tag{9}$$

Wobei b die abgebildete Papierstreifen und N_p die Anzahl der Pixelelementen angibt.
Die örtliche Auflösung in Querrichtung hängt also nur von den abgebildeten Papierstreifen ab, da die Anzahl der Pixelelemente konstant ist. Eine gewünschte Auflösung in Querrichtung kann für die gesamte Bahnbreite durch bestimmte Anzahl von Zeilenkameras nebeneinander erricht werden.
Für die örtliche Auflösung in Längsrichtung kann geschrieben werden:

$$md = \frac{V_m}{f_z} \tag{10}$$

Wobei V_m die Papierbahngeschwindigkeit und f_z die Zeilenfrequenz der Kamera angibt.

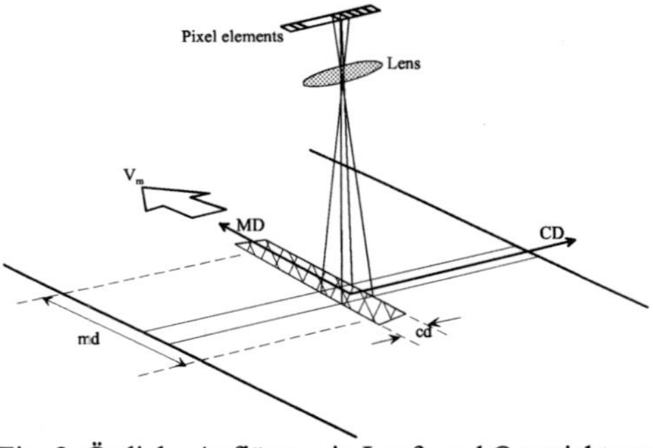

Fig. 2: Örtliche Auflösung in Lauf- und Querrichtung

Mit einer hohen Zeilenfrequenz ist es möglich, fast die gesamte Papierbahn zu messen. Einschränkungen in der Abtastung der Papierbahn sind hauptsächlich in dem begrenzten Datenverarbeitungsvermögen der Rechner und nicht im erhöhten Signal/Rauschverhältnis, wie es bei Beta-Mess-Systemen der Fall ist, begründet.
Die Vergrößerung der Linse ist das Verhältnis von Pixelelementbreite cd' zur Pixelbreite cd

$$m = \frac{cd'}{cd} \tag{11}$$

Die Vergrößerung der Linse kann alternativ durch:

$$m = \frac{f'}{pd} \tag{12}$$

angegeben werden, wobei f' die effektive Brennweite der Linse und pd der Abstand zur Papierbahn darstellen.
Aus der Kombination der beiden Gleichungen kann dann pd bestimmt werden:

$$pd = \frac{cd}{cd'} \cdot f' \tag{13}$$

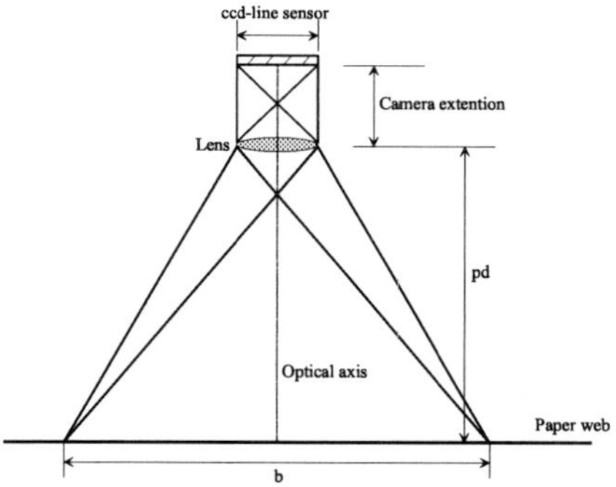

Fig. 3: Kamerageometrie

Fig. 4 zeigt das Blockdiagramm der Mess-Systeme:

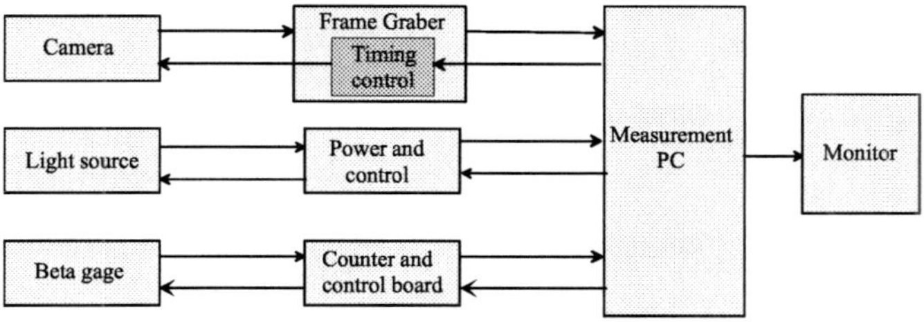

Fig. 4: Blockdiagramm des Mess-Systems

KALIBRIERUNG DES OPTISCHEN MESS-SYSTEMS

Die Lichttransmission durch das Papier wird nicht nur von dem Flächengewicht, sondern auch von den im vorhergehenden Abschnitt erwähnten Parametern beeinflusst. Die transmittierte Beta-Strahlung hängt dagegen hauptsächlich von der Massenverteilung im Papier ab.

Die hier aufgezeigte Methode zeigt, wie das optische Mess-System mit einer hohen örtlichen und zeitlichen Auflösung mit Hilfe eines konventionellen Beta-Mess-Systems kalibriert werden kann.

Zur Kalibrierung des optischen Mess-Sytems werden die Leistungsdichtespektren (LDS) des optisch und radioaktiv gemessenen Flächengewichts als Maß für die Flächengewichtsvariationen im Frequenzbereich herangezogen. Die spektralen Leistungen des optisch gemessenen Flächengewichts werden an die spektralen Leistungen des radioaktiv gemessenen Flächengewichts angeglichen. Anschließend wird aus dem angeglichenen Leistungsdichtespektrum und der hinzugezogenen Phasenlageninformation aus dem optisch gemessenen Flächengewicht das kalibrierte Flächengewicht berechnet. Um das Signalleistungsniveau des optisch gemessenen Querprofils an das Signalleistungs-Niveau des radioaktiv gemessenen Querprofils für das gesamte Frequenzband anzupassen, wird wie folgt vorgegangen:

Eine globale Kalibrierung wird durch Anpassung von Leistungen der Gleichanteile erreicht. Dabei wird die Leistung des Gleichanteils vom optisch gemessenen Querprofil der Leistung des Gleichanteils vom radioaktiv gemessenen Querprofil angeglichen.

Die beiden Messungen haben eine unterschiedliche örtliche Auflösung, die zu unterschiedlichen Grenzfrequenzen in den Leistungsdichtespektren führen. Die Leistungsspektrallinien des optisch gemessenen Querprofils werden daher durch einen Kalibrierungsfaktor kalibriert. Dieser Faktor, der aus dem Verhältnis der beiden Signalwechselleistungen gebildet wird, ermöglicht die Anpassung der einzelnen Leistungsspektrallinien aus der optischen Messung an dem absoluten Flächengewichtsquerprofil.

Fig. 5 fast die Kalibrierungsmethode zusammen:

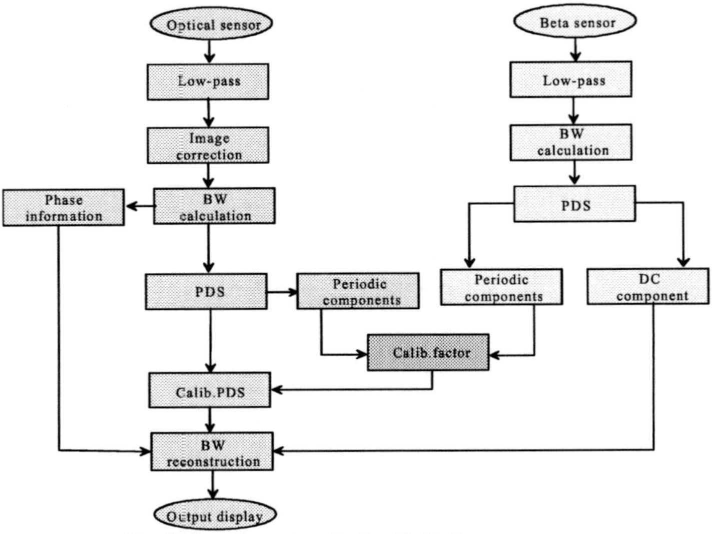

Fig. 5 Flussdiagramm für den Kalibrierungsvorgang

ERGEBNISSE

In diesem Abschnitt wird die Kalibrierungsmethode an Hand der zwei verschiedenen Papierproben untersucht. Dabei wird exemplarisch der Einfluss des Kalanderns auf die optische Eigenschaft von Papier und deren Einfluss auf das Kalibrierungsergebnis verdeutlicht.

Im ersten Beispiel wird eine vorgefertigte Papierprobe mit einem Nennflächengewicht von 70 g/m² untersucht. In dem zweiten Beispiel wird eine kalanderte Papierprobe mit dem Nennflächengewicht von 70 g/m² unter den gleichen Messbedingungen untersucht.

Das Flächengewichtsquerprofil für die Papierproben ist nach der Kubelka-Munk-Theorie für eine Bahnbreite von 200 mm berechnet. Die Messstreifen sind mit einer Zeilenfrequenz von 2 kHz und einer örtlichen Messauflösung von 0,39 mm abgetastet. Für die Berechnung des Flächengewichtsquerprofils nach der Kubelka-Munk-Theorie wird hier für den Eigenreflexionsfaktor R_∞ und den Reflexionsfaktor des Papiers auf schwarzer Unterlage R_0 für holzfreie Papiere jeweils 0,870 und 0,751 aus der optischen Zustandsebene gewählt. Diese Werte sind in der Regel entweder experimentell oder aus der optischen Zustandsebene, in der die optischen Eigenschaften des Papiers abhängig von dessen Komponentenzusammensetzung in einem Koordinatensystem dargestellt werden, zu bestimmen. Sind k und s der Einzelkomponenten im Papier bekannt, so können auch rein rechnerisch R_0 und R_∞ für die Stoffmischung bestimmt werden.

Beispiel 1.

Fig. 6 zeigt das Flächengewichtsquerprofil eines nicht kalanderten Papierstreifens.

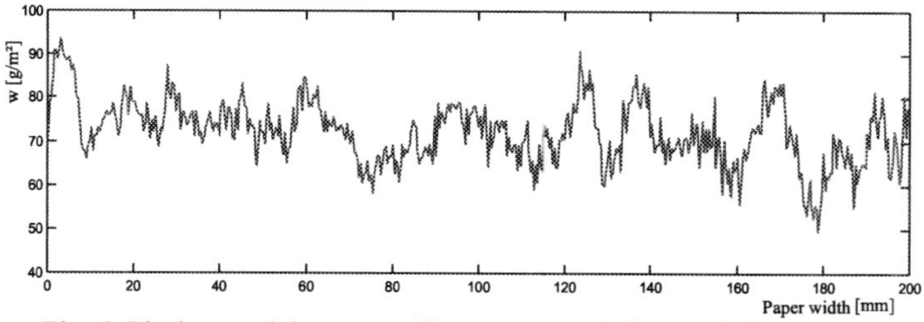

Fig. 6: Flächengewichtsquerprofil, gemessen mit dem optischen Sensor

Fig. 7 zeigt das Flächengewichtsquerprofil für das entsprechende Gebiet mit dem radioaktiven Sensor mit der örtlichen Auflösung von 5 mm und der Sensorintegrationszeit von 1 s.

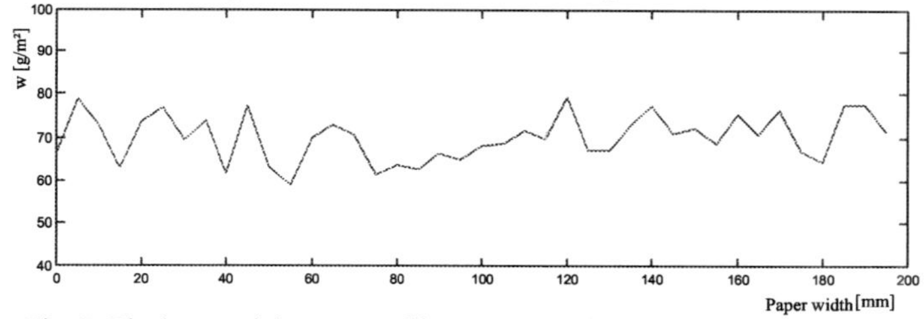

Fig. 7: Flächengewichtsquerprofil, gemessen mit dem radioaktiven Sensor

Die Kalibrierung des optisch gemessenen Flächengewichts mit dem radiometrischen Flächengewicht nach der vorgestellten Kalibrierungsmethode ergibt ein hochauflösendes Flächengewichtsquerprofil, wie es in Fig. 8 darstellt:

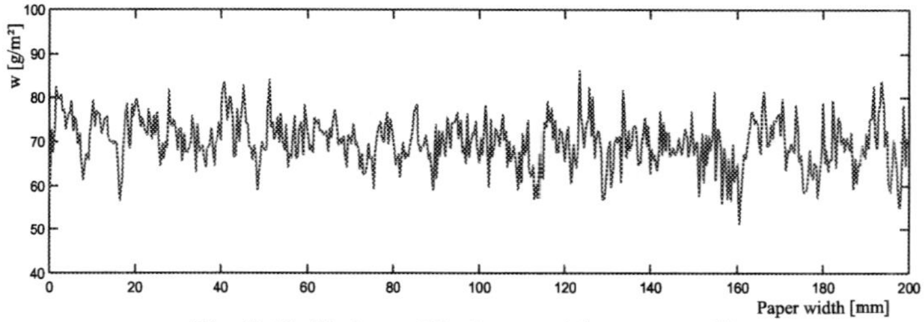

Fig. 8: Kalibriertes Flächengewichtsquerprofil

Als Maß für die absolute Genauigkeit von dem kalibrierten Flächengewichtsquerprofil wird der Korrelationskoeffizient zwischen den optisch und radioaktiv gemessenen Flächengewichtsquerprofilen vor und nach der Kalibrierung gebildet:

Table II: Korrelationskoeffizienten

	Korrelationskoeffizient
Vor der Kalibrierung	0,6365
Nach der Kalibrierung	0,8978

Durch die Kalibrierung des optisch gemessenen Flächengewichtsquerprofils mit dem radiometrischen Flächengewichtsquerprofil wird der Korrelationskoeffizient zwischen den beiden Querprofilen wesentlich verbessert, und man erhält somit ein Flächengewichtsquerprofil mit der verbesserten absoluten Genauigkeit und einer hohen örtlichen Auflösung.

Beispiel 2.
Fig. 9 zeigt die Messkurve für das optisch gemessene Flächengewichtsquerprofil eines kalanderten Papierstreifens.

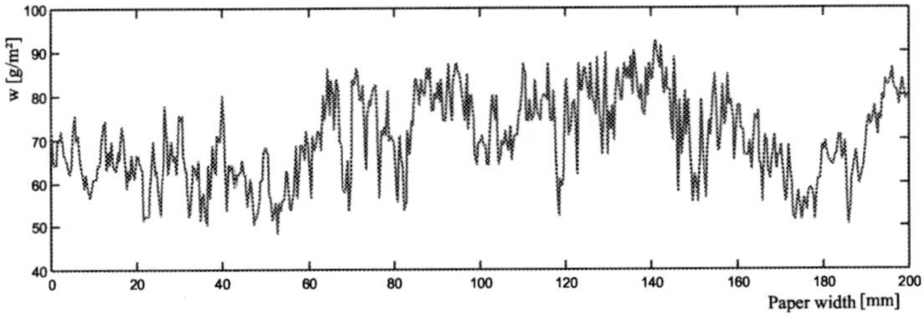

Fig. 9: Flächengewichtsquerprofil, gemessen mit dem optischen Sensor

Fig. 10 zeigt das Flächengewichtsquerprofil für das entsprechende Gebiet mit dem radioaktiven Sensor.

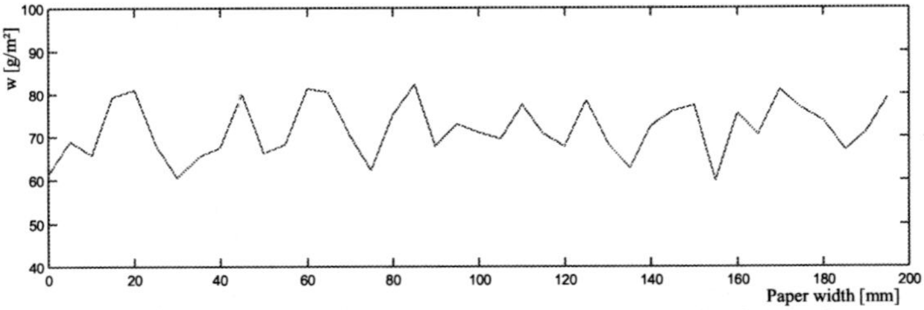

Fig. 10: Flächengewichtsquerprofil, gemessen mit dem radioaktiven Sensor

Das kalibrierte Flächengewichtsquerprofil stellt die Fig. 11 dar.

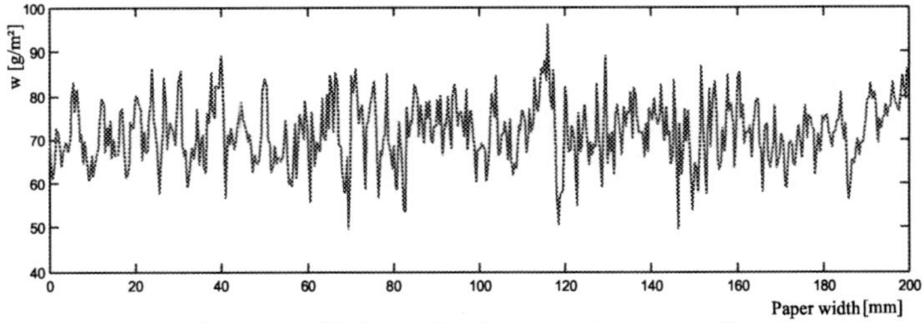

Fig. 11: Kalibriertes Flächengewichtsquerprofil

In der folgende Tabelle ist der Korrelationskoeffizient zwischen den optisch und radioaktiv gemessenen Flächengewichtsquerprofilen vor und nach der Kalibrierung angegeben:

Table III: Korrelationskoeffizienten

	Korrelationskoeffizient
Vor der Kalibrierung	0,4201
Nach der Kalibrierung	0,6715

Wie aus der Tabelle zu erkennen ist, führt das Kalandern des Papiers zu einem geringeren inneren Zusammenhang zwischen den optischen und radiometrischen Messwerten, und ergibt auch nach der Kalibrierung einen kleineren Korrelationswert zwischen den optisch und radioaktiv gemessenen Querprofilen.

ZUSAMMENFASSUNG

Um die Qualität und den Herstellungsprozess des Papiers zu verbessern, ist in der Papierherstellung eine möglichst vollständige Messung mit feinerer Auflösung der Papierbahn erforderlich. Die modernen Beta-Mess-Systeme sind ziemlich schnell geworden. Eine weitere Erhöhung der Sensor-Abtastung geht auf Kosten des Signal/Rauschverhältnisses und der Abnutzung des Abtastungsmechanismus [1].

Kamerabasierte optische Mess-Systeme sind sehr schnell, sie haben aber ihre eigene Einschränkungen. Sie sind jedoch bestens dazu geeignet, das relative Flächengewicht der für die optische Messung geeigneten Papiersorten zu bestimmen. In solchen Fällen kann das absolute Flächengewicht durch kontinuierliche Kalibrierung des optischen Mess-Systems mit einer geeigneten Kalibrierungsmethode ermittelt werden.

LITERATURVERZEICHNIS

1. Pfeifer, R.J., Wiliams, P. and Holmes, R., Systems considerations for a full sheet imaging system, Process Control, Electrical & 'Information Conference, 1998, p.131.
2. Komppa, A. and Ebeling, K., Correlation between the areal mass and optical densities in paper, The role of fundamental research in papermaking. Transactions of the symposium held at Cambridge, 1981.
3. Grum, F. and Bartleson, C.J., Optical radiation measurement volume 2, Academic Press, Inc. 1980
4. Leskelä, M., A Model for the optical properties of paper, Paper ja Puu – Paper and Timber Vol. 75, No. 8, 1993.
5. Bristow, J.A. and Kolseth, P., Paper Structure and Properties, Swedish Forest Products Research Laboratory/STFI, Stockholm, Sweden, 1986

Ein System zur Unterstützung der Einstellung, Analyse und Optimierung des MSG-Impulslichtbogen-Schweißens †

Stefan Nordbruch[1,2] und Petra Tschirner[1]
[1] Universität Bremen, Institut für Automatisierungstechnik (IAT)
Kufsteiner Str. NW1, 28359 Bremen
[2] FWBI Friedrich-Wilhelm-Bessel-Institut Forschungsgesellschaft m.b.H
Postfach 106364, 28063 Bremen
{nordbruch,tschirner}@iat.uni-bremen.de

Kurzfassung

Das Metall-Schutzgasschweißen (MSG) mit Impulslichtbogen ist ein anpassungsfähiges und in der Industrie häufig eingesetztes Schweißverfahren. Die Einstellung von optimalen Prozessparametern ist aufgrund der Komplexität des Schweißprozesses und der großen Anzahl von einstellbaren Parametern eine schwierige Aufgabe.

In diesem Beitrag wird ein System zur Unterstützung der Einstellung, Analyse und Optimierung des Schweißprozesses auf der Basis von visuellen Informationen des Werkstoffübergangs und elektrischen Schweißparametern vorgestellt.

1 Einführung

Das Metallschutzgas-Schweißen (MSG) mit Impulslichtbogen ist ein in der Industrie häufig eingesetztes Schweißverfahren. Grund hierfür ist, dass moderne MSG-Schweißgeräte über voll mikroprozessorgesteuerte Stromquellen mit einer großen Anzahl von einstellbaren Schweißparametern verfügen und dadurch das Schweißen von Materialien unterschiedlichster Zusammensetzung und geometrischen Abmaßen ermöglichen.

Die Ermittlung von optimalen Prozessparametern ist allerdings u.a. aufgrund der Komplexität des Schweißprozesses, der großen Anzahl der Parameter und der unterschiedlichen Schweißaufgaben eine schwierige Aufgabe. Eine optimale Parametereinstellung und damit eine hohe Qualität der Schweißung äußert sich in einer Vielzahl von Faktoren, wie z.B. Nahtform, Nahteigenschaften, Einbrand und dem Auftreten von Spritzern. Diese Faktoren sind in der Praxis schwer zu ermitteln. Folge davon sind zeit- und kostenaufwendige experimentelle Versuchsreihen zur Ermittlung von Schweißparameterkombinationen. Die Qualitätsfaktoren stehen aber mit der Wärmeeinbringung durch den Lichtbogen und dem Werkstoffübergang in Beziehung. Der Werkstoffübergang, d.h. das Aufschmelzen, das Ablösen und schließlich der Übergang des Schweißzusatzes in das Schweißbad sollte gleichmäßig und spritzerlos sein.

Ein Ansatz zur Ermittlung von optimalen Schweißparameterkombinationen ist somit eine visuelle Beobachtung des Werkstoffübergangs in Kombination mit der Aufnahme von elektrischen Schweißparametern.

2 Möglichkeiten zur Beobachtung des MSG-Werkstoffübergangs

Aufgrund der relativ schnellen Vorgänge im Lichtbogen und den extremen Lichtbedingungen werden in der Regel digitale CCD-Hochgeschwindigkeitskameras in Verbindung mit einer kontinuierlichen und hochenergetischen Lichtquelle (Optischer Laser) zur Beobachtung des Werkstoffübergangs eingesetzt. Ein weiterer Ansatz ist die Verwendung einer CCD-Kamera mit einem Shutter und einem externen Triggereingang in Verbindung mit einem Hochleistungsstroboskop, wie z.B. in [Nord98] beschrieben. Aufgrund der extremen Helligkeitsdynamik des Schweißprozesses, d.h. dem Verhältnis zwischen dem dunkelsten und hellsten Punkt des Schweißprozesses von zirka 10^6:1, und

† Die Arbeit wird als Vorhaben der industriellen Gemeinschaftsforschung mit Mitteln der Bundesregierung aus dem Haushalt des Bundesministeriums für Wirtschaft und Technologie (BMWi) über die Arbeitsgemeinschaft industrieller Forschungsvereinigungen (AiF) "Otto von Guericke" e.V. unter der AiF-Vorhaben-Nummer 12583 N/1 gefördert.

der geringen Dynamik von CCD-Kameras von ca. 4000:1 verwenden diese Ansätze die Beleuchtungseinheiten als Gegenlichtquelle. Dadurch verliert die eingeschränkte Dynamik der CCD-Kameras an Bedeutung, und eine Beobachtung des Werkstoffübergangs innerhalb des Lichtbogens ist möglich.

Die Hochgeschwindigkeitssysteme weisen allerdings aus der Sicht der Anwendung eine Reihe von Nachteilen auf und werden hauptsächlich zur Klärung spezieller Probleme des Schweißprozesses in der Forschung eingesetzt. Die wichtigsten Nachteile sind:

- Aufgrund der Gegenlichtbeleuchtung ist nur die Beobachtung von einigen wenigen Schweißsituationen, wie z.B. dem Auftragsschweißen, möglich. Die Beobachtung des Schweißens in Zwangslagen, wie z.B. dem Schweißen in Ecken mit den damit verbundenen Auswirkungen auf den Schweißablauf, ist nicht möglich.
- Die Zuordnung zu anderen notwendigen Informationen, wie z.B. den elektrischen Schweißparametern Strom oder Spannung, ist schwierig.
- Es sind keine ausgewählten Phasen bzw. Zeitpunkte des Werkstoffübergangs online beobachtbar, da die Kameras kontinuierlich Bilder aufnehmen, wodurch auch redundante Informationen aufgenommen werden. D.h. quantitative Analysen der Einzelbilder sind wegen der hohen Anzahl der Aufnahmen zeit- und rechenintensiv.
- Durch den Einsatz des Lasers müssen sicherheitstechnische Aspekte berücksichtigt werden, die das Einsatzfeld begrenzen.
- Die Anschaffungs- und Unterhaltungskosten sind sehr hoch.

Ebenfalls ungeeignet in Bezug auf die Anwendung sind die CCD-Kamerasysteme mit Hochleistungsstroboskopen, da diese Systeme neben dem Gegenlichtproblem eine zu geringe Bildaufnahmefrequenz aufweisen.

3 Das Sensorsystem

Das im folgenden beschriebene preisgünstige, leistungsfähige, modular erweiterbare und vollständig PC-basierte Sensorsystem benötigt keine zusätzliche Beleuchtungseinheit, wodurch die Beobachtung des Werkstoffübergangs in der Lichtbogenzone bei allen Schweißaufgaben, einschließlich in Zwangslagen, möglich ist. Das System besteht aus

- einer digitalen High-Dynamic-Range-CMOS Kamera (HDRC) mit einem externen Triggereingang,
- einer intelligenten Echtzeitmesskarte für die Triggerung der Bildaufnahme und der synchronisierten und simultanen Aufnahme von elektrischen Schweißparametern,
- einer Signalverarbeitungseinheit für die automatische Berechnung von charakteristischen Kenngrößen aus den zeitlichen Verläufen der aufgenommenen elektrischen Schweißparameter
- und einer Bildverarbeitungseinheit für die automatische visuelle Analyse der Bilder des Werkstoffübergangs.

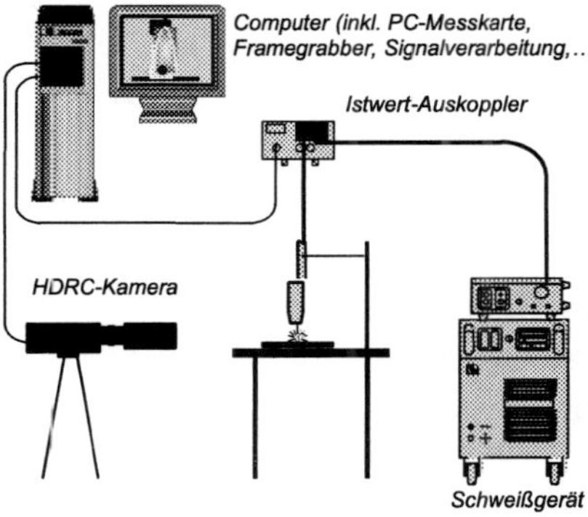

Bild 1: Aufbau des Sensorsystems

Bild 1 zeigt den prinzipiellen Aufbau des Sensorsystems.

Im folgenden werden die HDRC-Kamera, das Prinzip der Bildaufnahme, die synchronisierte Aufnahme von elektrischen Schweißparametern, die Berechnung der charakteristischen Kenngrößen aus den aufgenommenen zeitlichen Verläufen der elektrischen Schweißparameter und die visuelle Analyse der Bilder des Werkstoffübergangs beschrieben.

3.1 High-Dynamic-Range-CMOS Kamera (HDRC)

HDRC-Kameras besitzen einen CMOS-Bildsensor, der eine Helligkeitsdynamik von ungefähr 10^6:1 aufweist. Diese Helligkeitsdynamik entspricht ungefähr dem Intensitätsunterschied des Schweißprozesses. Dadurch sind HDRC-Kameras in der Lage, den Schweißprozess ohne eine zusätzliche Beleuchtungseinheit zu beobachten.

Das Aufnahmeprinzip von HDRC-Kameras kann wie folgt beschrieben werden: Die Intensitätswerte eines Objektes, d.h. die Farb- bzw. Grauwerte, sind im wesentlichen von der Beleuchtungsstärke und den Reflexionseigenschaften abhängig. Die Information eines Bildes hängt dagegen im wesentlichen von den Kontrasten ab. HDRC-Kameras bilden im Gegensatz zu CCD-Kameras den Kontrast, der durch unterschiedliche Reflexionen erzeugt wird, und nicht die Intensitätsabsolutwerte ab. D.h. Helligkeitsverhältnisse werden als konstante Zahlendifferenzen unabhängig von der Beleuchtungsstärke wiedergegeben. Die resultierende hohe Intensitätsdynamik wird nach dem Vorbild des menschlichen Auges in jeder Zelle des Bildsensors vor der Weiterverarbeitung logarithmisch komprimiert. Durch die Komprimierung bleibt im Gegensatz zur Wirkungsweise der linearen CCD-Sensoren der Informationsgehalt der aufgenommenen Szene voll erhalten. Bild 2 zeigt das Ausgangssignal einer HDRC-Kamera in Relation zu der Beleuchtungsstärke.

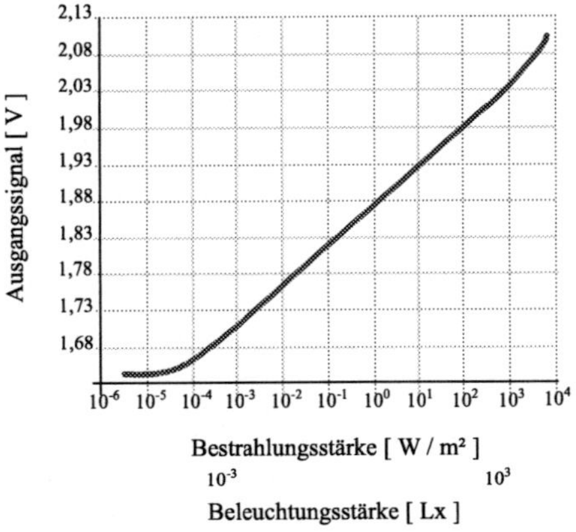

Bild 2: Logarithmischer Arbeitsbereich

Ein weiterer Vorteil von HDRC-Kameras ist, dass zu jedem Zeitpunkt auf jede Bildzelle unabhängig von allen anderen Zellen einzeln zugegriffen werden kann. Der von CCD-Kameras bedingte Zwang zur Abarbeitung des gesamten Sensorspeichers entfällt. Grund hierfür ist, dass beim HDRC-Bildsensor eine Bildzelle auf einer fotoempfindlichen, mit einem Widerstand in Serie geschalteten Diode basiert. Dadurch liegt eine kontinuierliche Wandlung des Fotonenstroms in eine Ausgangsspannung vor. Durch diese Eigenschaft können statt des gesamten Bildes kleine Bildausschnitte ausgelesen werden, was zu wesentlich höheren Bilderfassungsfrequenzen führt. Zum Beispiel ermöglicht die verwendete HDRC-Kamera eine Ausleserate von 16,6 Millionen Pixel bzw. 120 Vollbilder (512 × 256 Pixel) pro Sekunde. Bei einer Bildgröße von 128 × 128 Pixel bedeutet dies eine mögliche Ausleserate von 960 Bildern pro Sekunde. Durch entsprechend auf den Schweißprozess eingestellte Ausleseroutinen lässt sich so für den wesentlichen Bildbereich eine Hochgeschwindigkeitskamera simulieren.

3.2 Prinzip der Bildaufnahme und der Aufnahme von elektrischen Schweißparametern

Das System nutzt für die Beobachtung den Umstand, dass beim MSG-Schweißen mit Impulslichtbogen der Werkstoffübergang periodisch ist. Für die Beobachtung und Überwachung der Gleichmäßigkeit eines solchen Prozesses ist es ausreichend, ein Bild pro Periode aufzunehmen (siehe Bild 3). Durch die getriggerte, periodische Aufnahmemethode entsteht das virtuelle Bild eines quasistationären Vorgangs. Die Auswirkungen geänderter oder sich ändernder Schweißparameter auf den Prozess fallen sofort durch Veränderungen

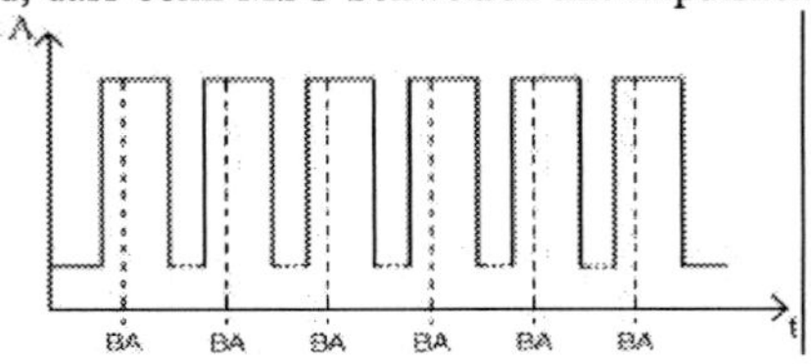

Bild 3: Prinzip der Beobachtung
(BA = Bildaufnahme)

der beobachtungsrelevanten Merkmale in den Bildern auf und können direkt sichtbar gemacht werden.

Die Bildaufnahme wird nach dem Erreichen eines Triggerkriteriums, dessen Flanke und Wert einstellbar sind, und nach einer einstellbaren Verzögerungszeit ausgelöst. Die Aufnahme von elektrischen Schweißparametern startet mit dem Triggerkriterium und endet nach einer einstellbaren Aufnahmezeit innerhalb des Bildaufnahmeimpulses. Die zeitlichen Abläufe der Bildaufnahme und der synchronisierten Aufnahme von elektrischen Schweißparametern sind in Bild 4 dargestellt.

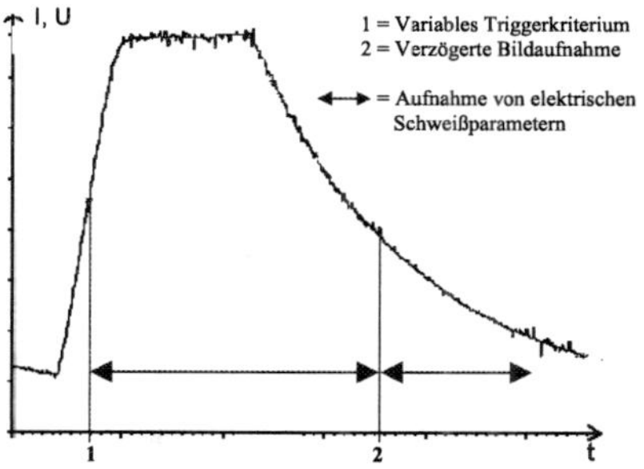

Bild 4: Ablauf der Bildaufnahme und der Aufnahme von elektrischen Schweißparametern

Aufgrund des variablen Triggerkriteriums und der variablen Verzögerungszeit kann jede Prozessphase des Schweißprozesses (Ablösung des Tropfens, Flug des Tropfens und Übergang des Tropfens in das Schweißbad) gezielt online beobachtet und aufgenommen werden. Dies gilt auch für den Fall, dass die interessierende Prozessphase selbst kein eindeutiges Triggerkriterium besitzt.

3.3 Signalverarbeitung – Berechnung von charakteristischen Kennwerten

Die Signalverarbeitungseinheit erlaubt eine automatische Berechnung von charakteristischen Prozessparametern aus den aufgenommenen zeitlichen Verläufen des Schweißstromes und der Schweißspannung. Diese zeitlichen Verläufe weichen von den typischen Verläufen des MSG-Schweißprozesses mit Impulslichtbogen ab. Das verwendete Schweißgerät [EWM] erzeugt in der fallenden Flanke des Pulses einen sogenannten 'Rucksack' (siehe Bild 5). Die automatisch berechneten Parameter sind (jeweils für Strom und Spannung):

- Mittelwert der Pulsphase
- Mittelwert der Rucksackphase
- Mittelwert der Grundphase
- Steigung der fallenden und steigenden Flanke des Pulses
- Dauer der Pulsphase
- Dauer der Rucksackphase
- Dauer der Grundphase
- Dauer des gesamten Impulses

Bedingt durch die Eigenschaften der Messkarte und des Bild- und Messwertaufnahmeprinzips können Teile der zeitlichen Verläufe nicht aufgenommen werden (siehe Bild 5). Für die Berechnung der Prozessparameter werden diese Regionen approximiert.

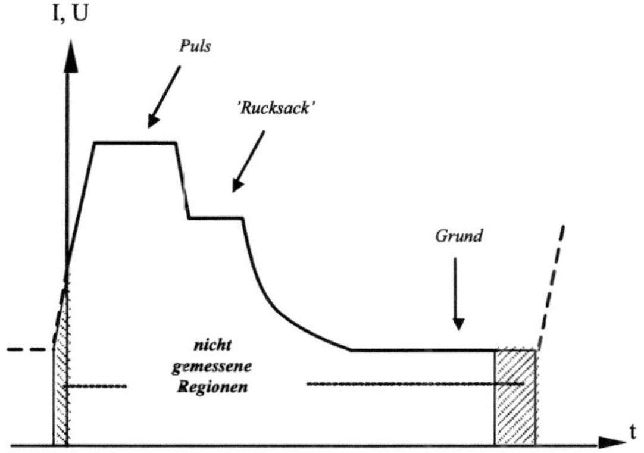

Bild 5: Zeitliche Verläufe des Schweißstromes und der Schweißspannung

3.4 Bildverarbeitung – Analyse der Werkstoffübergangsbilder

Die Bildverarbeitungseinheit ermöglicht die visuelle Analyse der Werkstoffübergangsbilder durch die automatische Detektion und geometrische Vermessung der in den Bildern enthaltenen Objekte und ihre Zuordnung zu unterschiedlichen Objektklassen (Tropfen, Spritzer, usw.).

Das Bildverarbeitungssystem gliedert sich in die klassischen Bereiche Bildvorverarbeitung, Segmentierung, Merkmalsextraktion und Klassifikation der digitalen Bildverarbeitung. Die Bildverarbeitungsalgorithmen wurden so gewählt bzw. entworfen, dass sie während der Laufzeit unabhängig von Anwendereingaben sind. Eine Modifikation und Erweiterung der Klassifikation ist ohne Veränderung des Implementationscodes möglich. Durch die Anbindung des Bildverarbeitungssystems an eine vorhandene Bildverarbeitungslibrary erfolgen die Segmentierung und Merkmalsextraktion bereichsorientiert auf der Basis einer Grauwertschwelle.

3.4.1 Vorverarbeitung

Bedingt durch die extremen Helligkeitsbedingungen des Schweißprozesses und die hohe Helligkeitsdynamik der HDRC-Kamera sind die Bilder in einigen Bereichen, wie beispielsweise dem Lichtbogen, kontrastarm und weisen nur geringe Grauwertabstufungen zwischen Objekt und Hintergrund auf. In diesen Bildbereichen ist eine Kontrastverstärkung erforderlich. In anderen Bildbereichen dagegen ist der Kontrast zwischen Objekt und Hintergrund ausreichend groß. Eine Kontrastverstärkung in diesen Bildbereichen kann beispielsweise durch Überschreitung des Wertebereiches für Grauwertbilder zu einer Verschlechterung der Bildqualität führen. Aus diesem Grund ist eine Vorverarbeitung der HDRC-Kamerabilder mit Standardverfahren der digitalen Bildverarbeitung nicht möglich. Es ist vielmehr ein Verfahren erforderlich, das die „Erkennung" der zu erhaltenden kontrastreichen und der zu verbessernden kontrastarmen Bildbereiche ermöglicht.

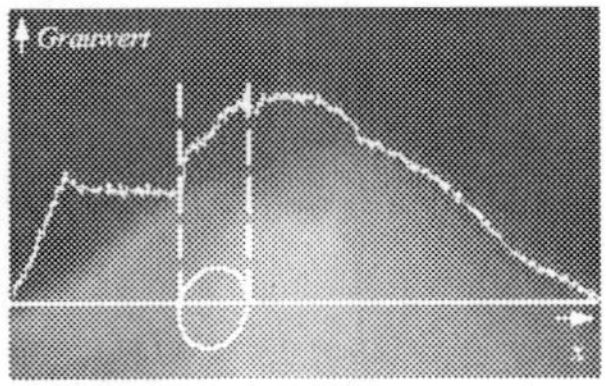

Bild 6: Werkstoffübergangs mit Grauwertprofil entlang der horizontalen Linie

3.4.2 Adaptive Kontrastverstärkung

Die Bildvorverarbeitung basiert auf dem Verfahren *Contrast Enhancement Using the Laplacian-of-a-Gaussian Filter* von *Franck Neycenssac* [Neyc93], das für den vorliegenden Anwendungsfall modifiziert wurde. Bei dem Verfahren von *Neycenssac* ergibt sich die Kontrastverstärkung aus der Differenz eines Bildes mit dem Vielfachen seines Laplacian-of-Gaussian-gefilterten Bildes. Weil der Laplacian-of-Gaussian-Filter (LoG-Filter) in einem Verarbeitungsschritt sowohl das Bild glättet als auch die Kanten hervorhebt, ermöglicht diese Vorgehensweise sowohl Rauschunterdrückung als auch Kontrastaufbesserung. Das Verfahren gliedert sich in die folgenden grundlegenden Schritte:

1. Berechnung des LoG-Filters mit der Standardabweichung σ:

$$\mathrm{LoG}(x,y) = -\frac{1}{\pi\sigma^4}\cdot\left(1-\frac{x^2+y^2}{2\sigma^2}\right)\cdot e^{-\frac{x^2+y^2}{2\sigma^2}} \tag{1}$$

2. Berechnung des Bildes g'(x,y), das aus der Faltung des Originalbildes f(x,y) mit dem Filter LoG(x,y) resultiert:

$$g'(x,y) = f(x,y) * LoG(x,y) \tag{2}$$

3. Multiplikation von g'(x,y) mit einem Faktor $\beta \geq 1$ und Berechnung von $\beta \cdot g'(x,y)$.
4. Subtraktion von $\beta \cdot g'(x,y)$ vom Originalbild f(x,y):

$$g(x,y) = f(x,y) - \beta \cdot f(x,y) * \mathrm{LoG}(x,y) \tag{3}$$

Die Wirkungsweise der Schritte 1 bis 4 zeigt Bild 7. Dargestellt ist eine Grauwertkante und das zugehörige Grauwertprofil entlang einer horizontalen Linie.

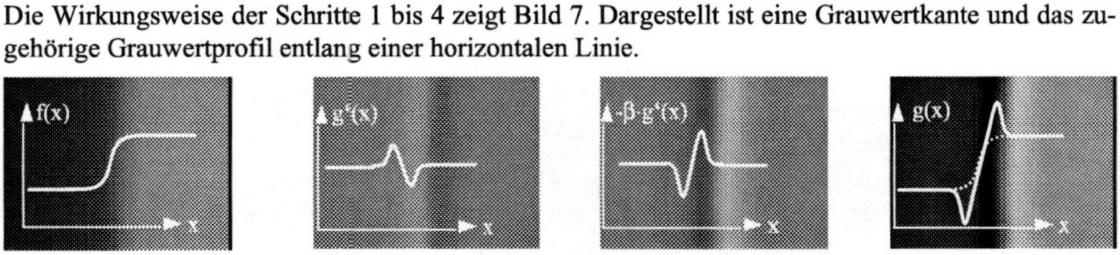

Bild 7: Prinzip der Kontrastverstärkung nach *Neycenssac* [Neyc93]

Der Faktor β in Gleichung (3) bestimmt nach [Neyc93] die Stärke der Kontrastverstärkung. Je größer β gewählt wird, desto größer ist der Kontrast des Ergebnisbildes. Für sehr große Werte von β

neigen die Bilder durch die Überschreitung des Wertebereiches [0;255] zu einer Binarisierung. In diesem Fall entspricht der Grauwert 0 positiven Werten und der Grauwert 255 negativen Werten von LoG(x,y,σ)*f(x,y). Den Einfluss von β zeigt Bild 8.

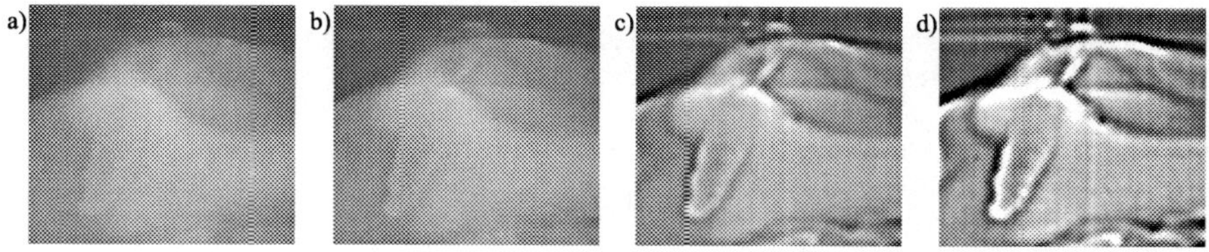

Bild 8: a) Originalbild; b) β=10; c) β=100, d) β=255

Wie aus Bild 8 ersichtlich, ist für die HDRC-Kamerabilder die Wahl eines konstanten Kontrastfaktors β ungeeignet. Wird β so groß gewählt, dass der Kontrast in Bildbereichen mit wenig Kontrast ausreichend verstärkt wird, verschlechtern sich die Bildbereiche mit viel Kontrast. Es entstehen zusätzliche „unechte" Kanten. Der Kontrastfaktor β muss also an den Bildinhalt angepasst werden. Da die Multiplikation des gefilterten Bildes pixelweise erfolgt, kann der Faktor β ohne größeren Rechenzeitaufwand variiert werden.

Prinzipiell lassen sich, wie in Bild 9 dargestellt, in den Bildern der HDRC-Kamera zwei Arten von Bereichen unterscheiden: Kontrastreiche Gebiete, in denen die Objekte gut zu erkennen sind und kontrastarme Gebiete, die keine Objekte enthalten oder in denen die Objekte schlecht zu erkennen sind. In den kontrastreichen Gebieten besteht ein großer Intensitätsunterschied zwischen Objekt und Hintergrund. Dabei hebt sich das Objekt um so besser vom Hintergrund ab, je größer dieser Intensitätsunterschied ist. In den kontrastarmen Bildbereichen bestehen dagegen nur geringe Intensitätsunterschiede zwischen Objekt und Hintergrund. Ein großer Intensitätsunterschied zwischen Objekt und Hintergrund bedeutet aber ebenfalls, dass die Grauwertkanten, die das Objekt umgeben, stark ausgeprägt sind. Bild 9b und 9c zeigen dies an den Grauwertprofilen entlang der horizontalen Linien. Von der Kantenstärke kann somit direkt auf die Kontraststärke geschlossen werden. Daher kann durch Anwendung eines Kantendetektionsverfahrens, wie beispielsweise eines Gradienten-Operators, die Qualität der Bildbereiche bestimmt werden. Bild 10a zeigt das Ergebnis der Anwendung eines Sobel-Operators auf Bild 9. In Bildbereichen mit viel Kontrast detektiert der Kantenoperator stark ausgeprägte Kanten, was hohen Werten im Gradientenbild entspricht. In diesen Bildbereichen soll der Kontrast erhalten bleiben. Werden dagegen keine oder nur schwach ausgeprägte Kanten detektiert, was niedrigen Grauwerten im Gradientenbild entspricht, ist dieser Bereich im Originalbild kontrastarm oder er enthält keine Objekte. Dies sind genau die Bildbereiche, in denen der Kontrast verstärkt werden muss.

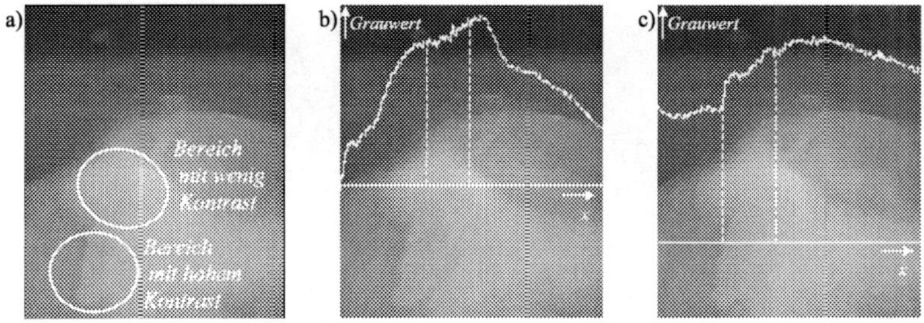

Bild 9: a) Bildbereiche mit unterschiedlichem Kontrast; b), c) Grauwertprofile entlang der horizontalen Linien; b) Bereich mit wenig Kontrast; c) Bereich mit viel Kontrast

Für die Unterteilung des Bildes in kontrastreiche und kontrastarme Gebiete ist das Gradientenbild noch ungeeignet, da es nur einzelne Kanten und noch keine zusammenhängenden Bereiche enthält.

Diese können durch die Anwendung eines Tiefpassfilters auf das Gradientenbild erzeugt werden. Durch die Tiefpassfilterung wird der hochfrequente Bildinhalt verringert, was eine Abschwächung und Verbreiterung von stark ausgeprägten Grauwertkanten bewirkt. So entstehen in Bildbereichen mit vielen Grauwertkanten größere zusammenhängende Bereiche. In Bildbereichen mit niedrigen Gradientenwerten werden die Kanten durch die Tiefpassfilterung unterdrückt. Insgesamt werden durch die Tiefpassfilterung die Grauwertschwankungen im Gradientenbild vermindert und ein kontinuierlicher Übergang zwischen den einzelnen Bildbereichen geschaffen. Bild 10b zeigt die Auswirkung einer Tiefpassfilterung auf das Gradientenbild in Bild 10a.

Das tiefpassgefilterte Gradientenbild kann somit als Wichtungsfunktion für die Kontrastaufbesserung interpretiert werden. Je niedriger der Grauwert des tiefpassgefilterten Gradientenbildes ist, desto stärker muss die Kontrastaufbesserung des Originalbildes in diesem Bereich sein. Wie in Bild 8 dargestellt, ergeben hohe Werte von β eine große Kontrastverstärkung. Enthält das tiefpassgefilterte Gradientenbild niedrige Werte, muss β hohe Werte annehmen, damit der Kontrast in diesen Bildbereichen verstärkt wird. In Bereichen, in denen das tiefpassgefilterte Gradientenbild hohe Grauwerte enthält, muss β kleine Werte annehmen, um den Kontrast in diesen Bildbereichen zu erhalten. Die Wichtungsfunktion für β setzt sich somit aus einem Kantenoperator und einer Tiefpassfilterung zusammen. Kantenoperatoren, die auf der Bildung der zweiten Ableitung basieren, wie beispielsweise der Laplace-Operator, sind jedoch aufgrund ihrer Hochpasseigenschaft ungeeignet, weil Bildstörungen hervorgehoben werden. Wegen der Forderung nach möglichst kurzer Rechenzeit erscheint zunächst der Roberts-Operator geeignet. Allerdings reagiert auch der Roberts-Operator empfindlich auf Rauschen und verstärkt Bildstörungen. Besser geeignet ist der Sobel-Operator, weil dieser zusätzlich zur differenzierenden auch eine glättende Wirkung besitzt. Bild 11 zeigt einen Vergleich von verschiedenen Kantenoperatoren. Bei der Wahl der Größe des Tiefpassfilters sind einander widersprüchliche Bedingungen zu berücksichtigen. Bereiche mit vielen Kanten sollen zu einem homogenen Grauwertbereich verschmelzen und Bereiche mit wenigen Kanten sollen unterdrückt werden. Außerdem soll ein kontinuierlicher Übergang zwischen den einzelnen Bildbereichen gegeben sein. Hierfür muss das Operatorfenster möglichst groß sein. Bereiche des Gradientenbildes, die zu verschiedenen Bereichen des Originalbildes gehören, sollen getrennt bleiben. Hierfür muss das Operatorfenster klein sein.

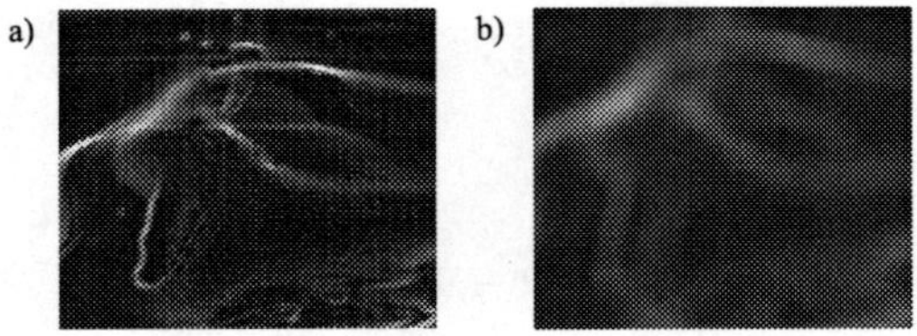

Bild 10: a) Ergebnis der Anwendung eines Sobel-Operators auf das Bild 9 b) Bild a) nach Anwendung eines Tiefpassfilters

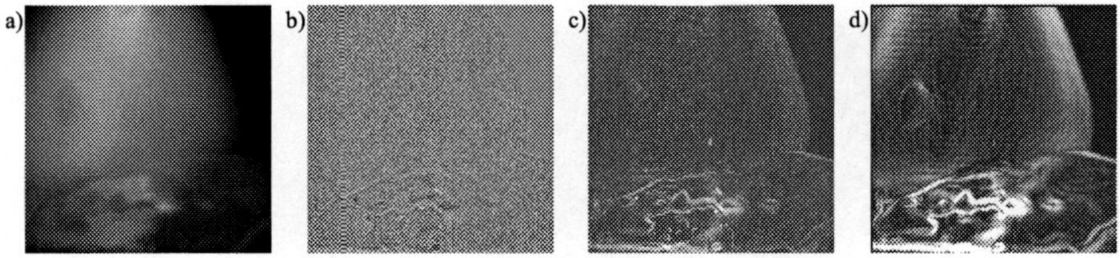

Bild 11: Vergleich von Kantendetektionsverfahren: a) Originalbild; b) Ergebnis des Laplace-Operators; c) Ergebnis des Roberts-Operators; d) Ergebnis des Sobel-Operators

Bild 12 zeigt die Auswirkungen verschiedener Größen des Tiefpassfilters auf das Gradientenbild aus Bild 11d.

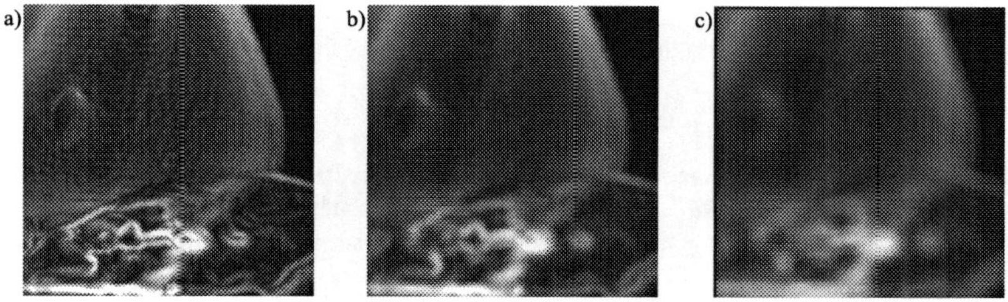

Bild 12: Wahl des Tiefpassfilters: a) 3×3; b) 7×7; c) 11×11

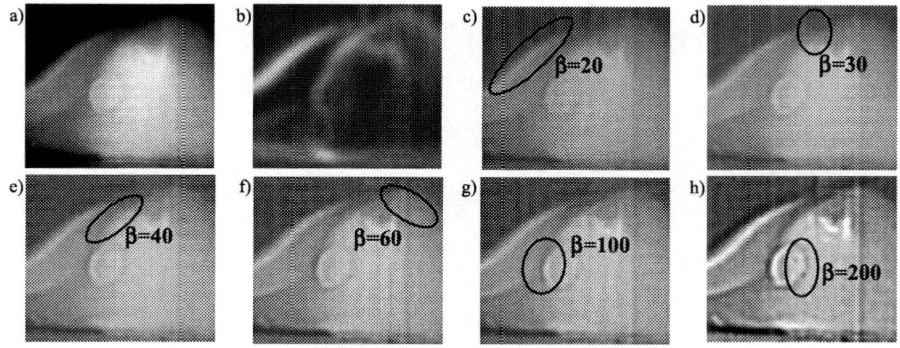

Bild 13: a) Originalbild; b) Wichtungsfunktion; c) β=20; d) β=30; e) β=40; f) β=60; g) β=100; h) β=200

In Bild 12a und 12b sind die einzelnen Grauwertkanten noch zu stark ausgeprägt, was zu starken Kontrastschwankungen in den einzelnen Bereichen des Ergebnisbildes führen würde. Eine Filtergröße von 11×11, wie in Bild 12c erzeugt Bereiche mit homogenen Grauwerten in Gebieten mit vielen Kanten. Trotzdem bleiben die Bereiche des Gradientenbildes, die zu verschiedenen Bereichen im Originalbild gehören, voneinander getrennt. Die Wichtungsfunktion $f_{Sob,TP}(x,y)$ ergibt sich somit aus der Berechnung des Gradientenbildes mit dem Sobel-Operator und anschließender Tiefpassfilterung mit einem Filter der Größe 11×11.

Der Zusammenhang zwischen der Wichtungsfunktion $f_{Sob,TP}(x,y)$ und dem Kontrastfaktor β wurde empirisch ermittelt. Für verschiedene Werte des Kontrastfaktors β wurde das Ergebnisbild gemäß Gleichung 3 berechnet. Es wurde ausgewertet, für welche Werte von β die Kontrastverstärkung in den verschiedenen Bildbereichen optimal ist. Parallel dazu wurden die Werte des tiefpassgefilterten Gradientenbildes betrachtet. Die Vorgehensweise wird nachfolgend an einem Testbild erläutert, das sowohl kontrastreiche als auch kontrastarme Gebiete enthält, um direkt die Auswirkungen von β auf die verschiedenen Bereiche beobachten zu können. Das Testbild ist in Bild 13a dargestellt. Bild 13b zeigt das tiefpassgefilterte Gradientenbild, das die Wichtungsfunktion $f_{Sob,TP}(x,y)$ darstellt. Bild 13c-h zeigen die Ergebnisse der Kontrastverstärkung nach Gleichung 3 für verschiedene Werte von β. Zur besseren Veranschaulichung sind einige der Bildbereiche, für die der Kontrastfaktor β optimal geeignet ist, gekennzeichnet. Werden die für einen Bereich optimalen Werte des Kontrastfaktors

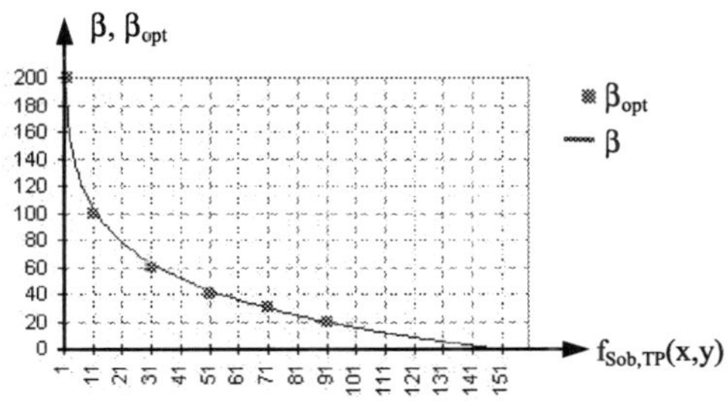

Bild 14: Kontrastfaktor in Abhängigkeit von der Wichtungsfunktion

β_{opt} zusammen mit den zugehörigen Werten der Wichtungsfunktion $f_{Sob,TP}(x,y)$ in ein Diagramm eingetragen, ergibt sich der in Bild 14 dargestellte Verlauf, der durch die Gleichung 4 optimal approximiert werden kann.

$$\beta = 200 - 40 \cdot \ln\left[f_{Sob,TP}(x,y)\right] \qquad (4)$$

Bild 15 zeigt den Ablauf der adaptiven Kontrastverstärkung als Blockdiagramm. Zuerst werden die Koeffizienten des LoG-Operators gemäß Gleichung (1) berechnet und die Faltung des Originalbildes f(x,y) mit dem LoG-Filter vorgenommen. Auf das Originalbild f(x,y) wird der Sobel-Operator angewendet. Das Ergebnis ist das Gradientenbild $f_{Sob}(x,y)$. Aus diesem Gradientenbild wird durch Tiefpassfilterung die Wichtungsfunktion $f_{Sob,TP}(x,y)$ für den Kontrastfaktor β bestimmt. Das Ergebnisbild g'(x,y) der LoG-Filterung wird pixelweise mit dem gewichteten Kontrastfaktor β multipliziert und vom Originalbild f(x,y) subtrahiert.

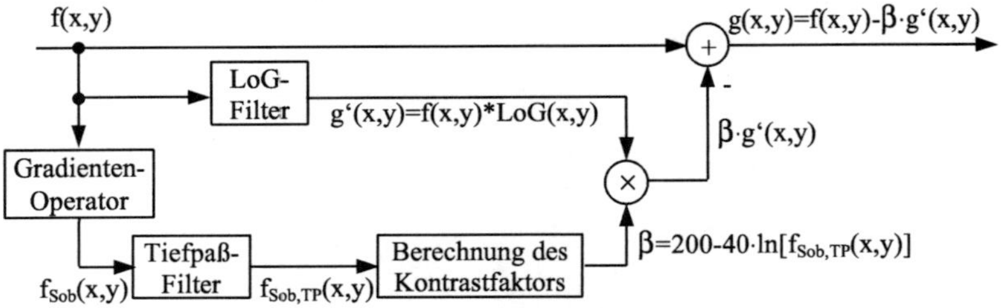

Bild 15: Ablauf der Kontrastverbesserung

Bild 16 zeigt einige Bildbeispiele der adaptiven Kontrastverstärkung. In Bereichen mit nur wenig Kontrast wird dieser optimal verstärkt. Bereiche mit viel Kontrast bleiben erhalten.

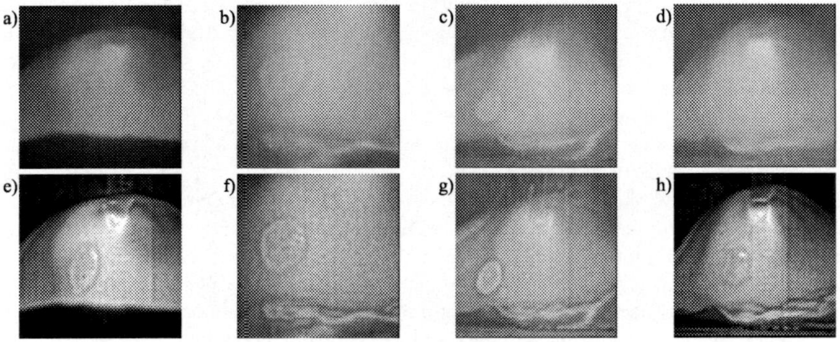

Bild 16: a), b), c), d) Originalbilder; e), f), g), h) Ergebnissse der Kontrastverstärkung

3.4.3 Kompensation örtlich variierender Beleuchtungseinflüsse

Der Lichtbogen verursacht eine örtlich variierende Ausleuchtung der Bildszene. Zudem können, wie in Bild 17a, Reflexionen auf dem Tropfen entstehen oder der Tropfen ist, wie in Bild 17b, ungleichmäßig ausgeleuchtet. Eine Segmentierung mit einer festen Grauwertschwelle ist ohne die Kompensation der örtlich variierenden Beleuchtungseinflüsse nicht möglich. In Bild 18 ist ein Beispiel hierfür dargestellt. Bild 18a zeigt das Originalbild und Bild

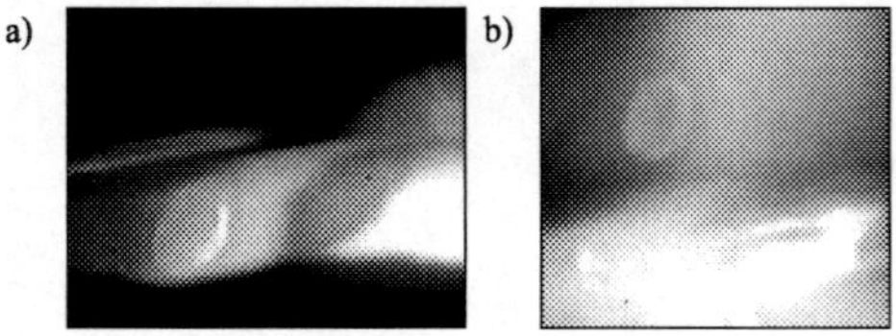

Bild 17: Einfluss des Lichtbogens: a) Tropfen mit Reflexionen; b) ungleichmäßig ausgeleuchteter Tropfen

18b das Bild nach der Kontrastverstärkung. Die Ergebnisse einer Binarisierung mit der Grauwertschwelle 176 und der Grauwertschwelle 190 sind in Bild 18c und 18d gezeigt. Mit einer festen Grauwertschwelle kann der Tropfen nicht vollständig segmentiert werden.

Weil es sich bei der HDRC-Kamera um ein Bildaufnahmesystem mit logarithmischer Kennlinie handelt, wird eine Korrektur von additiven Inhomogenitäten vorgenommen. Im Fall von additiven Inhomogenitäten ist das kontrastverbesserte Bild f(x,y) mit dem additiven, örtlich variierenden Signal e(x,y) des Lichtbogens überlagert:

$$f(x,y) = K \cdot r(x,y) + e(x,y) \qquad (5)$$

Dabei ist r(x,y) der zu erhaltende Kontrast.

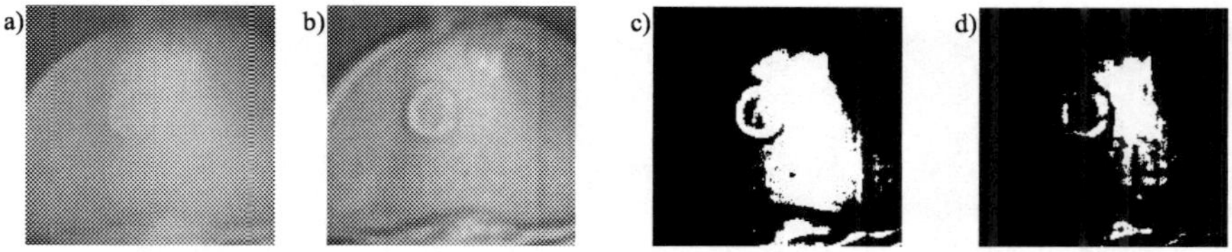

Bild 18: a) Originalbild; b) Originalbild nach der Kontrastaufbesserung; c) Binarisierung des Bildes aus b) mit der Grauwertschwelle 176; d) Binarisierung des Bildes aus b) mit der Grauwertschwelle 190

Die Inhomogenitätskompensation erfolgt mit Hilfe eines Referenzbildes $e_{Ref}(x,y)$ gemäß

$$g(x,y) = f(x,y) - e_{Ref}(x,y) + \bar{e}_{Ref} \approx K \cdot r(x,y). \qquad (6)$$

Das Referenzbild $e_{Ref}(x,y)$ kann entweder durch Aufnahme einer Fläche unter denselben Bedingungen, wie sie bei der späteren Bildaufnahme vorherrschen, erzeugt oder durch eine Tiefpassfilterung aus dem zu verbessernden Bild selbst abgeleitet werden. Weil sich bei Aufnahme der HDRC-Kamerabilder der Bildinhalt ändert, ist die erste Möglichkeit ungeeignet, weshalb das Referenzbild aus dem Originalbild selbst berechnet wird.Durch die Tiefpassfilterung werden feine Bilddetails unterdrückt, so dass das Referenzbild nur noch die hellen und dunklen Bereiche enthält. Der Faktor $\bar{e}_{Ref}$ wird für alle Bilder konstant gehalten mit $\bar{e}_{Ref} = 128$.

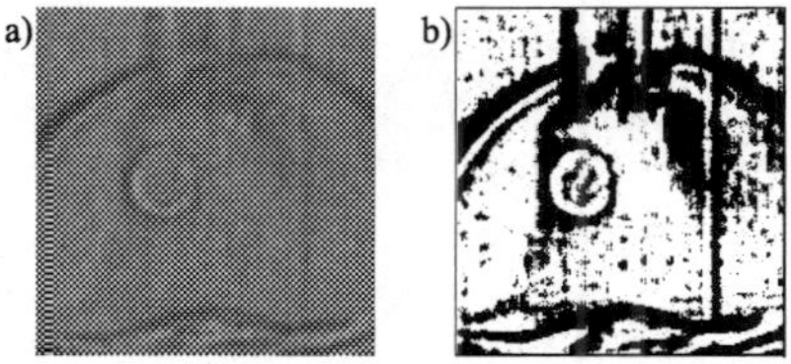

Bild 19: Beispiel zur Kompensation örtlich variierender Beleuchtungseinflüsse: a) Ergebnis der Hintergrundkompensation; b) Binarisierung des Bildes mit der Grauwertschwelle 123

3.4.4 Segmentierung

Das Ziel der Segmentierung ist die Erzeugung der für die Objektdetektion und Merkmalsextraktion nötigen Bilddaten durch die Unterteilung des Bildes in zusammenhängende Teilbereiche bzw. Objekte. In der vorliegenden Arbeit erfolgt die Objektdetektion und Extraktion der Merkmale mit der Bildverarbeitungssoftware *CVC Blob* [CVC98]. Diese detektiert die Objekte auf der Basis einer Grauwertschwelle oder eines zum Objekt gehörenden Grauwertbereiches. In den HDRC-Kamerabildern werden die Objekte, bedingt durch die Hintergrundkompensation, durch ihre Kontur charakterisiert. Ein Grauwertbereich, der eindeutig zum Objekt gehört, kann nicht definiert werden. Aus diesem Grund erfolgt die Objektdetektion auf der Basis einer Gauwertschwelle. Auf-

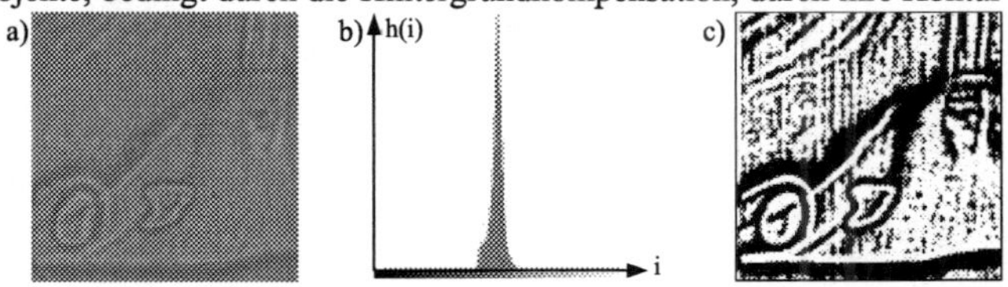

Bild 20: a) Typisches Bild nach der Vorverarbeitung; b) korrespondierendes Histogramm; c) Segmentierungsergebnis des Anisotropie-Koeffizienten-Verfahrens nach *Pun* [Pun81]

grund der variierenden Bildinhalte ist die Verwendung einer konstanten Grauwertschwelle nicht sinnvoll. Es muss vielmehr für jedes Bild automatisch ein optimaler Schwellwert berechnet werden. Damit bei der nachfolgenden Merkmalsextraktion die Objektmerkmale fehlerfrei ermittelt werden können, muss die Grauwertschwelle so berechnet werden, dass die segmentierten Objekte eine geschlossene Konturlinie aufweisen. Bedingt durch die Hintergrundkompensation weisen alle Bilder nach der Vorverarbeitung etwa die gleiche unimodale Histogrammverteilung auf. Ein Verfahren für die Berechnung einer optimalen Grauwertschwelle für unimodale Histogramme ist das *Anisotropie-Koeffizienten-Verfahren* von *Pun* [Pun81]. Nach *Pun* ist dieses Verfahren besonders geeignet für Bilder, in denen die relevante Information in den Konturen enthalten ist und deren Histogrammverteilung daher von der bimodalen Form abweicht.

3.4.5 Merkmalsextraktion

Die Detektion der in den segmentierten Bildern enthaltenen Objekte und ihre geometrische Vermessung erfolgen mit Hilfe der Funktionsbibliothek *CVC Blob* [CVC98]. Diese verwendet für die Detektion und Berechnung der Objektmerkmale den sogenannten *Run Length Code*. Berechnet werden die geometrischen Merkmale Objektfläche, Umfang, Höhe und Breite. Zusätzlich stellt die Bibliothek Filterfunktionen zur Verfügung, mit denen eine Vorauswahl der zu detektierenden Objekte getroffen werden kann. Objekte, die den Bildrand berühren oder eine bestimmte Größe über- bzw. unterschreiten, werden nicht berücksichtigt (Bild 21).

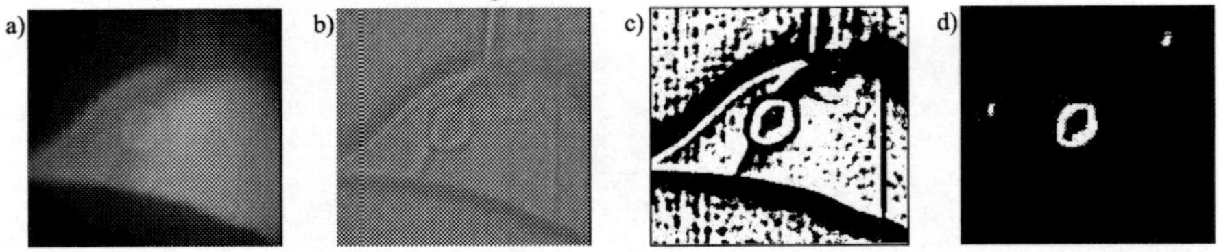

Bild 21: a) Originalbild; b) Ergebnis der Vorverarbeitung; c) Segmentiertes Bild; d) Auswirkung der Filterfunktionen

3.4.6 Klassifikation

Ziel der Klassifikation ist die Erkennung des Tropfens als auch evtl. auftretender Spritzer. Zusätzlich sind in den segmentierten Bildern unbekannte Objekte enthalten, wie z.B. durch Störungen hervorgerufene Fragmente. Die Aufgabe der Klassifikation ist es, aus der Menge aller im Bild enthaltenen Objekte die bekannten Objekte „Tropfen“ und „Spritzer“ zu identifizieren.

Die Klassifikation erfolgt sowohl mit dem festdimensionierten als auch mit dem lernenden überwachten *Maximum-Likelihood-Klassifikator* [Habe95]. Dieses Verfahren beschreibt die Objektklassen im Merkmalsraum durch Verteilungsfunktionen, die aus Stichproben ermittelt werden. Die Zuweisung eines Bildobjektes zu einer Objektklasse erfolgt nach dem Kriterium der maximalen Wahrscheinlichkeit anhand vorher festgelegter Merkmale. Im beschriebenen Anwendungsfall wurden die Merkmale *Objektfläche* und *-umfang* verwendet. Das Verfahren wurde so implementiert, dass eine Modifikation und Erweiterung der Klassifikation (z.B. Aufteilung von „Tropfen“ in „Runder Tropfen“, „Länglicher Tropfen“, usw.) durch eine einfache Veränderung einer Konfigurationsdatei und ohne eine Veränderung des Implementationcodes möglich ist.

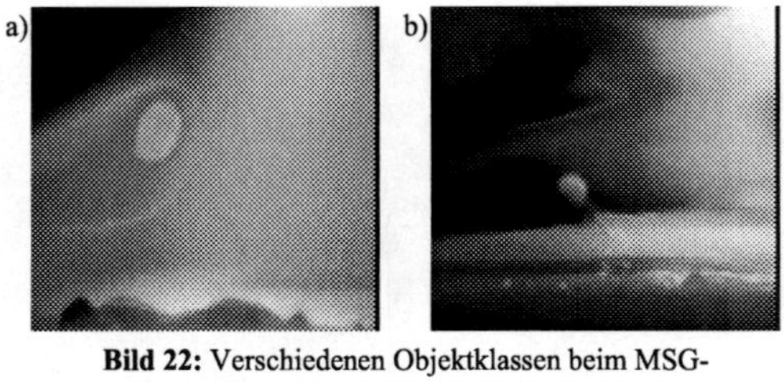

Bild 22: Verschiedenen Objektklassen beim MSG-Schweißprozess: a) „Tropfen“; b) „Spritzer“

4 Ergebnisse

Zur Demonstration der Leistungsfähigkeit des Sensorsystems dienen in diesem Beitrag experimentelle Daten[1]. Bild 23 demonstriert ein Beispiel für alle vom System aufgenommenen und berechneten Daten eines Werkstoffübergangs. Es zeigt ein Bild eines Werkstoffübergangs, Ergebnisse der visuellen Analyse, die synchron und simultan aufgenommenen Verläufe des Schweißstromes und der Schweißspannung und die aus diesen Verläufen berechneten charakteristischen Prozessparameter.

Das Bild 24 stellt eine Sequenz von unterschiedlichen Werkstoffübergängen der gleichen Phase des Schweißprozesses dar. Die ersten drei Bilder (24 a-c) dieser Sequenz repräsentieren den scheinbar stillstehenden Tropfen. Das vierte Bild (24 d) ist abweichend zu den ersten drei Bildern der Sequenz und zeigt die Auswirkungen von variierenden Schweißparametern auf den Prozess. Der Werkstoffübergang findet hier nicht durch einen einzigen Tropfen, sondern durch mehrere kleinere Tropfen statt.

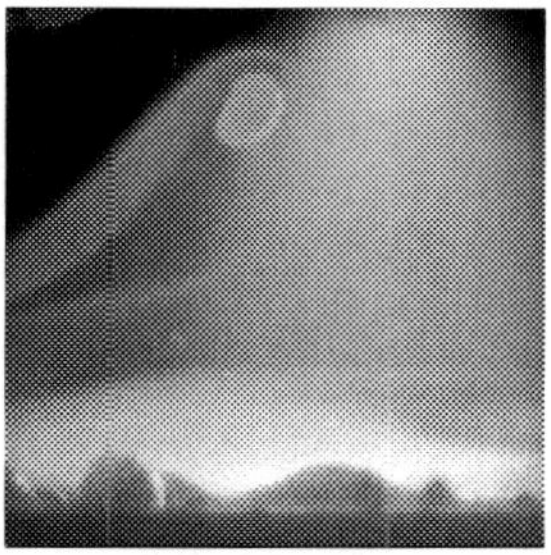

a)

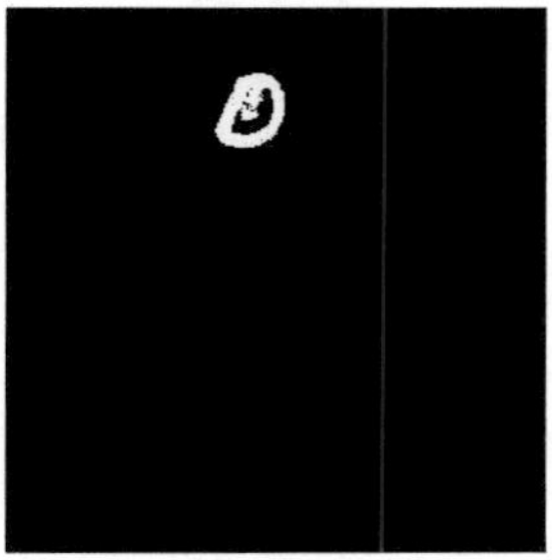

b)

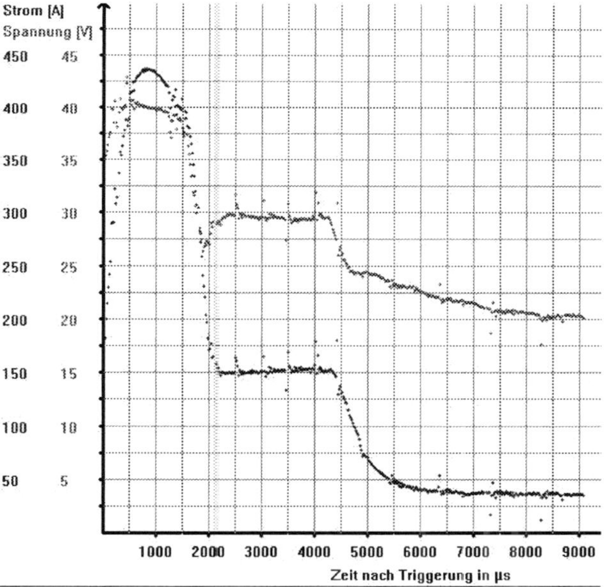

d)

Bildobjekt	Tropfen
Breite [mm]	1,41
Höhe [mm]	1,49
Fläche [mm²]	1,57
Umfang [mm]	4,77

c)

Strom	A	Spannung	V	Zeiten	ms
Mittelwert	121,7	Mittelwert	25,8	Periode	9,28
Puls	434,6	Puls	40,0	Puls	1,93
Rucksack	152,7	Rucksack	29,5	Rucksack	2,54
Grund	36,3	Grund	20,3	Grund	4,81

e)

Bild 23: a) aufgenommener Werkstoffübergang; b) extrahierter Tropfen; c) Ergebnisse der visuellen Analyse (Auswahl); d) zeitliche Verläufe der elektrische Schweißparameter Strom und Spannung des Bildaufnahmeimpulses inklusive des Zeitpunktes der Bildaufnahme (gelbe Linie); e) ermittelte charakteristische Prozessparameter

[1] Alle Aufnahmen sind beim Auftragsschweißen bei senkrechter Brenneranstellung in Wannenposition aufgenommen worden. Geschweißt wurde an 5 mm dicken Proben aus unlegiertem Stahl mit einer 1,2 mm Drahtelektrode SG2 unter einem Schutzgas aus 82% Argon und 18% Kohlendioxid.

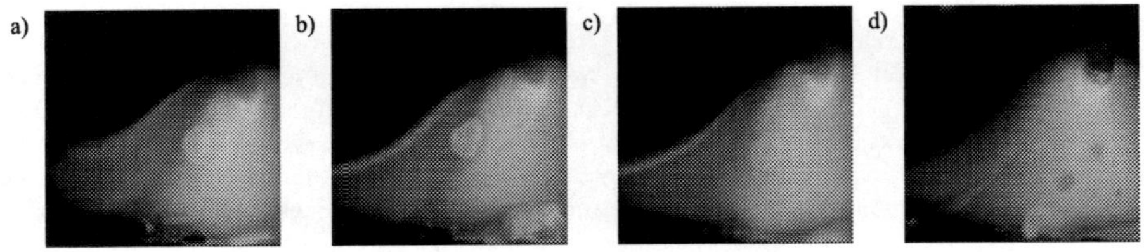

Bild 24: Quasistationärer Prozess mit variierenden Prozessparametern und deren Auswirkungen

Wie in allen Bildern deutlich zu erkennen ist, sind trotz der fehlenden zusätzlichen Beleuchtungseinheit alle Einzelheiten des Schweißprozesses einschließlich des Werkstoffübergangs innerhalb des Lichtbogens detailliert sichtbar.

Die Leistungsfähigkeit des Bildverarbeitungssystems wurde anhand von 100 Bildern getestet. Bild 25 zeigt 3 repräsentative Bilder für die verschiedenen Tropfen- und Spritzerformen des Werkstoffübergangs und die variierenden Helligkeitsverhältnisse der Lichtbögen sowie die einzelnen Verarbeitungsschritte der visuellen Analyse. Tabelle 1 stellt zudem die zu den Bildern ermittelten geometrischen Merkmale *Objektfläche, -umfang*, *-breite* und *-höhe* sowie die mit den Merkmalen *Objektfläche* und *-umfang* vorgenommene Klassifikation der Objekte dar. Wie zu erkennen ist, können durch das Bildverarbeitungssystem sowohl Bilder mit hohem als auch Bilder mit nur sehr geringem Kontrast einwandfrei analysiert werden.

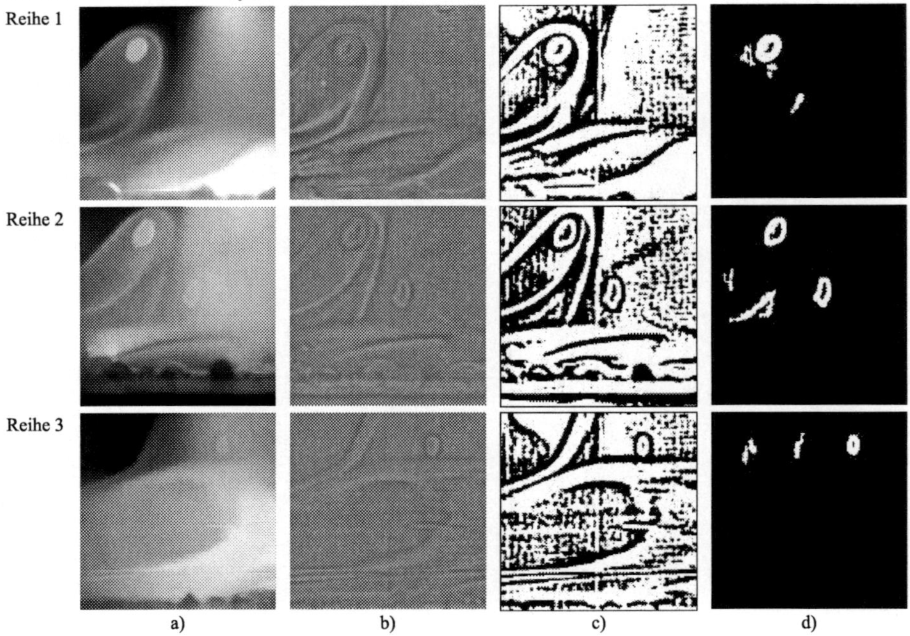

Bild 25: Visuelle Analyse verschiedener Werkstoffübergänge a) Originalbilder; b) Bilder nach der Vorverarbeitung; c) Bilder nach der Segmentierung mit der automatisch bestimmten Grauwertschwelle; d) Ergebnisbilder mit dem detektierten, vermessenen und klassifizierten Objekt

	Reihe 1	Reihe 2		Reihe 3
Objektklasse	Tropfen	Tropfen	Kleiner Tropfen	Kleiner Tropfen
Fläche [mm^2]	0,69	0,73	0,60	0,36
Umfang [mm]	3,17	3,25	3,23	2,26
Breite [mm]	0,93	0,89	0,73	0,52
Höhe [mm]	1,0	1,13	1,19	0,86

Tabelle 1: Ergebnisse der visuellen Analyse der Werkstoffübergänge aus Bild 25

Durch das Bildverarbeitungssystem konnten 70% der Objekte in den Testbildern korrekt klassifiziert werden. Bei den verbleibenden Bildern wurden die Objekte zwar einwandfrei detektiert, aber nicht korrekt klassifiziert. Aufgrund von Störungen durch den Schweißprozess waren die Abweichungen der Tropfengeometrie (z.B. bei extrem länglichen Tropfen) so groß, dass eine Zuordnung zu den vorgegebenen Objektklassen nicht mehr möglich war. Für eine Erhöhung der Klassifikationsrate wird im weiteren Projektverlauf die Objektklasse *Tropfen* in mehrere Klassen (*länglicher Tropfen, Tropfen, kleiner runder Tropfen, großer runder Tropfen*, usw.) unterteilt.

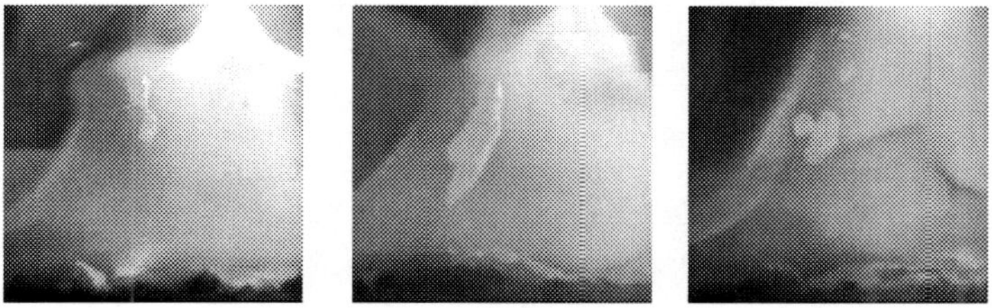

Bild 26: Nicht klassifizierbare Werkstoffübergänge

5 Technische Daten

Die Leistungsdaten (Bildaufnahmefrequenzen, Rechenzeiten für die Berechnungen und Analysen usw.) des Sensorsystems sind vom Prozessortyp des Computers und von der gewählten Bildausschnittsgröße abhängig.

Tabelle 2 zeigt die Bildaufnahmefrequenzen für verschiedene Aufnahmemöglichkeiten. Die Tabellen 3 und 4 zeigen die Rechenzeiten für die visuelle Analyse der Werkstoffübergangsbilder sowie für die Aufnahme der zeitlichen Verläufe des Schweißstromes und der Schweißspannung inklusive der Berechnung der charakteristischen Prozessparameter. Die Frequenzen für verschiedene Beobachtungsmöglichkeiten stellt Tabelle 5 dar.

Alle Leistungsdaten beziehen sich auf einen Computer mit zwei Pentium III 500 Prozessoren, dem Betriebssystem Windows NT 4.0 und einer Bildaufnahmegröße von 256 x 256 Pixel.

Mode	Hz
Online-Darstellung	65
Offline-Darstellung	95
Offline-Darstellung und Zugriff auf die aufgenommenen Daten nach Aufnahme des letzten Bildes einer Sequenz	239

Tabelle 2: Bildaufnahmefrequenzen für unterschiedliche Beobachtungsmöglichkeiten

Mode	ms
Schweißstrom oder Schweißspannung (Abtastfrequenz = 5 KHz)	48
Schweißstrom und Schweißspannung (Abtastfrequenz = 6 KHz)	65

Tabelle 3: Rechenzeiten für die Aufnahme der elektrischen Messwerte und der Berechnung der charakteristischen Prozessparameter (Dauer des Impulses = 8 ms)

Schritt	ms
Vorverarbeitung (Kontrastverstärkung und Shadingkorrektur)	140
Segmentierung, Merkmalsextraktion und Klassifikation	16

Tabelle 4: Rechenzeiten für die einzelnen Schritte der visuellen Analyse

Mode	Hz
* Bildaufnahme * Aufnahme der elektrischen Schweißparameter Strom und Spannung * Offline-Berechnung der charakteristischen elektrischen Prozessparameter * Visuelle Offline-Analyse der Werkstoffübergangsbilder mit Offline-Darstellung und Zugriff auf alle Daten nach den Berechnungen und Analysen	239
* Bildaufnahme * Aufnahme der elektrischen Schweißparameter Strom und Spannung * Offline-Berechnung der charakteristischen elektrischen Prozessparameter * Visuelle Offline-Analyse der Werkstoffübergangsbilder mit Online-Darstellung der Bilder und Offline-Darstellung und Zugriff auf alle anderen Daten nach den Berechnungen und Analysen	65
* Bildaufnahme * Aufnahme der elektrischen Schweißparameter Strom und Spannung * Online-Berechnung der charakteristischen elektrischen Prozessparameter mit Online-Darstellung und Zugriff auf alle Daten	10
* Bildaufnahme * Aufnahme der elektrischen Schweißparameter Strom und Spannung * Online-Berechnung der charakteristischen elektrischen Prozessparameter * Visuelle Online-Analyse der Werkstoffübergangsbilder mit Online-Darstellung und Zugriff auf alle Daten	4

Tabelle 5: Frequenzen der einzelnen Beobachtungsmöglichkeiten des Systems

6 Zusammenfassung

Das hier beschriebene Sensorsystem stellt eine einfache Hilfe zur Einstellung, Analyse und Optimierung des Metall-Schutzgasschweißen mit Impulslichtbogen dar. Es ermöglicht

- eine auf einen elektrischen Schweißparameter getriggerte visuelle Online-Beobachtung aller Vorgänge im Lichtbogen des MSG-Schweißprozesses mit Impulslichtbogen, inklusive beliebiger Phasen des Werkstoffübergangs ohne eine zusätzliche Beleuchtungseinheit und damit in allen Schweißpositionen,
- die synchronisierte und simultane Aufnahme der zeitlichen Verläufe der wesentlichen Schweißparameter Strom und Spannung,
- die Ermittlung der charakteristischen Prozessparameter aus den zeitlichen Verläufen von Strom und Spannung (Mittelwerte, Zeitphasen, usw.)
- und die visuelle Analyse (Tropfengeometrie) der Werkstoffübergangsbilder.

Das System kann u.a. verwendet werden

- zur schnellen und kostengünstigen Einstellung von Schweißparameterkombinationen bei der Entwicklung von Schweißgeräten,
- bei der Erprobung von unterschiedlichen Schutzgasen und Schutzgasgemischen,
- bei der Erprobung von neu entwickelten Schweißzusätzen (Massivdrähte / Fülldrähte),
- bei der Erprobung unterschiedlicher Kombinationen von Schutzgasen / Schutzgasgemischen und Schweißzusätzen für bestimmte Schweißaufgaben,
- bei der Auswahl geeigneter Schweißparameter vor Beginn der Fertigung,
- bei der schweißtechnischen Grundlagenforschung,

- und als Basis für eine zukünftige Überwachung und Regelung des MSG-Schweißens mit Hilfe von visuellen Informationen des Werkstoffübergangs.

Literatur

[EWM] EWM High-Tech Precision, Mündersbach, Germany
Typenbezeichnung: "Integral Inverter MIG 350 Pulse (Update 2.0)"

[Habe95] P. Haberäcker: *Praxis der digitalen Bildverarbeitung und Mustererkennung*, Carl Hanser Verlag, München, Wien, 1995.

[Ivan00] K. Ivancsó: "Arc Welding Process with a HDRC Camera – Analysis of Electrical and Visual Welding Parameters", Institut für Automatisierungstechnik, Universität Bremen, Juli 2000.

[Nord98] S. Nordbruch and A. Gräser: "On-Line Observation of the Material Transition for MIG/MAG-Arc Welding with Recording of Electrical Weld Parameters", Proceeding of 5th Int. Conference on Trends in Welding, Pine Mountain, Georgia, USA, 1.-5. Juni 1998, Seiten 331-335.

[Neyc93] F. Neycenssac: *Contrast Enhancement Using the Laplacian-of-a-Gaussian-Filter*, Computer Vision, Graphics, and Image Processing, Band 55, S. 447-463, 1993.

[Tsch99] P. Tschirner: *Visuelle Analyse von HDRC-Kamerabildern des Werkstoffübergangs des MSG-Schweißprozesses*, Diplomarbeit, Institut für Automatisierungstechnik, Universität Bremen, 1999.

[Pun81] T. Pun: Entropic thresholding: A new Approach, Computer Graphics and Image Processing, Band 16, S. 210-239, 1981.

[CVC98] Stemmer Imaging GmbH: *CVC Blob DLL – Version 1.0,* 1998.

Visuelle Regelung einer mobilen Plattform

Thorsten Lietmann
Universität Bremen, Institut für Automatisierungstechnik (IAT)
Kufsteiner Str. NW1, 28359 Bremen
Email: lietmann@iat.uni-bremen.de

Kurzfassung: In diesem Beitrag werden drei verschiedene visuelle Regler zur Navigation einer mobilen Plattform vorgestellt: zwei neuartige 3D Visual Servoing Algorithmen und ein Triangulationsverfahren unter Verwendung einer 3D-Laserkamera. Wegen der nichtholonomen Eigenschaft der mobilen Plattform (Rollstuhl) ist es nicht möglich, den Ansatz der visuellen Regelung direkt zur Navigation zu benutzen. Deshalb müssen die visuellen Regler durch eine unterlagerte Trajektorienfolgeregelung unterstützt werden, welche die Fahrt der Plattform überwacht. Am Beispiel eines Docking-Manövers werden die drei Verfahren zur visuellen Regelung am realen System überprüft.

1 Einleitung

Autonome mobile Roboter stellen sowohl im Industriebereich, als auch in der Servicerobotik ein intensiv untersuchtes Forschungsgebiet dar. In diesem Artikel werden Verfahren zur visuellen Regelung einer mobilen Plattform am Beispiel eines Rollstuhls vorgestellt, der Nutzern mit körperlichen Behinderungen eine größere Unabhängigkeit im Alltag ermöglichen soll. Um Aktionen von mobilen Robotern in einer dynamisch veränderlichen Umgebung zu ermöglichen, müssen sie in der Lage sein, ihre Umwelt sensorisch zu erfassen. Als interne Sensoren werden hierzu häufig Inkrementalgeber benutzt, welche die Radumdrehungen erfassen (Odometrie) und so unter Zuhilfenahme einer Umgebungskarte eine Positionsbestimmung ermöglichen. Durch den Schlupf der Räder entsteht jedoch ein Fehler in der Positionsbestimmung, der mit der zurückgelegten Strecke anwächst. Aus diesem Grund und zur Navigation in unbekannter Umgebung werden zusätzlich externe Sensoren eingesetzt. Im hier vorliegenden Anwendungsbeispiel werden eine herkömmliche CCD-Kamera bzw. eine spezielle 3D-Laserkamera starr am Rollstuhl montiert. Mit Hilfe der aus dem Kamerabild gewonnenen Daten ist es möglich, den Rollstuhl in eine relative Lage zu einem Objekt im Raum zu navigieren. Allerdings ergibt sich bei der Steuerung eines nichtholonomen mobilen Roboters das Problem, daß die Anzahl seiner Zustandsgrößen höher ist, als die Anzahl seiner Stellgrößen. Deshalb ist es nicht möglich, den Ansatz der visuellen Regelung mit fest montierter Kamera direkt zur Navigation der Plattform zu benutzen [1]. Verwandte Problemstellungen werden in [2], [3] durch die Verwendung einer beweglich an der Plattform angebrachten Kamera gelöst. In diesem Beitrag wird zusätzlich zur visuellen Regelung eine unterlagerte Trajektorienfolgeregelung benutzt, um die Bewegung der Plattform zu planen und zu überwachen. Es werden drei verschiedene Verfahren der visuellen Regelung vorgestellt, mit deren Hilfe Ziel-Lagen für den Rollstuhl ermittelt werden können. Bei diesen drei Verfahren handelt es sich um Visual Servoing mit herkömmlicher CCD-Kamera und mit spezieller 3D-Laserkamera, sowie um ein Triangulationsverfahren mit der 3D-Laserkamera. Dabei wird eine Erweiterung des Visual Servoing gegenüber bisherigen Ansätzen vorgestellt, indem die Entfernung zwischen Kamera und Landmarke mit in die Regelung einbezogen wird. Als alternative Vorgehensweise wird das Prinzip der Triangulation zur Rollstuhlnavigation angewendet. Die einzelnen Verfahren werden in diesem Artikel detailliert beschrieben und am Beispiel eines Docking-Manövers am realen System überprüft.

2 Mobile Plattform und Fahrtregler

Bei der mobilen Plattform handelt es sich um einen motorisierten elektrischen Rollstuhl der Firma MEYRA, der am IAT zur Unterstützung von älteren oder behinderten Menschen weiterentwickelt wird. Für dieses nichtholonome System sollen verschiedene visuelle Regler entworfen und ihre Leistungsfähigkeit am realen System untersucht werden. Ziel ist es, den Rollstuhl aufgrund von Informationen aus dem Kamerabild in eine gewünschte Lage relativ zu einem Objekt zu überführen (*Docking-Manöver*).

Der Rollstuhl besitzt zwei unabhängig voneinander angetriebene Hinterräder zur Steuerung und zwei nichtangetriebene Vorderräder zur Stützung des Rollstuhls. Die beiden Elektromotoren an den Hinterrädern werden derart angesteuert, daß die Vorwärtsgeschwindigkeit u_1 und die Winkelgeschwindigkeit u_2 als Stellgrößen des Systems angesehen werden können. Sie ermöglichen Bewegungen des Rollstuhls in drei Freiheitsgraden auf ebenem Boden. Das System besitzt eine begrenzte kinematische Bewegungsfreiheit, da es sich nicht quer zur Fahrtrichtung bewegen kann (nichtholonome Eigenschaft). Das Modell des autonomen mobilen Rollstuhls wird nach [4] durch die folgenden Gleichungen beschrieben (das zugehörige Koordinatensystem ist durch das links hochgestellte Symbol gekennzeichnet):

$$ {}^{W}\dot{x} = u_1 \cdot \cos\left({}^{W}\Theta\right) \quad , \quad {}^{W}\dot{y} = u_1 \cdot \sin\left({}^{W}\Theta\right) \quad , \quad {}^{W}\dot{\Theta} = u_2 \tag{1} $$

Der Zustandsvektor des Rollstuhls ${}^{W}\underline{p} = [{}^{W}x,\ {}^{W}y,\ {}^{W}\Theta]^T$ wird durch die beiden kartesischen Koordinaten ${}^{W}x$ und ${}^{W}y$ in der Bewegungsebene, sowie den Drehwinkel ${}^{W}\Theta$ beschrieben. Dieser Drehwinkel entspricht dem Winkel zwischen Fahrtrichtung des Rollstuhls und der x-Achse des Weltkoordinatensystems. Um die visuelle Regelung zu ermöglichen, wird eine Kamera am Rollstuhl befestigt. Bild 1a zeigt den Zusammenhang zwischen dem Weltkoordinatensystem {W} und dem Kamerakoordinatensystem {C}. Die Kamera befindet sich direkt im Drehpunkt (${}^{W}x_0$, ${}^{W}y_0$) des Rollstuhls und „blickt" in Fahrtrichtung. Bild 1b zeigt den realen Systemaufbau mit montierter 3D-Laserkamera.

a)

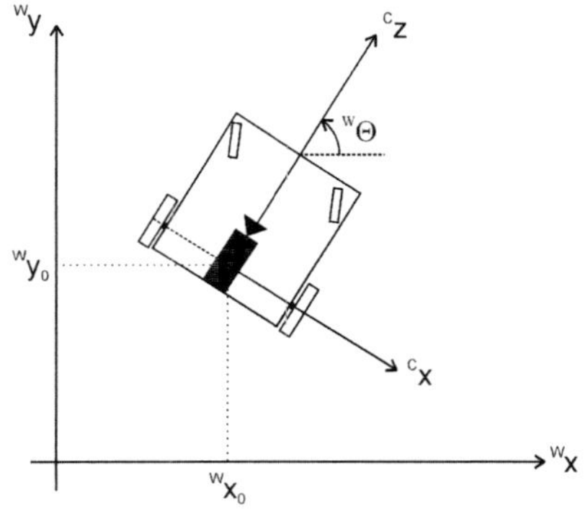

b)

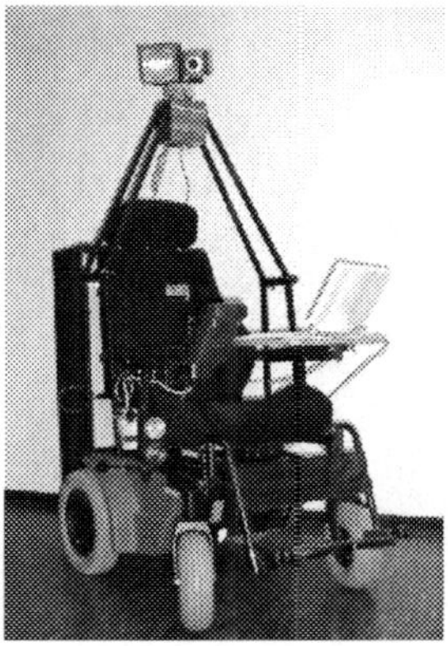

Bild 1: a) Rollstuhl-Kamera-Konfiguration (Draufsicht)
b) Reales System

Mit Hilfe der Kamera soll nun eine Ziel-Lage für den Rollstuhl ermittelt werden, um den Rollstuhl dann aus seiner aktuellen Start-Lage in diese Ziel-Lage fahren zu lassen. Dazu muß die mobile Plattform die Fähigkeit erhalten, einer vorgegebenen Trajektorie zu folgen. Die zu fahrende Trajektorie wird mittels einer übergeordneten Software generiert [5]. Diese Software erzeugt eine für den Rollstuhl fahrbare Trajektorie mit „weichem" Verlauf zwischen der Start- und Ziel-Lage (Block „Trajektoriengenerierung" in Bild 2a). Die Bahn wird so berechnet, daß der Rollstuhl nicht nur die Zielkoordinaten ${}^{W}x_Z$ und ${}^{W}y_Z$ erreicht, sondern auch den vorgegebenen Zielwinkel ${}^{W}\Theta_Z$. Weiterhin wurde eine Trajektorienfolgeregelung entworfen, die es ermöglicht, den Rollstuhl auf der vorgegebenen Trajektorie zu führen [5]. Dazu werden mit Drehgebern an den Antriebsrädern des Rollstuhls die Radpositionen zu äquidistanten Zeitpunkten ermittelt, so daß die aktuelle Lage des Rollstuhls jederzeit berechnet werden kann (Block „Odometrie"). Im Entkopplungsregler wird ein Vergleich zwischen der Soll-Lage auf der Trajektorie und der Ist-Lage aus der Odometrie vorgenommen und es werden entsprechende Stellgrößen u_1 und u_2 generiert. Der unterlagerte PI-Regler verbessert die Systemdynamik. Bild 2a zeigt das zugehörige Blockschaltbild. Die Trajektorienfolgeregelung sorgt dafür, daß Anfangsfehler und Abweichungen von der vorgegebenen Trajektorie ausgeregelt werden. Bild 2b zeigt, wie der Rollstuhl auf eine Soll-Trajektorie (gepunktete Linie, startend bei ${}^{W}x = {}^{W}y = 0$ mm) von verschiedenen Start-Lagen aus zurückgeführt wird [5].

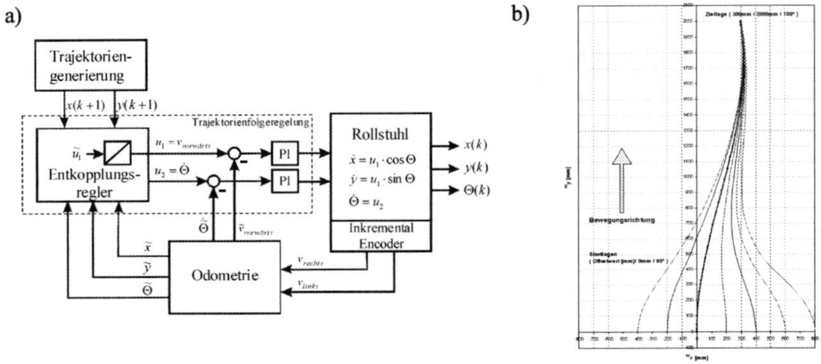

Bild 2: a) Blockschaltbild des Fahrtreglers
b) Bewegung der Plattform mit und ohne Fehler in der Start-Lage

3 Visual Servoing

Unter *Visual Servoing* versteht man die allgemeine Aufgabe, einen Roboter aufgrund von visuellen Informationen einer Kamera zu bewegen [6]. Dabei werden im geschlossenen Regelkreis fortlaufend Bilder aufgenommen und der Roboter wird aufgrund der gewonnenen Bildinformationen bewegt, bis die gestellte Aufgabe erfüllt ist. Wird zusätzlich die Stellgröße für den Roboter allein aus Bildinformationen berechnet, spricht man von einer sogenannten *Image-Based Visual Servoing (IBVS)* Struktur, welche im folgenden zur visuellen Regelung des Rollstuhls verwendet wird.

Ein grundlegendes Problem beim herkömmlichen Visual Servoing ist, daß die Entfernungen zwischen der Kamera und den aufgenommenen Bildmerkmalen (hier: Blobs) unbekannt sind. In dieser Arbeit wird ein erweitertes Visual Servoing Verfahren vorgestellt, bei dem diese Entfernungen berücksichtigt werden und mit in die Regelung eingehen. Das Verfahren zur Ermittlung der Entfernungen ist von der jeweils verwendeten Kamera abhängig. Wird eine CCD-Kamera am Rollstuhl montiert, so müssen die Entfernungen aus dem Bild heraus geschätzt, also *indirekt* ermittelt werden. Dies geschieht über einen Vergleich der aktuellen Objektgröße im Bild mit einer Referenzgröße bei bekannter Kamera-Lage [7]. Wird hingegen eine spezielle 3D-Laserkamera (Entfernungsbildkamera) benutzt, so ist diese Kamera in der Lage, die Entfernungen zu Objekten im Kamerabild *direkt* zu messen. Zusätzlich zum Grauwertbild generiert diese Kamera ein Entfernungsbild, indem Laserblitze ausgesendet und von den aufgenommenen Objekten reflektiert werden. Die Laserblitze kommen nach ihrer individuellen Laufzeit, entsprechend ihren

Entfernungen zum Objekt, wieder auf dem CCD-Chip der Kamera an [8]. Bei der Bestimmung der Entfernungen ist zu beachten, daß es sich um zwei verschiedene Entfernungswerte handelt: Bei der Schätzung mittels CCD-Kamera ergibt sich ein einziger Entfernungswert ${}^{C}z$ für alle vier Blobs, während die Laserkamera die Strecke ${}^{S}r$ zu jedem einzelnen Blob ermittelt. Dieser Zusammenhang ist in Bild 3a dargestellt und bei der Anwendung des Visual Servoing zu berücksichtigen. Bild 3b zeigt die verwendete Landmarke.

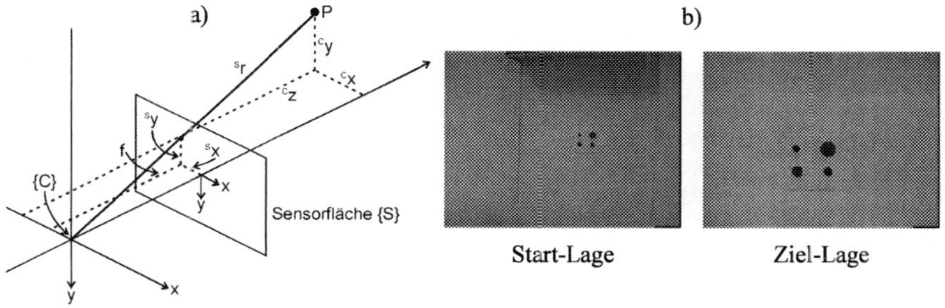

Bild 3: a) Kameramodell
b) Kamerabild der verwendeten Landmarke (4 Blobs)

3.1 Herkömmliches 2D Visual Servoing

Nur mit Hilfe der visuellen Informationen einer konventionellen CCD-Kamera soll ein Fahrmanöver des Rollstuhls in eine Lage relativ zu einer Landmarke erzeugt werden. Dazu werden dem Regler eindeutige Merkmale aus dem Kamerabild durch die Bildverarbeitung zur Verfügung gestellt. Diese Bildmerkmale sind die Mittelpunktkoordinaten von vier Blobs (siehe Bild 3b), die durch eine Blobanalyse aus dem Kamerabild extrahiert werden. Die Mittelpunktkoordinaten ${}^{S}x_i$ und ${}^{S}y_i$ (i = 1...4) werden im Sensorkoordinatensystem {S} angegeben, welches sich auf den CCD-Chip der Kamera bezieht (siehe Bild 3a). Für einen Blob zeigt Gleichung (2) den Merkmalvektor, welcher abhängig von der Kamera-Lage ${}^{C}\underline{p}$ ist:

$$ {}^{S}\underline{x} = {}^{S}\underline{x}({}^{C}\underline{p}) = \begin{bmatrix} {}^{S}x \\ {}^{S}y \end{bmatrix} \qquad (2) $$

Durch zeitliche Ableitung dieser Gleichung ergibt sich eine Beziehung zwischen der Ableitung des Merkmalvektors und dem Geschwindigkeitsvektor der Kamerabewegung:

$$ {}^{S}\underline{\dot{x}} = J({}^{C}\underline{p}) \cdot {}^{C}\underline{\dot{p}} \qquad (3) $$

Die Matrix $J({}^{C}\underline{p})$ wird Bild-Jacobi-Matrix genannt und liefert einen Zusammenhang zwischen einer Änderung der Kamera-Lage und der entsprechenden Änderung der Lage der Bildmerkmale:

$$ J({}^{C}\underline{p}) = \frac{\partial^{S}\underline{x}}{\partial^{C}\underline{p}} \qquad (4) $$

Aus einem Vergleich zwischen momentanen und gewünschten Merkmalen (Bild 3b) berechnet der Regler eine Änderung der Kamera-Lage. Diese neue Kamera-Lage läßt sich durch Koordinatentransformation in die neue Rollstuhl-Lage (Weltkoordinatensystem) umrechnen. Die gewünschten Merkmale ${}^{S}\underline{x}_{soll}$ in der Ziel-Lage müssen vorab definiert werden, was durch „zeigen" (*teaching-by-showing*, [9]) geschieht. Dazu wird der Rollstuhl in die Ziel-Lage (z. B. eine relative Lage zu einem Tisch) gefahren, das zugehörige Bild aufgenommen, die Merkmale extrahiert und als Sollwerte gespeichert. Während der Regelung werden die momentanen Bildmerkmale in die Sollbildmerkmale überführt. Ist dies geschehen, befindet sich der Rollstuhl in derselben relativen Lage zum Objekt wie beim *teachen*. Um eine Bewegung der Kamera berechnen zu können, hat der

Regler die Aufgabe, aus einer Regelabweichung im zweidimensionalen Sensorkoordinatensystem {S} Bewegungen im Kamerakoordinatensystem {C} zu erzeugen. Diese Transformation wird mit Hilfe der Bild-Jacobi-Matrix J durchgeführt, die bereits in (4) eingeführt wurde und nun in (5) detailliert gezeigt ist. Diese Matrix stellt eine lineare Transformation von einer Änderung der Kamera-Lage ${}^{C}\underline{\dot{p}}$ (Ursache), beschrieben in Kamerakoordinaten, in eine entsprechende Änderung der Projektion eines ruhenden Punktes ${}^{S}\underline{\dot{x}}$ (Wirkung), beschrieben in Sensorkoordinaten, dar [9].

$$\underbrace{\begin{bmatrix} {}^{S}\dot{x} \\ {}^{S}\dot{y} \end{bmatrix}}_{{}^{S}\underline{\dot{x}}} = \underbrace{\begin{bmatrix} -\frac{f}{{}^{C}z} & 0 & \frac{{}^{S}x}{{}^{C}z} & \frac{{}^{S}x\,{}^{S}y}{f} & -\frac{f^2+{}^{S}x^2}{f} & {}^{S}y \\ 0 & -\frac{f}{{}^{C}z} & \frac{{}^{S}y}{{}^{C}z} & \frac{f^2+{}^{S}y^2}{f} & -\frac{{}^{S}x\,{}^{S}y}{f} & -{}^{S}x \end{bmatrix}}_{J} \cdot \underbrace{\begin{bmatrix} t_x \\ t_y \\ t_z \\ \omega_x \\ \omega_y \\ \omega_z \end{bmatrix}}_{{}^{C}\underline{\dot{p}}} \qquad (5)$$

Gleichung (5) stellt den Zusammenhang für einen Blob (zwei Merkmale) und eine mögliche Kamerabewegung in sechs Freiheitsgraden dar (dabei repräsentieren t_i und ω_i die translatorischen bzw. rotatorischen Geschwindigkeiten). Pro Blob wächst die Bild-Jacobi-Matrix um zwei Zeilen an. Wird die Kamera nicht in allen sechs Freiheitsgraden bewegt, fallen die entsprechenden Spalten der Bild-Jacobi-Matrix weg. Ist die Kamera fest auf dem Rollstuhl montiert, besitzt sie folgende drei Freiheitsgrade (vergleiche Bild 1a):

$$t_x = {}^{C}\dot{x}, \qquad t_z = {}^{C}\dot{z}, \qquad \omega_y = {}^{C}\dot{\Theta} \qquad (6)$$

Die Bild-Jacobi-Matrix J ist eine Funktion der momentanen Brennweite f der Kamera, der aktuellen Sensorparameter ${}^{S}x$ und ${}^{S}y$, sowie der momentanen Entfernung ${}^{C}z$ zwischen dem Blob und der x-Achse des Kamerakoordinatensystems {C}, siehe Bild 3a. Beim herkömmlichen Visual Servoing besteht das Problem, daß ${}^{C}z$ unbekannt ist. Es ist möglich, dieses Problem zu umgehen, indem eine *konstante* Bild-Jacobi-Matrix verwendet wird, welche die Werte aus der Ziel-Lage benutzt, was zur Folge hat, daß der Visual Servoing Algorithmus nur in einem relativ kleinen Bereich um die Ziel-Lage herum zufriedenstellend arbeitet [9]. Befindet sich die Start-Lage weit von der Ziel-Lage entfernt, ist es möglich, daß die Bildmerkmale während der visuellen Regelung aus dem Kamerabild herauslaufen und es so zum Versagen der Regelung kommt.
Alternativ kann mit einer *adaptiven* Bild-Jacobi-Matrix gearbeitet werden, in der die Entfernung ${}^{C}z$ zwischen Kamera und Blobs regelmäßig geschätzt bzw. gemessen wird, so daß in der Bild-Jacobi-Matrix stets mit den aktuellen Blobkoordinaten (${}^{S}x_i$, ${}^{S}y_i$ *und* ${}^{C}z_i$) gerechnet werden kann. Wird der Abstand ${}^{C}z$ als weitere Meßgröße aufgefaßt, so liegt es nahe, die Bild-Jacobi-Matrix um eine Zeile pro Blob zu erweitern und so einen Zusammenhang zwischen der Änderung der Kamera-Lage und der entsprechenden Entfernungsänderung herzustellen. Wie im folgenden beschrieben wird, hat dies unmittelbar zur Folge, daß die Entfernung zu den Blobs als weitere Regelgröße in den Algorithmus eingeht.

3.2 3D Visual Servoing

Beim 3D Visual Servoing wird die Entfernung zwischen Kamera und Blobs direkt oder indirekt ermittelt und deshalb als drittes Element dem Merkmalvektor hinzugefügt. Zu beachten ist, daß es sich, je nach verwendeter Kamera, um verschieden definierte Entfernungen handelt (vergleiche Bild 3a). Gleichung (7) zeigt den erweiterten Merkmalvektor für einen Blob jeweils für die CCD-Kamera und die spezielle Entfernungsbildkamera (EBK):

$$ {}^{S}\underline{x}_{CCD} = {}^{S}\underline{x}_{CCD}({}^{C}\underline{p}) = \begin{bmatrix} {}^{S}x \\ {}^{S}y \\ {}^{C}z \end{bmatrix} \qquad \text{bzw.} \qquad {}^{S}\underline{x}_{EBK} = {}^{S}\underline{x}_{EBK}({}^{C}\underline{p}) = \begin{bmatrix} {}^{S}x \\ {}^{S}y \\ {}^{S}r \end{bmatrix} \tag{7} $$

Durch das hinzugekommene Merkmal wird auch die Bild-Jacobi-Matrix um eine Zeile erweitert. Gleichung (8) zeigt die resultierende Matrix für einen Blob und die drei Freiheitsgrade der Kamera bzw. des Rollstuhls bei Verwendung der CCD-Kamera:

$$ \underbrace{\begin{bmatrix} {}^{S}\dot{x} \\ {}^{S}\dot{y} \\ {}^{C}\dot{z} \end{bmatrix}}_{{}^{S}\dot{\underline{x}}_{CCD}} = \underbrace{\begin{bmatrix} \frac{-f}{{}^{C}z} & \frac{{}^{S}x}{{}^{C}z} & \frac{-f^2 - {}^{S}x^2}{f} \\ 0 & \frac{{}^{S}y}{{}^{C}z} & \frac{-{}^{S}x\,{}^{S}y}{f} \\ 0 & -1 & \frac{{}^{S}x\,{}^{C}z}{f} \end{bmatrix}}_{J_{CCD}} \cdot \underbrace{\begin{bmatrix} t_x \\ t_z \\ \omega_y \end{bmatrix}}_{{}^{C}\dot{\underline{p}}} \tag{8} $$

Wird die Entfernungsbildkamera verwendet, muß berücksichtigt werden, daß nicht wie bisher ${}^{C}z$, sondern die Entfernung ${}^{S}r$ zu den Blobs gemessen wird. Die resultierende Bild-Jacobi-Matrix zeigt Gleichung (9):

$$ \underbrace{\begin{bmatrix} {}^{S}\dot{x} \\ {}^{S}\dot{y} \\ {}^{S}\dot{r} \end{bmatrix}}_{{}^{S}\dot{\underline{x}}_{EBK}} = \underbrace{\begin{bmatrix} \frac{-\sqrt{{}^{S}x^2 + {}^{S}y^2 + f^2}}{{}^{S}r} & \frac{{}^{S}x\sqrt{{}^{S}x^2 + {}^{S}y^2 + f^2}}{f\,{}^{S}r} & \frac{-f^2 - {}^{S}x^2}{f} \\ 0 & \frac{{}^{S}y\sqrt{{}^{S}x^2 + {}^{S}y^2 + f^2}}{f\,{}^{S}r} & \frac{-{}^{S}x\,{}^{S}y}{f} \\ \frac{-{}^{S}x}{\sqrt{{}^{S}x^2 + {}^{S}y^2 + f^2}} & \frac{-f}{\sqrt{{}^{S}x^2 + {}^{S}y^2 + f^2}} & 0 \end{bmatrix}}_{J_{EBK}} \cdot \underbrace{\begin{bmatrix} t_x \\ t_z \\ \omega_y \end{bmatrix}}_{{}^{C}\dot{\underline{p}}} \tag{9} $$

Mit den hier beschriebenen Erweiterungen des Visual Servoing, den in Kapitel 3.1 vorgestellten grundlegenden Prinzipien, sowie dem im folgenden hergeleiteten Regelgesetz wird das Docking-Manöver für den Rollstuhl durchgeführt. Durch die Erweiterungen des 3D Visual Servoing wird die Entfernungsinformation nicht nur zum Aktualisieren der Bild-Jacobi-Matrix benutzt, sondern geht erstmals beim IBVS auch als Regelgröße ein. Die Ergebnisse der Versuche am realen System sind in Kapitel 4 dargestellt.

3.3 Regelgesetz

Um robust gegenüber Meßrauschen zu sein, sollte die Anzahl der Bildmerkmale größer gewählt werden als die Anzahl der Freiheitsgrade der Kamera, so daß zur Navigation des Rollstuhl vier Blobs benutzt werden. In diesem Fall ergibt sich aus (3) durch Bildung der Pseudoinversen J^{+} folgende Näherungslösung für den gesuchten Vektor ${}^{C}\dot{\underline{p}}$:

$$ {}^{C}\dot{\underline{p}} = J^{+} \cdot {}^{S}\dot{\underline{x}} \tag{10} $$

Die Komponenten der Stellgröße ${}^{C}\dot{\underline{p}}$ und des Merkmalvektors ${}^{S}\dot{\underline{x}}$ in (10) sind Geschwindigkeiten.

Da es sich bei dem zu implementierendem Regelkreis um einen diskreten Abtastregelkreis handelt, ergibt sich ein Stellgesetz aus (10) unter Berücksichtigung einer Abtastzeit T_a. Die Aufgabe ist dann, folgende Fehlerfunktion zu minimieren:

$$ \underline{e} = \Delta^{S}\underline{x} = {}^{S}\underline{x} - {}^{S}\underline{x}_{soll} \tag{11} $$

Ein geeignetes Verhalten des Regelfehlers $\underline{e}(t)$ läßt sich durch Verwendung der Differentialgleichung 1. Ordnung (12) erreichen.

$$\dot{\underline{e}} = -K_f \cdot \underline{e} \tag{12}$$

Durch angemessene Wahl der diagonalen Verstärkungsmatrix K_f wird ein exponentieller Verlauf des Regelfehlers gegen null erreicht für $t \rightarrow \infty$. Durch Einsetzen von (11) in (12) und des Ergebnisses in (10), ergibt sich das folgende zeitdiskrete Regelgesetz:

$$\Delta^C \underline{p} = -J^+ \cdot K_f \cdot T_a \cdot \Delta^S \underline{x} \tag{13}$$

Dieses Regelgesetz (13) ist sowohl für den Ansatz des herkömmlichen 2D Visual Servoing, als auch für das 3D Visual Servoing geeignet. Bild 4 zeigt den resultierenden Regelkreis, wobei der Block „visueller Regler“ das Stellgesetz (13) enthält. Der visuelle Regler ermittelt aus der Position der Merkmale im Bild eine neue Ziel-Lage für die Kamera $\Delta^C \underline{p} = [\Delta^C x, \Delta^C z, \Delta^C \Theta]^T$, die durch Koordinatentransformation in eine neue Ziel-Lage für den Rollstuhl ${}^W\underline{p}_{neu}$ umgerechnet werden kann. Diese neue Rollstuhl-Lage wird an die unterlagerte Trajektorienfolgeregelung (Fahrtregler) übergeben, welche die Stellgrößen für die Antriebsräder des Rollstuhls ermittelt. Der bisher präsentierte Regelalgorithmus erweist sich als geeignet, solange der Rollstuhl seiner Ziel-Lage nicht zu nahe kommt. Um Probleme zu umgehen, die nahe der Ziel-Lage auftreten, werden im folgenden einige Erweiterungen dieses Regelalgorithmus vorgestellt.

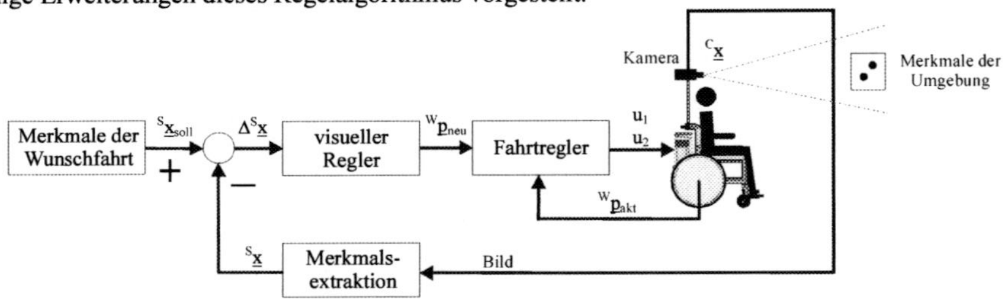

Bild 4: Visual Servoing des Rollstuhls

4 Docking-Manöver mittels Visual Servoing

Zu Beginn des Docking-Manövers wird der Rollstuhl in eine Start-Lage gebracht, aus der die Merkmale für die Kamera sichtbar sind. In dieser Start-Lage wird nun vom visuellen Regler eine neue Ziel-Lage für die Kamera berechnet. Nach der Koordinatentransformation in {W} kann die Trajektorienplanung Stellgrößen für den Rollstuhl generieren. Da sich die Start-Lage relativ weit entfernt von der exakten Ziel-Lage befindet, ist die im ersten Schritt berechnete Ziel-Lage relativ ungenau. Deswegen werden während der Fahrt ständig neue Bilder aufgenommen und neue Ziel-Lagen berechnet. Je näher der Rollstuhl der Ziel-Lage kommt, desto genauer kann der visuelle Regler die exakte Ziel-Lage berechnen. Es wäre nun möglich, jeweils zwischen der aktuellen Lage des Rollstuhls und der berechneten Ziel-Lage eine Trajektorie zu planen. In den meisten real vorkommenden Fällen nimmt die Trajektorie jedoch einen s-förmigen Verlauf an (kubische Funktionen). Je näher nun der Rollstuhl seiner exakten Ziel-Lage kommt, desto kürzer werden die s-förmigen Trajektorien. Diese sind dann für den Rollstuhl nicht mehr fahrbar bzw. bieten dem Insassen keine „weiche“ Fahrt mehr. Deswegen werden die während der Fahrt geplanten Trajektorien nicht von der aktuellen Lage des Rollstuhls, sondern von seiner ursprünglichen Start-Lage (zu Beginn des Docking-Manövers) aus geplant. Dazu werden die Elemente von K_f aus (13) so groß gewählt, daß der visuelle Regler Ziel-Lagen in der Nähe der wirklichen Ziel-Lage berechnen kann. Die Berechnung von Trajektorien zwischen Start-Lage und den jeweils neu berechneten Ziel-Lagen wird dann durch eine Koordinatentransformation möglich, die in Bild 5 gezeigt ist.

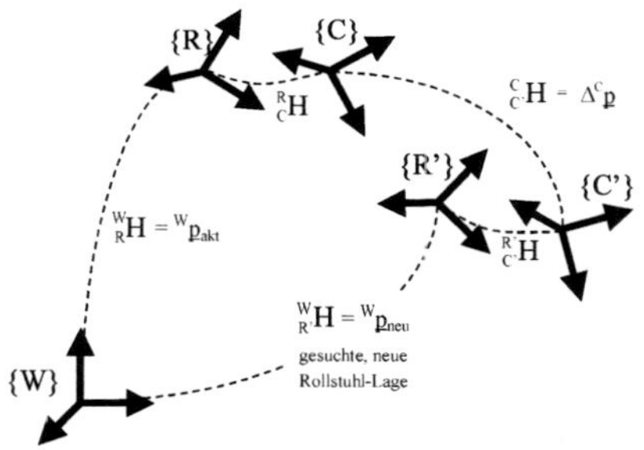

Bild 5: Berechnung der neuen Ziel-Lagen durch Koordinatentransformation

In Bild 5 entspricht der Ursprung von {W} der Start-Lage des Rollstuhls. Hat sich der Rollstuhl nun bereits in seine aktuelle Lage {R} bewegt, entspricht dies der Transformation $^{W}_{R}H$, welche aus der Odometrie abgelesen werden kann. Die Kamera {C} ist fest am Rollstuhl montiert und der Zusammenhang $^{R}_{C}H$ ist bekannt. Der visuelle Regler liefert die Stellgröße $\Delta^{C}\underline{p} = {}^{C}_{C'}H$, welche die neue Kamera-Lage in Bezug auf die alte Kamera-Lage beschreibt. Die neue Rollstuhl-Lage ist mit dieser neuen Kamera-Lage über $^{R'}_{C'}H = {}^{R}_{C}H$ verbunden. Nun sind alle Transformationen bekannt und die neue Rollstuhl-Lage in {W} kann über (14) berechnet werden:

$$^{W}_{R'}H = {}^{W}_{R}H \cdot {}^{R}_{C}H \cdot {}^{C}_{C'}H \cdot {}^{R'}_{C'}H \tag{14}$$

So können während der Fahrt ständig neue Trajektorien zwischen der ursprünglichen Start-Lage und den durch Visual Servoing neu berechneten Ziel-Lagen generiert werden. Es entsteht eine Trajektorienschar, wie im folgenden genauer erläutert wird.

4.1 Ergebnisse bei 3D Visual Servoing mit CCD-Kamera

Während der Fahrt werden die Sollgrößen des jeweils aktuellen Trajektorienabschnitts an den Trajektorienfolgeregler übergeben, der den Rollstuhl auf der momentanen Trajektorie hält. Wird eine neue Ziel-Lage berechnet, wird die aktuelle Trajektorie korrigiert. In Bild 6 ist gut zu erkennen, wie sich die Ziel-Lagen der einzelnen Trajektorien kontinuierlich von rechts nach links auf die wirkliche Ziel-Lage zu bewegen. Dies wurde durch die Einführung des 3D Visual Servoing möglich und ist vor allem der sehr guten Schätzung der Entfernung ^{C}z und der damit verbundenen ähnlichen Form und Länge der einzelnen Trajektorien zu verdanken. Zusätzliche Fahrversuche mit 2D Visual Servoing zeigten eine sprunghafte Entwicklung der Ziel-Lagen, so daß hier die Vorteile des 3D Visual Servoing deutlich werden. Die Trajektorienfolgeregelung führt den Rollstuhl auf die korrigierte Trajektorie, wie es in Bild 2b gezeigt ist. Während dieses Verfahrens werden alle gerade aktuellen Trajektorienabschnitte zusammengefügt und es entsteht eine resultierende Trajektorie, die den Rollstuhl in seine Ziel-Lage führt. Bei dem in Bild 6 dargestellten Versuch (der Drehwinkel ist hier nicht eingezeichnet) erreichte der Rollstuhl die Ziel-Lage $^{W}\underline{p}$ = [-12mm, 2037mm, 73°]. Die wirkliche Ziel-Lage, in der die Merkmale geteacht wurden, lag bei $^{W}\underline{p}_{soll}$ = [-60mm, 1982mm, 72°]. Die Abweichungen erklären sich hauptsächlich durch die nicht exakte Berechnung der Ziel-Lage durch den visuellen Regler. Zusätzliche Fahrexperimente zeigten maximale Abweichungen in ähnlichen Größenordnungen. Bedenkt man die geringe Dynamik des Systems Rollstuhl und die Zielsetzung der zu lösenden Aufgabe, kann man jedoch von einem guten Regelergebnis sprechen.

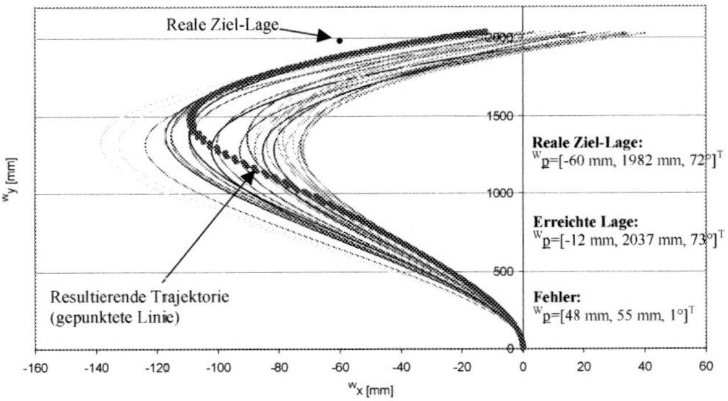

Bild 6: Trajektorienschar und resultierende Trajektorie bei CCD-Kamera
(jede 10. Trajektorie in {W} ist hier dargestellt)

4.2 Ergebnisse bei 3D Visual Servoing mit Laserkamera

Das in Bild 7 dargestellte Experiment zeigt die Umsetzung des Docking-Manövers mit Hilfe der Laserkamera. Der Rollstuhl erreichte seine Ziel-Lage bei ${}^{W}\underline{p}$ = [100mm, 2131mm, 110°], während die wirkliche Ziel-Lage bei ${}^{W}\underline{p}$ = [200mm, 2200mm, 100°] lag. Der größere Fehler im Vergleich zur Verwendung der CCD-Kamera entsteht, da wegen der hohen Abtastzeiten (ca. 350ms) nicht genug Trajektorien erzeugt werden können. Diese hohen Abtastzeiten werden durch die Bildaufnahme und Bildverarbeitung verursacht, da die Entfernungsbilder stark verrauscht sind. Deswegen müssen zusätzliche Filter-Algorithmen angewendet werden, um die korrekten Entfernungswerte zu bestimmen. Während dieser Zeit fährt der Rollstuhl weiter, so daß nicht genug Ziel-Lagen vom visuellen Regler berechnet werden können. Trotz der zusätzlichen Filter verändern sich die gemessenen Entfernungen stark von einer Bildaufnahme zur nächsten, so daß der visuelle Regler keine Ziel-Lagen berechnen kann, die sich (wie im Falle der CCD-Kamera) kontinuierlich auf die wirkliche Ziel-Lage zu bewegen. Erschwerend kommt hinzu, daß die berechneten Trajektorien in ihrer Form und Länge variieren, was zu Sprüngen in der resultierenden Trajektorie führt (siehe Bild 7). Daraus resultieren Fehler in der Trajektorienfolgeregelung, was zu einem schlechteren Gesamtergebnis als bei Verwendung der CCD-Kamera führt. Für die Zukunft ist allerdings zu erwarten, daß Verbesserungen der Lasertechnik und Steigerungen der Rechnerleistungen bessere Regelergebnisse ermöglichen werden.

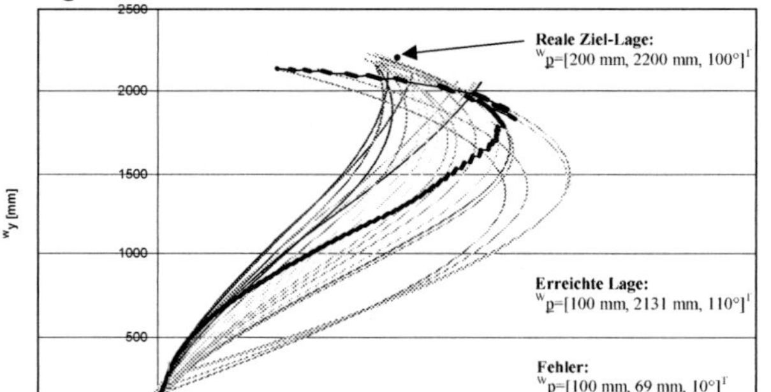

Bild 7: Trajektorienschar und resultierende Trajektorie bei 3D-Laserkamera
(jede 4. Trajektorie in {W} ist hier dargestellt)

5 Triangulation

Mit Hilfe der 3D-Laserkamera läßt sich die Entfernung zu jedem Punkt im Kamerabild ermitteln. So ist es möglich, aus den Gleichungen des einfachen Lochkameramodells [1] die Lage jedes Blobs relativ zum Ursprung des Kamerakoordinatensystems {C} und so eine Ziel-Lage für den Rollstuhl zu bestimmen. Über die Berechnung von Dreiecken (Triangulation) wird im folgenden ein alternatives Verfahren zur Navigation des Rollstuhls vorgestellt.

5.1 Berechnung der Ziel-Lage

Um die Meßfehler bei der Entfernungsbestimmung minimal zu halten, wird die Ziel-Lage für den Rollstuhl nicht aus einem einzigen Kamerabild bestimmt, sondern es werden zwei Aufnahmen gemacht. Unter Einbeziehung eines Pan-Tilt-Heads wird der jeweils zu vermessende Blob in die Mitte des Kamerabildes gebracht. Dies hat den Vorteil, daß die Meßfehler an dieser Stelle am geringsten sind und zur Triangulation benötigte Winkel über die Stellung des Pan-Tilt-Heads ermittelt werden können. Die Bestimmung der Ziel-Lage aus einem einzigen Bild ist zwar prinzipiell möglich, jedoch mit einem höheren Meßfehler verbunden, da die Entfernungsbestimmung ungenauer wird, je weiter die zu vermessenden Blobs am Bildrand liegen. Weiterhin ist anzumerken, daß bei diesem Verfahren die Landmarke nur noch aus zwei waagerecht auf einer Linie angebrachten Blobs besteht, anstatt wie bisher beim Visual Servoing aus vier Blobs (vergleiche Bild 3b). Bild 8a zeigt den durchzuführenden Vermessungsschritt. Durch Bestimmung der Entfernung zwischen dem Ursprung des Rollstuhlkoordinatensystems {R} und den Blobs der Landmarke kann, bei bekanntem Abstand der Blobs zueinander, das eingezeichnete Dreieck berechnet werden. So ist die Lage der beiden Blobs relativ zu {R} und somit auch der eingezeichnete Mittelpunkt der Landmarke gefunden. Zu diesem Mittelpunkt soll der Rollstuhl orthogonal vor der Landmarke ausgerichtet werden. Unter dieser Annahme läßt sich mit Hilfe von aus der Pan-Tilt-Head Stellung bekannten Winkeln der Winkel $\Delta\Theta$ bestimmen, um den der Rollstuhl gedreht werden muß. Nun ist also die Ziel-Lage (Mittelpunkt der Landmarke) in Position und Orientierung bekannt, jedoch soll der Rollstuhl in einem frei wählbaren Abstand *vor* der Landmarke positioniert werden. Dazu ist noch eine Transformation der Ziel-Lage nötig, die in Bild 8b dargestellt ist.

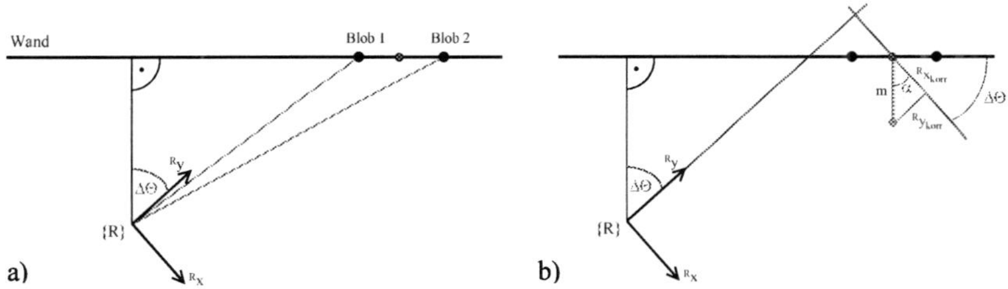

Bild 8: Triangulationsverfahren (Draufsicht)
a) Vermessung der Entfernung zu den Blobs
b) Transformation der Ziel-Lage

Über den in Bild 8b zweimal eingezeichneten Winkel $\Delta\Theta$ läßt sich, unter der Voraussetzung einer orthogonalen Positionierung des Rollstuhls vor der Landmarke, der Winkel α bestimmen. Dadurch ergeben sich die notwendigen Korrekturterme für die x- und y-Koordinate des Rollstuhls zu (15). Der Winkel $\Delta\Theta$ muß nicht korrigiert werden.

$$ {}^{R}x_{korr} = m \cdot \cos(\alpha) \quad , \quad {}^{R}y_{korr} = m \cdot \sin(\alpha) \quad , \quad \alpha = 90° - \Delta\Theta \tag{15} $$

Somit ist also eine Ziel-Lage des Rollstuhls orthogonal vor der Landmarke gefunden. In (15) entspricht m der Entfernung, in welcher der Rollstuhl vor der Landmarke positioniert werden soll. Diese Entfernung ist frei wählbar, so daß ein Docking-Manöver für verschiedene Szenarien (z. B. vor Tischen, vor Türen oder in Fahrstühlen) mit Hilfe des Triangulationsverfahrens möglich ist.

5.2 Docking-Manöver mittels Triangulation

Im Unterschied zum Visual Servoing wird beim Docking-Manöver mittels Triangulation die Berechnung der Ziel-Lage nur ein einziges Mal in der Start-Lage des Rollstuhls durchgeführt. Die berechnete Ziel-Lage wird dann an den in Kapitel 2 beschriebenen Fahrtregler übergeben, der die Fahrt plant und überwacht. Es erfolgt momentan aufgrund des hohen Zeitbedarfs (Bildaufnahme und Ausrichtung des Pan-Tilt-Heads) keine Bildaufnahme mehr während der Fahrt. Es wurden mehrere Versuche durchgeführt, in denen mit Hilfe des in Kapitel 5.1 beschriebenen Verfahrens aus verschiedenen Start-Lagen zugehörige Ziel-Lagen für den Rollstuhl berechnet wurden. Es ergab sich eine durchschnittliche Abweichung der erreichten von der wirklichen Ziel-Lage von: ${}^{W}\underline{p}_{Fehler} = [\pm 24mm, \pm 16mm, \pm 2°]$.

Das obige Ergebnis zeigt, daß das Triangulationsverfahren mit 3D-Laserkamera zur Durchführung eines Docking-Manöver geeignet ist. Um gute Ergebnisse zu erreichen, ist allerdings eine sehr gute Kalibrierung des Systems (Kamera, Pan-Tilt-Head, Rollstuhl) nötig. Dies ist auch als großer Nachteil dieses Verfahrens gegenüber dem Visual Servoing zu nennen. Schon leichte Kalibrierungsfehler führen zu einem deutlichen Fehler in der berechneten Ziel-Lage. Das Visual Servoing hingegen ist robust gegenüber Ungenauigkeiten bei der Kalibrierung, da das Verfahren auf einem Vergleich des momentanen mit einem zuvor geteachten Bild basiert. Sollten also Kalibrierungsfehler vorhanden sein, würde dieser Vergleich auf zwei gleichermaßen fehlerhaften Bildern beruhen und es würden im geschlossenen Regelkreis immer noch korrekte Ziel-Lagen relativ zur Kamera berechnet werden. Allerdings liefert das Triangulationsverfahren bei guter Kalibrierung bessere Ergebnisse als das Visual Servoing.

6 Zusammenfassung

In diesem Artikel wurde beschrieben, wie mit Hilfe des Visual Servoing ein Docking-Manöver einer mobilen Plattform durchgeführt werden kann. Der Ansatz des Visual Servoing wurde erweitert, indem die geschätzte bzw. gemessene Entfernung zu den Bildmerkmalen in den Merkmalvektor und in das Regelgesetz eingefügt wurde. Ein entsprechendes zeitdiskretes Regelgesetz, das die neuartige erweiterte Bild-Jacobi-Matrix benutzt, wurde hergeleitet. Als Alternative wurde ein Triangulationsverfahren vorgestellt, das es ermöglicht, den Rollstuhl mit Hilfe einer Entfernungsbildkamera vor einer Landmarke zu positionieren. Durch die Verwendung einer unterlagerten Trajektorienfolgeregelung stellen beide Verfahren eine geeignete Methode zur Navigation einer nichtholonomen mobilen Plattform dar.

Literatur

[1] Lang, O., Lietmann, T.: *Visual Servoing – Ein Ansatz zur kalibrierungsrobusten visuellen Regelung von Robotern,* In B. Lohmann, A. Gräser (Hrsg.), Methoden und Anwendungen der Automatisierungstechnik, S. 89-103, Shaker Verlag 1999

[2] Masutani, Y., Mikawa, M., Maru, N., Miyazaki, F.: *Visual Servoing for Non-Holonomic Mobile Robots*, IROS '94. Proc. of the IEEE/RSJ/GI Int. Conf. on Intelligent Robots and Systems, S.1133-40 vol. 2, 1994

[3] Pissard-Gibollet, R., Rives, P.: *Applying Visual Servoing Techniques to Control a Mobile Hand-Eye System*, Proc. of IEEE Int. Conf. on Robotics and Automation, S. 166-171, 1995

[4] Lohmann B., Buttelmann, M.: *Flache Systeme: Einführung, Anwendung und Realisierung einer Regelung für mobile Plattformen,* In B. Lohmann, A. Gräser (Hrsg.), Methoden u. Anwendungen der Automatisierungstechnik, S. 13-27, Shaker Verlag 1999

[5] Buttelmann, M., Lohmann, B., Kieren, M.: *Trajektoriengenerierung und Bahnregelung für nichtholonome, autonome Fahrzeuge*, In: Schmidt, G., Hanebeck, U., Freyberger, F., Informatik aktuell, Autonome Mobile Systeme 1999, S. 303-312, Springer Verlag 1999

[6] Corke, I.: *Visual Control of Robots: High-Performance Visual Servoing*, Research Studies Press Ltd. oder John Wiley & Son Inc., 1997

[7] Lang, O., Vogel, R., Siebel, N., Gräser, A.: *Vergleich verschiedener bildbasierter Regler zur Realisierung teilautonomer Greifvorgänge*, In: Schmidt, G., Hanebeck, U., Freyberger, F. (Hrsg.), Informatik aktuell, Autonome Mobile Systeme 1999, S. 188-197, Springer Verlag 1999

[8] Forgber, E.: *High Resolution 3D-Camera*, Daimler-Benz Aerospace, Space Infrastructure Division, New Products & Avionics Software Dept., 1998

[9] Hutchinson, S., Hager, G., Corke, P.: *A Tutorial on Visual Servo Control,* IEEE Trans. on Robotics and Automation vol.12, no.5, S. 651-670, 1996

Multi-Level-Navigation einer mobilen Plattform mit Hilfe einer Laser – Entfernungsbildkamera

Kai Steffen
IAT, Universität Bremen, Kufsteiner Strasse 1 28359 Bremen
ksteffen@iat.uni-bremen.de

Im Bereich der Forschung zur Navigation autonomer Systeme wurden in den letzten Jahren die verschiedensten Algorithmen und Sensoriken an unterschiedlichen Plattformen eingesetzt. Viele der so entstandenen Systeme verwenden sowohl in der Modellierung der Umgebung als auch in dem Sichtbereich ihrer Sensorik starke Vereinfachungen, um die Navigation überhaupt zu ermöglichen. In diesem Artikel wird sowohl ein neues Sensorsystem als auch ein Verfahren beschrieben, welches es ermöglicht, auch in einer hindernisdichten Umgebung sicher zu Navigieren. Dieser Artikel gliedert sich also in 3 Abschnitte. Im ersten wird die Funktion der Laser – Entfernungsbild-Kamera beschrieben, im 2. die Pfad - Planung eines punktförmigen Fahrzeuges und anschließend die genaue Trajektorienplanung für ein komplexes Fahrzeug in einer hindernisdichten Umgebung

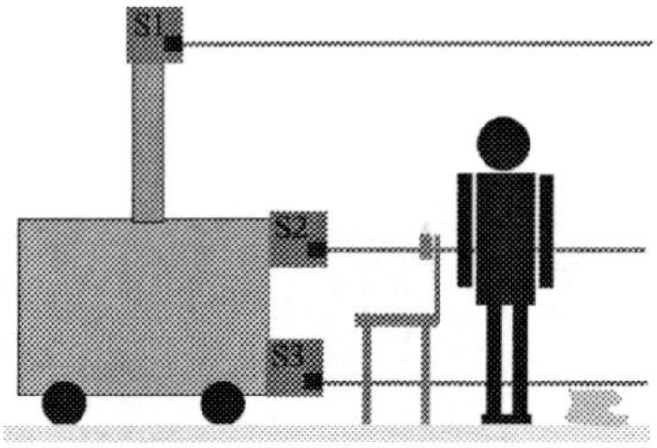

Abb. 1 Parallele Scanner

1 Einleitung

Nach dem derzeitigen Stand der Forschung bei autonomen Fahrzeugen, deren Operationsgebiet innerhalb von geschlossenen Räumen liegt, haben sich mehrere Sensorsysteme bewährt. Als Beispiel soll hier ein Laser-Zeilen-Sensor betrachtet werden. Ein Laserzeilensensor sendet einen rotierenden Laserstrahl aus, der somit einen Kreissektor mit dem Radius seiner Reichweite erfassen kann. Der von diesem Sensor scanbare Bereich, liegt folglich genau in der festgelegten Ebene, in der der Sensor montiert wurde [2].

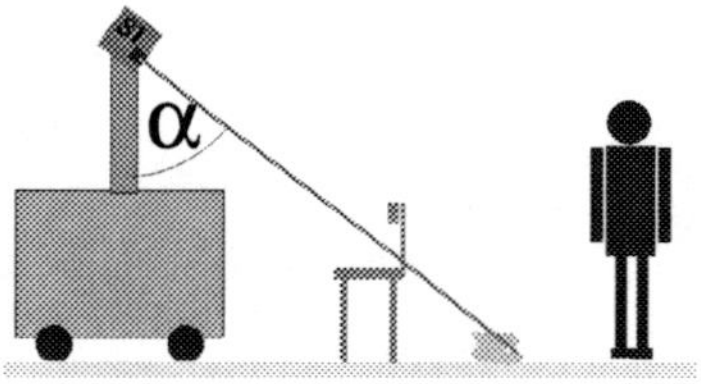

Abb. 2 Parallele Scanner

Ein Beispiel zur Montage mehrere Zeilensensoren ist in Abb. 1 dargestellt. Hier sieht man 3 Zeilensensoren, die jeweils eine zum Fußboden parallele Fläche erfassen. Man erkennt, daß alle Hindernisse mit dem Sensor erkannt werden können, die eine gewisse Höhe haben. Man erkennt jedoch auch, daß alle Hindernisse, die sich über oder unterhalb der Scanebenen befinden, nicht detektiert werden können.

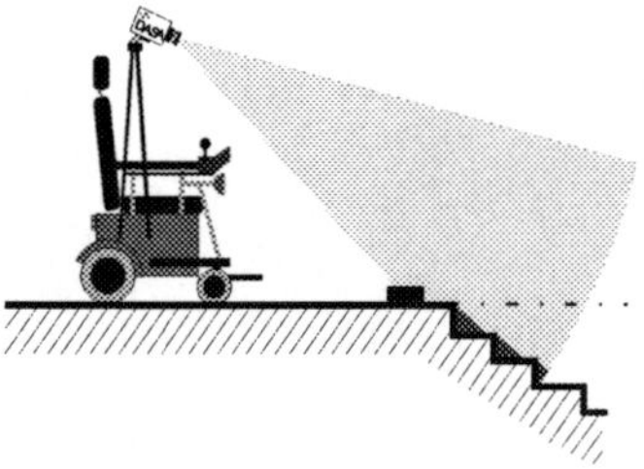

Abb. 3 Laser Entfernungskamera

Dieses Manko kann durch eine schräg nach unten zeigende Montage des Scanners nach Abb. 2 gelöst werden. In diesem Fall wird jedes Hindernis - sogar eines unterhalb der aktuellen Fußbodenebene - früher oder später erkannt, wenn sich der Roboter mit seiner Laser-Ebene das Hindernis überstreicht. Der Nachteil ist, daß die Sichtweite dort aufhört, wo die Scan-Ebene auf den Boden trifft. Um diesen nicht einzusehenden Bereich zu verkleinern, muß der Zeilensensor entweder schwenkbar montiert sein oder es müssen mehrere Sensoren in unterschiedlichen Höhen eingesetzt werden.

Weitaus günstiger ist ein Sensor, der ähnlich wie eine Weitwinkel-Kamera einen möglichst großen 3D-Meßbereich lückenlos erkennen kann und dabei den Meßwert direkt als Entfernungsinformation zurückgibt [3].

Als Sensor haben wir deshalb eine Neuentwicklung verwendet, die optimal diesen Anforderungen genügt, so daß Beispielsweise auch (entsprechend Abb.3) Treppen und Hindernisse in den unterschiedlichsten Höhenlagen erkannt werden können.

In direktem Zusammenhang mit der Sensorik stehen auch die Möglichkeiten, auf die Umgebung zu reagieren und den Arbeitsraum sowie das Fahrzeug zu modellieren. Bekannt sind Navigationssysteme, die das Fahrzeug und die Umgebung lediglich in einer einzigen zweidimensionalen Karte darstellen. Wenn man von der Vorgabe der Fahrzeuggeometrie als komplex modelliertes Modell oder vereinfacht als Punkt oder Linie ausgeht, muß die Karte an das Fahrzeugmodell angepaßt werden: Wird das Fahrzeug „geschrumpft“, so müssen die Hindernisse in dem Maße wachsen, wie das Fahrzeug verkleinert wurde [5].

Weiterhin kann auch die Darstellung der Karte sehr verschiedene Formen annehmen [4]. In Vektorkarten werden teilweise die Umrisse der Hindernisse direkt modelliert, teilweise werden aber auch die Flächen zwischen allen Hindernissen in die Karte aufgenommen. Andere Teilen den Arbeitsraum der Fahrzeuge in Quadrate verschiedener Größe ein [1]. Diese Quadrate werden jeweils als befahrbar oder nicht-befahrbar markiert.

Wenn die Geometrie des Fahrzeuges eine untergeordnete Rolle spielt, ist es sogar möglich, im Voraus mögliche befahrbare Wege zu bestimmen. Ein Beispiel hierfür ist die Routenplanung für ein Auto. Hier brauchen in der Kartenbasis lediglich die Kreuzungen mit allen erdenklichen Abzweigungen modelliert werden, da davon ausgegangen werden kann, das ein Kraftfahrzeug alle Straßen befahren kann.

Genau das Gegenteil ist jedoch in unserem Fall notwendig. Am IAT soll ein Fahrzeug komplexer Geometrie durch eine hindernisdichte Umgebung gesteuert werden. Daher liegt das Hauptaugenmerk darin, eine möglichst reale und dennoch einfache Darstellung des Fahrzeuges und der Umgebung zu finden. Dies erscheint am ehesten möglich, wenn sowohl das Fahrzeug als auch die Umgebung als geschlossen Vektorzüge in verschiedenen Höhenlagen modelliert werden, da so jederzeit eine genaue Kollisionsprüfung stattfinden kann.

2 Die Laser-Entfernungsbild-Kamera

Zur Erklärung des Begriffes „Entfernungsbild“ sind rechts drei unterschiedliche Bilder ein und derselben Szene dargestellt. Das obere Bild (Abb. 5) wurde mit einer ganz normalen Digitalkamera aufgenommen. Man erkennt sehr deutlich alle Details und bei einer Farbaufnahme auch die unterschiedlichen Farben der beiden Stellwände im Vordergrund.

Abb. 4 DASA - EBK

Im Gegensatz zur normalen Kamera wird die Szenerie bei der Entfernungsbildkamera mit einem Laserblitz ausgeleuchtet. Dabei macht man sich vor allem die Tatsache zunutze, daß Laserlicht eine genau definierte Wellenlänge besitzt, also absolut monochromatisch ist. [1]Alle anderen Lichtfrequenzen der Umgebungstrahlung werden am Objektiv der Videokamera durch ein optisches Filter herausgefiltert. In Abb. 6 ist dieselbe Szene mit der Entfernungsbildkamera als Infrarot-Graustufenbild dargestellt. Man erkennt, daß die Graustufen sich deutlich von denen des normalen Bildes unterscheiden, da nun nur noch das Spektrum aufgenommen wird, das die verschiedenen Materialien im Infrarotbereich reflektieren.

Abb. 5 "Normales" Bild

Im letzten Bild (Abb. 7) ist das Entfernungsbild der EBK (= Entfernungbild-Kamera) dargestellt. In diesem Bild werden nach einer elektronischen Aufbereitung der Aufnahme eines CCD-Chips statt Grauwerte, Entfernungsinformaionen in allen Pixeln des Bildes codiert. Erscheint ein Bereich des Bildes dunkel, so hat er eine geringe Entfernung zur Kamera, erscheint ein Punkt dagegen sehr hell, so hat er eine große Entfernung[2] zu Kamera. Das Rauschen im Hintergrund kommt dadurch zustande, daß die Lichtintensität des Lasers in diesen Bereichen nicht mehr ausreicht, um die einzelnen Zellen des CCD-Array in der EBK so gut zu füllen, daß eine eindeutige Entfernungsberechnung möglich ist.

Abb. 6 Infrarot-Bild

Die genauen Zusamenhänge hierzu werden in Abb. 11 erklärt.

Das Meßprinzip der Entfernungsbildkamera

Bei dem Meßprinzip der Entfernungsbild-Kamera handelt es sich um ein kombiniertes Licht-Laufzeits- und Intensitäts – Meßverfahren, das anhand der Abb. 8 erläutert werden soll.

Bei den Diagrammen a) bis d) befindet sich die Kamera in der Kameraebene, für die gilt: z=0.

Vor der Messung müssen die Grenzen z_{min} bis z_{max} des Meßbereiches festgelegt werden. Der Meßbereich definiert den Bereich z, in dem die Kamera Objekte wahrnehmen kann.

Abb. 7 Entfernungsbild

Zu einem Zeitpunkt t=0 werden am Ort z=0 die beiden in Abb. 8a dargestellten Lichtimpulse der Länge $l_{Impuls} = 2 * l_{Meß}$ abgefeuert.

In Abbildung b) wurde der untere Lichtimpuls bereits vollständig am vorderen Hindernis bei z_{min} reflektiert und fliegt wieder der Kamera entgegen. Der obere Lichtimpuls wurde an einem am Ende des Meßbereiches liegenden Hindernis genau zur Hälfte reflektiert, so daß sein Anfang GENAU an das Ende des bei z_{min} reflektierten Impulses anschließt.

Aus Abbildung c) erkennt man, daß beide Lichtimpulse nun genau hintereinander zur Kamera zurückfliegen.

---

[1] Die Wellenlänge unsere Kamera liegt im Infrarotbereich.

[2] Bei der Darstellung eines Bildes im Computer niedrige Werte Schwarz(= 0), hohe Werte Weiß (Bei 16 Bit-Darstellung = 65536).

In Abbildung d) ist gezeigt, wie die Impulse zurückkehren würden, wenn der obere Impuls beispielsweise von einem Hindernis *hinter* dem Meßbereich reflektiert wurde oder die Bedingung $l_{Impuls} = 2 * l_{Meß}$ nicht eingehalten wurde.

In Abb. 9 wird das zeitliche Eintreffen der Lichtimpulse auf dem CCD-Array der Kamera am Beispiel von vier gleichzeitig ausgesandten Lichtimpulsen dargestellt. Diese Impulse wurden von einem Hindernis am Ende (1), nach ¾ (2) , nach ¼ (3) und am Anfang (4) des Meßbereiches refektiert.

Mit dem Eintreffen des Impulses 4 von einem am Anfang des Meßbereiches liegenden Hindernisses wird der Anteil der Laufzeitmessung abgeschlossen. Der Verschluß des CCD-Arrays öffnet sich genau nach der Zeit, die ein Lichtstrahl vom Laser bis zum Anfang des Meßbereiches und zurück benötigt. Dies ist nach:

$$t_{Verschluss} = \frac{s}{v} = \frac{z_{\min}}{c} \qquad mit \qquad c = 300.000 \tfrac{m}{s}$$

Somit ergibt sich auch der rechnerische Beginn des Meßbereiches aus der Zeit zwischen Abfeuern des Lasers und dem Öffnen des Verschlusses zu:

$$z_{\min} = c \cdot t_{Verschluss}$$

Der Verschluss der Kamera bleibt nun genau so lange geöffnet, wie der Impulses (4) braucht, um vollständig in die Kamera zu gelangen. Entsprechend Abb. 8a muß nun der Impuls von einem Hindernis am Ende des Meßbereiches genau dann an der Kamera ankommen, wenn der Verschluss zufällt. Die Photonen des Impulses (1), können also nicht mehr auf das CCD-Array gelangen. Impulse von Gegenständen zwischen z_{min} und z_{max} werden folglich beschnitten. Die vom Impuls abgeschnittene Länge ist Anteilsmässig genau so groß, wie ihre Entfernung vom Anfang des Meßbereiches zu dessen Länge. Ist ein Hindernis ¼ der Länge des Meßbereiches von zmin entfernt, so wird auch ¼ der Impulslänge abgeschnitten.

Um aus dieser Tatsache eine Entfernung bestimmen zu können, macht man sich den Teilchencharacter des Lichtes zu nutzten: Man zählt Photonen!

Nach Abb. 9 treffen während der Öffnungszeit des Shutters Photonen auf dem CCD-Array ein. Die Anzahl der Photonen ist proportional zur Länge des

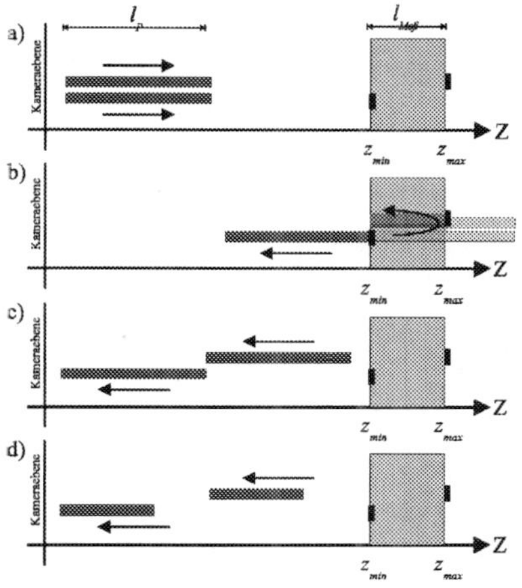

Abb. 8 Geometrischer Meßablauf

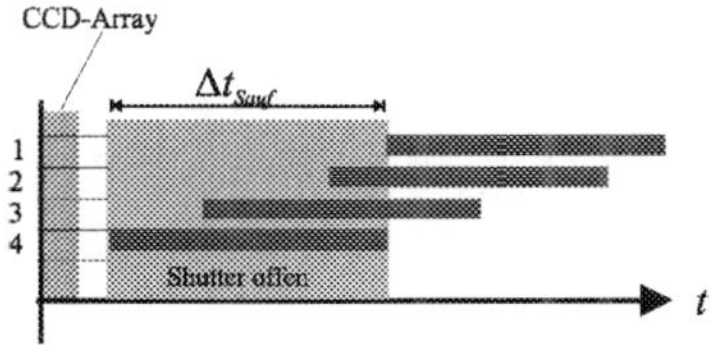

Abb. 9 Zeitlicher Meßablauf 1

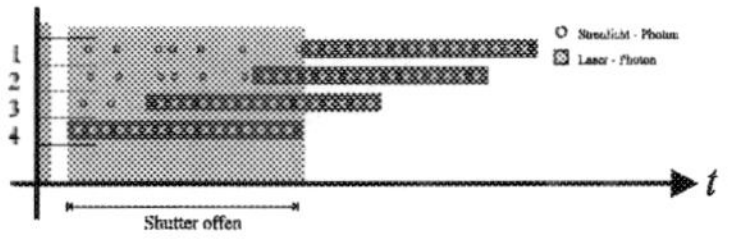

Abb. 10 Zeitlicher Meßablauf 2

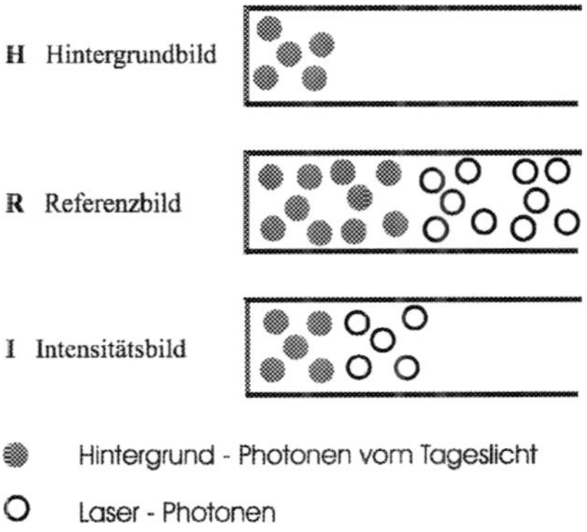

Abb. 11 Entstehung der Teilbilder

eintreffenden Impulses. Leider ist die Intensität des Eintreffenden Impules unterschiedlich, je nach Entfernung und Oberfläche des Hindernisses. Weiterhin treffen während der Öffnungzeit auch Photonen aus dem normalen Tageslichtspektrum ein, die die Messung ebenfalls stören.

Wie können diese Störeinflüsse nun herausgerechnet werden? Dies ist dadurch möglich, daß insgesamt für jedes Entfernungsbild 3 Aufnahmen gemacht werden. Zuerst wird die Anzahl der durch das Hintergrundrauschen verursachten Photonen für eine dem Meßbereich entsprechende einfache Öffnungszeit t_{auf} OHNE Einschalten des Lasers gemessen. (Abb. 11H) Anschließend wird das Referenzbild (Abb. 11R) aufgenommen. Hier hat der Laser die normale Länge. Der Verschluss ist allerdings $2{*}t_{auf}$ geöffnet, so daß auch das Licht von einem Gegenstand am Ende des Meßbereiches vollständig in die Kamera eindringen kann. Durch dieses Referenzbild wird festgestellt, wie viel Licht von dem Hindernis MAXIMAL in der Kamera eintreffen kann.

Als letztes wird das Intensitätsbild aufgenommen, bei dem die Laserimpulse entsprechend ihrer Lage im Meßbereich beschnitten werden. Jetzt wird das Entfernungsbild (=Intensitätsbild) mit Hilfe des Referenz- und Hintergrundbildes korrigiert. Abschließend werden die in Kugelkoordinaten vorliegenden Meßwerte in das kartesische Koordinatensystem umgerechnet.

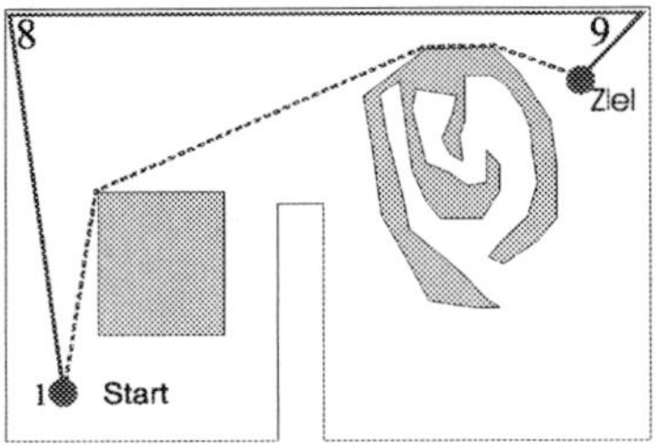

Abb. 12 Ist- und Sollpfad

3 Wegplanung für ein punktförmiges Fahrzeug

Bei jeder Wegplanung kommt es darauf an, auf einem möglichst optimalen Weg von einem Start- zu einem Zielpunkt zu gelangen.

Gerade bei der Fahrt in einer sehr hindernisreichen Umgebung ist es nicht unbedingt sinnvoll, bei der gesamten Routenplanung die vollständige Geometriebeschreibung des Fahrzeuges zu berücksichtigen. Aus diesem Grund wird die grobe Fahrtroute den hier beschriebenen Algorithmus im ersten Schritt lediglich für ein punktförmiges Fahrzeug ohne geometrische Ausdehnung berechnet.

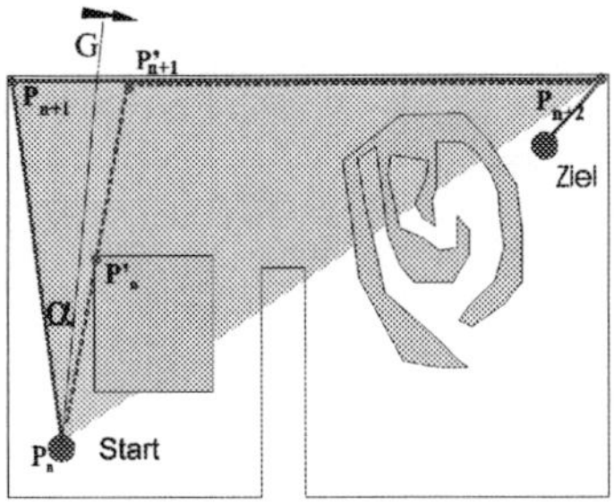

Abb. 13 Vorgehen beim Spannen

Die Ausgangsituation ist in Abb. 15 dargestellt. Der Start befindet sich in der unteren linken Ecke und das Ziel in der oberen rechten. Bekanntlich ist die kürzeste Verbindung zwischen 2 Punkten eine Verbindungslinie, wie sie in Abb. 15 eingezeichnet ist.

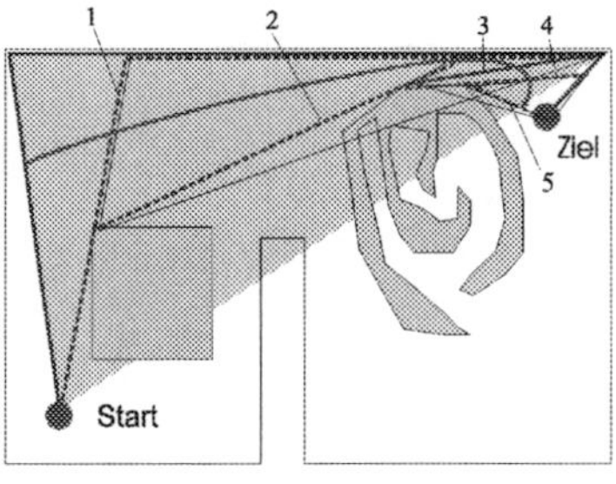

Abb. 14 Die einzelnen Schritte . . .

Diese Verbindungsgerade zwischen Start und Ziel schneidet normalerweise mehrere Hindernisse, die in der Zeichnung Abb. 15ff jeweils grau dargestellt sind. Bei einem relativ einfachen Hindernis, wie dem Quader (1) in Abb. 16, gibt es immer genau einen dem Startpunkt nahen Einstoßpunkt E1 und einen dem Zielpunkt nahen Ausstoßpunkt A1. Es existieren folglich genau 2 Möglichkeiten, das Hindernis vollständig auf seiner Begrenzung vom Einstoß- zum Ausstoßpunkt zu umrunden: einmal vom Einstoßpunkt nach links und einmal nach rechts.

Dieses Vorgehen setzt voraus, das alle Hindernisse eine geschlossene Umrandung aufweisen. Als Beispiel kann man hier unter anderem auch die Raumbegrenzung Abb. 16 (2) heranziehen. Die Umrundung des Hindernisses von E_2 nach rechts läuft einmal um den ganzen Raum herum, bis der Ausstoßpunkt A_2 erreicht ist.

Ein weiteres Beispiel ist in Abb. 17 in Form eines Labyrinthes gezeichnet. Bei einer derart komplexen Form gibt es mehrer Durchstoßpunkte der Verbindungslinie Start-Ziel mit dem Hindernis. Aber auch hier exisitert genau ein Punkt, der dem Start und ein Punkt, der dem Ziel am nächsten ist. Bei der Vorraussetzung eines geschlossenen Polygonzuges ist es weiterhin sichergestellt, das der Ausstoßpunkt A_3 in jedem Fall erreicht wird.

Bei der Fahrt zwischen Start und Ziel wäre es ein recht großer Umweg, auf dem rechtsseitigen Weg das gesamte Labyrinth auf dem gepunkteten Weg zu durchfahren. Wünschenswert wäre es vielmehr, am Eingang des Labyrinthes einfach verbeizufahren. Dieser optimale Weg ist in Abb. 18 als durchgezogene Linie eingezeichnet. Anschaulich beschreibt die Durchgezogenen Linie den verlauf der entstehen würde, wenn entlang der gepunkteten Linie ein Seil verlegt wäre, welches stramm gezogen wird.

Wie wird diese Linie errechnet (Abb. 18)? Man Start mit einem Punkt $\mathbf{P_n}$ und überprüft jeweils, ob die Verbindungslinie zwischen $\mathbf{P_n}$ und $\mathbf{P_{n+i}}$ frei von Hindernissen ist. Ist dies der Fall, so können alle Punkte zwischen $\mathbf{P_{n+1}}$ und $\mathbf{P_{n+i-1}}$ gelöscht werden, ist die nicht Fall, so wird i um 1 erhöht, bis i am Zielpunkt angekommen ist. Ist i entsprechend dem Index dies Zielpunktes - hier 41 - wird n um 1 erhöht und die Schleife erneut durchlaufen.

Ein Beispiel für n=6. Der Durchlauf beginnt mit $\mathbf{P_6}$, $\mathbf{P_7}$ und $\mathbf{P_8}$. Beim Durchlaufen von i wird Bei n+i=38 der gesamte Pfad durch das innere Labyrinth gelöscht.

Dieser Algorithmus wurde implementiert und hat im Falle des Labyrinthes fehlerfrei funktioniert. In Abb. 12 kann man das Ergebnis des „Weglass“ - Algorithmus als durchgezogene Linie erkennen. Alle Punkte die ausgelassen wurden, sind gelöscht, das Ziel, als Verbindungslinie die Form eines straff gespannten Seiles (gestrichelt) zu bekommen, wurde dennoch nicht erreicht.

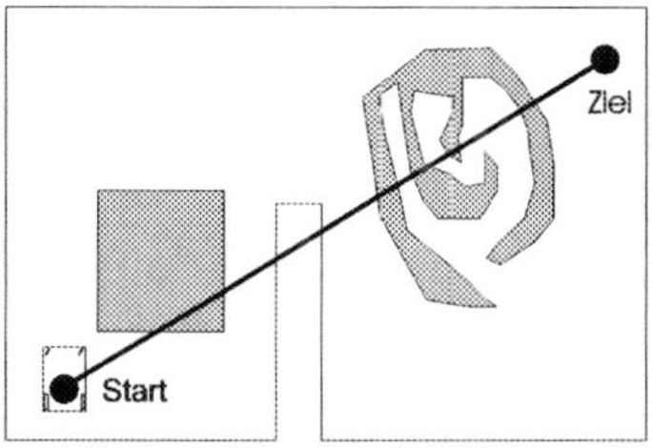

Abb. 15 Ausgangssituation

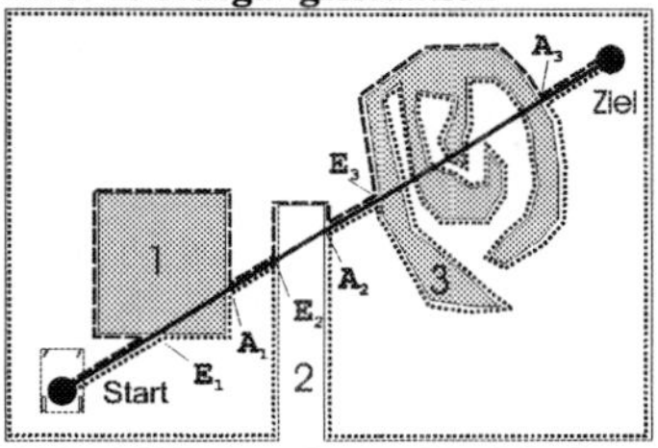

Abb. 16 Umrundung aller Hind.

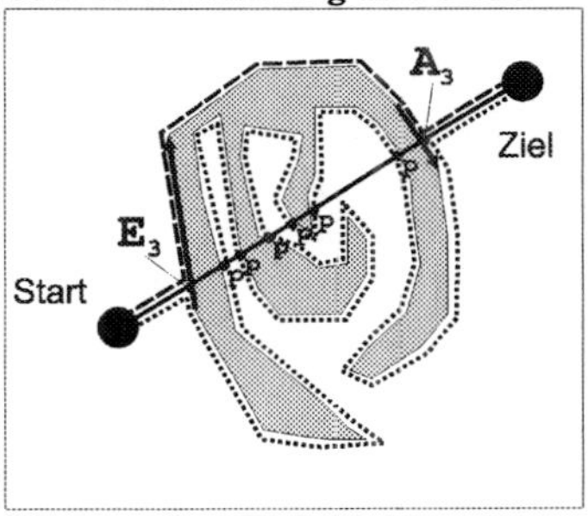

Abb. 17 Umrundung 1 Hindernis

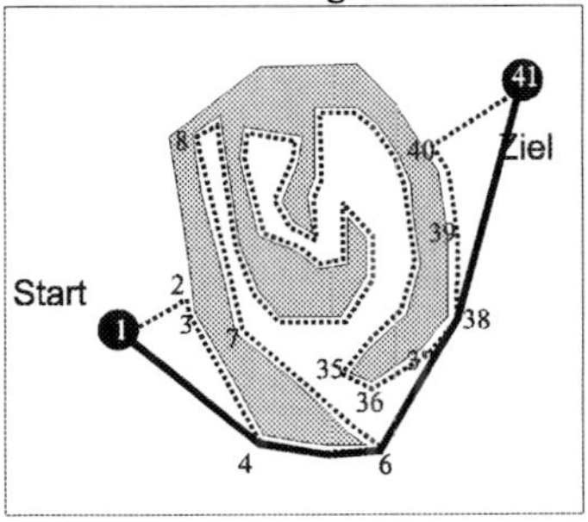

Abb. 18 Nach *Vereinfachen*

Hierzu ist ein weiterer Algorithmus entwickelt worden, der in Abb. 13 genauer dargestellt wurde. Ausgehend von der Linie $\mathbf{P_nP_{n+1}}$ wird der Winkel α einer Geraden so lange vergrößert, bis diese Gerade G zum ersten mal auf ein Hindernis trifft. Dies ist nur an einem Knotenpunkt des Hindernisses möglich. An diesem Ort wird in den Pfad eine neuer Knoten $\mathbf{P'_n}$ eingefügt. Weiterhin wird an dem Schnittpunkt der Geraden G mit der Geraden $\mathbf{P_{n+1}P_{n+2}}$ ein weiterer Knoten $\mathbf{P'_{n+1}}$ eingefügt. Der Knoten $\mathbf{P_{n+1}}$ wird gelöscht.

Anschließend wird n um 1 erhöht. Der nächste „Spannvorgang" wird nun zwischen den Punkten P'_{n+1}, P'_{n+2} und P_{n+2} erfolgen, usw., usw. . Die sich ergebenden Schritte wurden in Abb. 14 zwischen 1 und 4 numeriert. Nach Durchlauf dieses Algorithmus liegt immer ein optimal zwischen Start und Ziel gespannter Pfad vor.

4 Wegplanung für ein komplexes Fahrzeug

Während die Vorhergehenden Absätze erklärt haben, wie ein möglicher Pfad für ein punktförmiges Fahrzeug bestimmt wird, soll hier verdeutlicht werden, wie das Ergebnis der vorhergehenden Berechnungen auf ein fast beliebig komplexes Fahrzeug übertragen werden können.

Abb. 19 Aufbau in mehreren Ebenen

Modellierung des Fahrzeuges:

Bei Betrachtung der Abb. 19 wird deutlich, daß unsere mobile Plattform in verschiedenen Höhenbereichen fast identische geometrische Abmessungen aufweist. Diesen Umstand kann man sich zunutzte machen, in dem die in Abb. 19 jeweils farbig unterlegten Bereich in einer „characteristischen" Ebene zusammengefaßt und als Draufsicht in ein Polygon projeziert werden. Um die Berechnungen der Trajektorie weiter zu vereinfachen, wird anschließend um das Ebenenmodell ein Quadrat in einer Gesamtebene (= Ebene 0) gelegt, welches alle anderen Ebenen vollständig einschließt.

Modellierung der Umgebung:

Entsprechend wird auch die Umgebung in den gleichen Höhenbereichen zusammengefaßt wie der Rollstuhl. In den Bildern von Abb. 20 erkennt man deutlich die Vorteile für die Trajektorienplanung, wenn die Umgebung in mehreren Ebenen modelliert wurde.

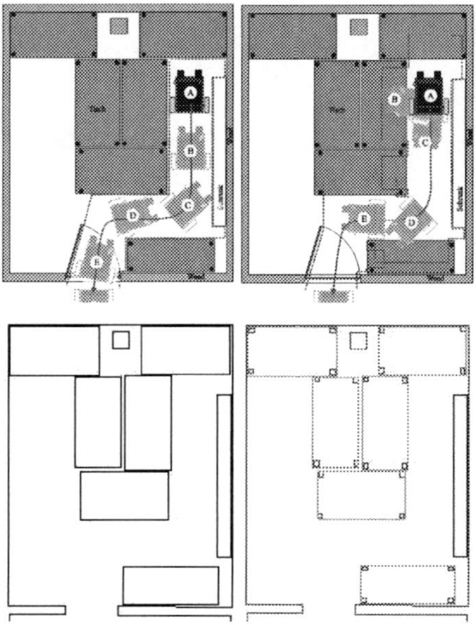

Abb. 20 Ebenenenmodell der Umgebung

Als Beispiel ist hier die Ausfahrt aus einem Büro gewählt. Im Bild links ist diese Aufgabe für die übliche Modellierung als 2D-Karte dargestellt. Um die Startposition A verlassen zu können, muß der Rollstuhl rückwärts aus dem Raum rollen. Auch wird die Kurve bei C und D relativ eng, so daß Kollisionen befürchtet werden müssen.

Ganz anders die Darstellung in mehreren Ebenen (rechts): Hier kann der Rollstuhl aus der Startposition A sofort in die Vorwärtsfahrt C drehen. Anschließend durchfährt er mit ausreichendem Platz die Position D, da er nun auch mit den Knien des Insassen unter der Tischplatte hindurchdrehen kann.

Es wird deutlich, daß sich auf diese Weise eine deutlich verbesserte Bewegungsmöglichkeit für eine Fahrt in einer hindernisdichten Büroumgebung gewinnen läßt. Vor allem durch die Möglichkeit, häufig vorwärts zu fahren, kann das Fahrerlebnis für einen Insassen deutlich angenehmer gestaltet werden. Er kann weitgehend

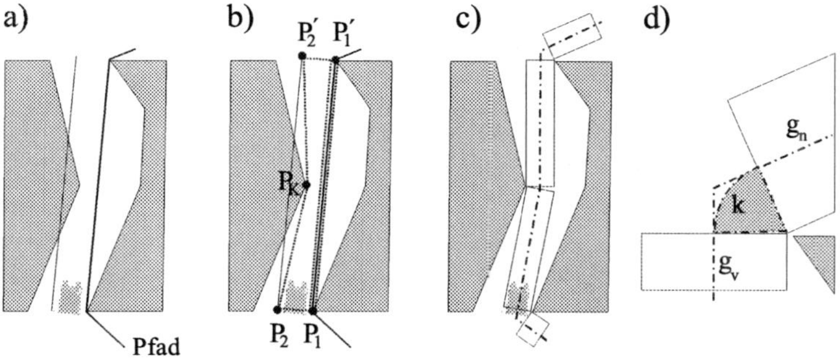

Abb. 21 Finden eines freien Korridores

den Raum in Fahrtrichtung einsehen, was bei Rückwärtsfahrt nicht möglich wäre.

Weiterhin kann durch dieses quasi-3D-Darstellung gegenüber der Modellierung als reale 3D-Darstellung aus räumlichen Flächen, ungeheuer viel Rechenzeit eingespart werden.

Berechnung der Trajektorie für den Mittelpunkt des Rollstuhles

Bei der Berechnung der Trajektorien für einen punktförmiges Hindernis kann man sich das Ergebnis der Berechnungen als ein straff gespanntes Band zwischen Start- und Zielpunkt vorstellen. Dieses Band liegt folglich an allen Ecken, die es berührt dermaßen an, das sich alle Berührpunkte mit Hindernissen auf der Innenseite, d.h. auf der Seite des kleineren Winkels eines Knickes befinden.

Der Verlauf eine Pfades von unten nach oben ist beispielsweise in Abb. 21a) dargestellt. Auch wenn der Pfad kollisionsfrei verläuft, würde der Rollstuhl ein Hindernis berühren, wenn er dem Pfad immer direkt an seiner rechten Seite folgen würde. Dies einfach Beispiel zeigt, das der Pfad beim Übergang zur realen Geometrie nochmals verändert werden muß.

Um Knoten zu finden, die zusätzlich zur 2D Pfadplanung auf der Strecke **P_1 – P_1‘** umrundet werden müssen, werden senkrecht zur Verbindungslinie und von den Hindernissen abgewandt, zwei Geraden **(P_1-P_2)** und **(P_1‘-P_2‘)** errichtet. Anschließend werden anschaulich zwei Seile verlegt. Diese verlaufen jeweils vom rechten **(P_2)** / linken **(P_1)** Startpunkt über den urspünglichen Berührpunkt zwischen Pfad und Hindernis am Start (hier bei **P_1**) zum Berührpunkt zwischen Pfad und Hindernis im Ziel (hier bei **P_2‘**) jeweils wieder zu den rechten **(P_1‘)** / linken **(P_2‘)** Endpunkt. Wenn diese Seile nun entsprechen dem in Abb. 12ff. beschrieben Algorithmus gespannt werden, müssen genau dann noch zusätzliche Knoten umrundet werde, falls keine direkte Verbindung zwischen dem jeweiligen **P** und **P‘** möglich ist.

Wird ein neuer Knoten gefunden, so wird immer der Knoten als neues Ende aufgefaßt, der dem zugehörigem Startpunkt am nächsten ist. Sobald der Algorithmus durchgelaufen ist, erhält man eine Anzahl garantiert für die Breite des Rollstuhles passierbarer Rechtecke (Abb. 21c). Die Trajektorie für den Mittelpunkt der Rollstuhlachse – diese ist der Koordinatenursprung des lokalen Rollstuhl Koordinatensystems – liegt jeweils genau in der Mitte der Quadrate. Nachdem mindestens 2 dieser Quadrate bestimmt wurden (Abb. 21d), kann eine Verbindungskurve k zwischen der Vorgängergerade g_v und der Nachfolgergerade g_n bestimmt werden.

Berechnung der Trajektorie in mehreren Ebenen

Dieser Algorithmus zum Suchen eines freien Korridors wurde für die maximale Ausdehnung des Rollstuhles, die sogenannte Ebene Null beschrieben. Wenn nun eine Engstelle schmaler sein sollte als die Breite des Rollstuhles, kann nach genau dem selben Prinzip für jede andere Ebene ein kollisionsfreier Korridor bestimmt werden. Nach Abb. 22 fährt der Rollstuhl auf eine Engstelle in einer Ebene n zu. In der Grafik bedeutet dies, das der gestrichelte Bereich des Rollstuhles zwischen den gestrichelten Hindernisse durchgeführt werden muß.

In Ebene Null wird der Rollstuhl jeden Knoten mit dem Radius r_0 umfahren. Das bedeutet, das die Geraden (P_1-P_2) aus Abb. 21 die Länge $2*r_0$ haben. Wird nun ein Hindernis in einer Ebene E entdeckt, so wird der oben beschriebenen Algorithmus mit einem der Ebene E entsprechenden Radius r_E durchgeführt.

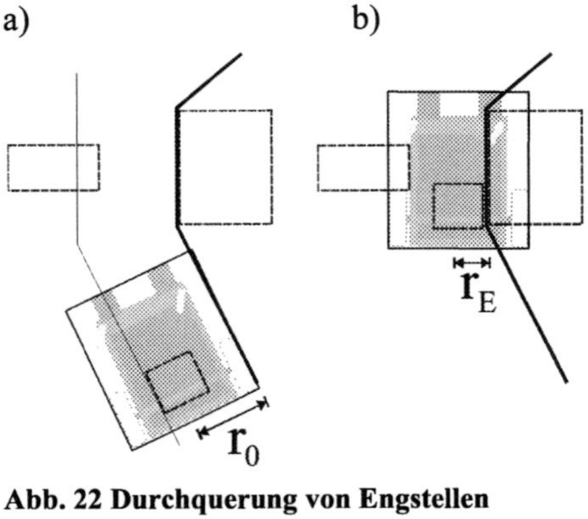

Abb. 22 Durchquerung von Engstellen

Wird nun für die Kollisionsebene ein freier Pfad gefunden, wird überprüft, ob dieser Pfad in allen anderen Ebenen befahrbar ist. Wenn ja, so kann zum nächsten Abschnitt des Pfades gewechselt werden, wenn nein, so muß die Suche nach einem freien Korridor für die Ebene des neu aufgetretenen Hindernisses wiederholt werden.

Als neue Trajektorie für den Mittelpunkt der Rollstuhlachse wird wiederum die Mitte der als Hindernisfrei erkannten Rechtecke gewählt.

Sollte sich herausstellen, daß kein Korridor gefunden werden kann oder daß das Fahrzeug in seiner vollständigen Geometrie in der vorhergehenden Kurve auf ein nicht umfahrbares Hindernis stößt, so muß diese Durchfahrt gesperrt werden. Zu diesem Zweck wird zwischen den die Engstelle bildenen Hindernissen eine Sperre in Form eines sogenannten virtuellen Hindernisses eingefügt. Ein virtuelles Hindernis verbindet die beiden Hindernisse dermaßen, daß sie von der 2D Pfadplanung wie ein einziges Hindernis erkannt und umfahren werden. Muß beispielsweise das in Abb. 23 rechts liegende Hindernis H_R auf seiner linken Seite umrundet werden, so wird die Umrundung an dem Knoten K_1 des virtuellen Hindernisses auf das linke Hindernis weitergeleitet. Anschließend wir das linke Hindernis bis zum Auftreffpunkt K_2 des virtuellen Hindernisses umlaufen und wieder auf das ursprüngliche Hindernis zurückgekehrt. Nach dem Vereinfachen und Spannen der Pfade wird ein Pfad errechnet, der die Engstelle nicht mehr passiert.

Ein virtuelles Hindernis beeinflußt jedoch nur die 2D-Pfadplanung. Es kann nicht durchfahren werden, aber bei einer Kurvenfahrt kann ein Teil des Rollstuhles die virtuelle Hindernislinie ohne weitere Konsequenzen schneiden.

Optimieren der Trajektoriengeometrie

Das Ergebnis der bisher beschriebenen Verfahren ist ein befahrbarer Weg von einem Start zu einem Zielpunkt. Die Trajektorie führt den Rollstuhl in einem minimalen Sicherheitsabstand an Hindernissen vorbei und besteht aus einer abwechselnden Folge von Geraden und eng gefahrenen Kreissegmenten. Um die Fahrt entlang dieser Trajektorie angenehmer zu gestalten werden noch zwei Verbesserungen vorgenommen:

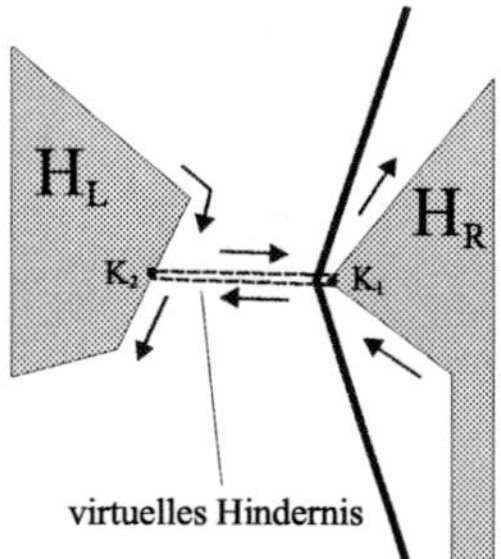

Abb. 23 Virtuelle Hindernisse

Zum einen werden die Abstände der Trajektorie von den Kanten der Hindernisse vergrößert. Als günstiger Abstand soll hier eine Entfernung von etwa der halben Rollstuhlbreite vom Hindernis angesehen werden.

Um diese Verschiebung durchzuführen, werden nacheinander alle geraden Trajektorienstücke entsprechend verschoben, sofern sie für die gesamte Rollstuhlbreite in Ebene Null berechnet wurden. Anschließend wird für die vollständige Rollstuhlgeometrie geprüft, ob Kollisionen entweder in der Geraden oder dem Einfahrts- bzw. Ausfahrtsbogen auftreten. Bei dieser Prüfung ist es zulässig, das sich unterschiedliche Ebenen zwischen Rollstuhl und Umgebung überschneiden. Beispielsweise wäre das Unterfahren eines Tisches mit den Knien des Insassen zulässig.

Tritt eine Kollision auf, so wird die Verschiebung der geraden Strecke so lange um jeweils 10cm vermindert, bis die Trajektorie befahrbar ist.

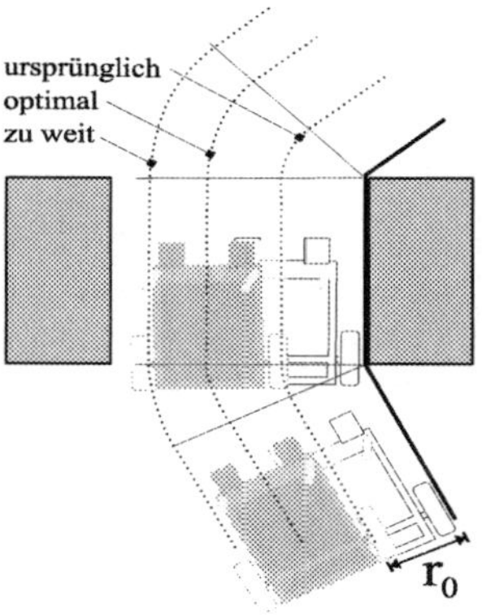

Abb. 24
Verschieben der Trajektorie

In einem weiteren Optimierungsschritt soll die noch recht „eckige“ Trajektorie einen gleichmäßig gerundeten Verlauf erhalten. In Abb. 25 wurde zur Verdeutlichung der ursprüngliche Weg gepunktet eingezeichnet. Dieser Weg besteht jeweils aus Geradenstücken G, die als Vorgänger und Nachfolger immer einen Kreisbogen K aufweisen. Nun wird jeweils die Gerade sowie die Hälfte des Vorgängerkreisbogens und die Hälfte des Nachfolgerkreisbogens durch einen oder mehrere Biarcs ersetzt.

Da bei diesem Ersetzten die ursprüngliche Trajektorie nur geglättet, aber nicht durch zu große Radien völlig verändert werden sollte, wurde aus Erfahrung eine zusätzliche Beschränkung für die Ersatzbögen festgelegt: Die Trajektorie darf sich um maximal 25% ihrer Länge in Querrichtung verschieben.

Auch bei dieser Überarbeitung des Pfades muß Abschießend geprüft werden, ob die neuen Wegstücke befahrbar sind. Sollte es sich zeigen, daß eine Kollision auftritt, so wird die maximale Verschiebung in Querrichtung Schrittweise jeweils um 25% ihres ursprünglichen Wertes vermindert. Nach maximal 4 vergeblichen Versuchen wird die Optimierung folglich abgebrochen und der ursprüngliche Verlauf beibehalten.

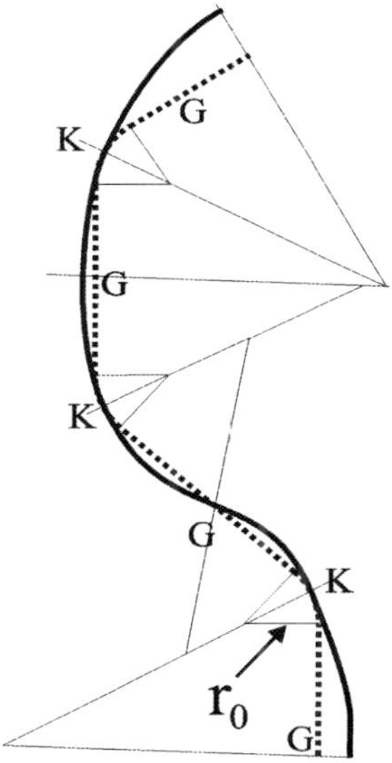

Abb. 25
Glätten der Trajektorie

Nach dieser Optimierung wurde für das Fahrzeug eine Fahrtstrecke aus glatt ineinander übergehenden Bögen erstellt, die anschließend mit Hilfe von Odometriesensoren und der Entfernungsbildkamera als Kollisionssensor abgefahren werden kann.

Schlußwort

Zur Zeit ist der oben beschriebene Algorithmus am IAT als Computersimulation vorhanden. Im Laufe des Jahres 2001 wird dieser in Verbindung mit bereits entwickelten Modulen zur Trajektorien-Folge-Regelung, Odometrie und Bildverarbeitung mit der EBK am Rollstuhl implementiert.

Somit soll uns Ende des Jahres eine mobile Plattform zur Verfügung stehen, die vielen Hindernissen in unterschiedlichen Höhenlagen ausweichen kann und in vielen Fällen auch eine Möglichkeit zum Passieren des Hindernisses findet. Diese Fähigkeiten beruhen vor allem auf der Möglichkeit, das Fahrzeug als komplexe Fahrzeuggeometrie zu beschreiben und der Fähigkeit unseres Sensors (EBK) ein 3-dimensionales Bild der Umgebung zu erfassen.

Literatur:

[1] E. Kruse, F.M. Wahl
„Ein kamerabasiertes Navigationssystem für mobile Roboter in belebten Umgebungen"
Autonome Mobile Systeme 98, S. 19 ff., Tagungsband, Springer Verlag Berlin Heidelberg 1998A.

[2] A. Kirchner
„Mapping with a laser-rangefinder and a grid based transformation estimation"
Universität der Bundeswehr, Institut für Automatisierungstechnik, Hamburg, 1997

[3] Ernst Fogber:
Anleitung zur Software der EBK: "Range Image Camera - Software Library Reference Manual - Windows NT - Version 2.0"; 26.8.99, DASA Bremen

[4] G. Pritschow, P. Demel
„Umgebungsmodellierung und Positionsbestimmung mit Geradengittern für mobile Roboter"
Autonome Mobile Systeme 98, S. 100 ff., Tagungsband, Springer Verlag Berlin Heidelberg 1998

[5] J. Guldner
„Lokale Kollisionsvermeidung für mobile Roboter mittels künstlicher harmonischer Dipol - Potentiale"
Automatisierungstechnik, Band 45, S. 24ff., 1997

Agentenorientierte Systemarchitektur für einen Rehabilitationsroboter

Christian Martens
Universität Bremen, Institut für Automatisierungstechnik
Kufsteiner Str. NW1, 28359 Bremen
E-Mail: cmartens@iat.uni-bremen.de

Kurzfassung

Zur Beherrschung komplexer technischer Systeme mit einem hohem Grad an Parallelität hat sich seit Anfang der 90er Jahre das Paradigma der Softwareagenten immer stärker durchgesetzt. Aus Sicht der Automatisierungstechnik stellen Softwareagenten geeignete Kontrollarchitekturen zur Steuerung und Regelung von beispielsweise autonomen Robotersystemen zur Verfügung, wie die im praktischen Einsatz befindlichen hybriden Agentenarchitekturen 3T, SMARTSOFT oder INTERRAP verdeutlichen.

Zu diesen Robotersystemen zählen auch Rehabilitationsroboter mit den Einsatzbereichen Rehabilitation, Pflege und berufliches Umfeld. Die Realisierung dieser Systeme erfordert den Einsatz unterschiedlichster Sensoren, Aktoren, Benutzerschnittstellen, flexibler Steuerungsstrategien, Planungsalgorithmen und einen hohen Grad an Autonomie. Das sich ergebende Gesamtsystem besitzt einen hohen Komplexitätsgrad, der die besondere Bedeutung der zugrunde liegenden Systemarchitektur begründet.

In diesem Beitrag wird der Entwurf einer hybriden Agentenarchitektur für einen Rehabilitationsroboter vorgestellt. Hierzu werden, nach einer Zusammenfassung der architektonischen Anforderungen von Rehabilitationsrobotern und einer kurzen Einführung in das Gebiet der Softwareagenten, typische Entwurfskonzepte aus bestehenden Agentenarchitekturen erarbeitet. Im Anschluss wird die auf diesen Konzepten aufbauende Systemarchitektur vorgestellt, welche für die am IAT entwickelten Rehabilitationsroboter FRIEND entworfen wurde. Anhand der Integration eines visuell gestützten Greifvorganges in das System FRIEND wird der Umgang mit dieser Architektur aus Sicht der Entwickler veranschaulicht. Beendet werden die Ausführungen mit einer Diskussion über Erweiterungsmöglichkeiten der Architektur, die für zukünftige Anforderungen erforderlich sind.

1 Architekturanforderungen von Rehabilitationsrobotern

Rehabilitationsroboter sollen Menschen mit körperlichen Behinderungen oder auch älteren Menschen sowohl im täglichen Leben als auch im beruflichen Umfeld unterstützen. Bei der Betrachtung der aktuell am Markt verfügbaren technischen Hilfsmittel fällt auf, dass diese entweder in Ihrer Funktionalität stark eingeschränkt sind oder von der Mehrheit der Benutzer gerade aufgrund ihrer Behinderung nicht genutzt werden. So wird beispielsweise der Roboterarm MANUS handelsüblich mit einer 4×4 Tastatur ausgeliefert, zu dessen Bedienung der Benutzer feinmotorische Fähigkeiten in Armen und Händen aufweisen muss. Aufgrund dieser Situation wird an der Entwicklung von intelligenten Unterstützungssystemen gearbeitet, welche (teil-)autonom Handlungen in einer menschengerechten, also unstrukturierten und dynamischen, Umgebung durchführen. Als Beispiel soll der am IAT entwickelte Rehabilitationsroboter FRIEND dienen [Mar01]. FRIEND besteht aus einem, an einem elektrischen Rollstuhl montierten, Roboterarm MANUS, welcher per Sprache gesteuert werden kann. Zur eigenständigen Durchführung komplexerer Handlungen, wie dem Greifen eines Gegenstandes, wurde am Greifer des Armes eine Miniaturkamera montiert.

Die Erwartungshaltung an derartige Systeme ist hoch. Neben den funktionalen Anforderungen besitzen die Punkte Einsatzflexibilität und Sicherheit hohe Priorität. Die technische Realisierung dieser Systeme erfordert den Einsatz unterschiedlichster Sensoren, Aktoren, Benutzerschnittstellen,

flexibler Steuerungsstrategien und Planungsalgorithmen. Das sich ergebende Gesamtsystem besitzt einen hohen Komplexitätsgrad, der die besondere Bedeutung der zugrunde liegenden Systemarchitektur begründet [Sch98].
Die schrittweise Realisierung eines solchen komplexen sensomotorischen Systems erfordert eine flexible und transparente Softwarebasisarchitektur. Die Flexibilität wird gefordert, um die Integration neuer Funktionalitäten in das Gesamtsystem, die zum Zeitpunkt des Entwurfes nicht bekannt sind, zu ermöglichen und zu vereinfachen. Dies sollte ohne die Modifikation der Basisarchitektur und der Änderung bereits existierender zeitlicher Abläufe möglich sein. Die Notwendigkeit der gleichzeitigen Ausführung mehrerer Aufgaben und der hohe Bedarf an Rechenleistung eines solchen Systems erfordert die Unterteilung der Software in nebenläufige kommunizierende Rechenprozesse, die auf mehrere Rechner verteilt werden. Dies ist insbesondere zur Realisierung von echtzeitfähigem Verhalten erforderlich, welches bei der schnellen Reaktion auf Veränderungen in der Umwelt oder der Steuerung der Aktoren unabdingbar ist. Die Verteilung der nebenläufigen Rechenprozesse muss für den Programmierer, der später das System um neue Funktionalitäten erweitert, transparent sein [Sch98, Sch99a].

Eine weitere Anforderung an die Architektur ist der Wunsch Befehle auf hohem Abstraktionsniveau, wie „Fahre in die Küche“ oder „Greife das Glas“, an das System abzugeben [Grä99]. Die autonome Ausführung dieser Befehle in einer komplexen, dynamischen, d.h. nicht robotergerechten, Umgebung verlangt nach einer Architektur, welche die Einplanung und Verwaltung einfacher sensorbasierter Verhaltensweisen, wie dem Greifen eines Gegenstandes unter Kamerakontrolle oder dem kollisionsfreien Anfahren eines Zielpunktes, zum Erreichen einer übergeordneten Aufgabe unterstützt [3T-96]. Hinzu kommt die Problematik beschränkter Betriebsmittel (Sensoren, Aktoren), die bei der automatischen Aktivierung der Verhaltensweisen zu verwalten sind, ohne dass beispielsweise Verklemmungen oder die Ausführung widersprüchlicher Aktionen auftreten. Hier versprechen agentenorientierte Ansätze eine Hilfestellung zur Erfüllung der Anforderungen zu geben [z. B.: Fir89;Lüt98;Grä99].

2 Softwareagenten

Der Begriff des Agenten hat in den letzten Jahren stark an Popularität gewonnen. Er kennzeichnet eine äußere Sicht auf Programme, die technologisch noch lange nicht fest umrissen ist. Mit der Vorstellung von Agenten sind bestimmte Erwartungen der Benutzer von Computern an Programme verbunden. Es sollen bestimmte Eigenschaften, die Programme bis jetzt nicht hatten, mit Hilfe der Agententechnologie bereitgestellt werden. Zu nennen ist eine Reihe charakteristischer Eigenschaften, durch welche sich Agenten von „normalen“ Programmen abheben [Jen95;Bre97]:

- Autonomes Handeln
- Reaktivität
- Proaktivität/Zielorientiertheit
- Schlußfolgerungs-/Lernfähigkeit
- Kommunikation/Kooperation

Aus den aufgelisteten Merkmalen eines Agenten lässt sich nun eine Definition ableiten. Stellvertretend für unterschiedliche Definitionen (z. B. [Fra96;Jir97]) soll hier die leicht modifizierte Definition von [Bre97] angegeben werden (Begriffe der Originaldefinition sind in Klammern aufgeführt):

Definition: Agent

„Als intelligenter (Software-)Agent wird ein System (Softwareprogramm) bezeichnet, das für einen Benutzer bestimmte Aufgaben erledigen kann und dabei einen Grad an Intelligenz besitzt, der es befähigt, seine Aufgaben in Teilen autonom durchzuführen und mit seiner Umwelt auf sinnvolle Art und Weise zu interagieren“

Da die Definition keine Aussage über die Komplexität eines Agenten macht, können bereits einfachste Regelkreise als Agent betrachtet werden [Jen95]. Es ist deshalb zusätzlich zur oben aufgeführten Definition sinnvoll, eine Unterteilung der Agenten im Bezug auf ihre Komplexität zu machen. [Eis91] liefert hierzu folgende Unterteilung:

Agentenart	**Erläuterung**
Primitiver Agent	Einfaches Sensor-Aktor-System
Technischer Agent	Programmgesteuertes System, das starr den Instruktionen folgt
Technisch-intelligenter Agent	System, welches flexibel auf Ereignisse reagiert, die nicht explizit im Programm berücksichtigt werden
Kognitiver Agent	System mit Fähigkeiten zur Reflexion und Introspektion
Sozialer Agent	System mit bewußter Interaktionsfähigkeit, also andere Agenten und Beziehungen sind Gegenstände des Räsonierens

Die Frage nach der Interpretation der Definition reduziert sich somit auf die Frage der Zweckmäßigkeit [Mül96]. Eine Betrachtung der Agentenarten primitiver und technischer Agent würde eher bestehende Methoden verschleiern als neue Erkenntnisse bringen [Grä99]. In den weiteren Betrachtungen werden somit nur technisch intelligente, kognitive und soziale Agenten behandelt.

Die Erzeugung des komplexen Verhaltens eines Agenten beruht auf unterschiedlichen Prinzipien [Bur98], die sich in den Kontrollarchitekturen der Agenten niederschlagen. Die Prinzipien lassen sich unterteilen in:

- die vollständige interne Modellierung der Umwelt durch komplexe Agenten
- die direkte Reaktion auf Umweltbedingungen durch einfachere Agenten
- das kollektive Verhalten durch Kombination einfachster Agenten

Allgemein lassen sich drei Phasen bei der Arbeit eines Agenten angeben, die den sogenannten *sense-think-act*-Zyklus bilden [Bur98]:

(1) Sensorische Aktivität (Empfang von Nachrichten, Aufnahme von Sensorsignalen)

(2) Interne Entscheidungsprozesse (Zielverfolgung, Planung, Entscheidungsprozesse)

(3) Effektorische Aktivität (Senden von Nachrichten, Aktionen)

Unterschiede zwischen den Agenten treten insbesondere in der Realisierung des Punktes 2, der Entscheidungsfindung (Aktionsselektion), auf. Bei rein *reaktiven Agenten* stellen die Aktionen direkte Reaktionen auf Reize der Umwelt dar. Bei den *deliberativen Agenten* wird dagegen ein komplexer Entscheidungs- und Planungsprozess durchlaufen, bei dem Aktionen vorausschauend bewertet und Handlungsfolgen erzeugt werden können.

3 Die hybride Mehrschichtenarchitektur

Mit den Prinzipien reaktiver und deliberativer Agent sind einige Probleme verbunden, die ihrer Anwendbarkeit in praktischen Applikationen Grenzen setzen. Bei rein reaktiven Systemen ist dies die mangelnde Fähigkeit zur Modellierung zielgerichteten Verhaltens. Rein deliberativen Systeme, die in den meisten Fällen auf allgemeinen Problemlösungs- und Schlußfolgerungsmechanismen beruhen, verbietet die Berechnungskomplexität deren Einsatz in Nicht-Spielzeugwelten [Mül98]. Eine in der Praxis häufig verwendete Methode zur Überwindung dieser Einschränkungen ist der Einsatz hybrider Mehrschichtenarchitekturen (z. B. 3-Tier [3T-96], TCA [Sim95]; InteRRaP [Mül96]), in der beide Agentenprinzipien miteinander verknüpft werden.

3.1 Allgemeines Prinzip

Die Idee der hybriden Mehrschichtenarchitektur ist die Strukturierung der Funktionalität eines Agenten in mehrere hierarchische und interagierende Ebenen. Die unterste Ebene stellt die Schnittstelle des Agenten zur Umwelt dar und bildet den reaktiven Teil. Die auf dieser Ebene aufsetzenden Ebenen repräsentieren den deliberativen Teil des Agenten. Aufgrund der von der reaktiven Schicht zur Verfügung gestellten Operationen kann die deliberative Ebene auf höherem Abstraktionsniveau mit einer geringeren Operatorenzahl planen. Dies führt zu einer erheblichen Reduktion der Berechnungskomplexität beim Erstellen eines Handlungsplanes, wodurch eine Anwendung in realen Applikationen wieder möglich wird.

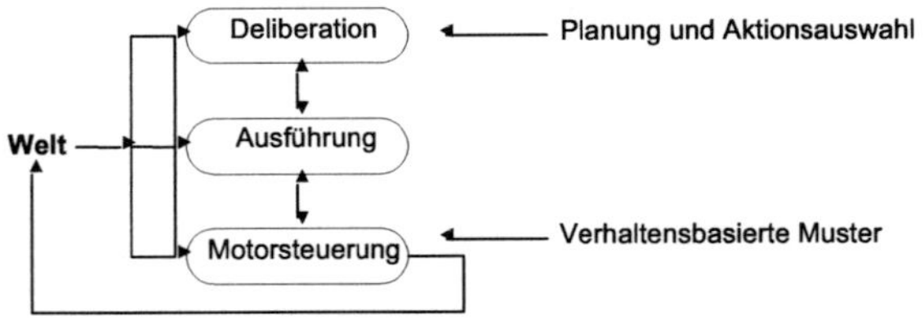

Abb. 1 Architekturschema eines hybriden Agenten [Neb98]

3.2 Grobentwurf

Da bereits mehrere Architekturen existieren, mit denen die Anforderungen vollständig oder in Teilen abgedeckt werden, konnten folgende Konzepte beim Entwurf der Basisarchitektur übernommen werden. Ein vollständiger Einsatz einer Architektur war entweder aufgrund von mangelnder Information oder Problemen bei der Implementierung nicht möglich.

3-Tier und RAP (Reactive Action Packages) [Bon97;Fir89]

3-Tier wird in mehreren Projekten der NASA erfolgreich zur Steuerung (teil-)autonomer Robotersysteme eingesetzt. In dieser Architektur ist das Modell der hybriden Mehrschichtenarchitektur konsequent umgesetzt. Für den Grobentwurf der Basisarchitektur des Rehabilitationsroboters interessant ist das Konzept, mehrere Verhalten der reaktiven Ebene zu Operatoren (RAP) zusammenzufassen, die von der deliberativen Ebene zur Umsetzung eines Handlungsplanes aufgerufen werden können. Je nach aktueller Umweltsituation kann ein RAP entscheiden, welches Verhalten zu verwenden ist, um das Ziel des Operators zu erreichen. Dies reduziert die Komplexität der Planung und erhöht die Robustheit des Systems gegenüber kleinen Änderungen in der Umwelt. Des weiteren erlaubt das in 3-Tier verwendete *Skill-Modell* den flexiblen Auf- und Abbau unterschiedlicher Verhaltensweisen. Dabei ist unter einem *Skill* eine nebenläufige Einheit zu verstehen, welche Daten konsumiert (z. B. von einem Sensor oder anderen Skills), Berechnungen auf diesen Daten durchführt und die Berechnungsergebnisse an nachfolgende Skills oder Aktoren weiterleitet. Eine übergeordnete Instanz, in diesem Fall das RAP, kann bei der Aktivierung ein Netzwerk von interagierenden Skill dynamisch auf- und abbauen, und damit ein reaktives Systemverhalten erzeugen.

TCA (Task Control Architecture) [Sim95]

Die unter Leitung von *Simmons* entwickelte TCA ist eine hybride Agentenarchitektur, welche die inkrementelle Entwicklung von Steuerungssoftware für autonome Robotersysteme unterstützt. Als wichtiges Konzept für die Basisarchitektur wird die Aufteilung der reaktiven Ebene in mehrere Dienstleistungserver übernommen, da dies eine Skalierung der notwendigen Rechenleistung zulässt, die Verwaltung von Betriebsmitteln kapselt und die Möglichkeit eröffnet, dezentrale Regelungen unter harten Echtzeitbedingungen durchzuführen.

SmartSoft [Sch98; Sch99]

Die Architektur SmartSoft, die von *Schlegel* und *Wörz* an der Universität Ulm entwickelt wurde, zählt ebenfalls zu den hybriden Mehrschichtenarchitekturen. In SmartSoft sind bereits viele der oben genannten Konzept aufgenommen und in ein rein objektorientiertes Softwaregerüst übertragen worden. Auch hier wird die reaktive Ebene aus mehreren Software-Servern gebildet, in denen Skills dynamisch zu einem Netzwerk verknüpft werden können. Als wichtiges Konzept wurde die Bereitstellung von Client-Objekten, die einen transparenten Zugriff aus mehreren Rechenprozessen auf die Dienstleistungsserver ermöglichen, übernommen.

Unter Einbeziehung der oben aufgeführten Konzepte wurde die Basisarchitektur für den Rehabilitationsroboter FRIEND entworfen. Entsprechend den Anforderungen deckt die Basisarchitektur die reaktive Ebene und die Ausführungsebene einer hybriden Agentenarchitektur ab. Die Ausführungsebene wurde vorerst nur soweit spezifiziert, dass die Basis für die Ankopplung an eine deliberative Ebene geschaffen wird und eine Integration in das System FRIEND möglich ist. Erweiterungen, wie beispielsweise ein Weltmodell zur Situationsbeschreibung, sind in zukünftigen Entwicklungsstufen hinzuzufügen. Abb. 2 zeigt den konzeptionellen Aufbau der Basisarchitektur. Die fehlende deliberative Ebene wird durch den Benutzer in Zusammenarbeit mit dem Spracherkennungs- und -interpretationssystem gebildet. Die kognitiven Fähigkeiten des Benutzers werden in dieser Konstellation als Ersatz für eine Planungskomponente verwendet, was die Systemkomplexität drastisch reduziert.

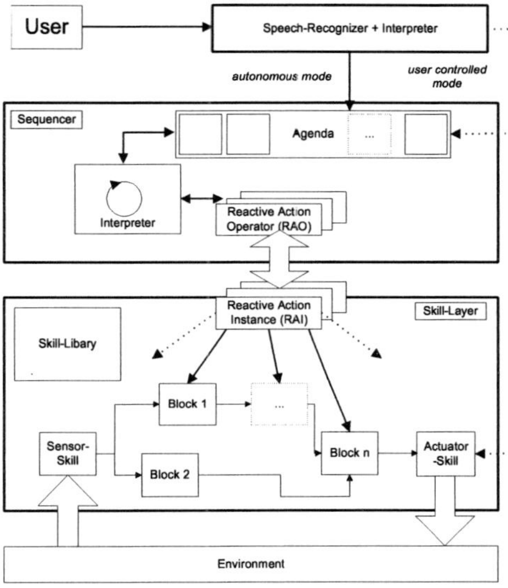

Abb. 2 Konzeptioneller Aufbau der Basisarchitektur

Um auch eine direkte Kontrolle der angekoppelten Hilfsmittel (z. B. Roboterarm, Rollstuhl) durch den Benutzer zu ermöglichen, ist die Möglichkeit gegeben, Skills zur Aktuatoransteuerung direkt anzusprechen. Dafür wird zwischen *User-controlled-mode* und *Autonomous-mode* unterschieden. Ein Wechsel zwischen den Modi wird von der Architektur in der Sequencer-Ebene erkannt und entsprechend verarbeitet (z. B. Abbruch autonomer Aktivitäten). Dieser Sachverhalt wird im weiteren Textverlauf nicht tiefergehend betrachtet, da die Beschreibung der für autonome Abläufe verantwortliche Teil der Architektur im Vordergrund steht.

3.3 Der Sequencer - Schnittstelle zwischen Deliberator und reaktiver Ebene

Die Aufgabe des Sequencers besteht darin, diskrete Operatoren (Elementaroperationen), welche die deliberative Ebene aufgrund eines Planungsprozesses zur Erreichung eines übergeordneten Ziels generiert hat, in reaktive Handlungen des Agenten umzusetzen. Der Aufbau des Sequencers wurde im Grobentwurf bewusst einfach gehalten, um eine transparente Struktur zur Verifikation der reaktiven Ebene bereit zu stellen. Der Aufbau des Sequencers unterstützt aber die spätere Erweiterung um neue Komponenten, wie im folgenden gezeigt wird.

Wie in Abb. 2 dargestellt, setzt sich der Sequencer aus den drei Hauptkomponenten *Agenda*, *Interpreter* und *Reactive Action Operator (RAO)* zusammen. Die Agenda bildet die Schnittstelle zum Deliberator. Hier werden, je nach Priorität, neue Elementaroperationen zur Abarbeitung durch den Interpreter eingetragen. Von diesem wird der Agendazustand zyklisch überprüft. Steht eine Elementaroperation zur Aktivierung bereit, wird diese vom Interpreter aus der Agenda entfernt und aktiviert. Dies geschieht durch die Instanziierung eines der Operation zugeordneten RAO. Da ein

RAO als aktives Objekt[1] realisiert ist, kann der Interpreter nach der Aktivierung unverzüglich mit der Überwachung der Agenda fortsetzen. Dies ist eine notwendige Bedingung, um eine ständige Unterbrechung durch den Benutzer garantieren zu können.

Entsprechend der Unterteilung in RAP und Skill-Manger in 3-Tier wird in der hier vorgestellten Architektur zwischen einem Operator, dies ist der RAO, und einer Instanz, im folgenden als *Reactive Action Instance (RAI)* bezeichnet, unterschieden. In einem RAI wird das eigentliche reaktive Verhalten innerhalb der reaktiven Ebene aufgebaut. Die Trennung zwischen Operator und Instanz ermöglicht, dass eine Instanz aus dem Aktivieren mehrerer Instanzen aufgebaut werden kann. Diese geschachtelte Aufrufstruktur ist mit Operatoren aufgrund der Einbettung im Sequencer nicht möglich. Bei der Instanziierung eines RAO wird von diesem zu Beginn überprüft, ob die für die Durchführung der Operation notwendigen Betriebsmittel (Sensoren, Aktoren) zur Verfügung stehen. Ist dies der Fall, kann mit der Aktivierung der dem RAO zugeordneten RAI begonnen werden. Andernfalls beendet sich der RAO unter Benachrichtigung an den Interpreter.

Nach der Aktivierung eines RAI wartet der RAO auf dessen Beendigung. Der RAI liefert einen Returnwert zurück, der Aufschluss über das Ergebnis der durchgeführten Operation gibt. Dieses Ergebnis wird dem Interpreter zur weiteren Verarbeitung überreicht. In den folgenden Ausführungen wird der Ablauf beim Aufbau eines reaktiven Verhaltens innerhalb des RAI genauer beschrieben.

3.4 Aufbau der reaktiven Ebene

RAI sind ebenfalls als aktive Objekte umgesetzt, um die Möglichkeit zur Unterbrechung durch die Ebenen der Architektur hindurch zu ermöglichen. In Anlehnung an 3-Tier wird innerhalb einer RAI ein Netzwerk aus interagierenden Skills aufgebaut, über welches das reaktive Verhalten realisiert wird. Mit Hilfe der Skills werden Sensoren, Aktoren und Berechnungsblöcke (z. B. Regler) softwaretechnisch abstrahiert. Aus regelungstechnischer Sicht ist dies mit dem Zusammenschluss von Mess-, Stellgliedern und Funktionsblöcken zu einem Regelkreis vergleichbar. Die folgende Abbildung liefert einen ersten Eindruck über den Zusammenschluss der Skills und den dazu notwendigen Schnittstellen.Um einen direkten Datenaustausch zwischen den Skills zur Minimierung der Übertragungsdauer zu unterstützen, wird vom RAI lediglich die Parametrierung und Verkopplung der Skills vorgenommen. Nach der Aktivierung tauschen die Skills ihre Daten direkt über Kommunikationskanäle aus. Damit trotz dieser engen Kopplung die Kontrolle über das Netzwerkverhalten beim der RAI bleibt, müssen die Skills die RAI über das Erreichen oder Scheitern des mit dem Verhalten verbundenen Ziels durch das Senden eines *Events* unterrichten. So könnte beispielsweise ein Block feststellen, dass die von ihm berechnete Stellgröße einen Grenzwert unterschritten hat. Über den gleichen Mechanismus wird auch der sofortige Abbruch einer Operation eingeleitet. Die RAI registriert dies an dem mit dem Event angehängten Wert und reagiert entsprechend (z. B. Überführung in sicheren Arbeitszustand).

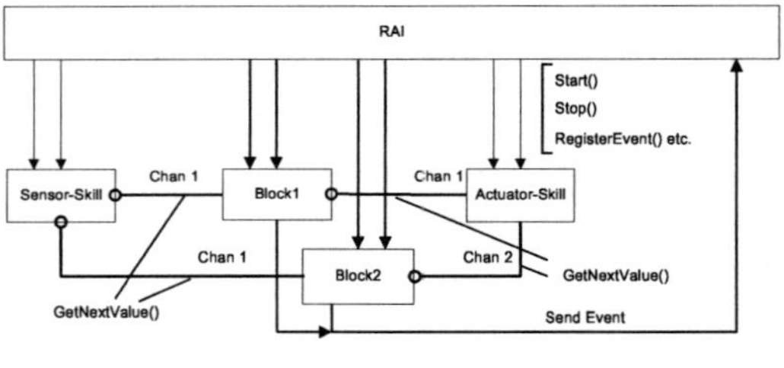

Abb. 3 Dynamischer Aufbau eines Skill-Netzwerkes

Die Kommunikation sowohl zwischen den Skills als auch den Skills und der zugeordneten RAI läuft über Interprozesskommunikationsmechanismen (IPC), die durch die Architektur gekapselt

[1] Unter einem aktiven Objekt wird ein Objekt mit eigenen Programmfäden (Threads) verstanden, welche das Objekt befähigen, nichtblockierend und quasiparallel Methodenaufrufe zu verarbeiten bzw. eigenständig Nachrichten zu empfangen und zu versenden. Tiefergehende Erläuterungen zu aktiven Objekten sind in [Syy98] zu finden.

werden. Somit wird es softwaretechnisch ermöglicht, dass die Skills und die RAI auf verschiedenen Rechnersystemen laufen, ohne dass dies Einfluss auf die Art der Programmierung hätte. Damit ist der Anforderung nach Skalierbarkeit der Rechenleistung genüge getan. Zur Verwaltung der Skills werden Softwareserver verwendet, in denen dynamisch Skills aktiviert und deaktiviert werden können. Abb. 4 zeigt den groben Aufbau eines derartigen Servers. Auf der linken Seite ist das sogenannte *Client-Objekt* dargestellt, welches alle Dienstleistungen des zugeordneten Servers zur Verfügung stellt. Über Methodenschnittstellen können Skills beliebig parametriert, verbunden, aktiviert oder deaktiviert werden. Für den Zugriff auf einen aktiven Server ist lediglich die Instanziierung eines Client-Objekts im momentanen Programmkontext erforderlich. Die Kommunikation mit dem Server wird vollständig durch das Client-Objekt gekapselt.

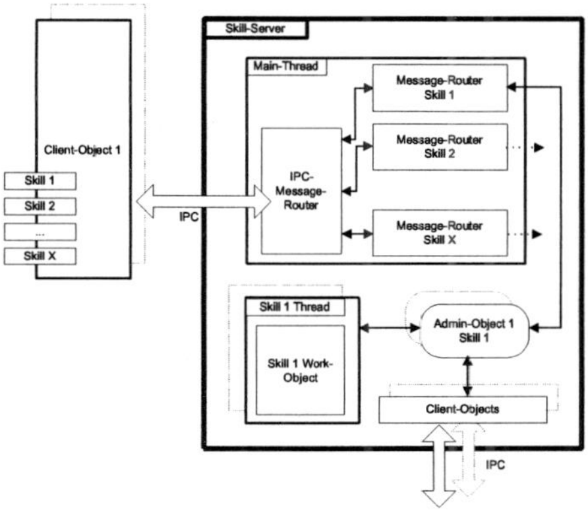

Abb. 4 Schematischer Aufbau eines Skill-Servers

Innerhalb des Servers sind drei Hauptkomponenten dargestellt. Der Hauptprogrammteil (*Main-Thread*) stellt den sogenannte *Message-Routing Mechanismus* zur Verfügung, welcher Befehle von den Client-Objekts entgegennimmt und an die Skills innerhalb des Servers verteilt. Der eigentliche Skill teilt sich in einen aktiven Teil, den sogenannten *Skill-Thread*, und einen passiven Teil, das sogenannte *Admin-Objekt*, auf. Innerhalb des Skill-Threads wird die eigentliche Arbeit des Skills verrichtet. Die Synchronisation mit dem Main-Thread und der Datenaustausch mit anderen Skills erfolgt über das Admin-Objekt. Das Admin-Objekt kapselt alle notwendigen Datenstrukturen, wie Semaphoren und Datenpuffer, und ermöglicht über Instanzen weiterer Client-Objekts die Verbindung zu anderen Servern. Die folgende Abbildung verdeutlich den Ablauf beim Datenaustausch zweier Skills untereinander.

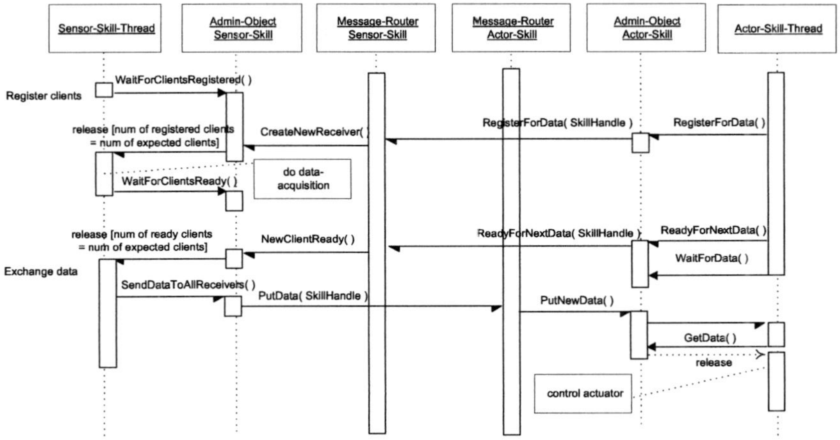

Abb. 5 Datenaustausch zwischen Sensor- und Aktor-Skill im aktivierten Skill-Netzwerk

Gestartet wird mit einer Verbindungsaufbauphase: Der Sensor-Skill-Thread wartet zu Beginn blockierend darauf, dass sich alle Clients zur Datenaufnahme angemeldet haben. Die Clients, im dargestellten Fall handelt es sich um einen Aktor-Skill, melden sich über den Aufruf von RegisterForData() des zugeordneten Admin-Objekts an. Das Admin-Objekt verfügt über die Daten zur Verbindungsaufnahme mit dem Sensor-Skill-Server, da diese vom RAI bei der Konfiguration des Netzwerkes festgelegt wurden. Durch den Aufruf der Methode RegisterForData() wird die Registrierung an den zugehörigen Sensor-Skill-Message-Router weitergeleitet, der die Registrierung im Admin-Objekt vermerkt. Entspricht die Anzahl der angemeldeten Clients der Anzahl der für die Kommunikation erwarteten Clients, so kann die Blockade innerhalb des Sensor-Skill-Threads aufgehoben werden. Damit ist die Verbindungsaufbauphase abgeschlossen.

Nach erfolgreichem Verbindungsaufbau beginnt der Sensor-Skill-Thread mit der Datenakquisition und wartet anschließend blockierend auf die Bereitschaft aller Clients neue Daten entgegenzunehmen. Der Aktor-Skill-Thread äußert seine Bereitschaft durch den Aufruf von ReadyForNextData() des Admin-Objekts, welches den Aktor-Skill-Thread bis zum Empfang neuer Daten blockiert. Das Admin-Objekt leitet den Datenwunsch durch den Aufruf von ReadyForNextData() an den Sensor-Skill-Message-Router weiter. Dieser meldet das Eintreffen einer neuen Datenanforderung dem Admin-Objekt. Haben alle Clients ihre Bereitschaft zur Entgegennahme neuer Daten bekannt gegeben, wird die Blockade des Sensor-Skill-Threads aufgehoben. Der Sensor-Skill-Thread sendet daraufhin durch den Aufruf der Admin-Objekt-Methode SendDataToAllReceivers() die neuen Daten an alle empfangsbereiten Clients. Die Daten werden an die jeweiligen Aktor-Skill-Message-Router propagiert, die diese wiederum an die zugeordneten Admin-Objekte weiterleiten. Dies hat die Aufhebung der Blockade innerhalb des Aktor-Skill-Threads zur Folge, der daraufhin mit seiner eigentlichen Aufgabe, der Ansteuerung eines Aktors, fortfahren kann.

Der beschriebene Ablauf stellt einen Datenaustauschzyklus dar, der solange wiederholt wird, bis die Skills durch den RAI-Start-Thread deaktiviert werden. Die Deaktivierung erzwingt in jedem Fall die Aufhebung jeder möglichen Blockade durch das jeweilige Admin-Objekt. Aus diesem Grund ist vom entsprechenden Skill-Thread nach jeder Aufhebung einer Blockade der Grund für die Aufhebung zu prüfen, um den Ablauf schnellstmöglich zu beenden.

4 Implementationsbeispiel

Anhand des reaktiven Operators „Greifen eines bekannten Gegenstandes unter der Kontrolle einer Kamera" soll die Integration einer neuen Funktionalität in das System FRIEND mit Hilfe der Basisarchitektur verdeutlicht werden. Der Einsatz des Operators ermöglicht dem Benutzer bekannte Gegenstände schnell zu greifen, ohne viele Einzelkommandos, insbesondere bei der Feinpositionierung, verwenden zu müssen. Das Ausgangsszenario lässt sich wie folgt beschreiben: Der Benutzer des Systems dirigiert den Robotergreifer durch einfache Sprachkommandos, wie „die Hand Links" oder „Greifer abwärts", in die grobe Nähe des zu greifenden und markierten Gegenstandes. Die Auswirkungen seiner Befehle kann der Benutzer an einem Monitor verfolgen, auf welchem das Bild der auf dem Greifer montierten Miniaturkamera gezeigt wird. Sobald die Marke auf dem Gegenstand detektiert wurde, kann der Benutzer durch den Befehl „Objekt greifen" den oben genannten reaktiven Operator starten. Die Überführung des Greifers in die geeignete Greiferendlage wird mit Hilfe eines Visual-Servoing Algorithmus realisiert [Lan00].

Das hinter dem Operator liegende reaktive Verhalten setzt sich in einer ersten Näherung aus drei Skills zusammen. Einem Sensor-Skill, welcher die Markendetektion kapselt, einem Block zur Umsetzung des Visual-Servoing Reglers und einem Aktor-Skill zur PTP-Ansteuerung des Roboters. Der Sensor-Skill wird in einem Kamera-Server hinterlegt, Block und Aktuator-Skill sind im Roboter-Server eingebettet. Beim Start des Operators werden diese Skills aktiviert und miteinander verknüpft. Von der Markendetektion werden charakteristische Eigenschaften der Marke in Form von Bildkoordinaten an den Visual-Servoing Regler weitergereicht. Auf Basis dieser Information berechnet der Regler neue Stellgrößen für den Robotergreifer und reicht diese an die PTP-Steuerung weiter. Wird im Visual-Servoing Regler erkannt, dass die Differenz zwischen aktuellen und gewünschten Bildkoordinaten unter eine vorher festgelegte Schwelle gesunken ist, so wird ein Event ausgelöst, welches vom zugeordneten RAI interpretiert wird. Im genannten Fall bedeutet dies, dass die gewünschte Greiferziellage erreicht wurde und somit auf den Greifvorgang umgeschaltet werden kann. Erweiterungen der RAI könnten Situationen abfangen, in denen beispielsweise auf das Verlieren der Marke durch die Markendetektion reagiert wird. Eine Auflistung von Erweiterungsmöglichkeiten kann [Mar00] entnommen werden.

5 Zusammenfassung und Ausblick

Es wurde gezeigt, dass die Realisierung von komplexen sensomotorischen Systemen, zu denen auch der Rehabilitationsroboter FRIEND zählt, hohe Anforderungen an die zugrunde liegende Softwarearchitektur stellen. Dabei bieten sich zur Erfüllung dieser Anforderungen agentenorientierte Architekturen an.

Bei den vorgestellten Agentenprinzipien wurde zwischen reaktiven und deliberativen Agenten unterschieden, die jeweils unterschiedliche Aspekte der Anforderungen an die Basisarchitektur erfüllen. So bieten reaktive Agenten den Vorteil in komplexen dynamischen Umgebungen auf Änderungen in der Umwelt robust reagieren zu können, verhalten sich aber nicht zielorientiert im Sinne rationalen Handelns. Der letztgenannte Aspekt wird durch deliberative Agenten erfüllt, die aber bei der Erstellung von Handlungsplänen mit einer hohen Berechnungskomplexität zu kämpfen haben, was ihren Einsatz auf Spielzeugwelten beschränkt.

Bei der Verschmelzung beider Agentenprinzipien zu hybriden Agenten werden die Vorteile beider Prinzipien hervorgehoben und deren Nachteile reduziert, womit sich diese Agentenart besonders für den Einsatz im Rehabilitationsroboter eignet. In der Architektur schlägt sich dies in drei hierarchisch organisierten Schichten nieder. Folgende softwaretechnische Konzepte hybrider Agenten wurden für den Grobentwurf der Basisarchitektur verwendet und in ein konsistentes Softwaregerüst eingefügt.

- reaktive Operatoren zur Repräsentation sensorunterstützer autonomer Verhaltensweisen der reaktiven Ebene in der deliberativen Ebene,
- die Verwaltung von Betriebsmitteln in der Ausführungsebene,
- die Aufteilung der reaktiven Ebene in mehrere betriebsmittelgebundene Dienstleistungsserver,
- die Bereitstellung von Skills, als elementare Einheiten der reaktiven Ebene, die frei zu einem Netzwerk verbunden und parametriert werden können, um ein gewünschtes Verhalten zu erlangen,
- die Möglichkeit zum sofortigen Auflösen eines aktivierten Skill-Netzwerkes.

Grob gesprochen bietet die Basisarchitektur für die Entwickler, die mit der Erweiterung der Funktionalität des Rehabilitationsroboters beschäftigt sind, genaue Vorgaben zur Integration ihrer Verfahren. Zum jetzigen Zeitpunkt sind diese ausschließlich der reaktiven Ebene zuzuordnen. Aufgrund der festgelegten Aufteilung in Skills entstehen miteinander kombinierbare Einheiten, die sich entsprechend einem vorgegebenen Muster verhalten und Daten austauschen. Dies unterstützt eine evolutionäre Entwicklung des Systems, da immer neue Bausteine hinzugefügt werden, die sich aber von ihrem grundlegenden Aufbau nicht ändern. Ein für die evolutionäre Systementwicklung weiterer wichtiger Punkt ist die Kapselung der Sensorik und Aktorik über Skills. Diese ermöglicht zum einen, bei entsprechender Auslegung des Sensor-Skill-Servers, einen parallelen Sensorzugriff und zum anderen einen dynamischen Wechsel beim Zugriff auf diese Betriebsmittel. So könnte kurzzeitig ein Kamerasystem zur Verfolgung eines Objektes verwendet werden, um im Anschluss Daten für einen visuell geregelten Einschenkvorgang zu liefern.

Für zukünftige Vorhaben, in denen Befehle auf höherem Abstraktionsniveau in einfachere Aktionen bzw. Verhaltenweisen zerlegt werden, bietet der RAO-Ansatz im Sequencer einen ersten Anknüpfungspunkt, an dem die weiter durchzuführenden Entwicklungsschritte ansetzen. Neben der vollständig fehlenden deliberativen Ebene ist dies die Einführung eines Weltmodells, in welchem der für das System relevante Teil des momentanen Zustandes der Umwelt abgelegt wird. Dies können beispielsweise die vom System identifizierten Gegenstände sein, mit denen Operationen durchzuführen sind, oder ein geometrisches Modell der Umwelt zur Vermeidung von Kollisionen.

6 Literatur

[3T-96] "3T A User Guide" Metrica Inc. Robotics and Automation Group NASA Johnson Space Center Houston, TX 77058 February 13, 1996

[Bon97] Bonasso, R.P.; Kortenkamp, D.; Whitney, T. "Using a Robot Control Architecture to Automate Space Shuttle Operations" American Association for Artifical Intelligence 1997

[Bre97] Brenner, W.; Wittig, H.; Zarnekow, R. "Intelligente Softwareagenten – Grundlagen und Anwendungen" Springer-Verlag Berlin Heidelberg, 1997; ISBN: 3540634312

[Bur98] Burkhard, H. D. "Einführung in die Agenten-Technologie" it + ti – Informationstechnik und Technische Informatik, R. Oldenbourg Verlag, Heft 4/98

[Eis91] Eisinger, N. (Hrsg.) Arbeitskreis Verteilte künstliche Intelligenz (ECRC) 1991 Zit. In Müller, H. J. (Hrsg.) Verteilte künstliche Intelligenz, Methoden und Anwendungen, Mannheim (1993) S. 28

[Fra96] Franklin, S., Graesser, A. "Is it an Agent, or just a Program?: A Taxonomy for Autonomous Agents" Proceedings of the Third International Workshop on Agent Theories, Architectures, and Languages, Springer Verlag, 1996

[Fir89] Firby, J. "Adaptive Execution in Complex Dynamic Worlds" PhD thesis Yale University 1989

[Grä99] Gräser, A. "Agenten – Ein Konstrukt der Informatik betrachtet aus der Sicht der Automatsierungstechnik" In B. Lohmann, A. Gräser (Hrsg.), Methoden und Anwendungen der Automatisierungstechnik, Shaker Verlag 1999, ISBN 3-8265-6093-0

[Jen95] Jennings, N.; Woolridge, M. "Intelligent Agents: Theory and Practice" Cambridge University Press, 1995, http://www.elec.qmw.ac.uk/dai/pubs/KER95/

[Jir97] Jirik, T. "Der Einsatz Verteilter Künstlicher Intelligenz in der Produktionsplanung und –steuerung unter Berücksichtigung personalwirtschaftlicher Aspekte" FernUniversität Gesamthochschule Hagen Fachbereich Wirtschaftswissenschaften 1997

[Lan00] Lang, O.; Martens, C; Gräser, A."Realisation of a Semiautonomous Grippingskill for the Support of Disabled People" Robotik 2000 29./30. Juni 2000 Berlin, VDI Berichte 1552, ISBN 3-18-091552-8

[Lüt98] Lüth, T. "Technische Multi-Agenten-Systeme – Verteilte Roboter – und Fertigungssysteme" Carl Hanser Verlag 1998, ISBN 3-446-19468-1

[Mar00] Martens, C. "Entwurf einer agentenorientierten Softwarestruktur für einen Rehabilitationsroboter" Diplomarbeit Universität Bremen / FernUniversität Hagen September 2000, Forschungsberichte des Fachbereichs Elektrotechnik der FernUniversität Hagen, ISSN 0945-0130 1/2000

[Mar01] Martens, C.; Ruchel, R.; Lang, O.; Ivlev, O.; Gräser, G. "A FRIEND for Assisting Handicapped People" March 2001 issue of IEEE Robotics and Automation Magazine

[Mül96] Müller, J. "The Design of Intelligent Agents – A Layered Approach" Springer Verlag 1996, ISBN 3-540-62003-6

[Mül98] Müller, J. "Kontrollarchitekturen für autonome kooperierende Agenten" it + ti – Informationstechnik und Technische Informatik, R. Oldenbourg Verlag, Heft 4/98

[Neb98] Nebel, B. et. al. "Handlungsplanung und –kontrolle in autonomen Agenten" Vorlesungsskript WS 97/98 Institut für Informatik, Universität Freiburg

[Sch98] Schlegel C., Wörz R. "Der Softwarerahmen SMARTSOFT zur Implementierung sensomotorischer Systeme" in Wörn, H.; Dillmann, R.; Heinrich, D. (Hrsg.) Autonome mobile Systeme (AMS) 1998 Springer Verlag, ISBN 3-540-65192-6

[Sch99] Schlegel C., Wörz R. "Interfacinc different layers of a multilayer architecture for sensorimotor systems using the object-oriented framework SMARTSOFT " In Proc. 3rd European Workshop on Advanced Mobile Robots, EUROBOT, Zürich, Schweiz, September 1999

[Sim95] Simmons, R. "Towards Reliable Autonomous Agents" AAAI Symposium 1995

[Syy98] Syyid, U. "The Adaptive Communication Environment: ACE – A Tutorial" Hughes Network Sytems 1998 http://www.cs.wustl.edu/~schmidt/ACE.html

Programmieren durch Vormachen: Erzeugen komplizierter Bewegungssequenzen aus demonstrierten Einzelbewegungen

Nils Ruchel

Abstract

In diesem Beitrag wird eine neue Methode zum Programmieren komplexer Bewegungsabläufe durch Vormachen für Serviceroboteranwendungen beschrieben. Im Gegensatz zu den meißten Verfahren zur Roboterprogrammierung durch Vormachen (RPV), die vorwiegend für einfache pick-and-place Anwendungen einsetzbar sind, können mit dieser Methode auch komplizierte Bewegungen generiert werden. Der Programmierer führt die zu programmierende Handlung mit seiner eigenen Hand durch. Diese Bewegungstrajektorie wird mit einem elektromagnetischen Lage-Sensor aufgezeichnet und relativ zu ausgewählten Referenzsystemen transformiert. Um die Regelstruktur des Menschen beim Demonstrieren von Handlungen nachzubilden, werden die vorverarbeiteten Bewegungsabläufe mit zusätzlichen Sensorinformationen verknüpft und in geschlossene Regelkreise integriert. Da sich viele Handlungsabläufe aus einzelnen Bewegungssequenzen zusammensetzen, die relativ zueinander sequentiell ausgeführt werden, wird des weiteren ein geeignetes Verfahren vorgestellt, mit dem die demonstrierten Teilsequenzen aneinander gekoppelt werden können. Die gesamte Vorgehensweise wird an Hand der Serviceroboteranwendung „Einschenken eine Getränkes aus einer Flasche“ verdeutlicht.

1. Einleitung

Der Mensch ist in der Lage, komplizierte Bewegungsvorgänge ohne offensichtliche Schwierigkeiten auszuführen. In der Robotik jedoch stellt sich bereits das Erzeugen von Vorgängen, die über einfache pick-and-place Aufgaben hinausgehen, als sehr schwierig heraus, worin auch die Motivation der Forschung auf dem Gebiet des Roboterprogrammieren durch Vormachen (RPV) zu sehen ist. RPV ist eine intuitive Methode, um einen Roboter zu programmieren. Die Grundidee besteht darin, daß der Programmierer „zeigt“, wie eine spezielle Aufgabe durchzuführen ist. Er führt dabei die Bewegungen entweder mit seiner eigenen Hand durch oder steuert über ein Interface einen Roboter. Diese Bewegungen werden erfaßt, aufgezeichnet und weiterverarbeitet, um sie schließlich von einem Roboter ausführen zu lassen. Es gibt bereits viele Lösungsansätze, jedoch vorwiegend für industrielle pick-and-place Anwendungen. Bei diesen Betrachtungen wurde bisher nicht einbezogen, daß der Mensch bei der Demonstration von Bewegungen in einem geschlossenen Regelkreis agiert, und gleichzeitig Sensorik, Regler und Aktoren in sich vereint. Daher lassen sich in der Servicerobotik viele der demonstrierten Aufgaben durch einfaches Wiederholen der gezeigten komplexen Bewegungsabläufe mit einem Roboter ohne zusätzlicher Sensoreinkopplung nicht lösen.

In diesem Artikel wird nach einem kurzen Überblick über verschiedene Forschungsansätze auf dem Gebiet des RPV eine neue Methode zum Programmieren komplexer Bewegungsabläufe durch Vormachen bei Serviceroboteranwendungen beschrieben. Dabei erfolgt die Aufzeichnung der Bewegung mit Hilfe eines elektromagnetischen Lage-Sensors. Die aufgezeichneten Bewegungsabläufe werden anschließend bezüglich spezieller Referenzsysteme transformiert. Um die Regelstruktur des Menschen beim Demonstrieren von Handlungen nachzubilden, werden die vorverarbeiteten Bewegungsabläufe mit zusätzlichen Sensorinformationen verknüpft und in geschlossene Regelkreise integriert. Da sich viele dieser Handlungsabläufe aus einzelnen Bewegungssequenzen zusammensetzen, die relativ zueinander sequentiell ausgeführt werden, wird in diesem Beitrag zusätzlich ein geeignetes Verfahren zum Zusammenkoppeln demonstrierten Teilsequenzen vorgestellt. Die Vorgehensweise wird an Hand der Serviceroboteranwendung „Einschenken eine Getränkes aus einer Flasche“ verdeutlicht.

2. Forschungsaktivitäten

Die Hauptaktivitäten beim „Programmieren durch Vormachen" in der Robotik laufen an der Carnegie-Mellon University in Pittsburgh (Prof. Ikeuchi, S.B. Kang), an der Tokyo University (Prof. Inoue, Prof. Kuniyoshi) und in Deutschland an der Karlruher Universität (Prof. Dillmann).
Die Forschungsgruppe von Ikeuchi et al. [1] nennen Ihre Methode „Assembly Plan from Observation (APO)". Die Methode erlaubt es, aus einer vom Menschen durchgeführten Demonstration einer Montagehandlung auf eine entsprechende Handlungsfolge eines Roboters zu schließen, um die gelöste und vorgeführte Handlungsaufgabe mit einem Roboter durchführen zu können. Zur Beobachtung einer Demonstration wird ein aus vier Kameras bestehendes Kamerasystem in Kombination mit strukturiertem Licht, ein Tracking System sowie ein Datenhandschuh eingesetzt. Aus den Kamerabildern werden Tiefeninformationen generiert und aus den Sensorwerten des Tracking Systems Handlungsunterbrechungen ermittelt. Um in den Bildfolgen die Objekte zu lokalisieren und ihre Bewegungen zu detektieren werden 3D Modelle der bei der Demonstration verwendeten Objekte eingesetzt. Aus den gewonnenen Informationen wird auf eine entsprechende Handlungsfolge eines Roboters geschlossen, um anschließend die gelöste und vorgeführte Handlungsaufgabe mit dem Roboter durchführen zu können.
Kuniyoshi et al. verfolgen einen ähnlichen Ansatz. Sie bezeichnen ihre RPV-Methode als „Learning by Watching" [2]. Sie konzentrieren sich vorwiegend auf das Aufzeichnen und Verarbeiten von Demonstrationen, bei denen ein Mensch mit seinen eigenen Händen Klötzchen aufeinander stapelt oder einfache Fügeoperationen durchführt. Die Aufzeichnung der Handlung erfolgt über Kamera- bzw. Stereo-Kamera-Systeme. Aus den Bildsequenzen werden mit speziellen Moduln zur Bewegungsdetektion, Objekterkennung und Kantenextraktion die nötigen Informationen zur Handlungserkennung extrahiert, um anschließend eine symbolische Beschreibung der ausgeführten Bewegungsfolge zu generieren. Bei ihnen beschränkt sich die Möglichkeit der Generalisierung darauf, daß beim Wiederholen einer Handlung mit einem Roboter nur die Lage der bei der Handlung verwendeten Objekte variieren darf.
Die Forschungsgruppe von Dillmann arbeitet an der Entwicklung eines interaktiven Programmierinterfaces, bei dem die Methode „Programmieren durch Vormachen" zum Einsatz kommt [3]. Zur Demonstration der Handlung führt der Bediener unter Verwendung eines 6D Eingabegerätes entweder einen Roboter oder einen virtuellen Roboter innerhalb einer grafischen Simulationsumgebung. Bei jüngsten Forschungsarbeiten [4] demonstriert der Bediener die Handlung auch mit seinen eigenen Händen, wobei eine Kombination aus Datenhandschuh und Magnetfeldsensor sowie ein Stereo-Kamerasysteme zur Handlungsdetektion zum Einsatz kommt. Der wesentliche Unterschied zu den anderen Forschungsgruppen ist, daß hier die Erstellung von Roboterbewegungssequenzen für eine gegebene Aufgabe nicht nur aus den Daten einer Demonstration erfolgt, sondern zusätzlich aus den Eingaben der Intentionen des Lehrers.

3. RPV bei Serviceroboteranwendungen

Alle die eben genannten Ansätze haben gemein, daß sie hauptsächlich für einfache pick-and-place Anwendungen, wie sie häufig in der Industrie durchgeführt werden, z.B. Paletten beladen, Teile sortieren, Magazine auffüllen, einsetzbar sind. Bei diesen Betrachtungen werden weder die demonstrierte Bewegungsbahn noch die Geschwindigkeit und der zeitliche Verlauf der Bewegung berücksichtigt.
Anders ist das in der Servicerobotik, und dort besonders in der Rehabilitationsrobotik. In diesem Bereich sind die Demonstrationen von komplizierten Bewegungsabläufen, die in einfachen pick-and-place Vorgänge eingebettet sind, von großem Interesse, wie z.B. die Einschenkbewegung, die nach dem Greifen einer Flasche - pick - und dem Führen zum Glas - place - ausgeführt wird. Um diese Bewegungen von einem Roboter korrekt ausführen lassen zu können, spielen gerade hier die Informationen über die Bewegungsbahnen und den zeitlichen Verläufen eine besonders große Rolle.

In der Abbildung 1 ist das am IAT entwickelte Robotersystem FRIEND [5] zu sehen. Es besteht aus einem Elektrorollstuhl und einem speziell für die Rehabilitationsrobotik entwickelten MANUS-Roboterarm. Dieses System soll im täglichen Leben als Unterstützungshilfe für schwerbehinderte Personen eingesetzt werden, die nur über geringe oder keine Motorik in den Händen und Armen verfügen. Für diesen Einsatz ist der Roboterarm mit einer Auswahl an speziellen Aufgaben auszustatten. Dabei handelt es sich in der Regel um relativ komplizierte Bewegungsabläufe, die oft am Tag durchgeführt werden, wie z.B. das Einschenken eines Getränkes in ein Glas oder das Führen eines Löffels in einer Suppenschale.

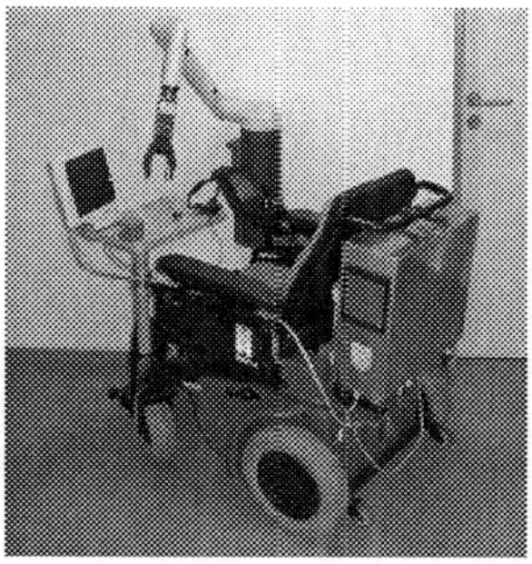

Abbildung 1: Roboter-Rollstuhlsystem

Jede dieser Handlungen wird vom Menschen auf einer dafür spezifischen Bewegungstrajektorie ausgeführt. Dabei können Parameteränderungen, wie z.B. unterschiedliche Flaschenformen und Anfangsfüllstände beim Einschenken, eine Modifikation der Bewegung nötig machen. Wie in Abbildung 2 zu sehen ist, stellt der Mensch bei der Durchführung einer Bewegung zugleich das Sensorsystem, den Regler und das Stellglied dar. Infolge des geschlossenen Regelkreises ist er in der Lage, die Vorgänge auch bei starken Parameteränderungen zu wiederholen. Dabei führt er die Aktionen intuitiv durch und greift auf seine Erfahrung und Sinneswahrnehmungen zurück. Um diese Fähigkeiten auf den Roboter zu übertragen, werden neue Methoden untersucht. Ein neues Verfahren ist das hier beschriebene Erzeugen komplizierter Bewegungssequenzen aus demonstrierten Einzelbewegungen in Kombination mit zusätzlichen Sensorinformationen sowie ihre Integration in geschlossene Regelkreise.

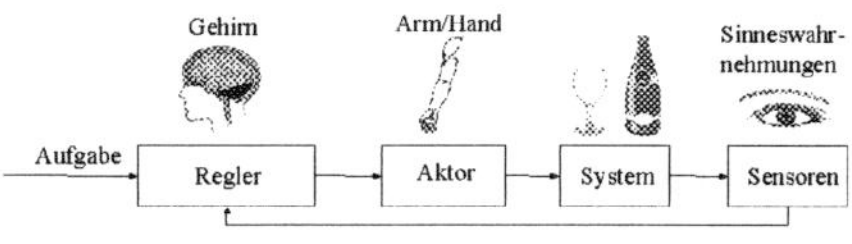

Abbildung 2: Der Mensch als geschlossener Regelkreis

4. Aufzeichen, Transformieren und Wiederholen gesteuert Vorgänge

Im folgenden werden zuerst die Trajektoriengenerierung und die Koordinatentransformationen für gesteuert auszuführende Bewegungsabläufe beschrieben. Darauf aufbauend wird eine gesteuerte Einschenkbewegung realisiert. In Kapitel 5 wird die Methode auf geregelt ablaufende Vorgänge erweitert, die sich darüber hinaus aus einzeln aufgezeichneten Bewegungssequenzen zusammensetzen.

4.1. Trajektoriengenerierung

Zur Detektion der menschlichen Handbewegung wird ein Tracking-System von POLHEMUS verwendet. Es besteht aus einem 6-DOF Lage-Sensor, der an der Hand des Programmierers befestigt wird, und einem Transmitter, der zugleich das Referenzsystem der Bewegungsdetektion darstellt. Der zu programmierende Einzelvorgang wird vom Programmierer mit seiner eigenen Hand durchgeführt. Die vorgeführte Bewegungsbahn ist dabei das Ergebnis der vom Menschen durchgeführten Regelvorgänge. Während der Demonstration erfaßt der Lage-Sensor in äquidistanten Zeitabschnitten die aktuelle Position und Orientierung der Hand relativ zum Transmitter. Nach der Demonstration werden sowohl die Lage-Daten als auch die entsprechenden Abtastzeitpunkte in Form einer Liste als Bewegungstrajektorien abgespeichert. Der Vorteil bei dieser Detektionsmethode ist, daß die so aufgezeichnete Trajektorie ein sehr genaues Abbild der vom Menschen ausgeführten Bewegungsbahn und deren zeitlichen Verlauf darstellt. In Abbildung 3 ist so ein Ablauf für den im folgenden Unterabschnitt beschriebenen Einschenkvorgang schematisch dargestellt.

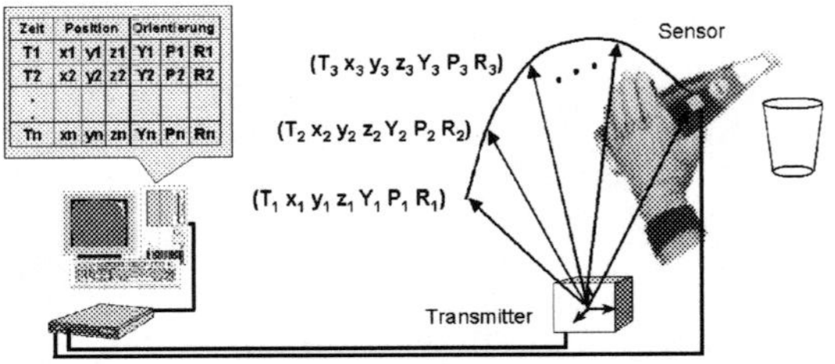

Abbildung 3: Trajektoriengenerierung des Einschenkvorganges

4.1.1. Aufzeichnen der Einschenkbewegung

Zum Aufzeichnen der vom Programmierer demonstrierten Einschenkbewegung wird zur Vereinfachung der Sensor nicht an der Hand sondern wie in Abbildung 3 zu sehen ist, direkt an der Flasche befestigt. Anschließend greift der Programmierer eine bereits geöffnete Flasche und positioniert sie in einer relativen Lage zum Glas (pick-and-place). Diese Lage wird als Startlage der Bewegungsdetektion bezeichnet, denn ab hier beginnt die Aufzeichnung der zu programmierenden Einzelbewegung. Jetzt startet er die Aufzeichnung und demonstriert die charakteristische Einschenkbewegung, wobei die Flasche langsam geneigt wird. Ist das Glas gefüllt, wird die Flasche wieder in die Startlage zurückgeführt und die Aufzeichnung gestoppt. Der Einschenkvorgang ist abgeschlossen und die Flasche wird wieder abgestellt (place-and-release).

4.2. Relative Koordinatentransformationen

Um die demonstrierte Aufgabe von einem Roboter wiederholen zu lassen, müssen die bezüglich des Transmitters aufgezeichneten Daten auf ein anderes Referenzsystem transformiert. Die Bestimmung der für die Transformation notwendigen Transformationsmatrizen hängt vom neuen Referenzsystem ab. Das kann das Basiskoordinatensystem des Roboters sein, ein fester Punkte im Arbeitsraum oder aber ein anderer Gegenstand, der im weiteren Verlauf als Referenzobjekt bezeichnet wird. In der Servicerobotik werden mit den gegriffenen Gegenständen oft Bewegungen relativ zu anderen Gegenständen durchgeführt, wie z.B. die Bewegung der Flasche relativ zum einzuschenkenden Glas. Für die Durchführung der Transformation müssen hier die Transformationsmatrizen so gewählt werden, daß nach der Koordinatentransformation die Bewegungstrajektorie nicht mehr relativ zum Transmitter vorliegt, sondern relativ zum Referenzobjekt. Der Vorteil bei dieser Vorgehensweise ist, daß die demonstrierte Bewegungsbahn vom Roboter an verschiedenen Orten wiederholt werden können. Es müssen allerdings Informationen über die Lage der Referenzobjekte bezüglich des Roboterbasissystems vorliegen. Wenn jetzt die einzelnen Lage-Vektoren der transformierten Bewegungstrajektorien mit den gleichen Taktzeiten, mit denen sie aufgezeichnet wurden, an den Roboter gesendet werden, führt der Roboter die demonstrierte Bewegung gesteuert durch.

4.2.1. Koordinatentransformation relativ zum Glas

Um den bezüglich des Transmitters aufgezeichneten Einschenkvorgang von einem Roboter ausführen lassen zu können, ist diese Bewegungstrajektorie zuerst bezüglich eines bestimmten Referenzsystems zu transformieren. Da beim Einschenken die Flasche relativ zum Glas bewegt wird, ist hier das Glas als Referenzsystem zu wählen. Um nun aus den bezüglich des Transmitters aufgezeichneten Bewegungsdaten die Bewegung der Flaschenöffnung bezüglich des Glases zu berechnen, wird die notwendige Transformationskette bestehend aus homogenen Matrizen aufgestellt. In Abbildung 4 wird diese Transformationskette dargestellt. Die Kette bildet den Zusammenhang zwischen gemessenem ${}^{Pt}H_{Ps}$ und gesuchter relativer Transformation ${}^{Gr}H_{Fh}$.

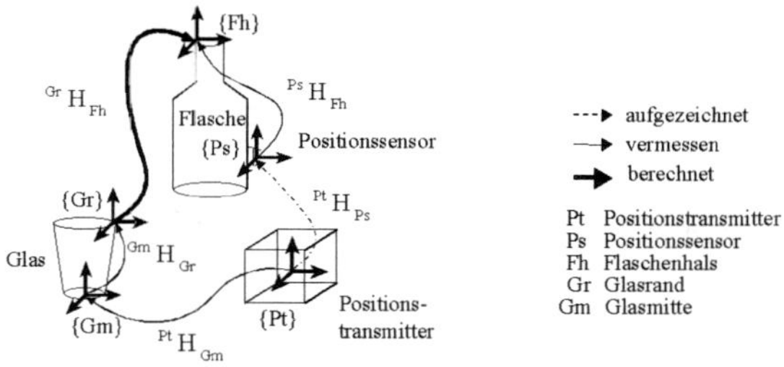

Abbildung 4: Transformationskette nach der Demonstrationsphase

Anhand dieser Darstellung läßt sich die gesuchte Transformationsgleichung sehr einfach aufstellen:

$$^{Gr}H_{Fh} = {}^{Gm}H_{Gr}^{\;-1} \cdot {}^{Pt}H_{Gm}^{\;-1} \cdot {}^{Pt}H_{Ps} \cdot {}^{Ps}H_{Fh} \qquad (1)$$

Die Matrix $^{Pt}H_{Ps}$ ist bekannt. Hier werden die aufgezeichneten Lagedaten eingesetzt. Die unbekannten Transformationsmatrizen $^{Pt}H_{Gm}$ vom Sender zur Glasmitte, $^{Gm}H_{Gr}$ von der Glasmitte zum Glasrand sowie $^{Ps}H_{Fh}$ vom Sensor zur Flaschenöffnung werden vorab vermessen. Mit der Transformationsgleichung (1) und den aufgezeichneten Sensorwerten kann die Bewegung der Flaschenöffnung relativ zum Glasrand berechnet werden. Aufgrund der so durchgeführten Transformation kann die Einschenkbewegung an verschiedenen Orten relativ zum Glasrand ausgeführt werden. Darüber hinaus ist die Bewegung unabhängig von den objektspezifischen Merkmalen der bei der Demonstration verwendeten Objekte, da die Objektinformationen in die Transformationsmatrizen $^{Ps}H_{Fh}$ und $^{Gm}H_{Gr}$ verlagert wurden. Somit ist die Bewegung mit verschiedenen Flaschen- und Glasformen durchführbar.

Damit der Roboter jetzt diese Bewegung korrekt ausführen kann, werden die Transformationsmatrizen der in Abbildung 5 dargestellten Transformationskette definiert.

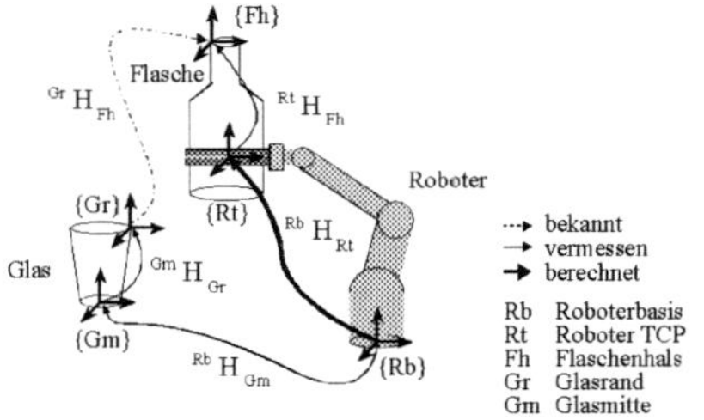

Abbildung 5: Transformationskette bei der Ausführungsphase

Daraus ergibt sich die gesuchte Transformationsgleichung:

$$^{Rb}H_{Rt} = {}^{Rb}H_{Gm} \cdot {}^{Gm}H_{Gr} \cdot {}^{Gr}H_{Fh} \cdot {}^{Rt}H_{Fh}^{\;-1} \qquad (2)$$

Die Transformationsmatrizen $^{Rt}H_{Fh}$ und $^{Gm}H_{Gr}$ müssen mit aktuellen Objektinformationen, wie z.B. die Höhe und der Durchmesser des verwendeten Glases und die Lage der Flaschenöffnung zum Flaschengreifpunkt, bestimmt werden. Die Matrix $^{Gr}H_{Fh}$ ist aus Gleichung (1) bekannt. Für die Bestimmung der Matrix $^{Rb}H_{Gm}$ wird die Lage des Glases bezüglich des Roboterbasiskoordinatensystems vorgegeben. In Zukunft ist aber eine Bestimmung über visuelle Systeme vorgesehen. Sind alle Matrizen bestimmt, kann unter Verwendung der Transformationsgleichung (2) die Bewegung auf das Robotersystem transformiert werden.

4.3. Experimentelle Ergebnisse beim gesteuert ausgeführten Einschenken

Werden die einzelnen Lage-Vektoren der transformierten Bewegungstrajektorie als Sollwerte an den Roboter gesendet, führt der Roboter die Einschenkbewegung gesteuert durch. Unter den Voraussetzungen, daß die Vektoren mit den gleichen Taktzeiten, mit denen sie aufgezeichnet wurden, an den Roboter gesendet werden und daß die Bewegung unter den gleichen Randbedingungen, wie gleiche Flasche, Glas und Anfangsfüllstände, ausgeführt wird, füllt der Roboter das Glas entsprechend der vorgeführten Bewegung. Für diesen rein gesteuerten Ablauf würde es notwendig sein, die Bewegung für alle möglichen Variationen zu demonstrieren.

5. Geregelt ablaufendes Einschenken

Die im vorigen Kapitel beschriebene Steuerung des Einschenkvorganges hat ihre Grenzen und liefert nur unter bestimmten Randbedingungen ein befriedigendes Ergebnis. Flasche und Glas müssen zu Beginn der Steuerung genauso voll sein wie beim Vormachen. Ferner dürfen Flaschen- und Glasform nicht signifikant variieren.

Ein Mensch ist hingegen in der Lage unter verschiedensten Randbedingungen einzuschenken. Er kann dies aufgrund des in Kapitel 3 beschriebenen Regelkreises. So liegt es nahe, diese Regelstruktur mit den aufgezeichneten Bewegungstrajektorien zu verknüpfen. Für das hier beschriebenen Beispiel führt das zu gesteuerten und geregelten Teilsequenzen.

Untersuchungen an mehreren, mit verschiedenen Anfangsflaschenfüllständen aufgezeichneten Einschenkvorgängen haben ergeben, daß für eine korrekte Regelung nicht sämtliche Einschenkvorgänge für eine Auswahl an Füllständen aufgezeichnet werden müssen. Es reicht vielmehr aus, einen Vorgang zu demonstrieren, bei dem eine volle Flasche vollständig geleert wird. In dieser Gesamttrajektorie sind alle Bewegungen für sämtliche Anfangsfüllstände enthalten. Die Aufzeichnung und Transformationen erfolgen identisch zu dem bisher beschriebenen Vorgehen, jedoch muß diese Trajektorie in Teilsequenzen zerlegt werden.

5.1. Untergliederung in gesteuerte und geregelte Teilsequenzen

Die aufgezeichnete Gesamttrajektorie läßt sich stark vereinfacht in zwei Teilsequenzen zerlegen, die auf den Roboter übertragen und der Reihe nach ausgeführt werden.

1. Die sensorüberwachte, gesteuerte Anfahrsequenz:
   Aus der Startlage wird die Gesamttrajektorie mit hoher Geschwindigkeit abgefahren bis ein Durchfluß einsetzt.
2. Die geregelte Einschenksequenz:
   Sobald ein Durchfluß einsetzt, wird in einem geschlossenen Regelkreis das Glas mit nahezu konstantem Durchfluß eingeschenkt, bis das Sollvolumen erreicht ist.

5.2. Zusammenkoppeln separat aufgezeichneter Einzelsequenzen

Ist das Glas gefüllt, führt der Mensch am Ende noch eine komplexe Drehbewegung zum Abfangen des Tropfens aus. Auch diese Bewegung soll auf den Roboter übertragen werden. Da diese Abtropfbewegung zu jedem Zeitpunkt während des Einschenkens durchführbar sein muß, kann sie nicht zusammen mit der eigentlichen Einschenkbewegung aufgezeichnet werden. Demzufolge ist die Abtropfbewegung separat zu demonstrieren, aufzuzeichnen und zu transformieren, um sie dann an die Einschenkbewegung anzukoppeln.

5.2.1. Aufzeichnen der Abtropfbewegung

Auch hier wird zur Detektion der menschlichen Handbewegung das bereits beschriebene Tracking-System verwendet. Zur Durchführung der Demonstration greift der Programmierer die Flasche und positioniert sie so über ein Glas, als wäre er gerade beim Einschenken (siehe Abbildung 6a). Anschließend startet er die Aufzeichnung und demonstriert die charakteristische Abtropfbewegung. Die aktuelle Position und Orientierung des gegriffenen Objektes relativ zum Transmitter werden in äquidistanten Zeitabschnitten erfaßt und anschließend mit den entsprechenden Abtastzeitpunkten in Form einer Liste als Bewegungstrajektorie abgespeichert.

5.2.2. Koordinatentransformation relativ zur Startlage der Flaschenöffnung

Um die Bewegung von einem Roboter wiederholen zu lassen, sind auch hier die relativ zum Transmitter aufgezeichneten Lage-Daten zuerst auf ein anderes Referenzsystem zu transformieren. Für den Einschenkvorgang wurde die Bewegung der Flaschenöffnung relativ zum Glasrand berechnet. Für die Abtropfbewegung ist hingegen die Lage des Flaschenöffnungkoordinatensystems {Fh'} beim Starten der Aufzeichnung als Referenzsystem auszuwählen.

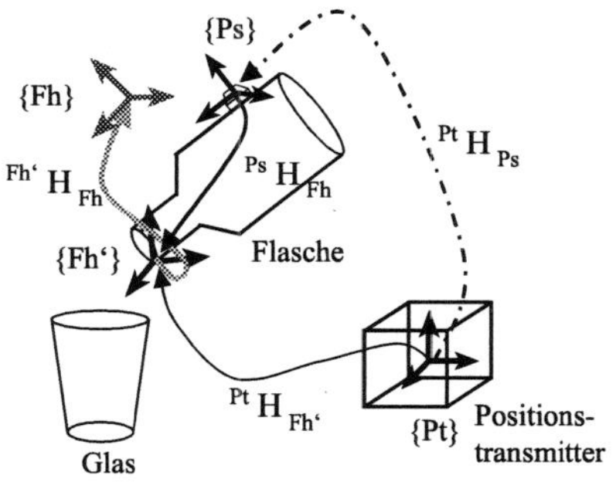

Abbildung 6a: Aufzeichnen der Abtropfbewegung

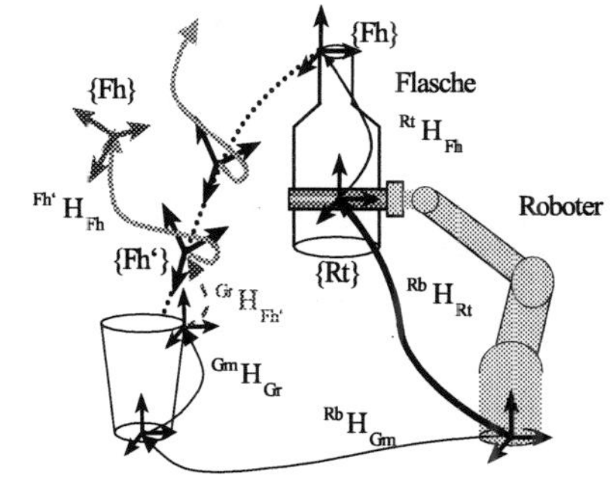

Abbildung 6b: Ankoppeln an die Einschenkbewegung

Aufgrund der so durchgeführten Transformation kann die Abtropfbewegung an verschiedenen Orten relativ zur momentanen Flaschenöffnungslage ausgeführt werden. Darüber hinaus ist die Bewegung ebenfalls unabhängig von den objektspezifischen Merkmalen der bei der Demonstration verwendeten Flasche, da die Objektinformationen in die Transformationsmatrix verlagert wurden. Somit ist die Bewegung auch mit verschiedenen Flaschen durchführbar.

Die notwendige Transformationskette, bestehend aus homogenen Matrizen, wird in Abbildung 6a dargestellt. Sie bildet den Zusammenhang zwischen gemessenem ${}^{Pt}H_{Ps}$ und gesuchter relativer Transformation ${}^{Fh'}H_{Fh}$. Anhand dieser Darstellung läßt sich die gesuchte Transformationsgleichung aufstellen:

$$ {}^{Fh'}H_{Fh} = {}^{Pt}H_{Fh'}^{-1} \cdot {}^{Pt}H_{Ps} \cdot {}^{Ps}H_{Fh} \qquad (3) $$

Die unbekannte Matrix ${}^{Ps}H_{Fh}$ wird derzeit vorab vermessen. Im zweiten Schritt folgt das Zusammenkoppeln mit der bereits programmierten Einschenkbewegung.

5.2.3. Zusammenkoppeln beider Teilsequenzen

In Abbildung 6b wird die Transformationskette für den gesamten Einschenkvorgang, also Einschenken und Abtropfen, dargestellt. Dieser Vorgang wird durch die folgende Transformationsgleichung beschrieben:

$$ {}^{Rb}H_{Rt} = {}^{Rb}H_{Gm} \cdot {}^{Gm}H_{Gr} \cdot {}^{Gr}H_{Fh'} \cdot {}^{Fh'}H_{Fh} \cdot {}^{Rt}H_{Fh}^{-1} \qquad (4) $$

Die Transformationsmatrizen ${}^{Rt}H_{Fh}$ und ${}^{Gm}H_{Gr}$ enthalten die aktuellen Objektinformationen, während für die Bestimmung der Matrix ${}^{Rb}H_{Gm}$ die Lage des Glases bezüglich des Roboterbasiskoordinatensystems derzeit als bekannt vorausgesetzt wird. Die Matrix ${}^{Gr}H_{Fh'}$ beschreibt die eigentliche Einschenkbewegung, also die Bewegung der Flaschenöffnung relativ zum Glasrand. Die Generierung und Weiterverarbeitung dieser Aktion wurde bereits in Kapitel 4 ausführlich beschrieben. Mit der Matrix ${}^{Fh'}H_{Fh}$ wird die einzukoppelnde Abtropfbewegung beschrieben.

Während des Einschenkens werden die einzelnen Lage-Vektoren der transformierten Einschenktrajektorie in die Matrix $^{Gr}H_{Fh'}$ eingesetzt und somit dem Roboter als Stellgrößen vorgegeben. Darauf hin wird die Flaschenöffnung gesteuert bzw. geregelt entlang der hier gepunktet dargestellten Einschenktrajektorie geführt. Während dieses Vorganges ist die Transformationsmatrix $^{Fh'}H_{Fh}$ eine konstante Einheitsmatrix. Ist das Sollvolumen im Glas erreicht, wird die Lage der Flaschenöffnung zu diesem Zeitpunkt als festes Referenzsystem betrachtet, d.h. die Matrix $^{Gr}H_{Fh'}$ ist jetzt konstant. Relativ zu der Lage des Systems {Fh'} wird jetzt über die Matrix $^{Fh'}H_{Fh}$ die Abtropfsequenz an die Einschenksequenz angekoppelt und gesteuert ausgeführt. Mit dieser Vorgehensweise läßt sich die separat aufgezeichnete Abtropfbewegung an beliebiger Position auf der Einschenktrajektorie ankoppeln.

5.3. Realisierung der gesteuerten und geregelten Teilsequenzen

Für die Realisierung der Teilsequenzen werden die demonstrierten und anschließend transformierten Trajektorien in Listen abgespeichert, wobei jeweils ein Pointer innerhalb dieser Listen den nächsten Stellwert für den Roboter definiert, dargestellt in Abbildung 7.

Während der gesteuerten Abläufe kann nur die Geschwindigkeit modifiziert werden, indem entweder die Abtastzeit oder die Schrittweite für den Pointer geändert wird. Im geregelten Abschnitt wird hingegen die Geschwindigkeit als auch die Trajektorie durch einen Regler angepaßt. Das Besondere an dem Regler ist, daß er keine Roboterlage sondern einen Pointer innerhalb der Trajektorienliste ausgibt, worüber dann eine Lage definiert wird.

vermindern
Zeiger →
erhöhen

Abtast-zeit [ms]	X [cm]	Y [cm]	Z [cm]	Yaw [°]	Pitch [°]	Roll [°]
1586359	26.22	-7.6	-11.99	88.06	-0.44	-9.97
1585559	26.2	-7.34	-11.74	88.38	-0.44	-10.56
1585760	26.24	-7.52	-11.85	88.03	-0.52	-9.86
1585960	26.0	-7.62	-12.12	88.21	-0.67	-9.43
⋮	⋮	⋮	⋮	⋮	⋮	⋮
1606790	20.14	-1.08	-7.75	98.18	-13.78	-8.36
1606990	20.07	-1.15	-7.78	98.36	-14.01	-8.42

Abbildung 7: Liste einer Bewegungstrajektorie

Bei dem hier beschriebenen Einschenkszenario wird mit dem geschlossenen Regelkreis der Durchfluß aus der Flasche in das Glas konstant gehalten. Zur Messung des Durchflusses wird eine stationäre Kamera eingesetzt. Mit der Kamera läßt sich der Füllstand des Glases messen und daraus Volumen und Durchfluß berechnen. Der Regler berechnet aus der momentanen Regelabweichung des Durchflusses, um wie viele Schritte der Listenzeiger auf die Gesamttrajektorie verschoben werden soll. So führt das Erhöhen oder Vermindern des Zeigers zu neuen Trajektorien und Geschwindigkeiten. Während in Abbildung 8a das Robotersystem FRIEND mit der stationären Kamera zur Durchflussmessung zu sehen ist, zeigt Abbildung 8b einen Screen-Shot der Kamera.

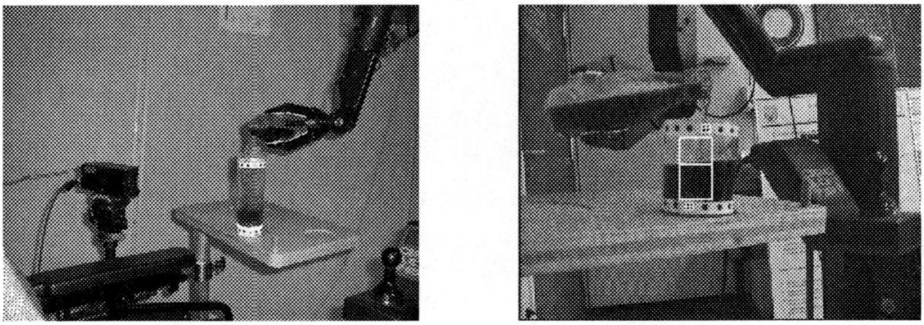

Abbildung 8: Robotersystem mit stationärer Kamera (a) und Screen-Shot der Kamera (b)

Um die notwendige Systemintelligenz für den Prozeß des Bildverstehens erheblich zu verringern, wird zur Objektdetektion das Glas mit zwei Marken versehen. Auf dem weißen Markenhintergrund sind umlaufend schwarz ausgefüllte Kreise, auch Blob genannt, aufgedruckt. Der hierdurch erzeugte Kontrast erleichtert die Extraktion der Bildmerkmale durch die Bildverarbeitung. Ein spezielles Verfahren zur Markendetektion ermöglicht es, in einem aufgenommenen Bild jeweils den der Mitte der Marke nächstliegendsten Blob zu detektieren. Zwischen diesen beiden Bolbs wird anschließend von der Bildverarbeitung ein Rechteck eingezeichnet. Innerhalb dieses Rechtecks wird der aktuelle Füllstand bestimmt und anschließend der Durchfluß der Flasche als auch das Füllvolumen im Glas berechnet. Nachdem die Flasche sich in der relativen Startlage zum Glas befindet, beginnt die sensorüberwachte, gesteuerte Anfahrsequenz. Die Kamera überwacht die Szene, um den Moment zu erfassen, bei dem der Durchfluß einsetzt. Dann schaltet das System sofort auf die geregelte Einschenksequenz um. Der Regler des in Abbildung 9 dargestellten Regelkreises berechnet aus der Differenz zwischen dem Soll-Durchfluß f_{Soll} und dem berechneten Ist-Durchfluß f_{Ist} einen neuen Offset für den Listenzeiger, wodurch der Durchfluß geregelt wird. Sobald der gewünschte Füllstand erreicht wurde, schaltet das System auf die gesteuerte Abschwenksequenz.

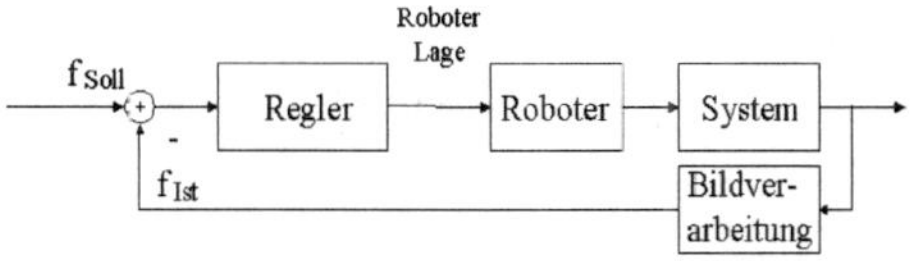

Abbildung 9: Regelkreis zur Durchflußregelung

5.4. Experimentelle Ergebnisse

Um den beschriebenen Regler zu testen, wurden sowohl die Anfangsfüllhöhen der Flasche und des Glases als auch die Flaschen- und Glasgrößen variiert. Im folgenden werden zwei Beispiele dargestellt.

Versuch	Flasche	Glas	Soll-Volumen
1	kl. Punika Flasche ½ voll	Wasserglas ½ voll	0,15 l
2	kl. Cola Flasche voll	Longdrink Glas leer	0,25 l

Für den Soll-Durchfluß wurde $f_{Soll} = 0.04$ [l/s] gewählt wobei die Abtastzeit 250 [ms] betrug. Die Ergebnisse von Versuch 1 sind in Abbildung 10 auf der linken Seite dargestellt. Im oberen Teilbild sind das Soll- und das Istvolumen, im mittleren Bild sind der daraus berechnete Durchfluß f und der Soll-Durchfluß f_{Soll} und im unteren Bild ist der Zeiger Offset dargestellt. Es sind deutlich die drei Teilsequenzen (step 1-8; 9-20; 21-33) zu erkennen. Der Durchfluß wird in Teilsequenz 2 zwar

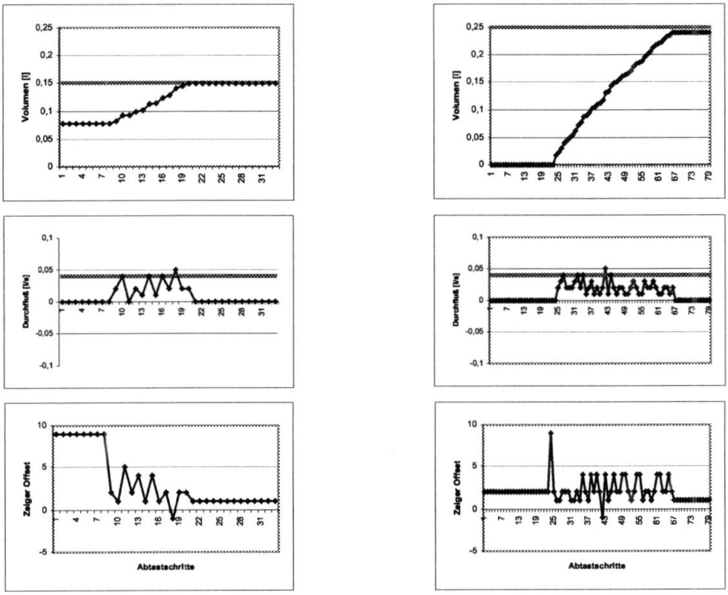

Abbildung 10: Experimentelle Ergebnisse für zwei Einschenkvorgänge

nicht konstant gehalten, das Ergebnis reicht aber aus, um ein ausreichend gutes Einschenken zu erreichen. Zudem ist aufgrund der stark schwankenden Flüssigkeitsoberfläche im Glas und der starken Schaum- und Blasenbildung die Detektion des Füllstandes stark gestört und somit auch die Werte für das Volumen und den Durchfluß. Eine Glättung der Meßwerte ist wegen der hohen Abtastzeit nicht möglich. Da in der dritten Teilsequenz keine Füllstandmessung mehr stattfindet, sind die dort dargestellten Werte für das Volumen keine aktualisierten Meßwerte mehr, sondern entsprechen dem letzten Meßwert. Das Endvolumen wurde separat ermittelt und beträgt in Versuch 1 0,157 l und liegt somit 5% oberhalb des Sollwertes von 0,15 l. Trotz dem das Glas einen Anfangsfüllstand besaß, arbeitet der Regler gut. Die Ergebnisse von Versuch 2 sind in Abbildung 10 rechts dargestellt. Das Endvolumen beträgt hier 0,269 l und liegt somit 8% oberhalb des Sollwertes von 0,25 l. In allen zwei Versuchen wurde, trotz extrem unterschiedlichen Anfangsbedingungen, das Regelungsziel nach 5-16 Sekunden erreicht. Die Endvolumen waren wegen der relativ großen Abtastzeit 5 – 8 % zu groß. Um dies zu vermeiden, kann die Regelungsteilsequenz schon kurz vor dem Erreichen des Sollvolumens beendet werden.

6. Zusammenfassung und Ausblick

In dieser Arbeit wurde dargestellt, daß in der Service- und Rehabilitationsrobotik Aufgaben durchgeführt werden müssen, die über reine pick- und place Anwendungen hinaus gehen, wobei die Bewegungen auf komplexen Trajektorien, die für die jeweilige Aufgabe spezifisch sind, durchgeführt werde. Es wurde ein Methode vorgestellt, mit der es möglich ist, diese Trajektorien durch Vormachen zu generieren, geeignet zu transformieren und als Steuersequenz an den Roboter zu senden. Der Roboter führt anschließend gesteuert die demonstrierte Bewegung aus, wobei sie das selbe zeitliche Verhalten wie bei der Demonstration besitzt und relativ zu einem Referenzsystem ausgeführt wird. Die Methode wurde am Beispiel eines Einschenkszenarios erläutert und umgesetzt. Um robust gegenüber Parameteränderungen zu sein, wurde ein Methode vorgestellt, mit der die aufgezeichneten Trajektorien auch für geregelte Vorgänge eingesetzt werden können. Das Einschenkszenario wurde in gesteuerte und geregelte Teilsequenzen zerlegt. Es wurde ein Regler vorgestellt, der basierend auf einer aufgezeichneten Gesamttrajektorie, eine Durchflußregelung bei verschiedensten Systemparametern erfolgreich durchführt. Zudem wurde ein geeignetes Verfahren beschrieben, mit dem demonstrierte Teilsequenzen aneinander gekoppelt werden können. Es hat sich gezeigt, daß die Kombination von Demonstration und Regelung eine wesentliche Verbesserung gegenüber bekannter Roboter Programmieren durch Vormachen Algorithmen darstellt. Für weitere Arbeiten auf diesem Gebiet sollten Untersuchungen zum Einbinden zusätzlicher Sensoren im Vordergrund stehen, um die bisherigen Ergebnisse zu verbessern und um die Methoden auf andere Tätigkeiten auszuweiten.

Literaturverzeichnis

[1] Ikeuchi, K.;Wheeler, M.; Jiar, Y.: *"Hand action perception for robot programming"*; Proceedings of the 1996 IEEE/RSJ International Conference on Intelligent Robots and Systems; vol. 3; p. 1586-93; 1996.

[2] Kuniyoshi, Y.; Masayuki, I.; Inoue, H.: *"Learning by watching: Reusable task knowledge from visual observation of human performance"*; IEEE Transactions on Robotics and Automation; vol. 10; p. 799-822; 1994.

[3] Dillmann, R.; Friedrich, H.; Münch, S.; Bocionek, S.; Sassin, M.: *"Robot Programming by Demonstration (RPD): Supporting the Induction by Human Interaction"*; Machine Learning; vol. 23; no. 2-3; p. 163-89; 1996.

[4] Dillmann, R.; Gonzales-Linares, J.; Guil, N.; Ehrenmann, M.: *"An Efficient Image Processing Algorithm for High-Level Skill Acquisition"*; International Symposium on Assembly and Task Planning (ISATP); Porto; Portugal; 1999.

[5] B. Borgerding, O. Ivlev, C. Martens, N. Ruchel, A. Gräser: *"FRIEND – Functional Robot Arm with User Friendly Interface for Disabled People"*; The 5th European Conference for the Advancement of Assistive Technology; Düsseldorf; November 1999.

[6] N. Ruchel, O. Lang, A. Gräser: *„Service-Robot Programming by Demonstration with Sensor Integration"*; Proceedings of the 1999 IEEE Hong Kong Symposium on Robotics and Control; vol. 1; p. 226-231; Hong Kong; 1999.

Zertifizierbare Fehlertoleranz-gerichtete Realzeit-Software zur verläßlichen Fuzzy-Regelung eines CSTR-Prozesses

R. Neimeier, Y. Elobaid, A. Partschefeld, G. Thiele und G. Schulz-Ekloff
Universität Bremen, Institut für Automatisierungstechnik
Kufsteinerstr., NW 1, 28359 Bremen
email: thiele@iat.uni-bremen.de

Kurzfassung

Die Erfüllung und Zertifizierung erhöhter Sicherheitsanforderungen bei gleichzeitiger Kostenminimierung von chemischen Prozessen setzt eine weitgehende Nutzung der Möglichkeiten Fehlertoleranz-gerichteter Software voraus, was allerdings nur zulässig ist, wenn auch deren Korrektheit garantiert werden kann. Da einerseits der Einsatz formaler Methoden mittelfristig bereits aus Komplexitätsgründen ausscheidet und auch zur Mitwirkung der Experten bei der Verifikation nicht geeignet ist, kommt andererseits der Überprüfbarkeit durch Inspektion erhöhte Bedeutung zu.

Als besonders geeignet erweist sich hier die graphische Funktionsblockdiagramm-(FBD-) Sprache der internationalen Norm IEC 61131-3 für Speicherprogrammierbare Steuerungen, wenn eine bereits zertifizierte Funktionsblock- (FB-) Bibliothek für die Konfigurierung von Regelungs-Tasks zur Verfügung steht, da in diesem Fall nur noch die Korrektheit der FB-Verbindungen und der FB-Parameter überprüft werden muß. Dadurch können z. B. im Falle der Fuzzy-Regelung zusätzlich die Fachexperten u. a. zur Verifikation der parametrierten Regel-Schlußfolgerungen hinzugezogen werden.

Beim Entwurf Fehlertoleranz-gerichteter Software-Komponenten erweist sich die Unterscheidung zwischen Gerätefehlern, etwa Fehlern bei der Kommunikation mit CAN-Bus-Geräten, und Fehlern durch Meßwertunsicherheiten in Bezug auf eine transparente Fehlerbehandlung als sinnvoll. Im ersten Fall ist bereits auf FB-Ebene nicht nur die Fehlererkennung, sondern auch die Fehlerlokalisierung möglich. Im zweiten Fall muß die Fehlerlokalisierung durch zusätzliche Komponenten auf Task-Ebene durchgeführt werden.

Zur Beherrschung der Komplexität erweist sich eine hierarchische Strukturierung der FB-Diagramme als sinnvoll. Dadurch wird es möglich, die Erfüllung der Forderung nach Zertifizierbarkeit auch für Verallgemeinerungen der Fehlertoleranz-Strategien auf zusätzliche Sensoren durchzuhalten. Dies wird exemplarisch für einen CSTR- (Continuous Stirred Tank Reactor) Prozeß für eine und für zwei Meßgrößen begründet und durch Experimente validiert.

1 Problemstellung und Überblick

Die Erhöhung von Produktionsausbeute und Produktselektivität chemischer Prozesse muß i. a. mit komplexeren Automatisierungs- und Sicherheitsmaßnahmen erkauft werden, was in zunehmendem Maße die Zertifizierung entsprechender Systeme, insbesondere der Realzeit-Software (SW), erschwert. Dies gewinnt noch an Bedeutung für solche Software-Komponenten, die im Hinblick auf das Tolerieren unvermeidbarer Systemfehler, wie Sensor-Ausfall und Ausnahme-Situationen, zusätzlich integriert werden, weil unbedingt vermieden werden muß, daß die Fehlertoleranz-gerichteten Komponenten ihrerseits die Zertifizierbarkeit in Frage stellen.

Formale Methoden [1] als Basis für die Überprüfbarkeit der Korrektheit der Realzeit-SW scheitern einerseits an deren Komplexität, andererseits sind sie für die Fachexperten heutzutage noch kontraproduktiv, da sie nur für SW-Spezialisten anwendbar sind. Vor diesem Hintergrund liegt es nahe, die verwendete SW so transparent zu entwerfen, daß Zertifizierung durch Inspektion auf Problem-orientiertem Niveau möglich wird und damit insbesondere auch die Fachexperten am Zertifizierungsprozeß beteiligt werden können [2]. Etwa genügt dann das konzeptionelle Verständnis eines Zustandsbeobachters, um diesen als Fehlertoleranz-gerichtete Komponente zur verläßlichen Fuzzy-Regelung zu überprüfen.

Im folgenden zweiten Abschnitt dieses Aufsatzes werden zunächst die konzeptionellen Voraussetzungen für die Zertifizierbarkeit durch Inspektion, insbesondere die Strukturierung der Fehlertoleranz-gerichteten SW-Komponenten auf Task-Ebene mit dem Ziel verläßlicher chemischer Prozesse erläutert.

Im dritten Abschnitt wird speziell auf typische Fallbeispiele mit Fehlertoleranz-gerichteten SW-Komponenten zur Tolerierung von Sensor-Ausfällen am Beispiel eines CSTR- (Continuous Stirred Tank Reactor) Prozesses eingegangen [3,4], zu denen im vierten Abschnitt exemplarisch ausgewählte Validations-Ergebnisse vorgestellt werden. Ein abschließender Abschnitt faßt offene Fragen zusammen und gibt einen Ausblick auf zukünftige Forschungsaktivitäten.

2 Konzeptionelle Voraussetzungen

2.1 Zertifizierung und Funktionsblockdiagramm- (FBD-) Sprache

Zu einer für die Zertifizierung durch Inspektion [5,6] unverzichtbaren Beteiligung der Fachexperten, hier aus der Technischen Chemie, bietet sich die FBD-Sprache des Standards IEC 6 1131 [7,8] für programmierbare Steuergeräte, z. B. Speicherprogrammierbare Steuerungen (SPSen), an. In diesem Fall werden die Anwendungs-Tasks nicht programmiert, sondern als FBDe aus vordefinierten bzw. „abgeleiteten" Funktionsblöcken (FBen) graphisch konfiguriert [2]. Auf diese Weise müssen zur Zertifizierung bzw. zur Überprüfung auf Korrektheit lediglich noch die Typen der FBe, ihre Parameter, ihre Verbindungen untereinander sowie ihre Rechenfolge überprüft werden, wenn man von einer bereits zertifizierten FB-Bibliothek und System-SW ausgehen kann. Änderungen und damit zusätzliche Zertifizierungen betreffen lediglich neu hinzukommende FBe bei einer Erweiterung der FB-Bibliothek. Dies gilt auch für E/A-FBe, z.B. für Feldbus-Systeme wie CAN, die hier die Grundlage für Fehlertoleranz-gerichtete SW-Komponenten zur Tolerierung von Sensor- und Aktorausfällen bilden.

Die in konventioneller SPS-Programmierung nicht üblichen E/A-FBe haben für die Verifikation den Vorteil, daß die Übergänge von der *SW-in-the-loop-Simulation* zur *HW-in-the-loop-Simulation*, bei denen der chemische Prozeß noch durch einen FB auf der Basis eines geeigneten Prozeßmodells ohne bzw. mit Einschluß der Prozeßperipherie simuliert wird, und schließlich zur Steuerung des realen chemischen Prozesses, durch Inspektion nachvollziehbar bleiben.

2.2 Ausprägungen verläßlicher Automatiserung chemischer Prozesse

Während Fehlertoleranz (FT) als Systemeigenschaft aufgefaßt werden kann, handelt es sich bei der Verläßlichkeit um die Eigenschaft eines in einem solchen System ablaufenden Prozesses.

Bei System-Fehlern, also etwa bei Sensor-Ausfällen und SW-Fehlern, gilt als Minimal-Forderung, daß der chemische Prozeß in solchen Situationen in einen sicheren Zustand überführt werden kann, d. h., daß durch die Fehler kein Schaden für Menschen und Umwelt eintritt (sicheres Verhalten). Man strebt allerdings aus Kostengründen im Sinne einer möglichst hohen Verfügbarkeit an, den Prozeß darüberhinaus durch Integration von FT-gerichteten Systemkomponenten solange wie möglich unter Tolerierung der Fehler bei voller Last (zuverlässiges Verhalten) bzw. unter vertretbaren Einschränkungen (*graceful degradation*) weiterzufahren. Dies ist i. a. nur bei einem Teil der Fehler oder Fehler-Kombinationen möglich, so daß in allen anderen Fällen die FT-gerichteten Komponenten jedenfalls sicheres Verhalten des Prozesses garantieren müssen, das in diesem Sinne also als Sonderfall verläßlichen Verhaltens interpretierbar ist [9]. Ist dies nicht der Fall, müssen die FT-gerichteten Komponenten durch zusätzliche Schutz-Komponenten ergänzt werden. Die Sicherheit des chemischen Prozesses ist also mit Hilfe sich ergänzender, u. U. auch gemeinsamer, Komponenten von Steuer- und Schutz-Einheit (*Control-Unit* und *Protection-Unit* nach IEC 6 1508 [10]) zertifizierbar zu garantieren.

2.3 Fehlertoleranz-Hierarchie-Ebenen von Tasks

FT-gerichtete Komponenten sind entweder bereits auf FB-Ebene oder auf Task-Ebene zu integrieren, wobei die Task-Ebene in weitere Hierarchie-Ebenen strukturiert werden kann [11–13]. Letzteres trägt zur Möglichkeit der Verringerung der Komplexität durch Bildung von konzeptionell begründeten, abgeleiteten FBen (*derived* FBs nach IEC 6 1131-3) bei, etwa bei der Zusammenfassung von Komponenten eines parametrierbaren Fuzzy-Reglers auf Steuerungs-Ebene (E 1), bei der Zusammenfassung von Komponenten der Fehler-Erkennung, -Lokalisierung und -Behandlung auf der nächsthöheren Ebene (E 2) oder von Komponenten der Fehler-Einschätzung und Schlußfolgerung auf der noch darüber liegenden Ebene E 3 (Abbildung 1). Auf Ebene E 3 wird entschieden, welche Art der Fehlerbehandlung einzuleiten ist. Zu den zur Verfügung stehenden Informationen gehören sowohl die der Fehler-Erkennung und -Lokalisierung als auch die auf Task-Ebene abzufangenden Ausnahmen (AT), also etwa Fristverletzungen, die zur Einleitung von Sparmodi Anlaß geben können, sowie das Eintreten von Ausnahmen, die auf FB-Ebene behandelt werden (AFB) [14].

Fehler-Erkennung bereits auf FB-Ebene, wie im Fall von Zeitüberschreitungs-Ausnahmen bei der CAN-Bus Kommunikation (CANTimeOut), hat den Vorteil, daß diese in diesem Fall gleichzeitig Fehler-Lokalisierung bedeutet und damit eine Verringerung der Komplexität der Ebene E 2 ermöglicht.

2.4 Verwendete Funktionsblöcke

Zur *SW*- bzw. *SW-/HW-in-the-loop-Simulation* und zur Regelung des realen Prozesses werden FBe einer SPS-FB-Bibliothek, deren Korrektheit bereits als zertifiziert angenommen wird, verwendet [9]. Zusätzlich können FBe, die aus diesen konzeptionell abgeleitet sind, zur Verringerung der Komplexität der FBDe beitragen.

`FUZ_REG` ist z. B. eine aus den Klassen (Objekt-Typen) `FUZ` (Fuzzyfizierung), `MATRIX_RULE` (Schlußfolgerung) und `DFUZ` (Aktivierung, Akkumulation und Defuzzifizierung) abgeleitete FB-Klasse in Anlehnung an die in [15] vorgeschlagenen Klassen. Diese Strukturierung hat auch die Vorlage zur IEC 6 1131-7 [16] geliefert, allerdings wurde dort die in unserem Fall beibehaltene Parametrierbarkeit der Bibliotheks-FBe `FUZ`, `MATRIX_RULE` und `DFUZ` [2] nicht übernommen. In `FUZ_REG` sind zusätzlich die Bildung der Regeldifferenz und die der Stellgrößen auf Grund der von diesem Fuzzy-Regler gelieferten Stelldifferenzen integriert [3].

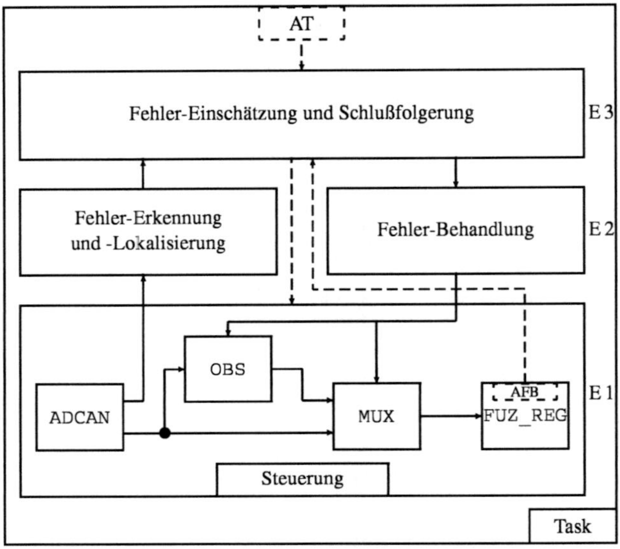

Abbildung 1: Hierarchische Strukturierung der Ebenen E 1–3 der FT-gerichteten Komponenten einer Task (AT/AFB = Ausnahmen auf Task-/FB-Ebene)

DACAN und ADCAN sind FB-Klassen für CAN-D/A- bzw. CAN-A/D-Wandlung, wobei die A/D-Wandlung parametrierbar über *Remote-Transmission-Request* initiiert wird [17, 18].

Im Falle einer *SW-in-the-loop-Simulation*, d. h. auf der auch bei der realen Regelung eingesetzten SPS, wird der reale Prozeß mittels eines FBs der Klasse CSTR, die ein phänomenologisches Prozeßmodell repräsentiert, ersetzt. Für dieses Modell stehen auch zwei FB-Klassen für, von der jeweiligen Meßgröße (c_r oder T_r) getriebene, Identitäts-Beobachter OBS_Tr und OBS_cr [4, 19] zur Verfügung, die nach der zum Zwecke der analytischen Redundanz [20] jeweils verwendeten Komponente des geschätzten Zustands bezeichnet sind [21].

Die Führungsgrößen des CSTR-Prozesses können ebenfalls mit einem FB der Klasse CSTR erzeugt werden, zur Verringerung der Komplexität wird allerdings hier ein eigener FB der Klasse CSTR_REF eingesetzt.

Bei der *SW-/HW-in-the-loop-Simulation* kann eine aus CSTR mit Hilfe von FB-Klassen für (konventionelle) A/D- und D/A-Wandlung abgeleitete Klasse CSTR_DER zur Anpassung an die reale HW-Peripherie verwendet werden. Den Übergang zum Anschluß des realen Reaktors kann man ggf. auch ohne Umklemmen durch Umparametrierung des Kanals des entsprechenden DACAN-FBs vornehmen, um die Möglichkeit der Simulation „vor Ort“ noch zur Verfügung zu haben [9].

3 Fehlertoleranz-gerichtete Software-Komponenten gegen Sensor-Ausfall

3.1 Fallbeispiel: CSTR-Regelung mit einer Meßgröße

3.1.1 CAN-Bus Kommunikationsfehler

Die in [21] vorgeschlagene Fuzzy-Folgeregelung benötigt beide Zustandsgrößen des CSTR-Prozesses [22], d. h. die Eduktkonzentration c_r und die Reaktortemperatur T_r. Wenn c_r nicht direkt meßbar ist, kann diese Größe über einen nichtlinearen Beobachter mit Hilfe der einzigen zur Verfügung stehenden Messung T_r und den Stellgrößen c_f (Zulaufkonzentration) und T_c (Kühltemperatur) geschätzt werden [19,21]. Abbildung 2 zeigt ein FB-Diagramm des Regelkeises unter Verwendung der in Abschnitt 2.4 beschriebenen FBe `FUZ_REG`, `OBS_cr` und `CSTR_DER`.

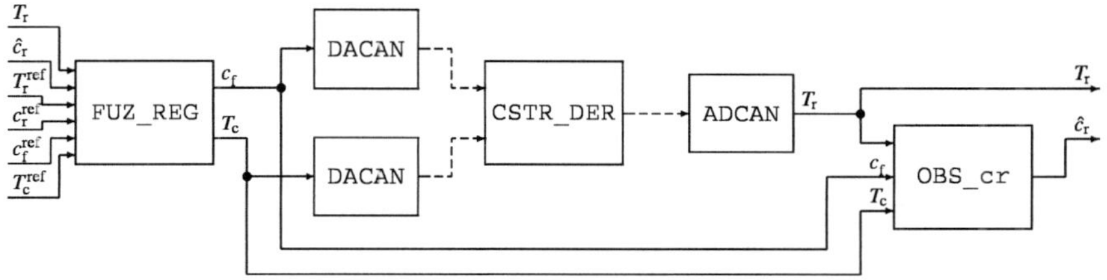

Abbildung 2: FB-Diagramm der Fuzzy-Regelung bei Messung eines Zustandes

Bei Ausfall der Messung T_r ist eine Regelung nicht mehr möglich. In diesem Fall muß von der übergeordneten Ebene E 3, die die gesamte Regelung überwacht, unverzüglich das Anfahren eines sicheren Zustandes (*fail-safe*) veranlaßt werden.

Durch den Einsatz des CAN-Bus bei der Meßwerterfassung können Fehler, die bei der Kommunikation mit dem Sensor-Modul auftreten, innerhalb des FBs zur Meßwertaufnahme (`ADCAN`) erkannt und an die Task-Ebene über den zusätzlichen Ausgang „Meßwertstatus" (*stat*) [23,24] weitergeleitet werden (Abbildung 3). Obwohl hier als Fehlerbehandlung prinzipiell nur das Anfahren eines fail-safe Zustandes in Frage kommt, können die Voraussetzungen für ein sicheres Herunterfahren durch Nutzung der im bereits vorhandenen Beobachter gespeicherten Zustandsinformationen zum Zeitpunkt des Sensorausfalls deutlich verbessert werden. Hierzu wird der Beobachter, auf Veranlassung der Fehlerbehandlungsebene, bei Auftreten des Fehlers in Abhängigkeit vom Meßwertstatus durch Abschalten der Zustandskorrektur als Prädiktor für c_r und T_r weiterverwendet und die ursprüngliche Messung T_r durch $\hat{T}_r$ ersetzt. Solange keine Störungen auf den CSTR-Prozeß einwirken, kann dieser in Abhängigkeit einer in der Ebene E 3 vorbereiteten Abfahrstrategie in den fail-safe Zustand sicher überführt werden.

3.1.2 Meßwert-Unsicherheit

Neben den CAN-Kommunikationsfehlern können auch Meßfehler auf Grund von Veränderungen am Meßaufnehmer durch Ablagerungen oder Alterung auftreten. In diesem Fall ließe sich mittels eines redundanten Sensors durch Vergleich der Meßergebnisse bereits auf FB-Ebene auf einen solchen Fehler schließen. Falls z. B. beide Meßwerte innerhalb einer zu parametrierenden Toleranz (*tol*) liegen, so wird angenommen, daß keine Meßwert-Unsicherheit [23,24] vorliegt. Bei einer nicht tolerierbaren Abweichung wäre einer der beiden Sensoren fehlerhaft. Für eine

Lokalisierung des fehlerhaften Sensors reicht dieser einfache Vergleich aber nicht aus. Deshalb kann lediglich der Task-Ebene über einen zusätzlichen FB-Ausgang *uncert* die Meßwert-Unsicherheit mitgeteilt werden, die dort i. a. zur Einleitung einer entsprechenden Fehlerbehandlung wie bei Kommmunikationsfehlern führen muß, d. h. zum Anfahren eines fail-safe Zustandes, ggf. unter Nutzung der Prädiktion des vorhandenen Beobachters (Abbildung 3).

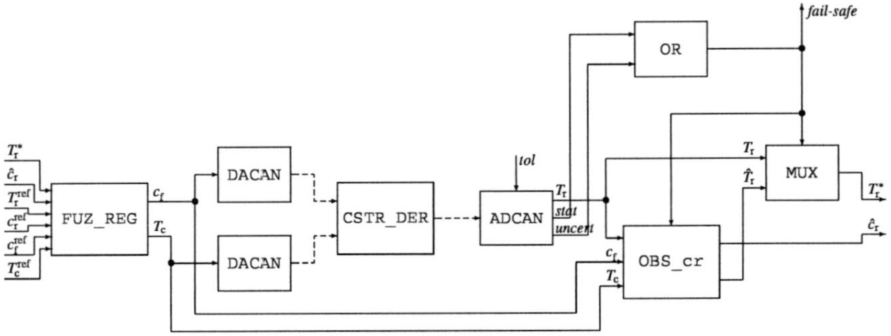

Abbildung 3: FB-Diagramm der Fuzzy-Regelung mit optimalem fail-safe Verhalten unter Berücksichtigung von Meßwert-Unsicherheiten

Kann eine mögliche Meßwert-Unsicherheit noch nicht auf FB-Ebene überprüft werden, muß diese Überprüfung auf Task-Ebene durchgeführt werden. Hierzu kann der Meßwert mit dem entsprechenden Schätzwert des von ihm getriebenen Beobachters verglichen werden. Die Differenz beider Größen wird bereits im Beobachter-FB als Residuum gebildet. Durch Herausführen dieser Größe an einem zusätzlichen Ausgang des Beobachter-FBs kann diese ausgewertet und ggf. zum Abschalten der Beobachterkorrektur und zur Steuerung entsprechender Multiplexer verwendet werden.

3.2 Fallbeispiel: CSTR-Regelung mit zwei Meßgrößen

3.2.1 CAN-Bus Kommunikationsfehler

Sind beide Zustandsgößen c_r und T_r meßbar, entfällt der Einsatz eines Beobachters zur Zustandsrekonstruktion auf Regelungsebene. Allerdings können jetzt auf Ebene E 2 Beobachter im Sinne analytischer Redundanz zur Fehlerbehandlung in der Weise eingesetzt werden, daß ein beliebiger CAN-Bus Kommunikationsfehler im Sinne eines verläßlichen Prozeßablaufs toleriert werden kann. Störungen, die von den Beobachtern ausgeregelt werden müssen, führen zwar zu Abweichungen vom angestrebten zuverlässigen Prozeßablauf, vermindern aber nicht die Verfügbarkeit [11]. Dies ist dadurch möglich, daß die ausgefallene Messung jeweils durch die entsprechende Schätzung des Beobachters, der von der noch verfügbaren Messung getrieben wird, ersetzt wird.

Bei Ausfall beider Sensoren kann im Sinne einer Verallgemeinerung der Situation bei einer Meßgröße verfahren werden, d. h. es wird auf entsprechende Meßwertprädiktionen unter optimaler Nutzung der bis zum Ausfall des zweiten Sensors zur Verfügung stehenden Information übergegangen und das Anfahren des fail-safe Zustandes eingeleitet (Abbildung 4).

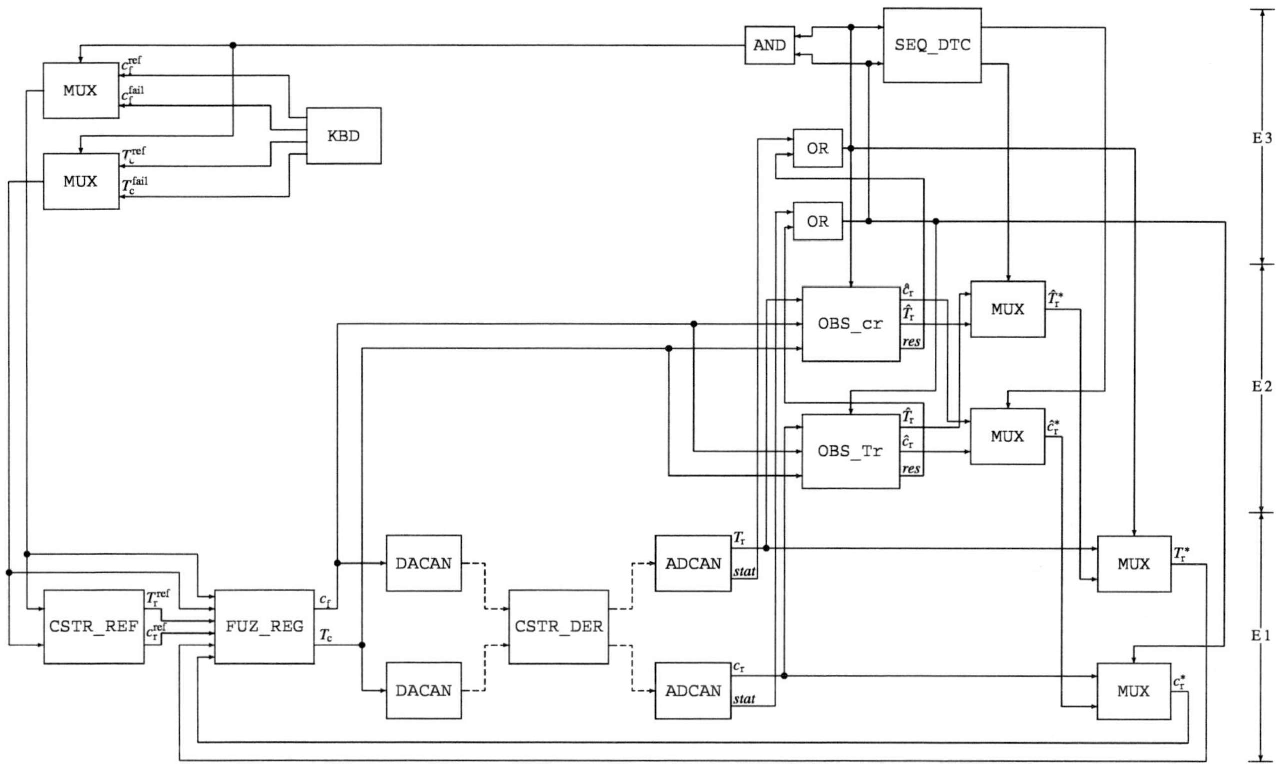

Abbildung 4: FB-Diagramm der Fuzzy-Regelung bei Messung des vollständigen Zustandes mit Fehlertoleranz bei CAN-Kommunikationsfehlern und Meßwert-Unsicherheit [21]

3.2.2 Meßwert-Unsicherheit

Im Falle der Verwendung entsprechender analytischer Redundanz auf Ebene E 2 kann auch eine beliebige Meßwert-Unsicherheit toleriert werden, wenn diese in gleicher Weise wie ein möglicher Komunikationsfehler behandelt wird. Entweder signalisieren die FBe diese Situation selbst oder sie wird durch Bewertung des jeweiligen Residuums [25, 26] des von der Messung getrieben Beobachters im Sinne einer Lokalisierung der Meßwert-Unsicherheit festgestellt (Abbildung 4). Dabei wird vereinfachend angenommen, daß *res* bereits in geeigneter Weise aufbereitete binäre Signale sind.

4 Validation

Zunächst soll gezeigt werden, wie sich der Ausfall bereits eines der beiden zur Verfügung stehenden Sensoren (c_r) auf die Funktion der eingesetzten Fuzzy-Regelung auswirken würde, wenn keine Fehlertoleranz-Maßnahmen, sei es durch HW-Redundanz des c_r-Sensors bzw., wie in diesem Bericht untersucht, durch analytische Redundanz im Sinne einer Schätzung $\hat{c}_r$, auf Grund der weiterhin als zuverlässig angenommenen T_r-Messung, vorgesehen wären. Im Folgenden wird vereinfachend angenommen, daß die Multiplexer der Ebene E 2 zur optimalen Nutzung der zur Verfügung stehenden Information im fail-safe Verhalten noch in ihrer *default*-Stellung „eingefroren" bleiben. Die Validation der Verallgemeinerung ist [21] zu entnehmen.

In Abbildung 5 ist das Ergebnis der *SW-/HW-in-the-loop-Simulation* eines Ausfalls des c_r-Sensors im „ungünstigsten Fall" des c_r-Minimums ($t \approx 4800\,\mathrm{sec}$) dargestellt. Die Folge ist eine Erhöhung der Zulaufkonzentration c_f durch den Regler, um der vermeintlich zu geringen Konzentration c_r im CSTR entgegenzuwirken. Die daraus resultierende Erhöhung der Konzentration führt zu einer „vorzeitigen" und verstärkten Abreaktion („Zündung") mit gefährlich erhöhter Temperaturspitze gegenüber dem Referenzverlauf ($t \approx 6200\,\mathrm{sec}$). Nach dem (an Hand des Meßwert-Status zu verfolgenden) Wiederzuschalten des (reparierten) c_r-Sensors ist der Regler (bei $t \approx 8000\,\mathrm{sec}$) wieder in der Lage, den Prozeßzustand dem Referenzzustand anzugleichen.

In Abbildung 6a ist nun veranschaulicht, daß der Einsatz Fehlertoleranz-gerichteter SW bei Ausfall des c_r-Sensors uneingeschränktes (zuverlässiges) Prozeßverhalten gewährleistet. Dies ist sogar auch noch bei gleichzeitigem Ausfall des T_r-Sensors ($t \approx 2800\,\mathrm{sec}$) der Fall, solange keine Störungen auf die Regelstrecke wirken, die nicht im Beobachter modelliert sind, da die vom Beobachter nun gelieferten Meßwert-Prädiktionen mit den Prozeßgrößen weiterhin übereinstimmen. Im gedehnten Zeitmaßstab (Abbildung 6b) wird allerdings z. B. bei der Temperaturspitze bei $t \approx 6350\,\mathrm{sec}$ bereits eine Abweichung der Temperaturprädiktion von der tatsächlichen Prozeßtemperatur deutlich. Diese kann auf den nur in der Regel-Strecke zum Tragen kommenden Einfluß der verwendeten realen Prozeßperipherie zurückgeführt werden, da der Fuzzy-Regler erwartungsgemäß die Prädiktion $\hat{T}_r$, die ihm als „Meßgröße" zugeführt wird, dem Referenzverlauf T_r^{ref} nachführt. Ab $t \approx 6500\,\mathrm{sec}$ wird von $\hat{T}_r$ auf den nun wieder reparierten T_r-Sensor zurückgeschaltet, was sich in der Vergrößerung der Verläufe um das nächste Temperaturmaximum (Abbildung 6c) darin zeigt, daß nunmehr der Fuzzy-Regler bereits wieder die tatsächliche Temperatur T_r im Reaktor auf die Führungsgröße T_r^{ref} zurückgeführt hat.

Die, bei $t \approx 8200\,\mathrm{sec}$ am Verlauf des Meßwert-Status ablesbare, erneute Funktionsfähigkeit auch des c_r-Sensors hat zur Folge, daß bereits beim nächsten Temperaturmaximum ($t \approx 9200\,\mathrm{sec}$) kein Unterschied mehr zwischen T_r und $\hat{T}_r$, als Schätzung des von c_r getriebenen Beobachters, erkennbar ist.

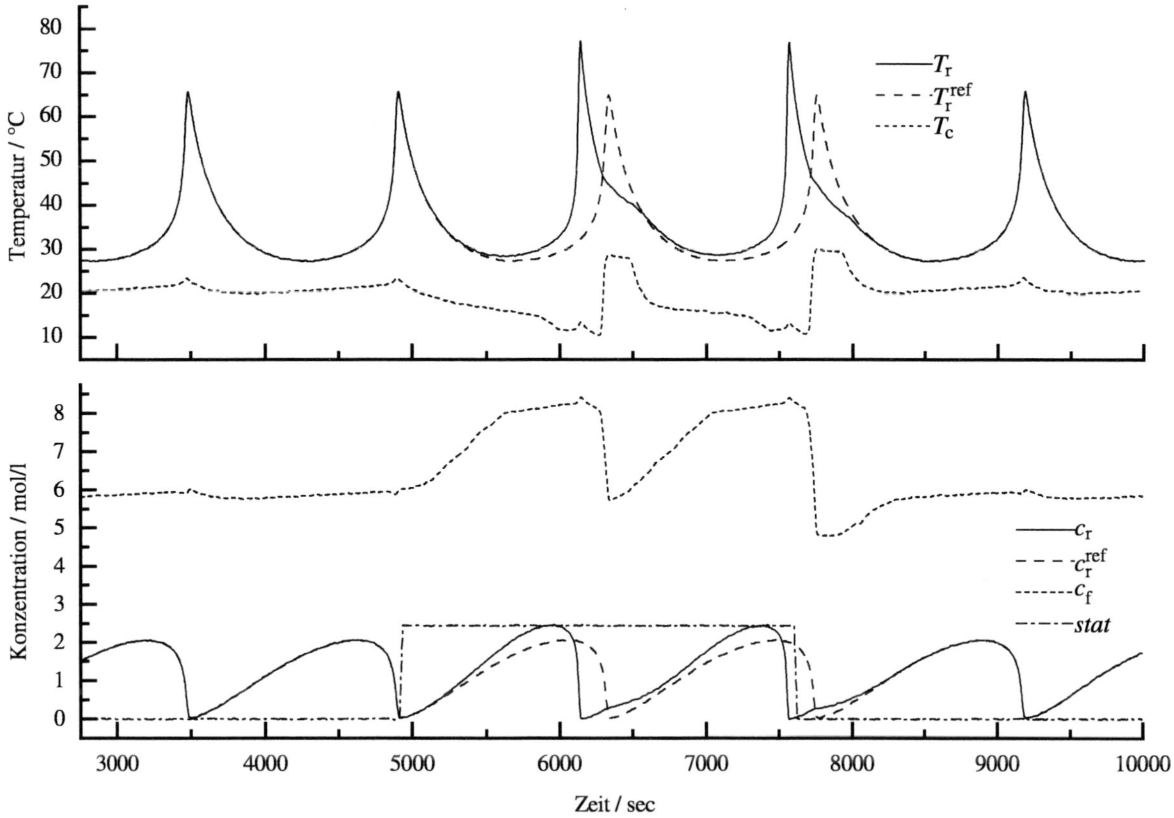

Abbildung 5: Führungsverhalten bei Ausfall des c_r-Sensors ohne Fehlertoleranz-Maßnahmen

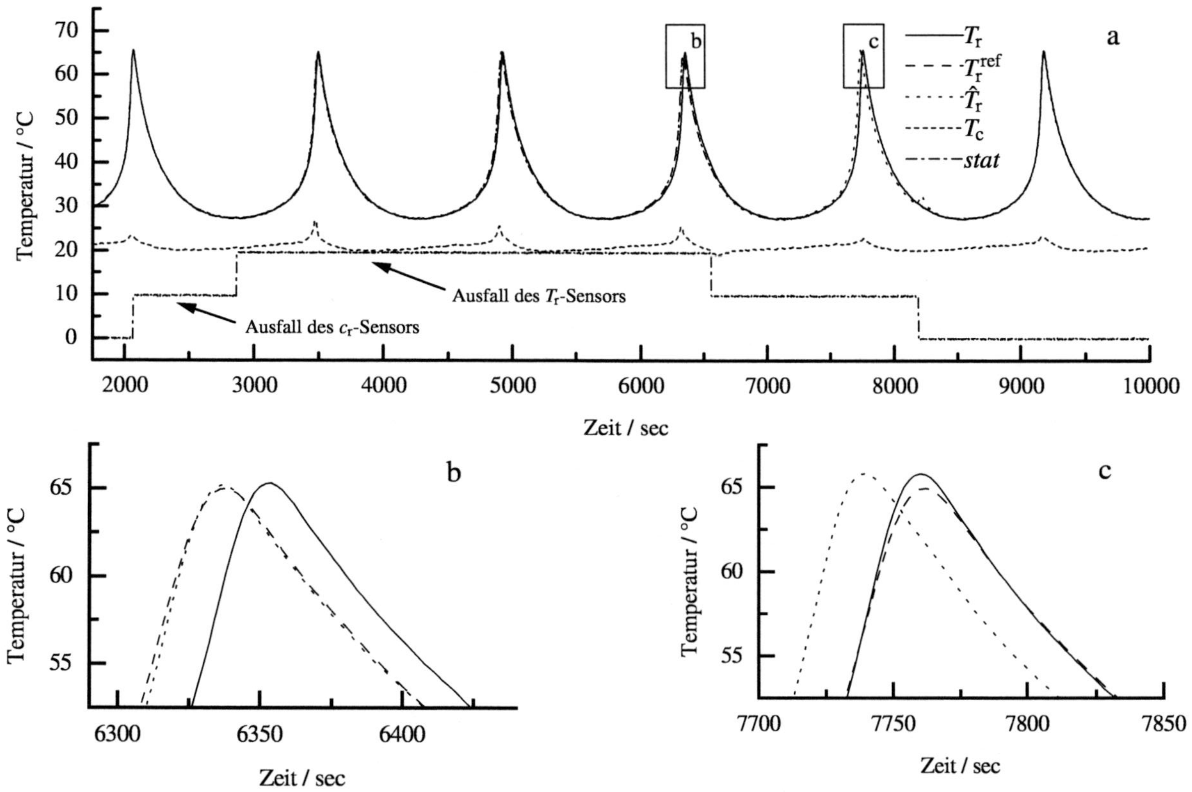

Abbildung 6: Validation des Führungsverhaltens bei Ausfall der Sensoren (c_r bzw. T_r) bei analytischer Redundanz für beide Sensoren (Auschnitte b und c zusätzlich in vergrößerter Darstellung)

5 Ausblick

Die Forderung nach Zertifizierbarkeit der Korrektheit von Realzeit-SW durch Inspektion, insbesondere von deren Fehlertoleranz-gerichteten Komponenten, erfordert immer höhere Transparenz, je höher der geforderte *Safety Integrity Level* (SIL 1-4 nach IEC 6 1508 [10]) ist. Für SIL 4 wird z. B. die Einfachheit von Ursache-Wirkungs-Diagrammen gefordert [5], wie sie bereits bei den `MATRIX_RULE`-FBen der Fuzzy-Regelung erreicht wird [9].

Wesentliche Voraussetzung für den Korrektheitsnachweis von Tasks, die als FBDe konfiguriert werden, ist die Korrektheit der FBe selbst. Hier ist die konsequente Nutzung von Konstrukten geeigneter Realzeit-Hochsprachen, etwa zur strukturellen Trennung von eigentlichem FB-Algorithmus und Ausnahme-Behandlung, von großer Bedeutung.

Die Sicherstellung der Korrektheit („Sicherheit") der FBe wird auch von der Möglichkeit abhängen, diese als Objekte [27] im Kontext eines hybriden SW-Entwurfs [28] einführen zu können, um z. B. die Möglichkeit einer gemeinsamen Nutzung von Daten durch verschiedene FBe derselben Art, in der Ausprägung als Instanzen derselben Klasse, von vornherein auszuschliessen.

Ziel zukünftiger Forschung ist deshalb die Weiterentwicklung zertifizierbarer Fehlertoleranz-gerichteter Realzeit-SW-Komponenten für möglichst hohe SIL. Dabei wird ein Schwerpunkt des Einsatzes solcher Komponenten bei eingebetteten Systemen, z. B. in der Ausprägung als µSPSen, für die Automatisierung chemischer Prozesse liegen.

Diese Arbeit entstand im Rahmen eines von der Universität Bremen (FNK-Kennz. 01/04/6-PROFETA) und der MAX BUCHNER-Stiftung (MBFSt-Kennz. 1844) geförderten Vorhabens.

Literatur

[1] FILKORN, T.; HÖLZLEIN, M.; WARKENTIN, P.; WEISS, M.: Formal Verifikation of PLC-Programs. In: *Proceedings of the 14th IFAC World Congress, Beijing, P. R. China*, S. 503–508, IFAC, 1999.

[2] NEIMEIER, R.; THIELE, G.; SCHULZ-EKLOFF, G.; VIELHABEN, T.; HÖPFNER, B.: Objekt-basierte Simulation und Implementation der Regelung eines chemischen Prozesses mittels SPS nach IEC 1131. In: HOLLECZEK, P. (Hg.), *PEARL 98 – Echtzeitsysteme im Netz*, Informatik aktuell, S. 59–69, Berlin: Springer-Verlag, 1998.

[3] VIELHABEN, T.; SCHULZ-EKLOFF, G.; NEIMEIER, R.; THIELE, G.: Design of Fuzzy-Control for Maintaining a CSTR in the Steep Section of its Nonlinear Characteristic. *Chem. Eng. Technol.* 24 (2001), Nr. 2, S. 205–212.

[4] FÖLLINGER, O.: *Nichtlineare Regelungen II*. 7. Aufl., München: R. Oldenbourg Verlag, 1993.

[5] HALANG, W. A.; KONAKOVSKY, R.: Sicherheitsgerichtete Software. *at* 46 (1998), Nr. 2, S. 93–103.

[6] HALANG, W.; FRIGERI, H. F.: Methoden sicherheitsgerichteter Echtzeitprogrammierung. *atp* 41 (1999), Nr. 6, S. 31–38.

[7] IEC (Hg.): *International Standard IEC 1131-3, Programmable Controllers - Part 3: Programming Languages*. 1. Aufl., Geneva, Switzerland: IEC Central Office, 1993.

[8] IEC (Hg.): *International Standard IEC 6 1131-3, Programmable Controllers - Part 3: Programming Languages*. 2. Aufl., 1999, (Voting Draft).

[9] THIELE, G.; RENNER, L.; NEIMEIER, R.: Programmable Logic Controllers. In: UNBEHAUEN, H. (Hg.), *Encyclopedia of Life Support Systems (EOLSS); Theme: Control Systems, Robotics and Automation; Topic: Elements in Automation*, Kap. 6.43.37, EOLSS Publisher Co. Ltd., 2001.

[10] IEC (Hg.): *International Standard IEC 61508, Functional Safety of Electrical/Electronic/Programmable Electronic Safety-related Systems*. 1. Aufl., Geneva, Switzerland: IEC Central Office, 1998.

[11] BLANKE, M.; IZADI-ZAMANABADI, R.; BØGH, S. A.; LUNAU, C. P.: Fault-Tolerant Control Systems – a Holistic View. *Control Eng. Practice* 5 (1997), Nr. 5, S. 693–702.

[12] BLANKE, M.; FREI, C. W.; KRAUS, F.; PATTON, R. J.; STAROSWIECKI, M.: Fault-tolerant Control Systems. In: ÅSTRÖM et al. [29], Kap. 8, S. 165–189.

[13] BLANKE, M.; FREI, C. W.; KRAUS, F.; PATTON, R. J.; STAROSWIECKI, M.: What is Fault-tolerant Control? In: EDELMAYER, A. M.; BÁNYÁSZ, C. (Hg.), *4th IFAC Symposium on Fault Detection, Supervision and Safety for Technical Processes (SAFEPROCESS'2000), Budapest*, S. 40–51, IFAC, 14.–16. Juni 2000.

[14] BEESTERMÖLLER, H. J.: *Software-Fehlertoleranzverfahren für eingebettete verteilte Automatisierungssysteme*. Fortschritt-Berichte VDI, Reihe 8, Nr. 698, Düsseldorf: VDI Verlag, 1998.

[15] PREUSS, H.-P.: Fuzzy Control in Process Automation. *Int. J. of System Science* 24 (1993), Nr. 10, S. 1849–1861.

[16] IEC (Hg.): *International Standard IEC 61131-7, Programmable Controllers - Part 7: Fuzzy Control Programming*. 2000, (wird veröffentlicht).

[17] ETSCHBERGER, K. (Hg.): *Controller-Area-Network*. 2. Aufl., München: Carl Hanser Verlag, 2000.

[18] PARTSCHEFELD, A.: *Entwicklung von fehlertoleranten CAN-basierten E/A-Funktionsblöcken für SPS-Prozeßregelungen mit FBD-Sprache nach IEC 61131*. Diplomarbeit, Universität Bremen, 2001.

[19] NEIMEIER, R.; SCHULZ-EKLOFF, G.; VIELHABEN, T.; THIELE, G.: A Nonlinear Observer for the Iron-Catalysed Hydrogen Peroxide Decomposition in a Continuous Stirred Tank Reactor. *Chem. Eng. Technol.* 20 (1997), Nr. 6, S. 391–395.

[20] PATTON, R. J.; FRANK, P. M.; CLARK, R. (Hg.): *Fault Diagnosis in Dynamic Systems: Theory and Application*. New York: Prentice Hall, 1989.

[21] NEIMEIER, R.: *Modellierung und fehlertolerante Regelung des gekühlten Durchflußrührkesselreaktors mittels verläßlicher Realzeit-Software*. Dissertation, Universität Bremen, 2001, (in Vorbereitung).

[22] NEIMEIER, R.: Oszillationen bei Reaktionen 1. Ordnung durch Wärmekopplung im CSTR. In: LOHMANN, B.; GRÄSER, A. (Hg.), *Methoden und Anwendungen der Automatisierungstechnik – 20. Kolloquium der Automatisierungstechnik in Salzhausen*, S. 122–131, Aachen: Shaker Verlag, 1999.

[23] BENÍTEZ-PÉREZ, H.; THOMPSON, H. A.; FLEMING, F. J.: Implementation of a Smart Sensor using Analytical Redundancy Techniques. In: PATTON, R. J.; CHEN, J. (Hg.), *Fault Detection, Supervision and Safety for Technical Processes (SAFEPROCESS'97)*, S. 569–574, IFAC, Pergamon Press, 26.–28. August 1997.

[24] KOLAHI, K.: Selbstdiagnose von Prozeß-Sensorsystemen. Vortrag zur DFMRS-Jahrestagung, Bremen, 11.–12. November 1999.

[25] CHEN, J.; FRANK, P. M.; KINNAERT, M.; LUNZE, J.; PATTON, R. J.: Fault Detection and Isolation. In: ÅSTRÖM et al. [29], Kap. 9, S. 191–207.

[26] ARMANET, F.; OTHMAN, N.; COUENNE, N.: Non-Linear Observer Based Method for Fault Detection and Isolation: Application to an Industrial Petrochemical Process. In: DHURJATI, P. S.; CAUVIN, S. (Hg.), *Proc. 3rd IFAC Workshop On-Line Fault Detection and Supervision in the Chemical Process Industry*, S. 53–58, IFAC, Pergamon Press, 1998.

[27] THIELE, G.: *Software-Entwurf in PEARL-orientierter Form, Realzeit-Anwendungen aus der Prozeßautomatisierung*. Stuttgart: B.G. Teubner, 1993.

[28] PLESSMANN, K. W.: Software-Engineering mit C++. VDI-Seminar 38-17-04, Stuttgart, 12.-13. März 1998.

[29] ÅSTRÖM, K.; ALBERTOS, P.; BLANKE, M.; ISIDORI, A.; SCHAUFELBERGER, W.; SANZ, R. (Hg.): *Control of Complex Systems*. London: Springer-Verlag, 2000.

Modellierung der Phenolhydroxylierung im nichtstationär betriebenen Durchfluss-Rührkesselreaktor

B. Rohde[1], D. Brunßen[2], H. Henze[3], G. Schulz-Ekloff [1] und G. Thiele[3]

[1]Universität Bremen, Institut für Angewandte und Physikalische Chemie
[2]Universität Bremen, Zentrum für Technomathematik
[3]Universität Bremen, Institut für Automatisierungstechnik
Postfach 330440, 28334 Bremen
Email: brohde@uni-bremen.de

Kurzfassung

Die industrielle Herstellung von Dihydroxybenzolen (DHBen) über die Phenoloxidation mit Wasserstoffperoxid (H_2O_2) erfolgt bisher ausschließlich im Batch-Reaktor. Von einer kontinuierlichen Synthese im Durchfluss-Rührkesselreaktor wurde bislang kein Gebrauch gemacht, weil Ausbeute und Selektivität hier im stationären Betrieb deutlich niedriger sind, wie entsprechende Simulationen zeigen.

Bei einer dynamischen Betriebsführung jedoch, bei der das Wasserstoffperoxid periodisch impulsartig hinzugegeben wird, lässt sich eine deutlich verbesserte Ausbeute und Selektivität erzielen. Die Phenol- und Katalysatorzuführung geschieht hierbei ökonomisch wünschenswert kontinuierlich.

Zur Modellierung des Prozesses lassen sich die interessierenden Modellparameter, Frequenzfaktoren und Aktivierungsenergien der ablaufenden Parallel- und Folgereaktionen, nur durch aufwendige Experimente und anschließende Identifikation ermitteln. Zur Validation der Identifikationsergebnisse kamen verschiedene Minimierungsverfahren zum Einsatz. Dabei erwiesen sich Varianten des Rosenbrock-Verfahrens als hinreichend robust, auch bei wenigen Messgrößen und der hier vorliegenden geringen Anzahl an verfügbaren Messwerten.

Nach der Bestimmung der kinetischen Parameter lässt sich das Prozessmodell soweit verbessern, dass eine gute Übereinstimmung der Simulationsdaten mit den realen Messdaten erreicht wird. Mit Hilfe dieser Simulationen kann eine Optimierung der Eingangsgrößen in Bezug auf Selektivität und Ausbeute durchgeführt werden.

1 Einleitung

Die Entscheidung für eine nichtstationäre Führung eines chemischen Prozesses kann aus unterschiedlichen Gründen fallen. So erfolgt z.B. häufig bei kontinuierlichen und damit ökonomisch günstigen Produktionsverfahren, wie Durchfluss-Rührkesselreaktor, Kaskade oder Strömungsrohr, eine Deaktivierung von Katalysatoren, die mit verschiedenen Maßnahmen nichtstationär bewältigt wird. Neben periodischem Wechsel zwischen zwei parallel geschalteten Reaktoren, bei dem der Katalysator im nichtproduzierenden Reaktor regeneriert wird, werden Verfahren wie kontinuierliche Abführung von verbrauchtem und Zuführung von regeneriertem Katalysator, sowie periodischer Wechsel von Produktion und Katalysatorregenerierung im selben Reaktor praktiziert [1-7]. Auch eine Vielzahl von biochemischen Prozessen, bei denen die Mikroorganismen oder Enzyme, d.h. die Katalysatoren, durch Produktmoleküle deaktiviert werden, erfordern eine nichtstationäre Betriebsweise [8,9].

Weitere wichtige Gründe für eine nichtstationäre Betriebsweise sind Steigerungen von Umsatz, Ausbeute oder Selektivität bei multiplen Reaktionen bzw. die Einstellung von Optima aus mehreren Zielgrößen [1-7]. Zur Erreichung dieser Ziele werden Semibatch-Verfahren genutzt, bei denen z.B. nur eine der eingesetzten Eduktspezies kontinuierlich zugegeben wird oder nur eine der erhaltenen

Produktspezies kontinuierlich abgezogen wird. Das letztere Verfahren findet als "reaktive Stofftrennung" zunehmend wirtschaftliche Bedeutung [10, 11].

Die Entwicklung eines nichtstationären Verfahrens wird erleichtert, wenn für die Stoffumwandlung ein plausibles Prozessmodell aufgestellt werden kann, das eine Simulation der angestrebten Betriebsweise mit optimalem Produktionsziel ermöglicht. Die Identifikation der Modellparameter kann wiederum durch Messungen bei transienten und nichtstationären Betriebszuständen erleichtert werden, weil entsprechende Parameter-Empfindlichkeiten damit sicher erkannt und modelliert werden können [12-16].

Im folgenden wird die Modellierung und Parameteridentifikation der Phenolhydroxylierung im Durchfluss-Rührkesselreaktor beschrieben, der aufgrund seiner kontinuierlichen Betriebsweise ökonomisch günstiger als der Batch-Reaktor ist. Ziel der Modellierung sind Simulationen, die klären sollen, ob bei bestimmten nichtstationären Betriebsweisen des Durchfluss-Rühr-kesselreaktors Umsätze und Selektivitäten erzielt werden können, die mit denen vergleichbar sind, die im zur Zeit industriell verwendeten Batch-Reaktor erhalten werden. Solche Abschätzungen sollten auch dann informativ sein, wenn aufgrund (i) der Komplexität des Netzwerkes aus Parallel- und Folgereaktionen und (ii) der fehlenden genauen Kenntnisse zu den katalytischen und radikalischen Elementarschritten [17, 18] unvermeidliche Modellierungsfehler hingenommen werden müssen.

2 Grundlagen

2.1 Das System: Durchfluss-Rührkesselreaktor

Der Durchfluss-Rührkesselreaktor ist einer der Standardtypen für kontinuierlich betriebene Reaktoren. Das, laut Modell, ideal durchmischte Reaktionsvolumen V_r weist keine Temperatur- und Konzentrationsgradienten auf, d.h. Konzentration c und Temperatur T sind im Ausfluss und im Reaktor gleich, während sie sich in der Regel von Zuflusskonzentration c_f und –temperatur T_f unterscheiden. Der Volumenstrom q hingegen ist meist im Zu- und Abfluss identisch.

Durchfluss-Rührkesselreaktoren sind meist, ebenso wie das hier verwendete Labormodell, temperierbar. Dies kann z.B. durch einen Kühlmantel erreicht werden, der von einer Kühlflüssigkeit (hier: Wasser) mit der Temperatur T_c durchströmt wird.

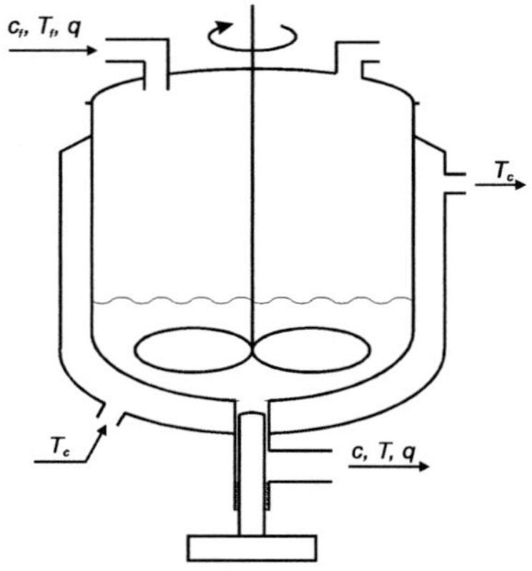

Abb. 1: gekühlter Durchfluss-Rührkesselreaktor

2.2 Der Prozess: Phenolhydroxylierung

Unter Phenolhydroxylierung versteht man eine Oxidation von Phenol, bei der eine zweite Hydroxylgruppe an den aromatischen Ring angefügt wird. Dabei kommen verschiedene Verfahren zur Anwendung [19].

Bei dem hier angewendeten Verfahren der Hydroxylierung mit Wasserstoffperoxid unter Katalyse mit einem Eisen(III)-Salz entstehen im ersten Reaktionsschritt ausschließlich die ortho- und para-Produkte Brenzcatechin und Hydrochinon [17, 19]. Diese unterliegen jedoch einer schnellen Folgeoxidation, die über mehrere Zwischenstufen bis zum Kohlendioxid und Wasser laufen kann. Die beiden Dihydroxybenzole (DHBe) sind wichtige Ausgangschemikalien vor allem für die Kunststoff-, Foto- und Lederindustrie. Von beiden werden je ca. 30-50 Tsd. Tonnen pro Jahr hergestellt [19].
Unabhängig vom Verfahren erfolgt die Produktion bislang ausschließlich als Batch-Prozess [20, 21].

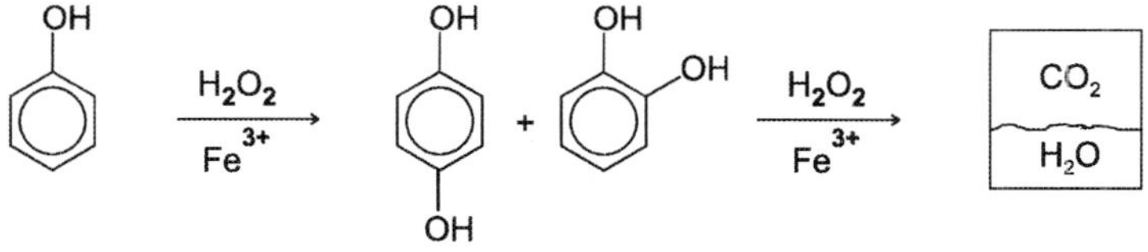

Phenol Hydrochinon + Brenzcatechin

Abb. 2: Reaktionsschema der Phenolhydroxylierung

3 Modellierung des Prozesses

3.1 Differenzialgleichungssystem

Zur Modellierung der Phenolhydroxylierung werden die Stoff- und Wärmebilanzgleichungen des klassischen Durchfluss-Rührkesselreaktors herangezogen. Typischer Weise besteht eine Stoffbilanzgleichung, die die Konzentrationsänderung mit der Zeit beschreibt, aus einem Zufluss- ($q/V_r \cdot c_X$), einem Abfluss- ($-q/V_r \cdot c_X$) und einem oder mehreren Reaktionstermen ($\pm r_X$), die die Abreaktion des Phenols (r_{Phe}) zu den DHBen (Gl. (1))

$$\frac{dc_{Phe}}{dt} = \frac{q}{V_r} \cdot c_{f,Phe} - \frac{q}{V_r} \cdot c_{Phe} - r_{Phe} \qquad (1)$$

und deren Oxidation zu den Folgeprodukten (r_{PC}, r_{HQ}) (Gl. (2) u. (3)) beschreiben.

$$\frac{dc_{PC}}{dt} = -\frac{q}{V_r} \cdot c_{PC} - r_{PC} + f_{PC} \cdot r_{Phe} \qquad (2)$$

$$\frac{dc_{HQ}}{dt} = -\frac{q}{V_r} \cdot c_{HQ} - r_{HQ} + (1 - f_{PC}) \cdot r_{Phe} \qquad (3)$$

Die Bildung der Folgeprodukte wird durch Gl. (4) modelliert.

$$\frac{dc_{Folge}}{dt} = -\frac{q}{V_r} \cdot c_{Folge} + r_{PC} + r_{HQ} \qquad (4)$$

Für diese Reaktionsgeschwindigkeiten r_X wurden wie üblich näherungsweise jeweils Kinetiken zweiter Ordnung angesetzt (Gl. (5)) [19]. Die Arrheniusterme sind zu den Parametern p_X zusammengefasst, die im Rahmen der Identifikation geschätzt werden sollen und die bei gleichbleibender Temperatur konstant sind.

$$r_X = c_X \cdot c_{H_2O_2} \cdot p_X \quad \text{mit} \quad p_X = k_{0,X} \cdot e^{-E_{A,X}/RT} \qquad (5)$$

Der Parameter f_{PC} in Gl. (2) u. (3) gibt den Anteil des Brenzcatechins an den gesamten DHBen an, d.h. $f_{PC} = c_{PC} / (c_{PC} + c_{HQ})$ und muss ebenfalls mitgeschätzt werden.

Die Wärmebilanz (Gl. (6)), die die Temperaturänderung mit der Zeit beschreibt, wird von mehreren Reaktionstermen geprägt, die bei diesem Prozess alle stark Wärme liefernd wirken. Allerdings wurden die Experimente in dieser Arbeit bislang nur mit sehr verdünnten Lösungen durchgeführt, so dass die Temperaturänderung während des Versuches ebenfalls vernachlässigt werden kann. Die Wärmebilanz spielte daher in den hier vorgestellten Identifikationsuntersuchungen keine Rolle.

$$\frac{dT_r}{dt} = \frac{q}{V_r}(T_f - T) + \frac{h_W \cdot A_W}{V_r \rho c_p}(T_c - T) + \frac{-\Delta_R H_{H_2O_2}}{\rho c_p} \cdot r_{H_2O_2} + \frac{-\Delta_R H_{Phe}}{\rho c_p} \cdot r_{Phe} + \frac{-\Delta_R H_{PC}}{\rho c_p} \cdot r_{PC} + \frac{-\Delta_R H_{HQ}}{\rho c_p} \cdot r_{HQ} \qquad (6)$$

3.2 Impulsförmige Wasserstoffperoxidzugabe

Die oben erwähnte rasche Folgeoxidation der gewünschten Produkte (DHBe) ist der Hauptgrund für die Anwendung des Batch-Verfahrens in der industriellen Produktion. Die DHBe reagieren mit dem Wasserstoffperoxid noch schneller als das Phenol. Daher wird immer mit einem hohen Überschuss an Phenol gearbeitet [20, 21], so dass das Wasserstoffperoxid weitestgehend abreagiert ist, sobald DHBe in nennenswerten Konzentrationen entstehen.

Im stationär betriebenen Durchfluss-Rührkesselreaktor besteht das Problem der Folgeoxidationen durch ständig zufließendes Wasserstoffperoxid. In dem hier vorgestellten nichtstationären Verfahren wird das Problem gelöst, indem zwar das Phenol und der Katalysator kontinuierlich den Reaktor durchfließen, aber nicht das Wasserstoffperoxid, das in Form von periodischen Impulsen vorgegebener Amplitude zugeführt wird (c_f in Gl. (7)). Die Reaktions-terme $r_{H_2O_2}$ und r_{Folge} können in erster Näherung vernachlässigt werden, da die Zerfallsreaktion des Wasserstoffperoxids nur eine untergeordnete Rolle spielt ebenso wie der Wasserstoffperoxidverbrauch bei den Oxidationen innerhalb der Folgeprodukte.

$$\frac{dc_{H_2O_2}}{dt} = \frac{q}{V_r} \cdot c_{f,H_2O_2} - \frac{q}{V_r} \cdot c_{H_2O_2} - r_{H_2O_2} - r_{Phe} - r_{PC} - r_{HQ} - r_{Folge} \quad (7)$$

4 Messungen am realen System

4.1 Einleitung

Die Laborversuche wurden nicht sofort am nichtstationären Durchfluss-Rührkesselreaktor durchgeführt, sondern zuerst als Batch-Prozesse, da diese experimentell wesentlich leichter zu handhaben sind. Trotz allem ist die Probenentnahme bestenfalls in 10s–Intervallen möglich. Die zeitintensive Analyse, die mittels High Pressure Liquid Chromatography (HPLC) erfolgt, und Auswertung der Messdaten bedingen eine relativ geringe Anzahl von Messwerten. Während eines Versuches, der je nach Bedingungen 15-60 min dauert, werden etwa 5-10 Proben entnommen.

Um zunächst bei konstanter Temperatur messen zu können, werden sehr niedrige Eduktkonzentrationen (5-50 mmol / l) eingesetzt. Die aus diesen Messungen gewonnenen Daten lassen sich sowohl auf höhere Konzentrationen als auch auf den nichtstationären Durchfluss-Rührkesselreaktor übertragen.

Der Katalysator besteht aus einer Eisen(III)-nitratlösung mit äquimolarer Zugabe von Brenzcatechin. Die Konzentration beträgt jeweils 10^{-4} mol/l. Der pH-Wert wird mit 0,1 molarer Salpetersäure vor Reaktionsbeginn auf ca. 2,5 eingestellt. Durch die Zugabe von Wasserstoff-peroxid (1 M) wird die Reaktion gestartet.

4.2 Batch-Prozesse

Die Batch-Prozesse werden in einem temperierten Kolben ohne Durchfluss durchgeführt. Sie dienen der Ermittlung der kinetischen Daten.

Bei der in Abb. 3 dargestellten Messung lag der anfängliche Phenolüberschuss relativ zum Wasserstoffperoxid bei 4:1. Nach 30 Minuten wurde der Versuch abgebrochen. Das H_2O_2 war zu dem Zeitpunkt zu 90% abreagiert. Die Ausbeute der DHBe betrug 40% bezogen auf das umge-

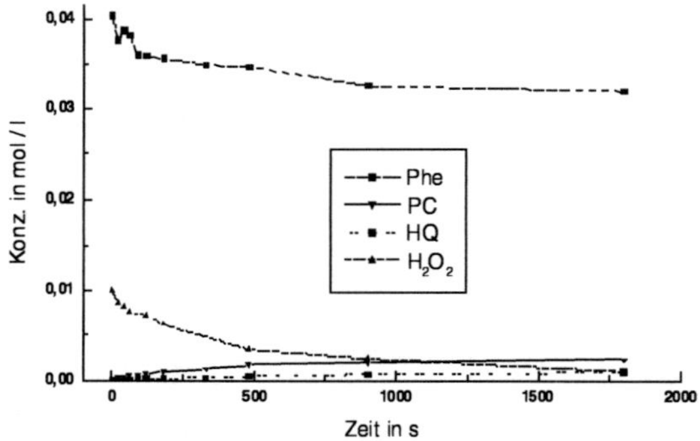

Abb. 3: Batch-Prozess bei 30°C

setzte Phenol. Der Phenolumsatz lag bei 80% bezogen auf das eingesetzte H_2O_2 (vgl. Reaktionsschema Abb. 2).

4.3 Durchfluss-Prozesse

Die Experimente im Durchfluss wurden in einem Laborreaktor, wie in [17] beschrieben, durchgeführt. Die Abb. 4 zeigt einen Versuch, bei dem in 15-minütigen Abständen drei H_2O_2-Impulse gesetzt wurden. Vor dem Start der Reaktion durch den ersten H_2O_2-Impuls wurde eine stationäre Phenolkonzentration von ca. 0,0082 mol/l eingestellt. Der Gesamtdurchfluss lag bei 1,06 l/h.

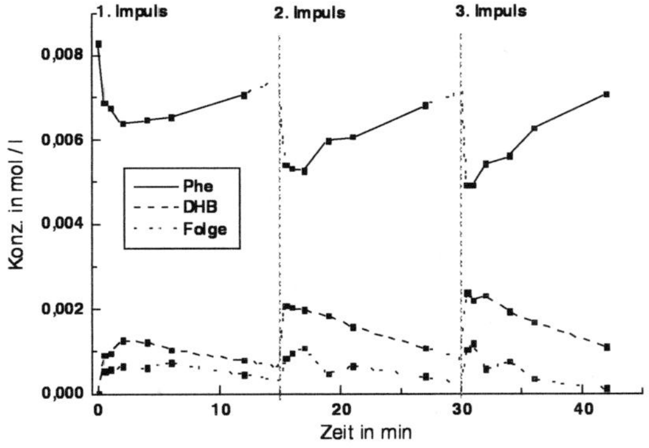

Abb. 4: Drei H_2O_2-Impulse bei kontinuierlichem Phenoldurchfluss bei 40°C

5 Identifikation der Modellparameter

5.1 Grundlagen

5.1.1 Identifizierbarkeit

Zwei Modellparametervektoren $\underline{\Theta}_1$ und $\underline{\Theta}_2$ heißen unterscheidbar, wenn die zugehörigen Ausgangsgrößen $y(t, \underline{\Theta}_1)$ und $y(t, \underline{\Theta}_2)$ für beliebige Eingänge $u(t)$ und beliebige Anfangswerte verschieden sind. Ein Modell heißt an der Stelle $\underline{\Theta}_S$ des Parameterraumes global identifizierbar, wenn für beliebige $\underline{\Theta} \neq \underline{\Theta}_S$ die Parametervektoren $\underline{\Theta}$ und $\underline{\Theta}_S$ unterscheidbar sind.

Wenn dies der Fall ist, kann mittels Ein-Ausgangsmessungen am realen Prozess auf die unbekannten Modellparameter rückgeschlossen werden. Durch die Ermittlung der Parameter des Identifikationsmodells wird dieses an das wahre Modell des realen Prozesses angepasst.

5.1.2 Identifikationsstrategie

In den Differenzialgleichungen der Phenolhydroxylierung sind der Frequenzfaktor k_0 und die Aktivierungsenergie E_A für die drei charakteristischen Reaktionsschritte unbekannt und werden unter Anwendung zweier Suchverfahren identifiziert.

Diese Parameter können allerdings nur gemeinsam als Produkt geschätzt werden. Um die einzelnen Parameter zu ermitteln, wird der Versuch bei zwei verschiedenen Temperaturen (T, $\tilde{T}$) durchgeführt. Für die gewonnenen Schätzungen $\hat{p}_X$, $\hat{\tilde{p}}_X$ gilt

$$\hat{p}_X = \hat{k}_{0,X} e^{-\hat{E}_{A,X}/RT} \quad \text{und} \quad \hat{\tilde{p}}_X = \hat{k}_{0,X} e^{-\hat{E}_{A,X}/R\tilde{T}} .$$

Mit diesen Beziehungen kann man den Frequenzfaktor und die Aktivierungsenergie eindeutig bestimmen.

Das Vorgehen bei der Schätzung der Komponenten f_{PC}, p_{Phe}, p_{PC} und p_{HQ} von $\underline{\Theta}$ ist in Abb. 5 veranschaulicht.

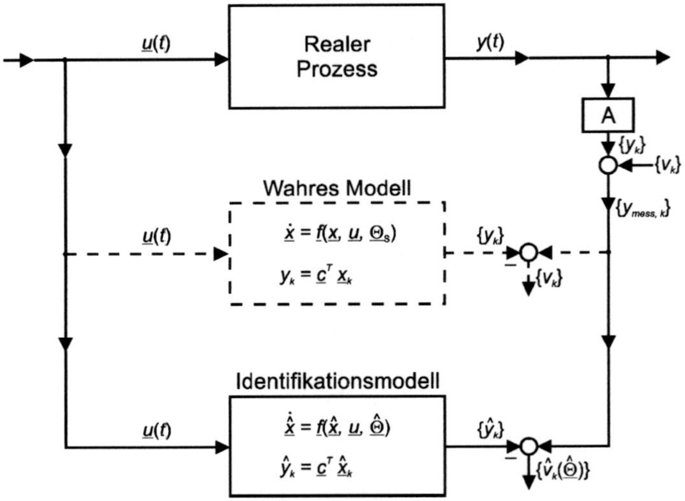

Abb. 5: Wahres Modell und Identifikationsmodell im Falle des nichtlinearen Ausgangsfehlermodells

Zum allgemeinen Verständnis der Abbildung sollen zunächst die zentralen Begriffe erläutert werden.

Unter dem Identifikationsmodell versteht man das Modell, mit dem die Identifikation auf dem PC durchgeführt wird. Das wahre Modell dagegen ist ein hypothetisches Modell, von dem man unterstellt, dass es den realen Prozess so beschreibt, als wären alle physikalischen Gesetzmäßigkeiten berücksichtigt. Seine Ausgangsgröße y_k stimmt mit dem unverrauschten Verlauf des Ausgangs des realen Prozesses in den Abtastpunkten überein.

Die Methode der kleinsten Ausgangsfehlerquadrate ist ein mögliches Verfahren, die Parameter eines Prozessmodells zu identifizieren. Dies soll hier kurz erläutert werden.

Der Ausgangsfehler v_k ist gleich der Differenz der gemessenen Ausgangsgröße $y_{mess,k}$ und der messfehlerfreien Ausgangsgröße y_k des realen Prozesses, d.h.

$$v_k = y_{mess,k} - y_k .$$

Das Gegenstück hierzu ist der „geschätzte" Ausgangsfehler $\hat{v}_k(\hat{\underline{\Theta}})$ des Identifikationsmodells.

$$\hat{v}_k(\hat{\underline{\Theta}}) = y_{mess,k} - \hat{y}_k(\hat{\underline{\Theta}})$$

Das Ziel der Identifikation ist es, v_k und $\hat{v}_k$ in Übereinstimmung zu bringen, d.h. $\hat{v}_k(\hat{\underline{\Theta}}) \to v_k$. Obwohl ein Vergleich von v_k und $\hat{v}_k$ nicht möglich ist, kann man unter bestimmten Bedingungen $\hat{\underline{\Theta}} \to \underline{\Theta}_S$ im stochastischen Sinne durch Minimierung des quadratischen Fehlerfunktionals

$$J_v(\hat{\underline{\Theta}}) = \sum_k \left(y_{mess,k} - \hat{y}_k(\hat{\underline{\Theta}})\right)^2$$

über ein vorgegebenes Identifikationsintervall erreichen, wenn das Minimum eindeutig ist.

Im Folgenden werden die hier eingesetzten Verfahren zur Minimierung vorgestellt.

5.2 Minimierungs-Verfahren

5.2.1 Gradienten-Verfahren

Eine Möglichkeit, das Ausgangsfehlerfunktional zu minimieren, ist, als Algorithmus ein Gradienten-Verfahren anzuwenden. Hierbei wird der Gradient von J zur Bestimmung der Suchrichtung verwendet. Der Algorithmus hat die Form:

$$\underline{\hat{\Theta}}_{i+1} = \underline{\hat{\Theta}}_i - \rho_i \underline{C}_i \underline{q}_i(\underline{\hat{\Theta}}_i), \quad \text{wobei} \quad \underline{q}_i(\underline{\hat{\Theta}}_i) = \frac{\partial J_{\hat{v}}(\underline{\hat{\Theta}})}{\partial \underline{\hat{\Theta}}}\bigg|_{\underline{\hat{\Theta}}=\underline{\hat{\Theta}}_i}$$

der Gradient des Fehlerfunktionals ist.

Ein großer Vorteil ist, dass man bei diesem Verfahren mit einem geeigneten $\underline{C}_i$ aus einer lokalen Umgebung mit einem einzigen zusätzlichen Iterationsschritt in das Minimum gelangen kann. Allerdings kann dies ein lokales Minimum sein. Man kann versuchen, das globale Minimum durch Wiederholung der Identifikation mit verschiedenen Startwerten zu finden. Die Ermittlung des Gradienten kann allerdings zu numerischen Schwierigkeiten führen und somit die Durchführung der Identifikation beeinträchtigen. Aus diesem Grund erweist sich das Rosenbrockverfahren als sehr viel robuster, da es ein direktes Suchverfahren ist, also keine Gradienten verwendet.

5.2.2 Rosenbrock-Verfahren

Die direkten Suchverfahren bestimmen die optimalen Suchrichtungen aus dem jeweils vorangegangenen Iterationszyklus. Für die Identifikation des zu untersuchenden Prozesses wurde das Rosenbrock-Verfahren verwendet, weil es sich für die Parameterschätzung auch nichtlinearer Modelle eignet und es mit relativ geringem Aufwand zu implementieren ist. Hierzu wurde ein modular aufgebautes Softwarepaket entworfen, so dass leicht verschiedene Modelle mit einer beliebigen Anzahl von Differenzialgleichungen (n) und zu schätzenden Modellparametern (p) implementiert werden können. Die Schätzungen können dabei mit einer beliebigen Anzahl von Messdatensätzen N und einer beliebigen Anzahl von Messgrößen m durchgeführt werden. Als Nebenbedingung kann die Suche nach den wahren Modellparametern auf phänomenologisch zulässige Bereiche $\underline{\hat{\Theta}}_{MIN} \leq \underline{\hat{\Theta}} \leq \underline{\hat{\Theta}}_{MAX}$ beschränkt werden.

Zu Beginn der Suche mit dem Rosenbrock-Verfahren wird ein Satz von p orthogonalen Einheitsvektoren $\underline{v}_i$ (mit $i = 1,..., p$) (zweckmäßig sind hier die Koordinatenrichtungen $\underline{\hat{\Theta}}_i$) und ein Satz von p dazugehörigen Anfangsschrittweiten $h_{0,i}$ festgelegt. Ausgehend von einem beliebigen Startpunkt $\underline{\hat{\Theta}}_0$ im Parameterraum wird zunächst das Fehlerfunktional $J_v(\underline{\hat{\Theta}}_0)$ bestimmt. Anschließend wird $h_{0,1}\underline{v}_1$ zu $\underline{\hat{\Theta}}_0$ addiert, woraus sich $\underline{\bar{\hat{\Theta}}}_1$ ergibt, und hierfür das Fehlerfunktional $J_v(\underline{\bar{\hat{\Theta}}}_1)$ bestimmt.

- Falls $J_v(\underline{\bar{\hat{\Theta}}}_1) < J_v(\underline{\hat{\Theta}}_0)$ ist, nimmt man $\underline{\bar{\hat{\Theta}}}_1$ als vorläufig besten Parametervektor und bezeichnet diesen mit $\underline{\hat{\Theta}}_1$. Für den nächsten Schritt der Suche in dieser Richtung wird die Schrittweite $h_{0,1}$ verdreifacht, woraus sich dann $h_{1,1}$ ergibt (*erfolgreicher Schritt*).
- Ist $J_v(\underline{\bar{\hat{\Theta}}}_1) > J_v(\underline{\hat{\Theta}}_0)$, wird $\underline{\hat{\Theta}}_0$ nicht korrigiert. Wurde vorher schon ein erfolgreicher Schritt in der aktuellen Suchrichtung unternommen, so wird die Suche in dieser Richtung abgebrochen (*erfolgloser Schritt*). Wenn vorher jedoch kein erfolgreicher Schritt in dieser Richtung vorlag, wird für den nächsten Suchschritt eine Richtungsumkehr, durch Verwendung der mit -½ multiplizierten Schrittweite $h_{0,1}$ als neue Schrittweite $h_{1,1}$, eingeleitet.
- Die Verletzung der Nebenbedingungen wird ebenfalls als erfolgloser Schritt bewertet, wenn vorher schon ein erfolgreicher Schritt vorlag.
- Fällt die Schrittweite durch die wiederholte Multiplikation mit dem Faktor -½ unter eine vorher bestimmte Grenze h_{min} (*Abbruchschrittweite*), wird die Suche in dieser Richtung nicht weiter fortgesetzt und ebenfalls als erfolgloser Schritt bewertet.

Anschließend werden die eben beschriebenen Schritte mit der nächsten Suchrichtung wiederholt. Es werden so lange immer wieder alle p Suchrichtungen untersucht, bis man für jede Suchrichtung nach einem erfolgreichen Schritt einen erfolglosen erhalten hat. Damit ist dann ein Iterationszyklus abgeschlossen [12]. Da man bei diesem Verfahren immer wieder alle p Komponenten des Parametervektors $\underline{\hat{\Theta}}$ nacheinander untersucht, kann diese Variante als ***Komponenten-inkrementelles Rosenbrock-Verfahren*** [23] bezeichnet werden (Abb. 6b). Eine andere Variante, bei der jeweils eine Richtung solange untersucht wird, bis sich nach einem er-folgreichen Schritt ein erfolgloser ergibt, kann als ***Schritt-inkrementelles Rosenbrock-Verfahren*** bezeichnet werden [23] und ist in Abb. 6a veranschaulicht.

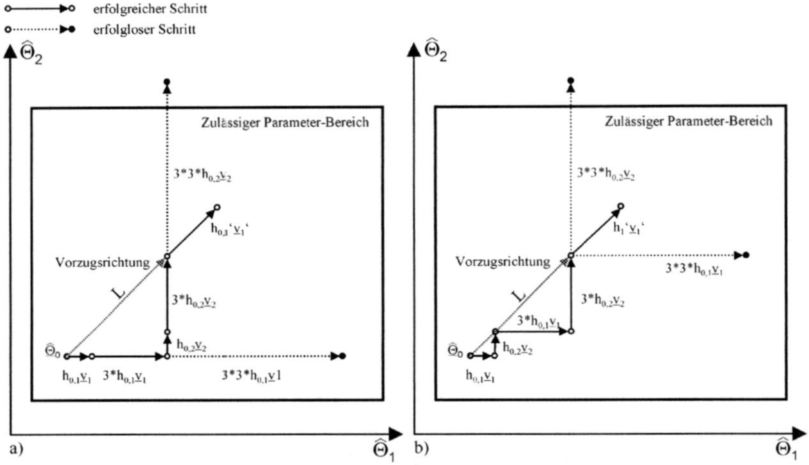

Abb. 6: a) Schritt-inkrementelles und b) Komponenten-inkrementelles Rosenbrock-Verfahren

Ist ein Iterationszyklus beendet, wird aus den erfolgreichen Schritten aller Suchrichtungen eine Vorzugsrichtung $\underline{v}_1$' ermittelt und mit dem Gram-Schmidt-Verfahren p-1 dazu orthogonale Richtungen $\underline{v}_j$' (mit j = 2,..., p) bestimmt, die als neue Suchrichtungen dienen. Als neue Anfangsschrittweite h_{0j}' kann ein prozentualer Anteil des Gesamterfolgs L vom vorangegangenen Iterationszyklus verwendet werden. Die Iterationszyklen werden nun solange wiederholt, bis ein sinnvoll gewähltes Abbruchkriterium erfüllt ist bzw. bis in keiner Suchrichtung eine Verringerung des Fehlerfunktionals $J_v(\underline{\hat{\Theta}})$ mehr möglich ist.

5.3 Ergebnisse

5.3.1 Identifizierbarkeitsanalyse

Die Ergebnisse, die in der Tabelle 5.1 zusammengefasst sind, ergeben sich aufgrund von Identifikationsläufen mit unterschiedlichen Startparametern unter Anwendung der in Abschnitt 5.2.2 beschriebenen Varianten des Rosenbrock-Verfahrens [22].

In der ersten Ergebniszeile von Tabelle 5.1 ist eine Auswertung von Untersuchungen zur Identifizierbarkeit zusammengefasst.

		N:	720					720 (interpol aus *N* = 7)				7			
		$\underline{Y}_{mess}$:	c_{H2O2} c_{Phe} c_{PC} c_{HQ} c_{Folge}	c_{Phe} c_{PC} c_{HQ}	c_{Phe} c_{PC}	c_{Phe} c_{HQ}	c_{Phe}	c_{H2O2} c_{Phe} c_{PC} c_{HQ} c_{Folge}	c_{Phe} c_{PC} c_{HQ}	c_{Phe} c_{PC}	c_{Phe} c_{HQ}	c_{H2O2} c_{Phe} c_{PC} c_{HQ} c_{Folge}	c_{Phe} c_{PC} c_{HQ}	c_{Phe} c_{PC}	c_{Phe} c_{HQ}
Δ_k	Gew.	*p*													
± 0%	ohne	4	0	0	0	0	nein	27	10	23	13	1	1	nein	nein
± 1%	ohne	4	14	17	nein	nein	-	nein	12	nein	nein	48	nein	nein	nein
± 3%	ohne	4	24	22	nein	nein	-	nein	49	nein	nein	nein	nein	nein	nein
± 10%	ohne	4	nein	nein	nein	nein	-	39	48	nein	nein	nein	nein	nein	nein
± 10%	ohne	3	5	4	nein	8	-	36	17	nein	nein	43	49	nein	nein
± 10%	mit	4	16	16	nein	nein	-	28	24	nein	nein	33	36	nein	nein
± 10%	mit	3	1	2	nein	nein	-	4	10	nein	nein	9	5	nein	nein

- : Nicht untersucht
Zahl : max. Abweichung von den für die Simulation unterstellten "wahren" Parametern ($\Delta\underline{\Theta}$) in %
nein : $\Delta\underline{\Theta}$ > 50 %

Tabelle 5.1: Analyse der Schätzergebnisse für Experimente mit simulierten Messdaten

Mit Hilfe simulierter fehlerfreier Messdaten (Δ_k = 0%) wurde für $p = 4$ zu identifizierende Parameter in Abhängigkeit von N (N = 720 (äquidistant) bzw. N = 7 (nicht äquidistant)) und in Abhängigkeit der Art und Anzahl der verwendeten Messgrößen die Identifikation durchgeführt. Dabei zeigt sich, dass bis auf den Fall, bei dem nur eine einzige Messgröße (c_{Phe}) zur Verfügung steht, Identifizierbarkeit bei N = 720 äquidistanten Messungen gegeben ist. Bei Beschränkung auf N = 7 Messungen, wie sie im realen Fall lediglich zur Verfügung stehen, ist allerdings bei weniger als drei Messgrößen Identifizierbarkeit nicht mehr nachweisbar. Da in der Praxis höchstens drei Messgrößen zur Verfügung stehen, ist dieser Fall (Spalte 2 der Tabelle 5.1 in den Blöcken für N = 720 und N = 7) für die Parameterschätzung mit realen Messdaten von vorrangigem Interesse.

Zu beachten ist, dass für diese Untersuchungen zur Identifizierbarkeitsanalyse des als "wahr" unterstellten Modells (auch bei N = 720) "Messdaten" aus einer Modellsimulation verwendet wurden. Dieser Fall ist in der Praxis nicht gegeben. Allenfalls kann man die zur Verfügung stehenden sieben Messdaten geeignet interpolieren [23]. Deshalb wurde eine "Identifizierbarkeitsanalyse" auch für N = 720 "Messdaten", die durch lineare Interpolation von N = 7 Simula-tionsdaten gewonnen wurden, durchgeführt. Dabei zeigte sich allerdings (Tabelle 5.1, 1. Zeile, mittlerer Block), dass sich durch die Interpolation die "Identifizierbarkeit" nicht bewahren lässt, so dass nicht erwartet werden kann, dass eine in dieser Weise vorgenommene "Vervielfachung" der Messdaten zu besseren Schätzwerten als für den Fall der Verwendung der originalen sieben Messdaten führt.

5.3.2 Parameterschätzung

Wegen der geringen Anzahl der zur Verfügung stehenden realen Messdaten ist es sinnvoll, auch wiederum mit "simulierten verrauschten Messdaten" Voruntersuchungen durchzuführen, um unter genau bekannten Verhältnissen zunächst die mögliche erzielbare Güte der Parameterschätzungen zu analysieren.

Hierbei zeigt sich an Hand der in Tabelle 5.2 zusammengefassten Ergebnisse für simulierte Daten mit einem angenommenen "wahren" Parametervektor

$$\underline{\Theta}_S = \left[f_{PC}^s; p_{Phe}^s; p_{PC}^s; p_{HQ}^s\right]^T = \left[0{,}8;\ 1{,}0;\ 3{,}0;\ 4{,}0\right]^T,$$

dass für den realistischen Fall N = 7 Messungen und m = 3 Messgrößen die besten Schätzungen dann erzielt werden können, wenn f_{PC}^s als bekannt angenommen werden kann, d.h. nur die drei verbleibenden Komponenten 2-4 von $\underline{\Theta}_S$ geschätzt werden müssen. Außerdem erhält man im Fall der Verwendung des "Fehlerfunktionals für minimale Varianz der Schätzungen" (Maximum-

Likelihood-Schätzung), der in den Tabellen als "mit Gewichtung" gekennzeichnet ist, bei $p = 3$ Parametern die besten Schätzungen (Experiment 8 ($m = 4$) und Experiment 12 ($m = 3$) in Tabelle 5.2), die allenfalls noch durch (unrealistische) Hinzunahme weiterer "Messdaten" und (simulierter) Messgrößen verbessert werden kann (Experiment 4 in Tabelle 5.2).

Experiment	N	m	p	Gew.	f_{PC}	p_{Phe}	p_{PC}	p_{HQ}	$\Delta\Theta$ [%]
"WAHRE" PARAMETER					0,8000	1,0000	3,0000	4,0000	
1	720	5	4	ohne	0,7730	1,0059	2,7407	4,8837	22
2	720	5	4	mit	0,7959	1,0056	2,9669	4,1918	5
3	720	5	3	ohne	0,8000	0,9967	2,9439	3,8578	4
4	720	5	3	mit	0,8000	0,9998	2,9849	4,0161	1
5	7	4	4	ohne	0,8272	0,9640	3,2602	4,4604	12
6	7	4	4	mit	0,7980	0,9997	3,0032	4,0389	1
7	7	4	3	ohne	0,8000	0,9665	3,0169	5,6865	42
8	7	4	3	mit	0,8000	1,0423	3,0939	4,1737	4
9	7	3	4	ohne	0,8290	0,9546	3,2223	4,2083	7
10	7	3	4	mit	0,7647	0,8650	2,0581	4,5470	31
11	7	3	3	ohne	0,8000	0,9712	3,0654	5,8830	47
12	7	3	3	mit	0,8000	1,0088	2,9082	4,0034	3

Tabelle 5.2: Schätzergebnisse anhand simulierter "Messdaten" mit wahren Parametern

Wenn man also bereits einen "relativ guten" Schätzwert für den nur "schlecht schätzbaren" Parameter f_{PC} hat, so bietet sich z.B. für das Ziel, "brauchbare" Schätzungen mit den jeweils $N = 7$ realen Messungen und $m = 3$ bzw. 4 Messgrößen zu gewinnen, die Maximum-Likelihood-Schätzung für $p = 3$ Parameter als erstes Experiment der realen Messdaten an. Diese Auswertung auf der Basis des Rosenbrock-Verfahrens zur Minimierung des Fehlerfunktionals ergibt gemäß Experiment 13 in der Tabelle 5.3 ($m = 3$) bei einem angenommenen Wert $f_{PC} = 0{,}8571$ das Schätzergebnis

$$\underline{\hat{\Theta}}_{N=7} = [0{,}8571;\ 0{,}7754;\ 3{,}0216;\ 2{,}8750]^T.$$

Beim entsprechenden Schätzergebnis für $m = 4$ muss von größeren Schätzfehlern ausgegangen werden, weil die zusätzlich verwendetet Messgröße (c_{Folge}) real nicht zur Verfügung steht und zu Vergleichszwecken hier mit Hilfe der verfügbaren Messungen "geschätzt" wurde.

Experiment	N	m	p	Gew.	f_{PC}	p_{Phe}	p_{PC}	p_{HQ}	phänom.
1	720	4	3		0,8571	0,7641	2,6893	3,2996	ja
2	720	5	4	ohne	0,9162	1,0834	4,8479	0,0001	nein
3	720	5	4	mit	0,9105	1,0273	4,3844	0,0000	nein
4	720	5	3	ohne	0,8571	1,0855	4,3044	3,6743	ja
5	720	5	3	mit	0,8571	0,9825	3,7907	2,8469	ja
6	7	4	4	ohne	0,9211	1,3591	6,7329	0,0003	nein
7	7	4	4	mit	0,9239	1,2854	5,8851	0,0001	nein
8	7	4	3	ohne	0,8571	1,3620	5,8751	6,1075	ja
9	7	4	3	mit	0,8571	1,2788	5,1011	5,3566	ja
10	7	3	4	ohne	0,8519	1,3700	6,2877	9,9995	nein
11	7	3	4	mit	0,9176	0,8938	4,0637	0,0005	nein
12	7	3	3	ohne	0,8571	1,3699	6,3404	9,9826	nein
13	7	3	3	mit	0,8571	0,7754	3,0216	2,8750	ja

Tabelle 5.3: Schätzergebnisse anhand realer (N = 7) und interpolierter (N = 720) Messdaten

Man sieht zum Vergleich, dass ein "Mitschätzen" von $\hat{\Theta}^1 = f_{PC}$ zu $\hat{\Theta}^4 = p_{HQ} = 0$ und damit zu einem nicht phänomenologischen Schätzergebnis führt. Der bei der Identifizierbarkeitsanalyse festgestellte "negative" Einfluss der Interpolation der $N = 7$ realen Messdaten zu $N = 720$ "Messdaten" zeigt zum Vergleich das Schätzergebnis (Tabelle 5.3, Experiment 5)

$$\underline{\hat{\Theta}}_{N=720} = [0{,}8571;\ 0{,}9825;\ 3{,}7907;\ 2{,}8469]^T.$$

Dieser Fall musste auch bei der alternativen Verwendung eines Gradienten-Verfahrens verwendet werden [23], da dieses sich für den Fall $N = 7$ nicht als robust genug erwies. Das Schätzergebnis ist als Experiment 1 in Tabelle 5.3 enthalten.

Für weitere Optimierungen des chemischen Prozesses empfiehlt sich also nach diesen Überlegungen die Verwendung des Schätzergebnisses $\underline{\hat{\Theta}}_{N=7}$.

Die Bewertung der Schätzergebnisse in der letzten Spalten der Tabelle 5.3 erfolgte durch Überprüfung der Gültigkeit ("ja") bzw. Verletzung ("nein") der Forderungen

$$0 < f_{PC} < 1$$

$$0 < p_{Phe}, p_{PC}, p_{HQ} < 10$$

$$p_{PC} \approx p_{HQ}$$

$$2 \cdot p_{Phe} \leq p_{PC}, p_{HQ} \leq 7 \cdot p_{Phe}$$

6 Optimierung des Prozesses

Die im vorangehenden Kapitel dargestellten Identifikationsuntersuchungen liefern einen Parametervektor, mit dem eine Simulation des Prozesses möglich wird. Der Vergleich zwischen realen Messdaten aus dem Durchfluss-Prozess und den simulierten Daten ist in Abb. 7 veranschaulicht. Hierbei zeigt sich, dass die Übereinstimmung während des ersten Impulses gut ist, danach allerdings laufen Simulation und Messwerte recht weit auseinander. Zu erklären ist dies zum einen damit, dass für die Parameterschätzungen nur die Antworten auf den ersten Impuls verwendet wurden und zum anderen gibt das derzeitige Prozessmodell einen zu vermutenden Einfluss der Brenzcatechinkonzentration c_{PC} auf die Reaktionsgeschwindigkeit noch nicht wieder. Eine weitere Verfeinerung des Modells ist in Arbeit und wird an anderer Stelle vorgestellt [24].

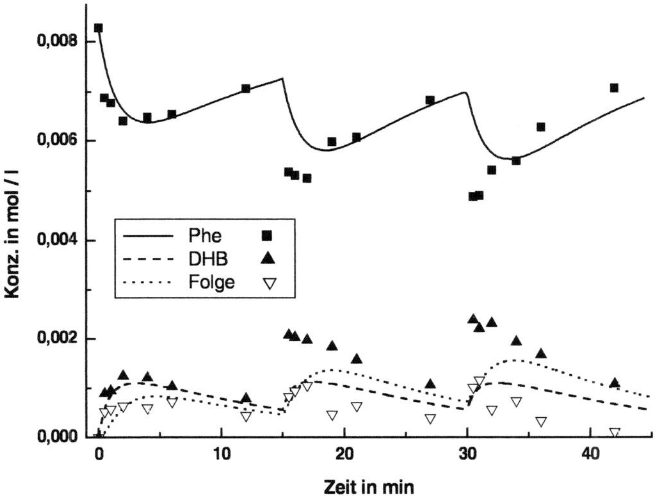

Abb. 7: Vergleich von realen Messdaten mit simulierten Daten

Diese Simulationen ermöglichen eine Optimierung des Prozesses in Bezug auf Umsatz und Selektivität durch eine Variation der Eingangsgrößen. Alle fünf Eingangsgrößen stehen hierfür zur Verfügung: die Phenolkonzentration c_{Phe}, die Wasserstoffperoxidkonzentration $c_{H_2O_2}$ bzw. die Höhe der Impulse, der zeitliche Abstand der Impulse, d.h. die Impulsperiode, die Verweilzeit, die gegeben ist durch den Volumenstrom aus Phenol- und Katalysatorlösung, und vor allem die Temperatur im Reaktor.

Der Umsatz U ist definiert durch

$$U = \frac{c_{PC} + c_{HQ} + c_{Folge}}{c_{PC} + c_{HQ} + c_{Folge} + c_{Phe}},$$

die Selektivität S durch

$$S = \frac{c_{PC} + c_{HQ}}{c_{PC} + c_{HQ} + c_{Folge}}.$$

Multipliziert man Umsatz und Selektivität, so erhält man mit

$$A = \frac{c_{PC} + c_{HQ}}{c_{PC} + c_{HQ} + c_{Folge} + c_{Phe}} = \frac{c_{DHB}}{c_{0,Phe}}$$

eine Größe, die die Ausbeute an DHBen relativ zum eingesetzten Phenol angibt. Die Maximierung von A als Gütefunktional stellt ein geeignetes Gütekriterium dar.

Hierbei ist jedoch zu beachten, dass eine hohe Selektivität wichtiger ist als ein hoher Umsatz, da nicht umgesetztes Phenol abgetrennt und dem Prozess erneut zugeführt werden kann.

Wie in Kapitel 5 erläutert, hängt der „beste" Schätzwert des Parametervektors sehr stark von dem Parameter f_{PC} ab. Dieser wurde zu 0,8571 = 6/7 angenommen, entsprechend einem Brenzcatechin / Hydrochinon-Verhältnis von 6:1, wie es sich bei der in Abb. 4 dargestellten Messung nach dem ersten Impuls ergeben hatte. Mittelt man in dieser Messung über den dritten Impuls, der den periodischen Betrieb recht gut wiedergeben sollte, so erhält man einen Umsatz von ca. 0,25 bei einer Selektivität von ca. 0,8. Dies sind Werte, die denen der heutigen Praxis im diskontinuierlichen Batch-Verfahren vergleichbar sind.

Bei der Variation der Eingangsgrößen ist zu beachten, dass einige miteinander gekoppelt sind. So macht eine deutliche Verlängerung der Impulsperiode nur Sinn, wenn gleichzeitig die Verweilzeit erhöht wird. Die Höhe der Impulse ist an die Phenolkonzentration gebunden und immer relativ zu dieser zu sehen, wobei die mit dem Impuls erreichte H_2O_2-Konzentration nie über der Phenolkonzentration liegen sollte. Bei einer deutlichen Steigerung der Konzentrationen ist auch zu bedenken, dass die, bei den stark exothermen Reaktionen, entstehende Wärme das Temperaturprofil stark beeinflusst. Die Temperatur sollte möglichst in einem Bereich zwischen 25 und 50°C gehalten werden, um auf der einen Seite einen hinreichend hohen Umsatz zu erzielen, auf der anderen Seite aber die Folgeoxidationen in Grenzen zu halten.

7 Zusammenfassung und Ausblick

Grundsätzlich kann gezeigt werden, dass das verwendete Prozessmodell zur Phenolhydroxylierung identifizierbar ist. Die hier vorgestellten und verwendeten, sehr unterschiedlichen Minimierungsverfahren liefern dabei ähnliche Ergebnisse. Selbst mit verrauschten "Messdaten" lassen sich die Parameter hinreichend genau schätzen, so dass erwartet werden kann, dass anhand der zur Verfügung stehenden Messdaten Parameterschätzungen gewonnen werden können, die zu einem signifikant verbesserten Prozessmodell führen.

Messungen bei verschiedenen Temperaturen und die daraus hervorgehende Identifikation der einzelnen Parameter k_0 und E_A werden an anderer Stelle vorgestellt [24]. Die damit durchführbaren genaueren Simulationen sollten eine verbesserte Optimierung der Eingangsgrößen (Phenol- und H_2O_2-Konzentrationen, Temperatur, Verweilzeit und Impulsperiode) in Bezug auf Selektivität und Umsatz der Phenolhydroxylierung im Durchfluss-Rührkesselreaktor bei nichtstationärer Prozessführung ermöglichen.

8 Literatur

[1] M. Baerns, H. Hofmann und A. Renken, *Chemische Reaktionstechnik*, Thieme, Stuttgart 1987.

[2] E. Fitzer und W. Fritz, *Technische Chemie*, Springer, Berlin 1989.

[3] K. R. Westerterp, W. P. M. van Swaaij und A. A. C. M. Beenackers, *Chemical Reactor Design and Operation*, Wiley, Chichester 1984.

[4] K. G. Denbigh und J. C. R. Turner, *Chemical Rector Theory*, Cambridge University Press, 1971.

[5] H. F. Rase, *Chemical Reactor Design for Process Plants*, Wiley, New York 1977.

[6] H. S. Fogler, *Elements of Chemical Reaction Engineering*, Prentice Hall, Englewood Cliffs 1986.

[7] O. Levenspiel, *Chemical Reaction Engineering*, Wiley, New York 1999.

[8] K. Schügerl, *Bioreaktionstechnik*, Salle + Sauerländer, Frankfurt 1985.

[9] J. E. Bailey und D. F. Ollis, *Biochemical Engineering Fundamentals*, McGraw Hill, New York 1986.

[10] R. Krishna und S. T. Sie, Strategies for Multiphase Reactor Selection, *Chem. Eng. Sci.* **49**, 4029-4065 (1994); und darin angegebene Zitate.

[11] K. R. Westerterp, Multifunctional Reactors, *Chem. Eng. Sci.* **47**, 2195-2206 (1992); und darin angegebene Zitate.

[12] U. Hoffmann und H. Hofmann, *Einführung in die Optimierung*, Verlag Chemie, Weinheim 1970.

[13] M. Aoki, *Introduction to Optimization Techniques*, Macmillan, New York 1971.

[14] G. Thiele, *Algorithmen zur Parameterschätzung zeitdiskreter Einfachmodelle mit dem Prozeßrechner*, VDI Verlag, Düsseldorf 1986.

[15] E. Walter und L. Pronzato, *Identification of Parametric Models from Experimental Data*, Springer, Berlin 1997.

[16] T. Vielhaben, G. Schulz-Ekloff und G. Thiele, System-Identifikation des katalysierten Wasserstoffperoxidzerfalls im Durchflußrührkesselreaktor, in: B. Lohmann, A. Gräser (Hg.), *Methoden und Anwendungen der Automatisierungstechnik – 20. Kolloquium der Automatisierungstechnik in Salzhausen*, S. 112-121, Shaker Verlag, Aachen 1999.

[17] M. B. Hocking und D. J. Intihar, Oxidation of Phenol by Aqueous Hydrogen Peroxide Catalysed by Ferric Ion – Catechol Complexes, *J. Chem. Tech. Biotechnol.* **35A**, 365-381 (1985); und darin angegebene Zitate.

[18] V. N. Sapunov, I. Yu. Litvintsev und A. I. Mikhailyuk, Kinetics and Mechanism of Catalytic Hydroxylation of Phenols with Hydrogen Peroxide: VI. The Physical Model and Reaction Mechanism, *Kinetics and Catalysis* **39**, 339-348 (1998); und darin angegebene Zitate.

[19] L. Krumenacker, M. Costantini, P. Pontal und J. Sentenac: Hydroquinone, Resorcinol, and Catechol, in: *Kirk-Othmer Encyclopedia of Chemical Technology*, 4. Aufl., **13**, S. 996-1014, Wiley, New York 1995.

[20] U.S. Pat. 3,914,323 (Oct. 21, 1975), P. Maggioni (to Brichima).

[21] DE-PS 24 07 398 (17.08.78), P. Maggioni (to Brichima).

[22] H. Henze, *Identifikation komplexer chemischer Prozesse mittels Rosenbrock-Verfahren am Beispiel des nichtlinearen Modells der Phenolhydroxylierung*, Diplomarbeit, Universität Bremen, 2001.

[23] D. Brunßen, *Zur Modellierung der Phenolhydroxylierung im Durchfluss-Rührkessel-reaktor*, Diplomarbeit, Universität Bremen, 2001, in Vorbereitung.

[24] B. Rohde, Dissertation, Universität Bremen, 2001, in Vorbereitung.